第十七册

唐憲宗元和十四年己亥二月起
唐僖宗中和二年壬寅四月止

資治通鑑

卷二百四十一
至二百五十四

中華書局

資治通鑑卷第二百四十一

端明殿學士兼翰林侍讀學士太中大夫提舉西京嵩山崇福宮上柱國河内郡開國公食邑二千二百戶食實封九百戶賜紫金魚袋臣 **司馬光** 奉敕編集

後學天台 **胡三省** 音註

唐紀五十七 起屠維大淵獻（己亥）二月，盡重光赤奮若（辛丑）六月，凡二年有奇。

憲宗昭文章武大聖至神孝皇帝下

元和十四年（己亥、八一九）

1 **二月，李聽襲海州，克東海、朐山、懷仁等縣。** 海州，治朐山，本漢朐縣，後人加「山」字。東海，漢贛榆縣地，後齊置東海縣，屬東海郡；隋廢郡及縣，入廣饒縣，隋仁壽元年改廣饒曰東海，避太子諱也；唐屬海州。九域志：在州東一十里。懷仁縣，梁置南、北二青州，東魏廢州，置義塘郡及懷仁縣，隋廢郡，以縣屬海州。九域志：在州北八十里。宋白曰：海州懷仁縣，本漢贛餘縣地。按漢贛餘，今縣東北三十里贛餘古城是也，梁於此置黃郭戍，後魏置義塘郡，理黃郭城，領義唐、歸義、懷仁三縣，高齊移義唐郡及懷仁縣並理今密州莒縣界，隋開皇廢郡，移懷仁縣理此，今縣理是也。**李愬敗平盧兵於沂州，拔丞縣。** 丞，漢縣，後魏置蘭陵郡，隋廢郡爲蘭陵縣，武德四年改曰丞縣，後屬沂州。九域志：在州西南一百八十里。宋白曰：丞，漢舊縣，春秋時鄫國也。晉置蘭陵郡，理丞城。按前此丞縣理在今縣西一里，漢丞縣故城是也。隋開皇十六年置鄫州及丞縣，尋廢州及縣，仍移蘭陵縣置於廢鄫州故城，中唐又改蘭陵爲丞縣。縣西北有丞水。敗，補邁翻。丞，時證翻。

李師道聞官軍侵逼，發民治鄆州城塹，脩守備，治，直之翻。塹，七豔翻。役及婦人，民益懼且怨。

都知兵馬使劉悟，正臣之孫也，劉正臣見二百一十七卷肅宗至德元載。師道使之將兵萬餘人屯陽穀以拒官軍。悟務爲寬惠，使士卒人人自便，軍中號曰劉父。及田弘正渡河，悟軍無備，戰又數敗。數，所角翻。或謂師道曰：「劉悟不脩軍法，專收衆心，恐有他志，宜早圖之。」師道召悟計事，欲殺之。或諫曰：「今官軍四合，悟無逆狀，用一人言殺之，諸將誰肯爲用！是自脫其爪牙也。」師道留悟旬日，復遣之，厚贈金帛以安其意。悟知之，還營，陰爲之備。師道以悟將兵在外，署悟子從諫門下別奏。門下別奏者，使廁員牙門下，俟別奏補官也。唐六典：凡諸軍鎭大使，三品已上，傔二十五人，別奏十人；副使，傔二十人，別奏八人。總管，三品已上，傔十八人，別奏六人；子總管，四品已上，傔十一人，別奏三人。若討擊、防禦、遊弈使副，傔準品各減三人，別奏各減二人。總管及子總管，傔準品各減二人，別奏各減一人。若鎭守已下無副使或隸屬大軍鎭者，使已下傔、奏並四分減一，所補傔、奏皆令自召以充。從諫與師道諸奴日遊戲，頗得其陰謀，密疏以白父。

又有謂師道者曰：「劉悟終爲患，不如早除之。」丙辰，師道潛遣二使齎帖授行營兵馬副使張暹，令斬悟首獻之，勒暹權領行營。時悟方據高丘張幕置酒，去營二三里。二使至營，密以帖授暹。暹素與悟善，陽與使者謀曰：「悟自使府還，還，音旋，又如字。頗爲備，不可忽忽，暹請先往白之，云『司空遣使存問將士，兼有賜物，請都頭速歸，軍中稱都將爲都頭。同受傳語。』傳語，謂師道遣使者所傳言語也。如此，則彼不疑，乃可圖也。」使者然之。暹懷帖走詣悟，屏人示之。屏，必郢翻，又卑正翻。悟潛遣人先執二使，殺之。

時已向暮，悟按轡徐行還營，坐帳下，嚴兵自衞。召諸將，厲色謂之曰：「悟與公等不顧死亡以抗官軍，誠無負於司空。今司空信讒言，來取悟首。悟死，諸公其次矣。且天子所欲誅者獨司空一人，今軍勢日蹙，吾曹何爲隨之族滅！欲與諸公卷旗束甲，卷，與捲同。還入鄆州，奉行天子之命，言奉行詔旨，以誅李師道。豈徒免危亡，富貴可圖也。諸公以爲何如？」兵馬使趙垂棘立於衆首，良久，對曰：「事【章：十二行本「事」上有「如此」二字；乙十一行本同；孔本同；張校同。】果濟否？」悟應聲罵曰：「汝與司空合謀邪！」立斬之。徧問其次，有遲疑未言者，悉斬之，幷斬軍中素爲衆所惡者，惡，烏路翻。凡三十餘，尸於帳前。餘皆股栗，曰：「惟都頭命，願盡死！」

乃令士卒曰：「入鄆，人賞錢百緡，惟不得近軍帑。近，其靳翻。帑，他朗翻。其使宅及逆黨家財，任自掠取；使宅，謂節度使所居也。有仇者報之。」使士皆飽食執兵，夜半聽鼓三聲絕卽行，人銜枚，馬縛口，遇行人，執留之，恐行人遇兵，走還城報師道，令執留之。人無知者。距城數里，天未明，悟駐軍，使聽城上柝聲絕，天明，則柝聲絕。使十人前行，宣言「劉都頭奉帖追入城。」主帥文書下諸將謂之帖。門者請俟寫簡白使，古者聯竹爲簡策以寫書，後世因謂書爲簡。白使，謂白節度使。使，疏吏翻。十人拔刃擬之，皆竄匿；悟引大軍繼至，城中譟譁動地。比至，比，必利翻，及也。子城已洞開，惟牙城拒守，凡大城謂之羅城，小城謂之子城。又有第三重城以衞節度使居宅，謂之牙城。尋縱火斧其門而入。牙中兵不過數百，始猶有發弓矢者，俄知力不支，皆投於地。

悟勒兵升聽事，使捕索師道。索，山客翻。師道與二子伏廁牀下，索得之，索，山客翻。悟命置牙門外隙地，使人謂曰：「悟奉密詔送司空歸闕，然司空亦何顏復見天子！」復，扶又翻。師道猶有幸生之意，其子弘方仰曰：「事已至此，速死爲幸！」尋皆斬之。代宗永泰元年，李正己得淄青，四世，五十四年而滅。自卯至午，悟乃命兩都虞候巡坊市，禁掠者，即時皆定。大集兵民於毬場，親乘馬巡繞，慰安之。斬贊師道逆謀者二十餘家，文武將吏且懼且喜。【章：十二行本「喜」下有「皆入賀」三字；乙十一行本同；孔本同；張校同。】悟見李公度，執手歔欷；出賈直言於獄，直言被囚見上卷上年。置之幕府。

悟之自陽穀還兵趨鄆也，趨，七喻翻。潛使人以其謀告田弘正：「事成，當舉烽相白；萬一城中有備不能入，願公引兵爲助。功成之日，皆歸於公，悟何敢有之。」且使弘正進據己營。弘正見烽，知得城，遣使往賀。悟函師道父子三首遣使送弘正營，弘正大喜，露布以聞。淄、青等十二州皆平。

弘正初得師道首，疑其非眞，召夏侯澄使識之。澄熟視其面，長號隕絕者久之，乃抱其首，舐其目中塵垢，復慟哭。弘正爲之改容，義而不責。識，如字，辨識也。號，戶刀翻。舐，直氏翻。復，扶又翻。爲，于僞翻。夏侯澄禽見上卷上年。

2 壬戌，田弘正捷奏至。乙丑，命戶部侍郎楊於陵爲淄青宣撫使。己巳，李師道首函至。自廣德以來，垂六十年，藩鎮跋扈河南、北三十餘州，自除官吏，不供貢賦，至是盡遵朝廷約束。嗚呼！兼幷易也，堅凝之難！讀史至此，盍亦知其所以得，鑒其所以失，則知資治通鑑一書不苟作矣。

上命楊於陵分李師道地，於陵按圖籍，視土地遠邇，計士馬衆寡，校倉庫虛實，分爲三道，使之適均：於，音烏。以鄆、曹、濮爲一道，鄆，音運。濮，音卜。淄、青、齊、登、萊爲一道，兗、海、沂、密爲一道；上從之。

劉悟以初討李師道詔云：「部將有能殺師道以衆降者，師道官爵悉以與之。」意謂盡得十二州之地，遂補署文武將佐，更易州縣長吏；更，工衡翻。謂其下曰：「軍府之政，一切循舊。自今但與諸公抱子弄孫，夫復何憂！」復，扶又翻；下復須同。

上欲移悟他鎮，恐悟不受代，復須用兵，密詔田弘正察之。弘正日遣使者詣悟，託言脩好，實觀其所爲。悟多力，好手搏，好，呼到翻。得鄆州三日，則教軍中壯士手搏，與魏博使者庭觀之，自搖肩攘臂，離坐以助其勢。離，力智翻。坐，徂臥翻。弘正聞之，笑曰：「是聞除改，除改，謂除書改授他鎮。登即行矣，言登時即行也。何能爲哉！」庚午，以悟爲義成節度使。悟聞制下，手足失墜；言驚遽失守，不知所爲。明日，遂行。弘正已將數道，比至城西二里，與悟相見於客亭，客亭，即驛亭，送迎使客之所。即受旌節，馳詣滑州，辟李公度、李存、郭昈、賈直言以自隨。悟素與李文會善，既得鄆州，使召之，未至。李文會出登州見上卷上年。聞將移鎮，昈、存謀曰：「文會佞人，敗亂淄青一道，敗，補邁翻。滅李司空之族，萬人所共讎也！不乘此際誅之，田相公至，務施寬大，將何以雪三齊之憤怨乎！」自項羽分齊爲三，以王田市、田都、田安，遂有三齊之名。後人因而言之。乃詐爲悟帖，遣使即文會所至，取其首以來。使者遇文會於豐齊驛，斬之。據梁敬翔編遺錄，豐齊驛當在齊州東南三十里。宋白曰：齊州禹城縣有漢祝阿故城，在豐齊驛東北二里。比還，比，必利翻，及也。還，音旋，又如字。悟及昈、存已去，無所復命矣。文會二子，一亡去，一死於獄，家貲悉爲人所掠，田宅沒官。

詔以淄青行營副使張暹爲戎州刺史。劉悟奏言其功也。

癸酉，加田弘正檢校司徒、同平章事。

先是，李師道將敗數月，先，悉薦翻。聞風動鳥飛，皆疑有變，禁鄆人親識宴聚及道路偶語，犯者有刑。弘正既入鄆，悉除苛禁，縱人遊樂，樂，音洛。寒食七晝夜不禁行人。弘正特爲此示鄆人以寬大耳。按寒食之說不同，初學記曰：周禮司烜氏，仲春以木鐸徇火禁於國中。註云：爲季春將出火也。今寒食準節氣是仲春之末。清明是三月之初。然則禁火並周制也。洪容齋曰：先賢傳曰：太原舊俗以介子推焚骸，一月寒食。鄴中記曰：并州俗，冬至後一百五日爲子推斷火，冷食三日。魏武以太原、上黨、西河皆沍寒之地，令人不得寒食。此註已見前。或諫曰：「鄆人久爲寇敵，今雖平，人心未安，不可不備。」弘正曰：「今爲暴者既除，宜施以寬惠，若復爲嚴察，是以桀易桀也，庸何愈焉！」愈，賢也，勝也。復，扶又翻。

先是，賊數遣人入關，截陵戟，焚倉場，流矢飛書，以震駭京師，沮撓官軍。事見二百三十九卷十年。數，所角翻。沮，在呂翻。撓，奴巧翻。有司督察甚嚴，潼關吏至發人囊篋以索之，索，山客翻。然終不能絕。及田弘正入鄆，閱李師道簿書，有賞殺武元衡人王士元等及賞潼關、蒲津吏卒案，乃知曏者皆吏卒受賂於賊，容其姦也。案，文案也，亦謂之案牘。史言關津不足以禁姦，乃所以容姦。

裴度纂述蔡、鄆用兵以來上之憂勤機略，因侍宴獻之，請內印出付史官。請自禁中用印而出付史官。上曰：「如此，似出朕志，非所欲也。」弗許。史言憲宗此事得爲君之體。

三月，戊子，以華州刺史馬總爲鄆、曹、濮等州節度使。己丑，以義成節度使薛平爲平盧節度、淄·青·齊·登·萊等州觀察使。自是之後，淄青專平盧之號，而鄆尋賜號天平軍矣。以淄青四面行營供軍使王遂爲沂、海、兗、密等州觀察使。爲王遂以嚴酷召亂張本。

3横海節度使烏重胤奏：「河朔藩鎮所以能旅拒朝命六十餘年者，由諸州縣各置鎮將領事，收刺史、縣令之權，自作威福。歸使刺史各得行其職，則雖有奸雄如安、史，必不能以一州獨反也。臣所領德、棣、景三州，已舉牒各還刺史職事，應在州兵並令刺史領之。」夏，四月，丙寅，詔諸道節度、都團練、都防禦、經略等使所統支郡兵馬，並令刺史領之。自至德以來，節度使權重，所統諸州各置鎮兵，以大將主之，暴横爲患，横，戶孟翻。故重胤論之。其後河北諸鎮，惟横海最爲順命，由重胤處之得宜故也。史言反側之地，擇帥不可不詳。處，昌呂翻。

4辛未，工部侍郎、同平章事程异薨。

5裴度在相位，知無不言，皇甫鎛之黨陰擠之。擠，子細翻，又子西翻。考異曰：「鎛與宰相李逢吉、令狐楚合勢擠度，故出鎮。」按逢吉時在東川，楚在昭義，皆不爲相。今不取。按後「昭義」當作「河陽」。丙子，詔度以門下侍郎、同平章事，充河東節度使。

皇甫鎛專以掊克取媚，掊，蒲侯翻。人無敢言者，獨諫議大夫武儒衡上疏言之。鎛自訴於上，上曰：「卿以儒衡上疏，將報怨邪！」鎛乃不敢言。儒衡，元衡之從父弟也。從，才用翻。

6史館脩撰李翺上言，貞觀三年置史館於門下省，有修撰四人，掌修國史。以爲：「定禍亂者，武功也；興太平者，文德也。今陛下既以武功定海內，若遂革弊事，復高祖、太宗舊制；用忠正而不疑，屏邪佞而不邇；屏，必郢翻，又卑正翻。改稅法，不督錢而納布帛；自建中初，楊炎定兩稅法，不令民輸其土之所產而督錢。絕進獻，寬百姓租賦；厚邊兵，以制戎狄侵盜；數訪問待制官，以通塞蔽；數，所角翻。塞，悉則翻。此六者，政之根本，太平之所以興也。陛下既已能行其難，若何不爲其易乎！以陛下天資上聖，如不惑近習容悅之辭，任骨鯁正直之士，與之興大化，可不勞而成也。若不以此爲事，臣恐大功之後，逸欲易生。易，以豉翻。進言者必曰：『天下既平矣，陛下可以高枕自安逸，』枕，職任翻。如是，則太平未可期矣！」

7 秋，七月，丁丑朔，田弘正送殺武元衡賊王士元等十六人，詔使【章：十二行本「使」作「仗」；乙十一行本同；孔本同；熊校同。】內京兆府、御史臺徧鞫之；皆款服。款，誠也，言吐誠而伏罪也。京兆尹崔元略以元衡物色詢之，則多異同。元略問其故，對曰：「恆、鄆同謀遣客刺元衡，恆，戶登翻。刺，七亦翻。而士元等後期，聞恆人事已成，遂竊以爲己功，還報受賞耳。今自度爲罪均，度，徒洛翻。終不免死，故承之。」上亦不欲復辨正，悉殺之。復，扶又翻。

8 戊寅，宣武節度使韓弘始入朝，蔡、鄆既平，韓弘始入朝。上待之甚厚。弘獻馬三千，絹五千，【張：「五千」作「五十萬」。】雜繒三萬，金銀器千，繒，慈陵翻。而汴之庫廄尚有錢百餘萬緡，絹百餘萬匹，馬七千匹，糧三百萬斛。史言韓弘善完聚。

9 己丑，羣臣上尊號曰元和聖文神武法天應道皇帝；赦天下。

10 兗、海、沂、密觀察使王遂，本錢穀吏，性狷急，無遠識。狷，古掾翻。時軍府草創，是年三月，方分四州置觀察。人情未安，遂專以嚴酷爲治，治，直吏翻。所用杖絕大於常行者；唐制：凡杖皆長三尺五寸，削去節目。訊杖，大頭徑三分二釐，小頭二分二釐。常行杖，大頭二分七釐，小頭一分七釐。笞杖，大頭二分，小頭一分有半。每詈將卒，輒曰「反虜」；又盛夏役士卒營府舍，督責峻急；將卒憤怨。

辛卯，役卒王弁與其徒四人浴於沂水，沂州治臨沂縣，以臨沂水名之也。密謀作亂，曰：「今服役觸罪亦死，奮命立事亦死，死於立事，不猶愈乎！明日，常侍與監軍、副使有宴，軍將皆在告，直兵多休息，常侍，謂王遂也。副使，謂觀察副使也。在告，謂休假在私室也。直兵，直衞之兵也。吾屬乘此際出其不意取之，可以萬全。」四人皆以爲然，約事成推弁爲留後。

壬辰，遂方宴飲，日過中，弁等五人突入，於直房前取弓刀，直房，直兵之所舍之室也。徑前射副使張敦實，殺之。射，而亦翻。遂與監軍狼狽起走，弁執遂，數之以盛暑興役，用刑刻暴，數，所具翻。立斬之。傳聲勿驚監軍，弁卽自稱留後，升廳號令，與監軍抗禮，召集將吏參賀，衆莫敢不從。監軍具以狀聞。

11 甲午，韓弘又獻絹二十五萬匹，絁三萬匹，絁，式支翻。銀器二百七十；左右軍中尉各獻錢萬緡。自淮西用兵以來，度支、鹽鐵及四方爭進奉，謂之「助軍」；賊平又進奉，謂之「賀禮」；後又進奉，謂之「助賞」；上加尊號又進奉，亦謂之「賀禮」。史歷言元和進奉之弊。

12 丁酉，以河陽節度使令狐楚爲中書侍郎、同平章事。楚與皇甫鎛同年進士，故鎛引以為相。裴度之視師也，令狐楚出翰林，今皇甫鎛引而相之，亦所以杜度之再入。

13 朝廷聞沂州軍亂，甲辰，以棣州刺史曹華為沂、海、兖、密觀察使。

14 韓弘累表請留京師，八月，己酉，以弘守司徒，兼中書令。癸丑，以吏部尚書張弘靖同平章事，充宣武節度使。弘靖，宰相子，弘靖，張延賞之子。延賞相德宗。少有令聞，少，詩照翻。聞，音問。立朝簡默；河東、宣武闕帥，帥，所類翻。朝廷以其位望素重，使鎮之。弘靖承王鍔聚斂之餘，韓弘嚴猛之後，王鍔鎮河東，韓弘鎮宣武，弘靖皆承其後。斂，力贍翻；下同。兩鎮喜其廉謹寬大，故上下安之。張弘靖之簡貴，施之幷、汴可也，施之幽燕則敗矣。

15 己未，田弘正入朝，上待之尤厚。

16 戊辰，陳許節度使郗士美薨，以庫部員外郎李渤為弔祭使。渤上言：「臣過渭南，聞長源鄉舊四百戶，今纔百餘戶，閿鄉縣舊三千戶，今纔千戶，閿，音旻。其他州縣大率相似。迹其所以然，皆由以逃戶稅攤於比鄰，攤，他干翻。比，音毗，又毗至翻。致驅迫俱逃，此皆聚斂之臣剝下媚上，斂，力贍翻。惟思竭澤，不慮無魚。呂氏春秋曰：竭澤而漁，豈不得魚，而明年無魚。乞降詔書，絕攤逃之弊，盡逃戶之產償稅，不足者乞免之。計不數年，人皆復於農矣。」執政見而惡之，執政，謂皇甫鎛。惡，烏路翻。渤遂謝病，歸東都。

17 癸酉，吐蕃寇慶州，慶州，隋弘化郡，開皇十六年改為慶州，以慶美取其嘉名，漢歸德、富平縣地。舊志：

京師西北五百七十三里。營於方渠。

18朝廷議興兵討王弁，恐青、鄆相扇繼變，青、鄆與兗、海、沂、密，本一鎮也。故恐其相扇而動。乃除弁開州刺史，遣中使賜以告身。中使紿之曰：「開州計已有人迎候道路，留後宜速發。」弁即日發沂州，導從尚百餘人，從，才用翻。入徐州境，所在減之，其衆亦稍逃散。遂加以杻械，杻，敕久翻。乘驢入關。九月，戊寅，腰斬東市。

先是，三分鄆兵以隸三鎮，此言鄆、青、沂分爲三鎮之初。先，悉薦翻。及王遂死，朝廷以爲師道餘黨凶態未除，命曹華引棣州兵赴鎮以討之。沂州將士迎候者，華皆以好言撫之，使先入城，慰安其餘，衆皆不疑。華視事三日，大饗將士，伏甲士千人於幕下，乃集衆而諭之曰：「天子以鄆人有遷徙之勞，特加優給，宜令鄆人處左，沂人處右。」處，昌呂翻；下聚處同。既定，令沂人皆出，因闔門，謂鄆人曰：「王常侍以天子之命爲帥於此，將士何得輒害之！」語未畢，伏者出，圍而殺之，死者千二百人，無一得脫者。門屏間赤霧高丈餘，久之方散。兵死之氣，凝爲赤霧。

臣光曰：春秋書楚子虔誘蔡侯般殺之于申。見昭十一年。般，音班。彼列國也，孔子猶深貶之，惡其誘討也，惡，烏路翻。況爲天子而誘匹夫乎！

王遂以聚斂之才，殿新造之邦，殿，多見翻，鎮也。用苛虐致亂。王弁庸夫，乘釁竊發，釁，隙也。苟沂帥得人，戮之易於犬豕耳，帥，所類翻。易，以豉翻。何必以天子詔書爲誘人之餌乎！且作亂者五人耳，乃使曹華設詐，屠千餘人，不亦濫乎！然則自今士卒孰不猜其將帥，將帥何以令其士卒！上下盻盻，盻盻，恨視也，說文音五計翻，孫奭音五禮翻，又普莧翻。如寇讎聚處，處，昌呂翻。得間則更相魚肉，間，古莧翻。更，工衡翻。惟先發者爲雄耳，禍亂何時而弭哉！

惜夫！憲宗削平僭亂，幾致升平，幾，鉅依翻。其美業所以不終，由苟徇近功不敦大信故也。

19 甲辰，以田弘正兼侍中，魏博節度使如故。弘正三表請留，上不許。弘正常恐一旦物故，魏人猶以故事繼襲，故兄弟子姪皆仕諸朝，上皆擢居顯列，朱紫盈庭，時人榮之。

20 乙巳，上問宰相：「玄宗之政，先理而後亂，何也？」崔羣對曰：「玄宗用姚崇、宋璟、盧懷慎、蘇頲、韓休、張九齡則理，用宇文融、李林甫、楊國忠則亂。故用人得失，所繫非輕。人皆以天寶十四年安祿山反爲亂之始，臣獨以爲開元二十四年罷張九齡相，專任李林甫，此理亂之所分也。願陛下以開元初爲法，以天寶末爲戒，乃社稷無疆之福！」皇甫鎛深恨之。皇甫鎛自知以姦諂忝相位，故深恨崔羣之言。

21 冬，十月，壬戌，容管奏安南賊楊清陷都護府，安南都護府，治交州。殺都護李象古及妻子、官屬、部曲千餘人。象古，道古之兄也，以貪縱苛刻失衆心。清世爲蠻酋，象古召爲牙將，清鬱鬱不得志。象古命清將兵三千討黃洞蠻，黃洞蠻即西原蠻，其屬黃氏者，謂之黃洞蠻。清因人心怨怒，引兵夜還，襲府城，陷之。

初，蠻賊黃少卿，自貞元以來數反覆，數，所角翻。桂管觀察使裴行立、數，所角翻。唐桂管管桂、昭、蒙、富、梧、潯、龔、鬱林、平琴、賓、澄、繡、象、柳、融等州。容管經略使陽旻欲徼幸立功，徼，堅堯翻。爭請討之；上從之。嶺南節度使孔戣屢諫曰：「此禽獸耳，但可自計利害，不足與論是非。」上不聽，大發江、湖兵會容、桂二管入討，士卒被瘴癘，死者不可勝計。被，皮義翻。勝，音升。安南乘之，遂殺都護。行立、旻竟無功，二管彫弊，惟戣所部晏然。嶺南節度雖兼統五管，而廣州所管自爲巡屬。劉昫曰：廣州管韶、循、岡、賀、端、新、康、封、瀧、恩、春、高、藤、義、竇、勤等州。戣，渠龜翻。

丙寅，以唐州刺史桂仲武爲安南都護；赦楊清，以爲瓊州刺史。

22是歲，吐蕃節度論三摩等將十五萬衆圍鹽州，党項亦發兵助之。刺史李文悅竭力拒守，凡二十七日，吐蕃不能克。靈武牙將史奉敬【嚴：「奉敬」改「敬奉」；下同。】言於朔方節度使杜叔良，請兵三千，齎三十日糧，深入吐蕃以解鹽州之圍。叔良以二千五百人與之。奉敬行旬餘，無聲問，朔方人以爲俱沒矣。以爲與鹽州俱沒。無何，言無何時也。奉敬自他道出吐蕃背，吐蕃大驚，潰去。奉敬奮擊，大破，不可勝計。當曰「奮擊，大破之，殺獲不可勝計」，文意乃爲明暢。奉敬與鳳翔將野詩良輔、涇原將郝玼皆以勇著名於邊，吐蕃憚之。新、舊書皆作「史敬奉」。

23 柳泌至台州，驅吏民采藥，歲餘，無所得而懼，泌知台州，見上卷上年。舉家逃入山中；浙東觀察使捕送京師。皇甫鎛、李道古保護之，上復使待詔翰林；服其藥，日加躁渴。躁，則到翻。

起居舍人裴潾上言，以爲：「除天下之害者受天下之利，同天下之樂者饗天下之福，樂，音洛。自黃帝至於文、武，享國壽考，皆用此道也。自去歲以來，所在多薦方士，轉相汲引，其數浸繁。借令天下眞有神仙，彼必深潛巖壑，惟畏人知。凡候伺權貴之門，以大言自衒奇技驚衆者，伺，相吏翻。衒，熒絹翻。伎，渠綺翻。皆不軌徇利之人，豈可信其說而餌其藥邪！夫藥以愈疾，非朝夕常餌之物；況金石酷烈有毒，又益以火氣，殆非人五藏之所能勝也。藏，徂浪翻。勝，音升。古者君飲藥，臣先嘗之，記曲禮之言。乞令獻藥者先自餌一年，則眞僞自可辨矣。」上怒，十一月，己亥，貶潾江陵令。

24 初，羣臣議上尊號，皇甫鎛欲增「孝德」字，中書侍郎、同平章事崔羣曰：「言聖則孝在其中矣。」鎛譖羣於上曰：「羣於陛下惜『孝德』二字。」上怒。時鎛給邊軍賜與，多不時得，又所給多陳敗，陳，舊也。不可服用，軍士怨怒，流言欲爲亂。流言，放言也。李光顏憂懼，欲自殺；李光顏時帥邠寧。遣人訴於上，上不信。京師恟懼，羣具以中外人情上聞。上聞，時掌翻。鎛密言於上曰：「邊賜皆如舊制，而人情忽如此者，由羣鼓扇，將以賣直，歸怨於上也。」上以爲然。十二月，乙卯，以羣爲湖南觀察使，於是中外切齒於鎛矣。小人去君子以爲自安之謀，不知適所以自危也。

25 中書舍人武儒衡，有氣節，好直言，好，呼到翻。上器之，顧待甚渥，人皆言且入相。令狐楚忌之，思有以沮之者，沮，在呂翻。乃薦山南東道節度推官狄兼謩才行。行，戶孟翻。癸亥，擢兼謩左拾遺內供奉。以資序尚淺，未除正官，令於左拾遺班內供奉，猶監察御史裏行也。兼謩，仁傑之族曾孫也。楚自草制辭，盛言「天后竊位，姦臣擅權，賴仁傑保佑中宗，克復明辟。」事見武后紀。儒衡泣訴於上，且言：「臣曾祖平一，在天后朝，辭榮終老。」平一在武后時，畏禍居嵩山，脩浮屠法，累詔不起。上由是薄楚之爲人。

十五年（庚子、八二〇）

1 春，正月，沂、海、兗、密觀察使曹華請徙理兗州；自沂州徙治兗州。許之。

2 義成節度使劉悟入朝。

3 初，左軍中尉吐突承璀謀立澧王惲爲太子，惲，於粉翻。上不許。及上寢疾，承璀謀尚未息；太子聞而憂之，密遣人問計於司農卿郭釗，釗曰：「殿下但盡孝謹以俟之，勿恤其他。」釗，太子之舅也。釗，音昭。

上服金丹，多躁怒，左右宦官往往獲罪，有死者，人人自危；庚子，暴崩於中和殿。年四十三。時人皆言內常侍陳弘志弒逆，考異曰：實錄但云「上崩於大明宮之中和殿」。舊紀曰：「時帝暴崩，皆言內官陳弘志弒逆，史氏諱而不書。」王守澄傳曰：「憲宗疾大漸，內官陳弘慶等弒逆。憲宗英武，威德在人，內官秘之，不敢除討，但云藥發暴崩。」新傳曰：「守澄與內常侍陳弘志弒帝於中和殿。」裴廷裕東觀奏記云：「宣宗追恨光陵商臣之酷，郭太后亦以此暴崩。」然茲事曖昧，終不能測其虛實。故但云暴崩。其黨類諱之，不敢討賊，但云藥發，外人莫能明也。

中尉梁守謙與諸宦官馬進潭、劉承偕、韋元素、王守澄等共立太子，殺吐突承璀及澧王惲，賜左、右神策軍士錢人五十緡，六軍、威遠人三十緡，按新志：左、右龍武，左、右神武，左、右神策，號六軍。今神策軍賜錢既厚而復有六軍，則明唐中世以後以左・右羽林、龍武、神武爲六軍也。威遠別是一軍。左、右金吾人十五緡。

閏月，丙午，穆宗即位于太極殿東序。是日，召翰林學士段文昌等及兵部郎中薛放、駕部員外郎丁公著對于思政殿。以嗣君即位于太極殿東序及下文輟西宮朝臨徵之，中和殿、思政殿疑皆在西內。實錄言憲宗崩于大明宮之中和殿，則在東內。放，戎之弟；薛戎見二百三十五卷德宗貞元十六年。公著，蘇州人；皆太子侍讀也。上未聽政，放、公著常侍禁中，參預機密，上欲以爲相，二人固辭。

4 丁未，輟西宮朝臨，西宮，即西內。大行在殯，臣子朝夕臨。臨，哭也。朝，如字，音陟遙翻。臨，力浸翻。集羣臣於月華門外。唐東、西內皆有月華門。西內則太極門內之東廂有日華門，西廂有月華門。東內則宣政殿東廊有日華門，西廊有月華門。貶皇甫鎛爲崖州司戶；市井皆相賀。

5 上議命相，令狐楚薦御史中丞蕭俛；辛亥，以俛及段文昌皆爲中書侍郎、同平章事。楚、俛與皇甫鎛皆同年進士，上欲誅鎛，以其附吐突承璀欲立澧王也。俛及宦官救之，故得免。壬子，杖殺柳泌及僧大通，自餘方士皆流嶺表；貶左金吾將軍李道古循州司馬。以其薦柳泌，且保護之也。

6 癸丑，以薛放爲工部侍郎，丁公著爲給事中。

7 乙卯，尊郭貴妃爲皇太后。

8 丁卯，上與羣臣皆釋服從吉。用漢文帝遺制也。

9 二月，丁丑，上御丹鳳門樓，赦天下。事畢，盛陳倡優雜戲於門內而觀之。倡，音昌。丁亥，上幸左神策軍觀手搏雜戲。

庚寅，監察御史楊虞卿上疏，以爲：「陛下宜延對羣臣，周徧顧問，惠以氣色，使進忠若趨利，趨，七喻翻。論政若訴冤，如此而不致升平者，未之有也。」衡山人趙知微亦上疏諫上遊畋無節。上雖不能用，亦不罪也。吳分湘南縣置衡山縣，唐初屬潭州，神龍三年度屬衡州。九域志：在州東北二百三十里。

10 壬辰，廢邕管，命容管經略使陽旻兼領之。

11 安南都護桂仲武至安南，楊清拒境不納。清用刑慘虐，其黨離心；仲武遣人說其酋豪，說，式芮翻。數月間，降者相繼，得兵七千餘人。朝廷以仲武爲逗遛，甲午，以桂管觀察使裴行立爲安南都護。乙未，以太僕卿杜式方爲桂管觀察使。丙申，貶仲武爲安州刺史。

12 丹王逾薨。逾，代宗子。

13 吐蕃寇靈武。

14 憲宗之末，回鶻遣合達干來求昏尤切；憲宗許之。三月，癸卯朔，遣合達干歸國。

15 上見夏州觀察判官柳公權書跡，愛之。辛酉，以公權爲右拾遺、翰林侍書學士。使之侍書而已，不使任代言之職。上問公權：「卿書何能如是之善？」對曰：「用筆在心，心正則筆正。」上默然改容，知其以筆諫也。公權，公綽之弟也。

16 辛未，安南將士開城納桂仲武，執楊清，斬之。裴行立至海門而卒；海門鎭，在白州博白縣東南。卒，子恤翻。復以仲武爲安南都護。

17 吐蕃寇鹽州。

18 初，膳部員外郎元稹爲江陵士曹，憲宗元和五年，元稹貶江陵士曹，事見二百三十八卷。與監軍崔潭峻善。上在東宮，聞宮人誦稹歌詩而善之；及卽位，潭峻歸朝，獻稹歌詩百餘篇。上問「稹安在？」對曰：「今爲散郎。」郎中謂之正郎，員外郎謂之散郎。散，悉亶翻。夏，五月，庚戌，以稹爲祠部郎中、知制誥;唐制:中書舍人六人,一人知制誥。開元初,以他官掌詔敕,未命,謂之兼知制誥。朝論鄙之。朝,直遥翻。會同僚食瓜於閣下,中書省曰鳳閣,又有紫微閣。有青蠅集其上,中書舍人武儒衡以扇揮之曰:「適從何來,遽集於此!」以蠅喻稹。同僚皆失色,儒衡意氣自若。

19 庚申,葬神聖章武孝皇帝于景陵;景陵,在同州奉先縣西北二十里金熾山。廟號憲宗。古者祖有功而宗有德,商之中宗、高宗是也。西漢以文帝爲太宗,武帝爲世宗,宣帝爲中宗,猶彷彿古意。東漢自明帝至桓帝廟號皆稱宗,非古也。唐十七宗,今人所稱者,三宗而已。

20 六月,以湖南觀察使崔羣爲吏部侍郎,召對別殿。上曰:「朕升儲副,知卿爲羽翼。」事見二百三十八卷憲宗元和七年。對曰:「先帝之意,久屬聖明,臣何力之有!」崔羣之對,詞氣和而正,處送往事居之間,當以爲法。

21 太后居興慶宮,每朔望,上帥百官詣宮上壽。帥,讀曰率。宮上,時掌翻。上性侈,所以奉養太后尤爲華靡。淮西既平,憲宗之政衰矣,況穆宗欲有以加之邪!

22 秋,七月,乙巳,以鄆、曹、濮節度爲天平軍。鄆,音運。濮,博木翻。鄆州,古須句國,秦爲薛郡,漢爲東平國,隋置鄆州,京師東北一千六百九十七里。曹州,漢濟陰國,後魏置西兗州,後周改曹州,取古國名也,京師東北一千四百五十三里。濮州,漢東郡鄄城縣地,後魏置濮陽郡,隋爲濮州,京師東北一千五百七十里。

23 門下侍郎、同平章事令狐楚坐爲山陵使,部吏盜官物,又不給工人傭直,收其錢十五萬緡爲羡餘獻之，羡，式面翻。怨訴盈路，丁卯，罷爲宣、歙、池觀察使。以史氏所書令狐楚此事言之，則罷相誠是也；以宣宗之用令狐綯言之，則罷楚爲非矣；觀史必有能辨其是非者。宣州，秦鄣郡地，漢爲丹楊郡，順帝改爲宣城郡，隋爲宣州，京師東南三千五百五十一里。歙州，吳新都郡，晉改新安郡，隋爲歙州，京師東南三千六百六十七里。池州，漢石城縣地，梁昭明太子以其水出魚美，改名貴池，唐置池州，東至宣州三百五里。歙，書涉翻。

24 八月，癸巳，發神策兵二千浚魚藻池。魚藻池在魚藻宮。程大昌曰：禁池中有山，山中建魚藻宮。王建宮詞云：「魚藻宮中鎖翠娥，先皇幸處不曾過。而今池底休鋪錦，菱葉雞頭漸漸多。」先皇，謂德宗也。自東內苑玄化門入禁苑，魚藻宮在其西。

25 戊戌，以御史中丞崔植爲中書侍郎、同平章事。

26 己亥，再貶令狐楚衡州刺史。

27 上甫過公除，遵漢制三十七日釋服，謂之公除。按此時以二十七日公除，下所謂易月也。卽事遊畋聲色，賜與無節。九月，欲以重陽大宴，九月九日，謂之重陽。九，陽數也，故云。貞元五年，詔以二月一日、三月三日、九月九日爲三令節，任文武百寮選勝地追賞爲樂。拾遺李珏帥其同僚上疏曰：「伏以元朔未改，珏，古岳翻。元朔未改，謂未踰年也。春秋書元年春王正月卽位。園陵尚新，雖陛下就易月之期，俯從人欲；而禮經著三年之制，猶服心喪。謂公除易服，爲天下也。而三年之慕，內切於心，不可變也。遵同軌之會始離京，左傳：天子七月而葬，同軌畢至。離，力智翻。告遠夷之使未復命。唐制：國有大喪，遣使宣遺詔於四夷，謂之告哀使。遏密弛禁，蓋爲齊人；書舜典曰：三載，四海遏密八音。孔安國註：遏，絕也。密，靜也。齊人，猶言齊民。爲，于僞翻。合樂後庭，事將未可。」上不聽。

28 戊午，加邠寧節度使李光顏、武寧節度使李愬並同平章事。

29 冬，十月，王承宗薨；其下祕不發喪，子知感、知信皆在朝，憲宗元和十三年，王承宗以二子爲質於朝，事見上卷。諸將欲取帥於屬內諸州。帥，所類翻；下同。參謀崔燧以承宗祖母涼國夫人命，告諭諸將及親兵，涼國夫人，蓋王武俊之妻。立承宗之弟觀察支使承元。

承元時年二十，考異曰：舊傳作「年十八」。按承元，大和七年卒，年三十三。則於今年二十矣。今從實錄。將士拜之，承元不受，泣且拜；諸將固請不已，承元曰：「天子遣中使監軍，有事當與之議。」及監軍至，亦勸之。承元曰：「諸公未忘先德，不以承元年少，少，詩照翻。欲使之攝軍務，承元請盡節【章：十二行本「節」下有「天子」二字；乙十一行本同；孔本同；張校同。】以遵忠烈【章：十二行本「烈」下有「王」字；乙十一行本同；張校同。】之志，王武俊封清河郡王，謚忠烈。諸公肯從之乎！」衆許諾。承元乃視事於都將聽事，聽，讀曰廳。都將聽事，都知兵馬使之聽事也。令左右不得謂己爲留後，委事於參佐，密表請朝廷除帥。

庚辰，監軍奏承宗疾亟，弟承元權知留後，并以承元表聞。

30 党項復引吐蕃寇涇州，復，扶又翻。連營五十里。

31 辛巳，遣起居舍人柏耆詣鎮州宣慰。是年改恆州爲鎮州，避上名也。

32 壬午，羣臣入閤。歐陽修曰：唐故事，天子日御殿見羣臣，曰常參。朔望薦食諸陵寢，有思慕之心，不能臨前殿，則御便殿見羣臣，曰入閤。宣政，前殿也，謂之衙，衙有仗。紫宸，便殿也，謂之閤。其不御前殿而御紫宸也，乃自正衙喚仗由閤門而入，百官俟朝于衙者因隨而入見，故謂之入閤。程大昌曰：宣政之左有東上閤，宣政之右有西上閤，二閤在殿左右，而入閤者由之而入也。西内太極宮兩儀殿左右有東、西閤門，而兩廊下有日華、月華門。其曰閤者，卽内殿也，非眞有閤也。又曰：西内太極殿北有兩儀殿，卽常日視朝之所。太極殿兩廡有東西二上閤，則是兩閤皆有門可入已，又可轉北而入兩儀。按程大昌言西内二閤門，後說較爲明白，而宣政殿入閤，則東内也。諫議大夫鄭覃、崔郾等五人進言：「陛下宴樂過多，郾，音偃。樂，音洛。畋遊無度。今胡寇壓境，謂吐蕃入寇也。忽有急奏，不知乘輿所在。乘，繩證翻。又晨夕與【章：十二行本「與」下有「近習」二字；乙十一行本同；孔本同；張校同；退齋校同。】倡優狎暱，倡，音昌。暱，尼質翻。賜與過厚。夫金帛皆百姓膏血，非有功不可與。雖內藏有餘，藏，徂浪翻。願陛下愛之，萬一四方有事，不復使有司重斂百姓。」復，扶又翻。斂，力贍翻。時久無閤中論事者，入閤，諫官論事，太宗之制也。上始甚訝之，訝，驚疑也。謂宰相曰：「此輩何人？」對曰：「諫官。」上乃使人慰勞之，勞，力到翻。曰：「當依卿言。」宰相皆賀，然實不能用也。考異曰：舊崔郾傳曰：「上卽位，荒於禽酒，坐朝常晚。郾與同列鄭覃等延英切諫，上甚嘉之，畋游稍簡。」杜牧郾行狀曰：「穆宗皇帝春秋富盛，稍以畋游聲色爲事，公晨朝正殿，揮同列進而言曰：『十一聖之功德，四海之大，萬國之衆之治之亂，懸於陛下。自山已東百城千里，昨日得之，今日失之。西望戎壘，距宗廟十舍，百姓憔悴，蓄積無有。願陛下稍親政事，天下幸甚。』誠至氣直，天子爲之動容斂袖，慰而謝之。」按是時未失山東，杜牧直取穆宗時事文飾以爲鄙諫辭耳。新傳承而用之，皆誤也。今從實錄、舊傳。覃，珦瑜之子也。鄭珦瑜，永貞間爲相。

33 上嘗謂給事中丁公著曰：「聞外間人多宴樂，樂，音洛。此乃時和人安，足用爲慰。」公著對曰：「此非佳事，恐漸勞聖慮。」上曰：「何故？」對曰：「自天寶以來，公卿大夫競爲遊宴，沈酣晝夜，優雜子女，沈，持林翻。樂記：獿雜子女。鄭註曰：獿，或爲優。孔穎達曰：獿雜，謂獼猴也。言舞戲之時，狀如獼猴間雜，男子婦人無別也。不愧左右。如此不已，則百職皆廢，陛下能無獨憂勞乎！願少加禁止，乃天下之福也。」考異曰：實錄：「明年二月景子，觀神策雜伎。」因云「上嘗召公著問」云云。舊紀遂云「其日，上歡甚，顧公著」云云。此誤也。今因覃等諫荒宴事言之。

34 癸未，涇州奏吐蕃進營距州三十里，告急求救；以右軍中尉梁守謙爲左・右神策京西・北行營都監，將兵四千人，并發八鎭全軍救之；左、右神策軍分屯近畿，凡八鎭，長武、興平、好時、普潤、郃陽、良原、定平、奉天也。宋白所記與此稍異。賜將士裝錢二萬緡。以鄭王府長史邵同爲太府少卿兼御史中丞，充答吐蕃請和好使。鄭王經，順宗子也。將，卽亮翻。緡，彌巾翻。郯，音談。長，知兩翻。少，始照翻。好，呼到翻。使，疏吏翻。

初，祕書少監田洎入吐蕃爲弔祭使，按新書吐蕃傳：帝卽位，遣田洎往告哀。則以洎爲告哀使，非弔祭使。吐蕃請與唐盟於長武城下，洎恐吐蕃留之不得還，唯阿而已。還，音旋。唯，于癸翻。老子曰：唯之與阿，相去幾何。既而吐蕃爲党項所引入寇，因以爲辭曰：「田洎許我將兵赴盟。」於是貶洎郴州司戶。党，底朗翻。洎，其冀翻。將，卽亮翻，又音如字。郴，丑林翻。

35 成德軍始奏王承宗薨。乙酉，徙田弘正爲成德節度使，以王承元爲義成節度使，劉悟爲昭義節度使，李愬爲魏博節度使。田弘正自魏博徙成德，劉悟自義成徙昭義，李愬初自武寧徙昭義，尋改魏博。又以左金吾將軍田布爲河陽節度使。

36 渭州刺史郝玼數出兵襲吐蕃營，所殺甚衆。元和四年，以原州之平涼縣置行渭州。數，所角翻。李光顏發邠寧兵救涇州。考異曰：舊傳，光顏救涇州事在十四年，今從實錄。邠寧兵以神策受賞厚，皆慍曰：「人給五十緡而不識戰鬭者，彼何人邪！謂上卽位之賞也。慍，於問翻。常額衣資不得而前冒白刃者，此何人邪！」洶洶不可止。光顏親爲開陳大義以諭之，爲，于僞翻。言與涕俱，然後軍士感悅而行。將至涇州，吐蕃懼而退。丙戌，罷神策行營。罷梁守謙之軍也。

西川奏吐蕃寇雅州；辛卯，鹽州奏吐蕃營於烏、白池，鹽州五原縣有烏、白池，唐時鹽州元管四池：烏池、白池、瓦窰池、細項池。青、白鹽池在鹽州北。尋亦皆退。

37 十一月，癸卯，遣諫議大夫鄭覃詣鎭州宣慰，賜錢一百萬緡以賞將士。王承元既請朝命，諸將及鄰道爭以故事勸之；承元皆不聽。及移鎮義成，將士諠譁不受命，承元與柏耆召諸將以詔旨諭之，諸將號哭不從。號，戶刀翻。承元出家財以散之，擇其有勞者擢之，謂曰：「諸公以先代之故，不欲承元去，此意甚厚。然使承元違天子之詔，其罪大矣。昔李師道之未敗也，朝廷嘗赦其罪，師道欲行，諸將固留之；其後殺師道者亦諸將也。事見上卷元和十三年、十四年。諸將勿使承元爲師道，則幸矣。」因涕泣不自勝，且拜之。勝，音升。十【嚴：「十」改「牙」。】將李寂等十餘人固留承元；承元斬以徇，軍中乃定。丁未，承元赴滑州。考異曰：舊承元傳曰：「承元與柏耆召諸將於館驛，諭之，斬李寂等，軍中始定。」舊鄭覃傳曰：「王承元移授鄭滑，鎮之三軍留承元，不能赴鎮。承元乞重臣宣諭，乃以覃爲宣諭使。初，鎮卒辭語不遜，覃至，宣詔，諭以大義，軍人釋然聽命。」按實錄：「辛亥，田弘正奏：『今月九日王承元領兵二千人赴滑州。』」計覃於時猶未能到鎮州，作傳者推以爲覃功耳。今從承元傳。將吏或以鎮州器用財貨行，承元悉命留之。

38 上將幸華清宮，戊午，宰相率兩省供奉官詣延英門，兩省，以中書、門下言也。兩省官自左、右常侍以下至遺、補、起居郎、舍人，皆供奉官也。延英門，延英殿門。三上表切諫，且言：「如此，臣輩當扈從。」從，才用翻；下同。求面對，皆不聽。諫官伏門下，門下，謂延英門下。至暮，乃退。己未，未明，上自複道出城，幸華清宮，自複道至興慶宮，因而出城，不欲出皇城，使百官知之而扈從也。獨公主、駙馬、中尉、神策六軍使帥禁兵千餘人扈從，晡時還宮。帥，讀曰率。

39 十二月，己巳朔，鹽州奏：吐蕃千餘人圍烏、白池。

40 庚辰，西川奏南詔二萬人入界，請討吐蕃。

41 癸未，容管奏破黃少卿萬餘衆，拔營柵三十六。時少卿久未平，國子祭酒韓愈上言：「臣去年貶嶺外，謂貶潮州也。熟知黃家賊事。其賊無城郭可居，依山傍險，傍，蒲浪翻。自稱洞主，尋常亦各營生，急則屯聚相保。比緣邕管經略使比，毗至翻。多不得人，德既不能綏懷，威又不能臨制，侵欺虜縛，以致怨恨；遂攻劫州縣，侵暴平人，或復私讎，或貪小利，或聚或散，終亦不能爲事。言不能爲大事也。近者征討本起裴行立、陽旻，事見上十四年。此兩人者本無遠慮深謀，意在邀功求賞。亦緣見賊未屯聚之時，將謂單弱，爭獻謀計。自用兵以來，已經二年，前後所奏殺獲計不下二萬餘人，儻皆非虛，賊已尋盡。至今賊猶依舊，足明欺罔朝廷。邕、容兩管，經此凋弊，殺傷疾疫，十室九空，如此不已，臣恐嶺南一道未有寧息之時。自南討已來，賊徒亦甚傷損，察其情理，厭苦必深。賊所處荒僻，處，昌呂翻。假如盡殺其人，盡得其地，在於國計不爲有益。若因改元大慶，謂即位踰年改元，大赦天下。赦其罪戾，遣使宣諭，必望風降伏。仍爲選擇有威信者爲經略使，降，戶江翻。仍爲，于僞翻。苟處置得宜，處，昌呂翻。自然永無侵叛之事。」上不能用。

穆宗睿聖文惠孝皇帝上諱恆，憲宗第三子。

長慶元年（辛丑、八二一）

1春，正月，辛丑，上祀圜丘；赦天下，改元。河北諸道各令均定兩稅。以河北諸鎮各奉圖請吏，輸賦稅，故令均定之。

2門下侍郎、同平章事蕭俛，介潔疾惡，爲相，重惜官職，少所引拔。俛，音免。少，詩沼翻。西川節度使王播大修貢奉，且以賂結宦官，求爲相，段文昌復左右之；復，扶又翻。左，音佐。右，音佑。詔徵播詣京師。俛屢於延英力爭，言：「播纖邪，物論沸騰，不可以汙台司。」汙，烏故翻，涴也。上不聽，俛遂辭位。己未，播至京師。壬戌，俛罷爲右僕射。俛固辭僕射，二月，癸酉，改吏部尚書。

3盧龍節度使劉總既殺其父兄，事見二百三十八卷憲宗元和五年。心常自疑，數見父兄爲祟；數，所角翻。祟，雖遂翻。常於府舍飯僧數百，飯，扶晚翻。使晝夜爲佛事，每視事退則處其中，或處他室，則驚悸不敢寐。處，昌呂翻。悸，其季翻。晚年，恐懼尤甚；亦見河南、北皆從化，己卯，奏乞棄官爲僧；考異曰：舊溫造傳曰：「長慶元年，奉使河朔稱旨，遷殿中侍御史。既而幽州劉總請以所部九州聽朝旨，穆宗選可使者，或薦造，乃拜起居舍人，充太原、幽州、鎮州宣諭使。造初至范陽，劉總具櫜鞬郊迎，乃宣聖旨，示以禍福。總俯伏流汗，若兵加於頸矣。及造使還，總遂移家入覲。」按實錄：長慶元年正月己巳，以造爲太原、鎮州等道宣慰使。二月己卯，劉總奏乞爲僧。計造奉使尚未還。三月癸亥，總已卒。八月丁亥，以殿中侍御史溫造爲起居舍人、充鎮州四面諸軍宣慰使。造前以京兆司錄宣慰兩河，衆推其材，故有是命。舊傳誤也。仍乞賜錢百萬緡以賞將士。

4 上面諭西川節度使王播令歸鎮，播累表乞留京師。會中書侍郎、同平章事段文昌請退，壬申，以文昌同平章事，充西川節度使；以翰林學士杜元穎爲戶部侍郎、同平章事；以播爲刑部尚書，充鹽鐵轉運使。元穎，淹之六世孫也。杜淹，太宗朝爲相。

5 回鶻保義可汗卒。

6 三月，癸丑，以劉總兼侍中，充天平節度使；以宣武節度使張弘靖爲盧龍節度使。

7 乙卯，以權知京兆尹盧士玫爲瀛莫觀察使。玫，莫杯翻。

丁巳，詔劉總兄弟子姪皆除官，大將僚佐亦宜超擢，百姓給復一年，復，方目翻。軍士賜錢一百萬緡。

8 戊午，立皇弟憬爲鄜王，悅爲瓊王，惸爲沔王，懌爲婺王，愔爲茂王，怡爲光王，協爲淄王，憺爲衢王，惋爲澶王；憬，居永翻。惸，渠營翻。愔，挹淫翻。憺，徒覽翻，又徒濫翻。惋，烏貫翻。澶，時連翻。皇子湛爲景王，涵爲江王，湊爲漳王，溶爲安王，瀍爲潁王。

9 劉總奏懇乞爲僧，且以其私第爲佛寺；詔賜總名大覺，寺名報恩，遣中使以紫僧服及天平節鉞、侍中告身并賜之，惟其所擇。

詔未至，總已削髮爲僧，將士欲遮留之，總殺其唱帥者十餘人，遮留者，遮道而留行。唱帥者，作唱以帥衆。帥，讀曰率。夜，以印節授留後張玘，遁去；張玘與總同謀殺其父兄者也。及明，軍中始知之。玘奏總不知所在；考異曰：新傳：「總以節付張皋。皋，玘之兄，爲涿州刺史，總之妻父也。」按實錄：「幽州留後張玘奏：『總以剃髮爲僧，不知所在。』」然則不以節付皋也。癸亥，卒于定州之境。德宗貞元元年，劉怦得幽州，三世，三十六年而滅。

10 翰林學士李德裕，吉甫之子也，以中書舍人李宗閔嘗對策譏切其父，恨之。譏切事見二百三十七卷憲宗元和三年。宗閔又與翰林學士元稹爭進取有隙。右補闕楊汝士與禮部侍郎錢徽掌貢舉，西川節度使段文昌、翰林學士李紳各以書屬所善進士於徽；及榜出，文昌、紳所屬皆不預，屬，之欲翻；下屬書同。牓者，書取中進士姓名而揭示之。及第者，取中進士，謂之及第，言其文學及等第也。鄭朗，覃之弟；裴譔，度之子；蘇巢，宗閔之壻；楊殷士，汝士之弟也。文昌言於上曰：「今歲禮部殊不公，殊，絕也。所取進士皆子弟無藝，言皆公卿子弟，無藝能也。以關節得之。」唐人謂相屬請爲關節，此語至今猶然。上以問諸學士，德裕、稹、紳皆曰：「誠如文昌言。」上乃命中書舍人王起等覆試。覆，審也。再引試取中進士以審其實才曰覆試。夏，四月，丁丑，詔黜朗等十人，考異曰：鄭覃傳曰：「朗，長慶元年登進士甲科。」此蓋言其始者登科耳。貶徽江州刺史，宗閔劍州刺史，汝士開江令。江州，京師東南二千九百四十八里。劍州，京師南一千六百六十二里。開江，漢朐䏰縣地，梁置漢豐縣，西魏改曰永寧縣，隋改曰盛山，唐代宗廣德元年改曰開江，帶開州。

或勸徽奏文昌、紳屬書，上必悟，徽曰：「苟無愧心，得喪一致，喪，息浪翻。柰何奏人私書，豈士君子所爲邪！」取而焚之，時人多之。紳，敬玄之曾孫；李敬玄，高宗朝爲相。起，播之弟也。自是德裕、宗閔各分朋黨，更相傾軋，垂四十年。更，工衡翻。

11 丙戌，册回鶻嗣君爲登囉羽錄沒密施句主毗伽崇德可汗。按通鑑例，回鶻新可汗未嘗書嗣君。唐會要曰：册回鶻可汗爲君登里囉羽錄密施句主毗伽崇德可汗。囉，魯何翻。

12 五月，丙申朔，回鶻遣都督、宰相等五百餘人來逆公主。

13 壬子，鹽鐵使王播奏：約榷茶額，每百錢加税五十。右拾遺李珏等上疏，以爲：「榷茶近起貞元多事之際，見二百三十四卷德宗貞元九年。今天下無虞，所宜寬横斂之目；横，戶孟翻。斂，力贍翻。而更增之，百姓何時當得息肩！」不從。

14 丙辰，建王恪薨。恪，上弟也。

15 癸亥，以太和長公主嫁回鶻。公主，上之妹也。吐蕃聞唐與回鶻婚，六月，辛未，寇青塞堡；新書吐蕃傳作「清塞堡」。鹽州刺史李文悅擊卻之。戊寅，回鶻奏：「以萬騎出北庭，萬騎出安西，拒吐蕃以迎公主。」

16 初，劉總奏分所屬爲三道：以幽、涿、營爲一道，請除張弘靖爲節度使；平、薊、嬀、檀爲一道，請除平盧節度使薛平爲節度使；瀛、莫爲一道，請除權知京兆尹盧士玫爲觀察使。釋名曰：幽州在北，幽昧之地，故曰幽。西南至涿州一百二十里。營州，以營室分爲名。幽、涿接境。營州治柳城，道里絕遠。劉總奏以爲一道，必有說。平州西至薊州二百里。薊州西北至檀州二百十七里。檀州西至嬀州二百五十里。瀛州北至莫州二百一十里。玫，莫回翻。弘靖先在河東，以寬簡得衆，弘靖鎮河東見二百三十九卷憲宗元和十一年。總與之鄰境，幽、并二鎮接壤。聞其風望，以燕人桀驁日久，燕，於賢翻。故舉弘靖自代以安輯之。平，嵩之子，薛嵩從史思明爲將，代宗初來降。知河朔風俗，而盡誠於國，故舉之。士玫，則總妻族之親也。總又盡擇麾下【章：十二行本「下」下有「宿將有功」四字；乙十一行本同；退齋校同；張校同，云無註本亦無。】伉健難制者都知兵馬使朱克融等送之京師，伉，口浪翻。無所卑屈曰伉。乞加獎拔，使燕人有慕羨朝廷祿位之志。又獻征馬萬五千匹。征馬，戰馬也。然後削髮委去。委，棄也。克融，滔之孫也。朱滔畔換於德宗之時。

是時上方酣宴，不留意天下之務，崔植、杜元穎無遠略，不知安危大體，苟欲崇重弘靖，惟割瀛、莫二州，以士玫領之，自餘皆統於弘靖。朱克融等久羈旅京師，至假匄衣食，日詣中書求官，植、元穎不之省。匄，居大翻，乞也。省，悉景翻，察也。及除弘靖幽州，勒克融輩歸本軍驅使，克融輩皆憤怨。

先是，河北節度使皆親冒寒暑，與士卒均勞逸。先，悉薦翻。及弘靖至，雍容驕貴，肩輿於萬衆之中，燕人訝之。訝者，見之而驚疑也。燕，於賢翻；下同。弘靖莊默自尊，涉旬乃一出坐決事，賓客將吏罕得聞其言，情意不接，政事多委之幕僚。而所辟判官韋雍輩多年少輕薄之士，嗜酒豪縱，出入傳呼甚盛，或夜歸燭火滿街，皆燕人所不習也。詔以錢百萬緡賜將士，弘靖留其二十萬緡充軍府雜用，雍輩復裁刻軍士糧賜，復，扶又翻。繩之以法，數以反虜詬責吏卒，數，所角翻。詬，許候翻，又古候翻。謂軍士曰：「今天下太平，汝曹能挽兩石弓，不若識一丁字！」由是軍中人人怨怒。撫柔荒獷，宣流德化，適其俗、脩其政者易爲功。駭之以其所未嘗見，懼之以其所未嘗聞，鮮不速禍。

容肇祖標點聶崇岐覆校

資治通鑑卷第二百四十二

端明殿學士兼翰林侍讀學士太中大夫提舉西京嵩山崇福宮上柱國河內郡開國公食邑二千二百戶食實封九百戶賜紫金魚袋臣司馬光奉敕編集

後學天台胡三省音註

唐紀五十八起重光赤奮若（辛丑）七月，盡玄黓攝提格（壬寅），凡一年有奇。

穆宗睿聖文惠孝皇帝中

長慶元年（辛丑、八二一）

1 秋，七月，甲辰，韋雍出，逢小將策馬衝其前導，雍命曳下，欲於街中杖之。河朔軍士不貫受杖，不服。韋雍欲以柳公綽治京兆之體治幽燕，然公綽行之則可肅清輦轂，韋雍行之則召禍興戎，所居之地不同也。貫，讀曰慣。雍以白弘靖，弘靖命軍虞候繫治之。治，直之翻。是夕，士卒連營呼譟作亂，將校不能制，遂入府舍，掠弘靖貨財、婦女，囚弘靖於薊門館，薊門館，幽州驛館也。殺幕僚韋雍、張宗元、考異曰：舊傳作「張宗厚」。今從實錄。崔仲卿、鄭塤、塤，許元翻。都虞候劉操、押牙張抱元。明日，軍士稍稍自悔，悉詣館謝弘靖，請改心事之，凡三請，弘靖不應，軍士乃相謂曰：「相公無言，是不赦吾曹。軍中豈可一日無帥！」乃相與迎舊將朱洄，奉以爲留後。洄，克融之父也，時以疾廢臥家，自辭老病，請使克融爲之；衆從之。帥，所類翻。將，卽亮翻。

或問：「當亂軍相率詣館謝弘靖之時，弘靖若能以任迪簡行於中山者行之，可以弭亂乎？」曰：「否。迪簡能與其下同甘苦，弘靖驕貴簡默。弘靖婦女爲兵所掠，僚佐爲兵所殺，使燕人果能改心以事弘靖，亦徒建節帥空名於悍將兇卒之上耳。悍兇憑陵，無所不至，祇重辱而已。」衆以判官張徹長者，不殺。徹罵曰：「汝何敢反，行且族滅！」衆共殺之。考異曰：實錄：「徹到職纔數日，軍人不之殺，與弘靖同館處之。後數日，軍人恐徹與弘靖爲謀，將移之他所。徹自疑就戮，因抗聲大罵，復遇害。」舊傳曰：「續有張徹者，自遠使迴，軍人以其無過，不欲加害，將引置館中。徹不知其心，遂索弘靖所在，大罵軍人，亦爲亂兵所殺。」韓愈徹墓誌曰：「徹累官至范陽府監察御史。長慶元年，今牛宰相爲中丞，奏君爲御史，其府惜不敢留，遣之，而密奏『臣始至孤怯，須強佐乃濟。』發半道，有詔以君還之。至數日，軍亂，怨其府從事，盡殺之而囚其帥，且相約張御史長者，無庸殺，置之帥所。居月餘，聞有中貴人自京師至，君謂其帥：『公無負此土人，上使至，可因請見自辯，幸得脫免歸。』卽推門求出。守者以告其魁，魁與其徒皆駭曰：『張御史忠義，必爲其帥告此餘人，不如遷之別館。』卽以衆出君。君出門罵衆曰：『汝何敢反！前日吳元濟斬東市，昨日李師道斬於軍中，同惡者父母妻子皆屠死，肉餧狗鼠鴟鴉，汝何敢反！』行且罵。衆畏惡其言，不忍聞，且虞生變，卽擊君以死。君抵死口不絕罵。衆皆曰：『義士！義士！』或收瘞之以俟。」據舊傳：「徹以弘靖囚時被殺。」實錄云「後數日」，墓誌云「居月餘」，三書各不同。按此月丁巳，弘靖已貶官。月餘則離幽州矣。今從實錄，參以墓誌。余謂韓愈墓誌能紀張徹所以罵賊之言。實錄及舊傳能原張徹所以罵賊之心。若其月日，則考異已有所去取矣。

2 壬子，羣臣上尊號曰文武孝德皇帝；赦天下。

3 甲寅，幽州監軍奏軍亂；丁巳，貶張弘靖爲賓客、分司；貶爲太子賓客，分司東都也。己未，再貶吉州刺史。考異曰：舊傳：「貶撫州刺史。」按明年乃改撫州。今從實錄。庚申，以昭義節度使劉悟爲盧龍節度使。悟以朱克融方強，奏請「且授克融節鉞，徐圖之。」乃復以悟爲昭義節度使。

4 辛酉，太和公主發長安。

5 初，田弘正受詔鎮成德，自以久與鎮人戰，有父兄之仇，憲宗之世，田弘正兩出兵攻鎮冀。乃以魏兵二千從赴鎮，因留以自衞，奏請度支供其糧賜。舊制：諸鎮兵出境，度支給其衣糧。戶部侍郎、判度支崔倰，性剛褊，無遠慮，倰，力曾翻。以爲魏、鎮各自有兵，恐開事例，不肯給。弘正四上表，不報；不得已，遣魏兵歸。考異曰：舊弘正傳云：「七月，歸卒於魏州。」王庭湊傳云：「六月，魏兵還鎮。」崔倰傳曰：「遣魏卒還鎮。不數日而鎮州亂。」今從之。倰，沔之孫也。崔沔，開元初名臣。弘正厚於骨肉，兄弟子姪在兩都者數十人，競爲侈靡，弘正兄弟子姪皆仕於朝，分居東、西兩都。日費約二十萬，弘正輦魏、鎮之貨以供之，相屬於道；屬，之欲翻。河北將士頗不平。詔以錢百萬緡賜成德軍，度支輦運不時至，軍士益不悅。

都知兵馬使王庭湊，本回鶻阿布思之種也，廷湊曾祖五哥之，驍果善鬬，王武俊養以爲子，故冒姓王氏。阿布思者，天寶中以反誅。種，章勇翻。性果悍陰狡，悍，下罕翻，又侯旰翻。潛謀作亂，每抉其細故以激怒之，抉，一決翻，挑也。尙以魏兵故，不敢發。及魏兵去，壬戌夜，庭湊結牙兵譟於府署，殺弘正及僚佐、元從將吏并家屬三百餘人。從，才用翻；下再從同。廷湊自稱留後，逼監軍宋惟澄奏求節鉞。八月，癸巳，【嚴：「癸」改「己」。】惟澄以聞，朝廷震駭。崔倰於崔植爲再從兄，故時人莫敢言其罪。

初，朝廷易置魏、鎭帥臣，左金吾將軍楊元卿上言，以爲非便，又詣宰相深陳利害；及鎭州亂，上賜元卿白玉帶。辛未，以元卿爲涇原節度使。楊元卿以言驗受賞，然無救於鎭州之亂者，古之明君不徒賞言者而已，其言可行，必先從而行之。

瀛莫將士家屬多在幽州，壬申，莫州都虞候張良佐潛引朱克融兵入城，刺史吳暉不知所在。莫州，北接幽、薊，故先陷。

癸酉，王庭湊遣人殺冀州刺史王進岌，分兵據其州。

魏博節度使李愬聞田弘正遇害，素服令將士曰：「魏人所以得通聖化，至今安寧富樂者，樂，音洛。田公之力也。今鎭人不道，輒敢害之，是輕魏以爲無人也。諸君受田公恩，宜如何報之？」衆皆慟哭。深州刺史牛元翼，成德良將也，愬使以寶劍、玉帶遺之，遺，唯季翻。曰：「昔吾先人以此劍立大勳，謂平朱泚也。吾又以之平蔡州，今以授公，努力翦庭湊。」元翼以劍、帶徇于軍，報曰：「願盡死！」愬將出兵，會疾作，不果。元翼，趙州人也。

乙亥，起復前涇原節度使田布爲魏博節度使，令乘驛之鎮。布固辭不獲，與妻子賓客訣曰：「吾不還矣！」悉屏去旌節導從而行，屏，必郢翻，又卑正翻。從，才用翻。未至魏州三十里，被髮徒跣，號哭而入，居于堊室；被，皮義翻。號，戶刀翻。堊，遏各翻，白埴也。按間傳：父母之喪居倚廬，齊衰之喪居堊室。孔穎達正義曰：斬衰居倚廬，齊衰居堊室，論其正耳。亦有斬衰不居倚廬者，則雜記云：大夫居倚廬，士居堊室。是士服斬衰而居堊室。田布父爲鎮人所殺，寢苫枕戈之時也，今居堊室，蓋用士禮也。月俸千緡，一無所取，賣舊產，得錢十餘萬緡，皆以頒士卒，舊將老者兄事之。以田布所爲，宜可以得魏卒之心，而卒不濟者，人心已搖，而布之威略不振也。

丙子，瀛州軍亂，執觀察使盧士玫及監軍僚佐送幽州，囚於客館。

王庭湊遣其將王立攻深州，不克。

丁丑，詔魏博、橫海、昭義、河東、義武諸軍各出兵臨成德之境，若王庭湊執迷不復，宜即進討。成德大將王儉【嚴：「儉」改「位」。】等五人謀殺王庭湊，事泄，并部兵三千人皆死。

己卯，以深州刺史牛元翼爲深冀節度使。深州，南至冀州八十五里。

丁亥，以殿中侍御史溫造爲起居舍人，充鎮州四面諸軍宣慰使，歷澤潞、河東、魏博、橫海、深冀、易定等道，諭以軍期。造，大雅之五世孫也。高祖起兵，溫大雅掌書翰。己丑，以裴度爲幽、鎭兩道招撫使。

癸巳，王庭湊引幽州兵圍深州。

6 九月，乙巳，相州軍亂，殺刺史邢濋。濋，音楚。

7 吐蕃遣其禮部尚書論納羅來求盟。庚戌，以大理卿劉元鼎爲吐蕃會盟使。

8 壬子，朱克融焚掠易州、淶水、遂城、滿城。淶水，漢涿郡遒縣地。隋開皇元年以范陽爲道，更置范陽縣於此地，六年，改范陽曰固安，八年廢，十年又置永陽縣，十八年又改爲淶水。周官職方：其浸淶、易，蓋因淶水以名縣也。淶，音來。遂城，漢北新城縣地，屬中山國。後魏置南營州於其地，置五郡十都，後省併爲昌黎一郡，領永樂、新昌二縣；隋廢郡，因舊有武遂縣置遂城縣，唐屬易州。宋以遂城縣置威虜軍，金以縣置遂州，以滿城縣屬保州。

9 自定兩稅以來，定兩稅見二百二十六卷德宗建中元年。錢日重，物日輕，民所輸三倍其初，詔百官議革其弊。戶部尚書楊於陵以爲：「錢者所以權百貨，貿遷有無，所宜流散，貿，音茂。流散，謂錢流布於天下。不應蓄聚。今稅百姓錢藏之公府；又，開元中天下鑄錢七十餘爐，歲入百萬，新志云：天寶末，天下爐九十九，絳州三十，揚、潤、宣、鄂、蔚皆十，益、郴皆五，洋州三，定州一。蓋天寶末又加多於開元矣。今纔十餘爐，歲入十五萬，又積於商賈之室賈，音古。及流入四夷。又，大曆以前淄青、太原、魏博貿易雜用鉛鐵，嶺南雜用金、銀、丹砂、象齒，今一用錢。如此，則錢焉得不重，物焉得不輕！焉，於虔翻。今宜使天下輸稅課者皆用穀、帛，廣鑄錢而禁滯積積，子賜翻。及出塞者，錢出邊關，則流入於夷狄。則錢日滋矣。」朝廷從之，始令兩稅皆輸布、絲、纊；獨鹽、酒課用錢。

10 冬，十月，丙寅，以鹽鐵轉運使、刑部尚書王播爲中書侍郎、同平章事，使職如故。播爲相，專以承迎爲事，未嘗言國家安危。

11 以裴度爲鎮州四面行營都招討使。左領軍大將軍杜叔良，以善事權倖得進；時幽、鎮兵勢方盛，諸道兵未敢進，上欲功速成，宦官薦叔良，以爲深州諸道行營節度使。爲杜叔良喪師張本。以牛元翼爲成德節度使。

12 癸酉，命宰相及大臣凡十七人與吐蕃論訥羅盟于城西；遣劉元鼎與訥羅入吐蕃，亦與其宰相以下盟。吐蕃國有大相、副相，史因亦以宰相書之。

13 乙亥，以沂州刺史王智興爲武寧節度副使。先是，副使皆以文吏爲之，先，悉薦翻。上聞智興有勇略，欲用之於河北，故以是寵之。爲王智興逐其帥崔羣張本。

14 丁丑，裴度自將兵出承天軍故關以討王庭湊。承天軍當在遼州界。故關，卽嬢子關也。宋朝廢遼州，以平城、和順二縣爲鎮；以幷州之樂平、平定二縣爲平定軍，二鎮屬焉；以承天軍爲寨，屬平定縣。平定，唐之廣陽縣也。按沈存中筆談：鎮州通河東有兩路：飛狐路在大茂山之西，大茂山，恆山之岑也。自銀冶寨北出倒馬關，卻自石門子、令水鋪入缾形、梅回兩寨之間至代州。自石晉割地與契丹，以大茂山分脊爲界，此路已不通；惟北寨西出承天關路，可至河東，然路極峭峽。宋白曰：承天軍，太原東鄙，土門路所衝也。

15 朱克融遣兵寇蔚州。嬀州西南至蔚州二百四十里。蔚，紆勿翻。

16 戊寅，王庭湊遣兵寇蔚【章：十二行本「蔚」作「貝」；乙十一行本同；孔本同；退齋校同；熊校同。】州。

17 己卯，易州刺史柳公濟敗幽州兵於白石嶺，敗，補邁翻。殺千餘人。

18 庚辰，横海軍節度使烏重胤奏敗成德兵於饒陽。

19 辛巳，魏博節度使田布將全軍三萬人討王庭湊，屯於南宮之南，拔其二栅。

20 翰林學士元稹與知樞密魏弘簡深相結，求爲宰相，由是有寵於上，每事咨訪焉。元稹交結大閹，喪其素守，憲宗之過也。稹，止忍翻。稹無怨於裴度，但以度先達重望，恐其復有功大用，復，扶又翻。妨己進取，故度所奏畫軍事，多與弘簡從中沮壞之。度乃上表極陳其朋比姦蠹之狀，沮，在呂翻。壞，音怪。比，毗至翻。以爲：「逆竪構亂，震驚山東；逆竪，指王庭湊等。姦臣作朋，撓敗國政。姦臣，指元稹等。撓，奴敎翻。敗，補邁翻，屈也。陛下欲埽蕩幽、鎮，先宜肅清朝廷。何者？爲患有大小，議事有先後。河朔逆賊，祇亂山東；禁闈姦臣，必亂天下；是則河朔患小，禁闈患大。小者臣與諸將必能翦滅，大者非陛下覺寤制斷無以驅除。斷，丁亂翻。今文武百寮，中外萬品，有心者無不憤忿，憤，懣也。忿，怒也。有口者無不咨嗟，直以獎用方深，不敢抵觸，恐事未行而禍已及，不爲國計，且爲身謀。臣自兵興以來，所陳章疏，事皆要切，所奉書詔，多有參差，參，楚簪翻。差，楚宜翻。參差，不齊也。蒙陛下委付之意不輕，遭姦臣抑損之事不少。臣素與佞倖亦無讎嫌，正以臣前請乘傳詣闕，面陳軍事，傳，株戀翻。乘傳，乘驛馬也。姦臣最所畏憚，恐臣發其過，百計止臣。臣又請與諸軍齊進，隨便攻討，姦臣恐臣或有成功，曲加阻礙，逗遛日時；進退皆受羈牽，羈，馬絡頭也。牽，牛紖也。諭以馬牛動爲人所制。意見悉遭蔽塞。塞，悉則翻。但欲令臣失所，使臣無成，則天下理亂，山東勝負，悉不顧矣。爲臣事君，一至於此！若朝中姦臣盡去，則河朔逆賊不討自平；若朝中姦臣尙存，則逆賊縱平無益。陛下儻未信臣言，乞出臣表，使百官集議，彼不受責，臣當伏辜。」表三上，上，時掌翻。上雖不悅，以度大臣，不得已，癸未，以弘簡爲弓箭庫使，稹爲工部侍郎。稹雖解翰林，恩遇如故。爲相稹及于方事張本。

21 宿州刺史李直臣坐贓當死，宦官受其賂，爲之請，爲，于僞翻。御史中丞牛僧孺固請誅之。上曰：「直臣有才，可惜！」僧孺對曰：「彼不才者，無過溫衣飽食以足妻子，安足慮！本設法令，所以擒制有才之人。安祿山、朱泚皆才過於人，法不能制者也。」上從之。

22 橫海節度使烏重胤將全軍救深州，時王庭湊圍牛元翼於深州。諸軍倚重胤獨當幽、鎭東南，橫海，當鎭州之東，幽州之南。重胤宿將，知賊未可破，按兵觀釁。上怒，【章：十二行本「怒」下有「丙戌」二字；乙十一行本同。】以杜叔良爲橫海節度使，徙重胤爲山南西道節度使。

23 靈武節度使李進誠奏敗吐蕃三千騎於大石山下。敗，補邁翻。大石山，在魯州東南。魯州，六胡州之一也。在靈夏西河曲之地。

24 十一月，辛酉，淄青節度使薛平奏突將馬廷崟作亂，伏誅。崟，魚音翻。時幽、鎮兵攻棣州，平遣大將李叔佐將兵救之。刺史王稷供饋稍薄，軍士怨怒，宵潰，推廷崟爲主，行且收兵至七千餘人，徑逼青州。城中兵少，不敵，平悉發府庫及家財召募，得精兵二千人，逆戰，大破之，斬廷崟，其黨死者數千人。考異曰：河南記曰：「韓國公之節制青州也，長慶元年，詔徵數道兵馬，且問罪於常山，平盧發二千餘人駐于無棣。臨當回戈青州，所駐兵部內隊長有馬士端者，殺其首領，遂驅所部士卒，兼招召迫脅，比到博昌，已萬餘人，便謀入青州有日矣，韓公聞之，便議除討。大將等進計曰：『彼賊者兇頑一卒，無經遠之謀，可令紿以尚書已赴闕庭，三軍將吏皆延頸以待留後，賊必信之，懈然無備，可伏甲而虜之。』韓公大然其策。於是賊心不復疑貳，翌日，引兵而來。遂於城北三十餘里三面伏兵，賊衆果陷於我圍。信旗一麾，步騎雲合，賊衆驚擾，不知所爲，悉皆降伏。遂令投戈釋甲，驅入青州，矯令還家，待以不死。遂條其數目，明立簿書，三千、二千，各屯一處。霜刀齊發，蟻衆湯消，二萬餘人，同命一日。賊帥馬士端潰圍奔走，尋於鄒平渡口追獲，磔於城北。於是具列其狀以上聞，旋除左僕射。」據實錄作「馬廷崟」，舊傳作「馬狼兒」，河南記作「馬士端」，今名從實錄，事從舊傳。明年二月，平加僕射，舊傳云：「封魏國公」。河南記作「韓公」，恐誤。

25 橫海節度使杜叔良將諸道兵與鎮人戰，遇敵輒北；鎮人知其無勇，常先犯之。十二月，庚午，監軍謝良通奏叔良大敗於博野，博野，漢涿郡蠡吾縣之地，後漢分置博陵縣，後魏改爲博野，唐屬深州，宋爲永寧軍治所。宋白曰：雍熙四年，於博野縣置寧邊軍。失亡七千餘人。叔良脫身還營，喪其旌節。喪，息浪翻。

26丁丑，義武節度使陳楚奏敗朱克融兵於望都及北平，望都，漢縣，屬中山郡。張晏曰：都山在縣南，堯母慶都所居。堯山在縣北，登堯山望見都山，故以望都爲名。北齊併望都入北平，唐武德四年復置望都縣，屬定州。九域志：縣在州東北六十里。北平，亦漢古縣，唐屬定州。九域志：在州北九十里。宋白曰：定州北平縣，漢曲逆縣地，後漢改蒲陰；後魏孝昌中，於今縣東北二十里置北平郡於北平城，唐爲北平縣。按漢志，北平縣屬中山國。敗，補邁翻。斬獲萬餘人。

27戊寅，以鳳翔節度使李光顏爲忠武節度使、兼深州行營節度使，代杜叔良。

28自憲宗征伐四方，國用已虛，上即位，賞賜左右及宿衞諸軍無節，及幽、鎭用兵久無功，府藏空竭，勢不能支。藏，徂浪翻。支，持也，當也。執政乃議：「王庭湊殺田弘正而朱克融全張弘靖，罪有重輕，請赦克融，專討庭湊。」上從之。乙酉，以朱克融爲平盧節度使。「平盧」，當作「盧龍」。

29戊子，義武奏破莫州清源等三柵，斬獲千餘人。柵，側革翻。

二年（壬寅、八二二）

1春，正月，丁酉，幽州兵陷弓高。先是，弓高守備甚嚴，弓高縣，宋朝爲永靜軍地。先，悉薦翻。

有中使夜至，守將不內，旦，乃得入，中使大詬怒。詬，許候翻，又古候翻。賊諜知之，諜，達協翻。他日，僞遣人爲中使，投夜至城下，守將遽內之；賊衆隨之，遂陷弓高。史言唐宦者陵轢守禦捍敵之臣，使之失守。又圍下博。中書舍人白居易上言，以爲：「自幽、鎮逆命，朝廷徵諸道兵，計十七八萬，考異曰：白集作「七八十萬」，計無此數，恐是十七八萬誤耳！四面攻圍，已踰半年，王師無功，賊勢猶盛。弓高既陷，糧道不通，下博、深州，飢窮日急。深州西南皆逼於王庭湊，惟恃弓高以通橫海之餫。弓高既陷，糧道遂梗。九域志：弓高，東至滄州一百二十里，西北至深州二百里。蓋由節將太衆，其心不齊，莫肯率先，遞相顧望。又，朝廷賞罰，近日不行，未立功者或已拜官，已敗衂者不聞得罪；衂，女六翻。既無懲勸，以至遷延，若不改張，改張，猶更張也。董仲舒曰：譬如琴瑟不調，必改絃而更張之，乃可鼓也。必無所望。請令李光顏將諸道勁兵約三四萬人從東速進，開弓高糧路，【章：十二行本「路」下有「合下博諸軍」五字；乙十一行本同；退齋校同。】解深、邢重圍，「深邢」當作「深州」。重，直龍翻。與元翼合勢。令裴度將太原全軍兼招討舊職，西面壓境，壓鎮州之境。觀釁而動。若乘虛得便，卽令同力翦除；若戰勝賊窮，亦許受降納款。降，戶江翻。如此，則夾攻以分其力，招諭以動其心，必未及誅夷，自生變故。謂賊之麾下將有誅逆而效順者。又請詔光顏選諸道兵精銳者留之，其餘不可用者悉遣歸本道，自守土疆。蓋兵多而不精，豈唯虛費衣糧，兼恐撓敗軍陳故也。撓，奴巧翻。敗，補邁翻。陳，讀曰陣。今既祇留東、西二帥，謂令裴度居西，李光顔居東。請各置都監一人，諸道監軍，一時停罷。如此，則衆齊令一，必有成功。又，朝廷本用田布，令報父讎，令報王庭湊殺弘正之讎。今領全師出界，供給度支，言仰供給於度支。數月已來，都不進討，非田布固欲如此，抑有其由。聞魏博一軍，屢經優賞，自田弘正舉魏博一軍歸朝，其後代〔伐〕恆，平蔡，平鄆，朝廷犒賞優厚。兵驕將富，莫肯爲用。況其軍一月之費，計實錢二十八萬緡，若更遷延，將何供給？此尤宜早令退軍者也。若兩道止共留兵六萬，所費無多，兩道，謂河東、横海。既易支持，易，以豉翻。自然豐足。今事宜日急，其間變故遠不可知。苟兵數不抽，軍費不減，食既不足，衆何以安！不安之中，何事不有！況有司迫於供軍，百端斂率，不許即用度交闕，盡許則人心無憀。指言將有建中之禍而微其辭。憀，落蕭翻，無憀賴也。自古安危皆繫於此，伏乞聖慮察而念之。」疏奏，不省。白居易之論事，李絳之流亞歟！顧憲、穆有用不用耳。省，悉景翻。

己亥，度支饋滄州糧車六百乘，至下博，盡爲成德軍所掠。時諸軍匱乏，供軍院所運衣糧，往往不得至院，此時供軍院置於行營者，謂之北供軍院；度支自南供軍院運以給之。乘，繩證翻。在塗爲諸軍邀奪，其懸軍深入者，皆凍餒無所得。

初，田布從其父弘正在魏，善視牙將史憲誠，屢稱薦，至右職；及爲節度使，遂寄以腹心，以爲先鋒兵馬使，軍中精鋭，悉以委之。憲誠之先，奚人也，世爲魏將；魏與幽、鎮本相表裏，及幽、鎮叛，魏人固搖心。布以魏兵討鎮，軍于南宮，上屢遣中使督戰，而將士驕惰，無鬭志，又屬大雪，屬，之欲翻。度支饋運不繼。布發六州租賦以供軍，魏、博、貝、衞、澶、相六州也。將士不悅，曰：「故事，軍出境，皆給朝廷。言仰給於朝廷也。今尚書刮六州肌肉以奉軍，雖尚書瘠己肥國，六州之人何罪乎！」憲誠陰蓄異志，因衆心不悅，離間鼓扇之。以衆情諭火，火本有熾烈之性，鼓鞴以吹之，搖扇以扇之，則愈熾烈矣。間，古莧翻。會有詔分魏博軍與李光顏，使救深州，庚子，布軍大潰，多歸憲誠；布獨與中軍八千人還魏，壬寅，至魏州。

癸卯，布復召諸將議出兵，復，扶又翻。諸將益偃蹇，曰：「尚書能行河朔舊事，則死生以之；謂行田承嗣、李寶臣之事也。若使復戰，則不能也！」布無如之何，歎曰：「功不成矣！」即日，作遺表具其狀，略曰：「臣觀衆意，終負國恩；臣既無功，敢忘即死。即，就也。伏願陛下速救光顏、元翼，不然者，忠臣義士皆爲河朔屠害矣！」奉表號哭，號，戶刀翻。拜授幕僚李石，乃入啓父靈，孝子之喪其親也，設几筵，朝夕具盥洗，上飲食，事之如生，俗謂之靈筵。抽刀而言曰：「上以謝君父，下以示三軍。」遂刺心而死。刺，七亦翻。憲誠聞布已死，乃諭其衆，遵河北故事。衆悅，擁憲誠還魏，奉爲留後。戊申，魏州奏布自殺。己酉，以憲誠爲魏博節度使。憲誠雖喜得旄鉞，外奉朝廷，然內實與幽、鎮連結。

2 庚戌，以德州刺史王日簡爲橫海節度使。日簡，本成德牙將也。壬子，貶杜叔良爲歸州刺史。

王庭湊圍牛元翼於深州，官軍三面救之，裴度以河東軍臨其西，李光顏以橫海諸軍營其東，陳楚以易定軍逼其北，是三面救之。皆以乏糧不能進，雖李光顏亦閉壁自守而已。軍士自采薪芻，日給不過陳米一勺。陳，舊也。經年之米爲陳米。勺，職略翻，又時灼翻。周禮：梓人爲飲器，勺一升。按一升之勺，乃飲器也，非以量米。凡量，十勺爲合，十合爲升，十升爲斗。以量言之，則一人日給一勺之陳米，有餒死而已。作史者蓋極言其匱乏，猶武成血流漂杵之語。深州圍益急，朝廷不得已，二月，甲子，以庭湊爲成德節度使，軍中將士官爵皆復其舊；以兵部侍郎韓愈爲宣慰使。

上之初即位也，兩河略定，蕭俛、段文昌以爲「天下已太平，漸宜消兵，請密詔天下，軍鎮有兵處，每歲百人之中限八人逃、死。」或以逃，或以死，除其籍。俛，音免。上方荒宴，不以國事爲意，遂可其奏。軍士落籍者衆，皆聚山澤爲盜；及朱克融、王庭湊作亂，一呼而亡卒皆集。呼，火故翻。詔徵諸道兵討之，諸道兵既少，少，詩沼翻。皆臨時召募，烏合之衆；又，諸節度既有監軍，其領偏軍者亦置中使監陳，監，古銜翻。陳，讀曰陣。主將不得專號令，戰小勝則飛驛奏捷，自以爲功，不勝則迫脅主將，以罪歸之；悉擇軍中驍勇以自衞，遣羸懦者就戰，故每戰多敗。又凡用兵，舉動皆自禁中授以方略，朝令夕改，不知所從；不度可否，度，徒洛翻。惟督令速戰。中使道路如織，驛馬不足，掠行人馬以繼之，人不敢由驛路行。取間道而行，由驛路則馬爲所掠故也。故雖以諸道十五萬之衆，裴度元臣宿望，烏重胤、李光顔皆當時名將，討幽、鎮萬餘之衆，屯守踰年，竟無成功，財竭力盡。

崔植、杜元穎爲【章：十二行本「爲」上有「王播」二字；乙十一行本同。】相，皆庸才，無遠略。史憲誠既逼殺田布，朝廷不能討，遂并朱克融、王庭湊以節授之。由是再失河朔，迄于唐亡，不能復取。史極言唐再失河朔之由。若以三叛得節之時言之，須有先後。復，扶又翻。

朱克融既得旌節，乃出張弘靖及盧士玫。去年七月，朱克融囚張弘靖，八月，囚盧士玫。

丙寅，以牛元翼爲山南東道節度使，以左神策行營樂壽鎮兵馬使清河傅良弼爲沂州刺史，樂壽鎮卽置於深州樂壽縣。樂，音洛。以瀛州博野鎮遏使李寰爲忻州刺史。良弼、寰所戍在幽、鎮之間，朱克融、王庭湊互加誘脅，良弼、寰不從，各以其衆堅壁，賊竟不能取，故賞之。誘，音酉。

3 丙子，賜橫海節度使王日簡姓名爲李全略。

4 辛巳，中書侍郎、同平章事崔植罷爲刑部尚書，以工部侍郎元稹同平章事。考異曰：實錄：「以御史中丞牛僧孺爲戶部侍郎，翰林學士李德裕爲御史中丞。」舊李德裕傳：「元和初，用兵伐叛，始於杜黃裳誅蜀；吉甫經畫，欲定兩河，方欲出師而卒；繼之元衡、裴度，而韋貫之、李逢吉沮議，深以用兵爲非，而韋、李相次罷相。故逢吉常怒吉甫、裴度。而德裕於元和時久之不調，逢吉、僧孺、宗閔以私怨恆排擯之。時德裕與李紳、元稹俱在翰林，以學識才名相類，情頗款密。逢吉之黨深惡之，其月，自學士出爲御史中丞。」按德裕元和中揚歷清要，非爲不調。此際元稹入相，逢吉在淮南，豈能排擯德裕！蓋出於德裕黨人之語耳。今不取。

癸未，加李光顏橫海節度、滄景觀察使，其忠武、深州行營節度如故。以橫海節度使李全略爲德棣節度使。時朝廷以光顏懸軍深入，饋運難通，故割滄景以隸之。

王庭湊雖受旌節，不解深州之圍。丙戌，以知制誥東陽馮宿爲山南東道節度副使，權知留後，垂拱二年，分烏傷縣置東陽縣，取舊郡名以名縣也，屬婺州。九域志：在州東一百五十五里。仍遣中使入深州督牛元翼赴鎮。裴度亦與幽、鎮書，責以大義；朱克融卽解圍去，王庭湊雖引兵少退，猶守之不去。

元稹怨裴度，欲解其兵柄，故勸上雪廷湊而罷兵。丁亥，以度爲司空、東都留守，平章事如故。考異曰：舊紀、傳皆云「度守司徒，爲東都留守。」實錄此云「司徒」，後領淮南及拜相，皆云「司空」。新書：度自檢校司空爲守司空、東都留守，及領淮南，乃爲司徒。蓋實錄此月誤，紀、傳遂因之。新傳後云「司徒」，亦誤。今據實錄，除淮南及拜相制書，自此至罷相止，是守司空。舊裴度傳又曰：「元稹爲相，請上罷兵，洗雪廷湊、克融，解深州之圍，蓋欲罷度兵柄故也。」按此月甲子雪廷湊，辛巳稹爲相。蓋稹未爲相時勸上也。諫官爭上言：「時未偃兵，度有將相全才，不宜置之散地。」散，蘇但翻。上乃命度入朝，然後赴東都。

以靈武節度使李聽爲河東節度使。初，聽爲羽林將軍，有良馬，上爲太子，遣左右諷求之，聽以職總親軍，不敢獻。及河東缺帥，帥，所類翻。上曰：「李聽不與朕馬，是必可任。」遂用之。

6昭義監軍劉承偕恃恩，憲宗之崩也，劉承偕預有援立穆宗之功，故恃恩。陵轢節度使劉悟，轢，郎狄翻。數衆辱之，數，所角翻。衆辱者，於衆中慢辱之也。又縱其下亂法。陰與磁州刺史張汶謀縛悟送闕下，以汶代之；悟知之，諷其軍士作亂，殺汶。汶，音問。圍承偕，欲殺之，幕僚賈直言入，責悟曰：「公所爲如是，欲效李司空邪！此軍中安知無如公者，李師道爲司空，賈直言舊僚屬也，故猶稱其官。言李師道悖逆，劉悟倒戈取師道而得節鉞，今悟效師道所爲，昭義軍中亦將有效悟所爲而取節鉞者。使李司空有知，得無笑公於地下乎！」悟遂謝直言，救免承偕，囚之府舍。考異曰：實錄：「監軍劉承偕頗恃恩侵權，嘗對衆辱悟，又縱其下亂法。悟不能平。異日，有中使至，承偕宴之，請悟，悟欲往。左右皆曰：『往則必爲其困辱矣。』軍衆因亂，悟不止之，遂擒承偕，殺其二傔，欲幷害承偕。悟救之，獲免。」新劉悟傳曰：「承偕與都將張問謀縛悟送京師，以問代節度事。悟知之，以兵圍監軍，殺小使。其屬賈直言質責悟，悟即撝兵退，匿承偕，囚之。」新直言傳，「張問」作「張汶」。杜牧上李司徒書亦云：「其軍大亂，殺磁州刺史張汶。」又云：「汶既因依承偕謀殺悟，自取軍人忌怒，遂至大亂。」蓋軍士圍承偕必出於悟志，及奏朝廷，則云軍衆所爲耳。今承偕名從實錄，汶名從杜書。

7初，上在東宮，聞天下厭苦憲宗用兵，故卽位，務優假將卒以求姑息。三月，壬辰，【章：十二行本「辰」下有「朔」字；乙十一行本同。】詔：「神策六軍使及南牙常參武官，南牙常參武官，十六衞上將軍、大將軍、將軍也。具由歷、功績，牒送中書，量加奬擢。由者，得官之由。歷者，所歷職任。量，音良。其諸道大將久次及有功者，悉奏聞，與除官。應天下諸軍，各委本道據守舊額，不得輒有減省。」於是商賈、胥吏賈，音古。爭賂藩鎮，牒補列將而薦之，即升朝籍。朝，直遥翻。唐末藩鎮列將帶朝銜者，著之朝籍。奏章委積，士大夫皆扼腕歎息。腕，烏貫翻。

8 武寧節度副使王智興將軍中精兵三千討幽、鎮，節度使崔羣忌之，奏請即用智興爲節度使，不則召詣闕，除以他官。不，讀曰否。事未報，智興亦自疑；會有詔赦王庭湊，諸道皆罷兵，智興引兵先期入境。羣懼，遣使迎勞，先，悉薦翻。勞，力到翻。且使軍士釋甲而入；智興不從。乙巳，引兵直進，徐人開門待之，智興殺不同己者十餘人，乃入府牙，見羣及監軍，見，賢遍翻。拜伏曰：「軍衆之情，不可如何！」爲羣及判官、從吏具人馬及治裝，爲，于僞翻。從，才用翻；下同。治，直之翻。皆素所辦也，遣兵衞從羣，至埇橋而返。埇，余隴翻。考異曰：實錄：「羣累表請追智興，授以他官，事未行，詔班師。智興帥衆斬關而入。」舊智興傳亦同。舊羣傳則曰：「羣以智興早得士心，表請因授智興旄鉞；寢不報。智興回戈，城內皆是父兄，開關延入。」今兼取之。遂掠鹽鐵院錢帛，埇橋有鹽鐵院。及諸道進奉在汴中者，謂諸道進奉船在汴河中者。并商旅之物，皆三分取二。史言唐下陵上慢，無復紀綱。

9 丙午，加朱克融、王庭湊檢校工部尚書。上聞其解深州之圍，故褒之，然庭湊之兵實猶在深州城下。

韓愈既行，衆皆危之；詔愈至境更觀事勢，勿遽入，愈曰：「止，君之仁；死，臣之義。」言止之勿使遽入鎮者，君之仁；不畏死而徑往致命者，臣之義也。遂往。至鎮，庭湊拔刃弦弓以逆之，及館，甲士羅於庭。庭湊言曰：「所以紛紛者，乃此曹所爲，非庭湊心。」愈厲聲曰：「天子以尙書有將帥材，故賜之節鉞，不知尙書乃不能與健兒語邪！」甲士前曰：「先太師爲國擊走朱滔，王武俊贈太師，擊走朱滔，見二百三十二卷德宗興元元年。爲，于僞翻。血衣猶在，此軍何負朝廷，乃以爲賊乎！」愈曰：「汝曹尙能記先太師則善矣。夫逆順之爲禍福豈遠邪！自祿山、思明以來，至元濟、師道，其子孫有今尙存仕宦者乎！田令公以魏博歸朝廷，子孫雖在孩提，皆爲美官；田弘正之徒成德也，進兼中書令，子孫爲美官，見上卷憲宗元和十四年。王承元以此軍歸朝廷，弱冠爲節度使；見上卷元和十五年。冠，古玩翻。劉悟、李祐，今皆爲節度使；汝曹亦聞之乎！」庭湊恐衆心動，麾之使出，恐其衆聞愈言而心動，有如劉悟、李祐者。謂愈曰：「侍郎來，韓愈時爲兵部侍郎，故稱之。欲使庭湊何爲？」愈曰：「神策六軍之將如牛元翼者不少，少，詩沼翻。但朝廷顧大體，不可棄之耳！尙書何爲圍之不置？」庭湊曰：「卽當出之。」因與愈宴，禮而歸之。未幾，牛元翼將十騎突圍出，幾，居豈翻。深州大將臧平等舉城降，庭湊責其久堅守，殺平等將吏百八十餘人。

10 戊申，裴度至長安，見上，謝討賊無功。先是，上詔劉悟送劉承偕詣京師，悟託以軍情，不時奉詔。上問度：「宜如何處置？」處，昌呂翻；下同。度對曰：「承偕在昭義，驕縱不法，臣盡知之，悟在行營謂討王承宗在行營時。與臣書，具論其事。時有中使趙弘亮在軍中，持悟書去，云『欲自奏之』，不知嘗奏不？」奏不，讀曰否。上曰：「朕殊不知也，且悟大臣，何不自奏！」對曰：「悟武臣，不知事體。然今事狀籍籍如此，顏師古曰：籍籍，猶紛紛也。臣等面論，陛下猶不能決，況悟當日單辭，豈能動聖聽哉！」單辭，一人之言。上曰：「前事勿論，直言此時如何處置？」對曰：「陛下必欲收天下心，止應下半紙詔書，具陳承偕驕縱之罪，令悟集將士斬之，則藩鎮之臣，孰不思爲陛下效死！爲，于僞翻。非獨悟也。」上俛首良久，曰：俛，音免。「朕不惜承偕，然太后以爲養子，今茲囚縶，太后尚未知之，況殺之乎！卿更思其次。」度乃與王播等奏請「流承偕於遠州，必得出。」言既明底其罪，則悟必釋承偕。上從之。後月餘，悟乃釋承偕。

11 李光顏所將兵聞當留滄景，皆大呼西走，呼，火故翻。西走，欲歸許州。光顏不能制，因驚懼成疾。己酉，上表固辭橫海節，乞歸許州；許之。李光顏本忠武節度使。許州，忠武軍治所。考異曰：舊光顏傳曰：「光顏以朝廷制置乖方，賊帥連結，未可朝夕平定，事若差跌，即前功盡棄，乃懇辭兼鎮。尋以疾作，表祈歸鎮。朝廷果以討賊無功而赦庭湊。」今從實錄。

12 壬子，以裴度爲淮南節度使，餘如故。餘官如故也。

13 加劉悟檢校司徒，餘如故。自是悟浸驕，欲效河北三鎮，魏、鎮、幽爲河北三鎮。招聚不逞，不逞者，欲爲非而不得逞志者也。章表多不遜。

14 裴度之討幽、鎮也，回鶻請以兵從；從，才用翻。朝議以爲不可，遣中使止之。回鶻遣其臣李義節將三千人已至豐州北，卻之，不從；詔發繒帛七萬匹以賜之，甲寅，始還。還，音旋，又如字。

15 王智興遣輕兵二千襲濠州；丙辰，刺史侯弘度棄城奔壽州。

16 言事者皆謂裴度不宜出外，上亦自重之。戊午，制留度輔政；以中書侍郎、同平章事王播同平章事，代度鎮淮南，仍兼諸道鹽鐵轉運使。

17 李寰帥其衆三千出博野，帥，讀曰率。王庭湊遣兵追之；寰與戰，殺三百餘人，庭湊兵乃還，餘衆二千猶固守博野。

18 朝廷以新罷兵，力不能討徐州，己未，以王智興爲武寧節度使。

19 復以德棣節度使李全略爲橫海節度使。李光顏既還許州，故全略復鎮橫海。

20 夏，四月，辛酉朔，日有食之。

21 甲戌，以傅良弼、李寰爲神策都知兵馬使。

22 戶部侍郎、判度支張平叔上言：「官自糶鹽，糶，他弔翻。可以獲利一倍；」又請「令所由將鹽就村糶易；」所由，綰掌官物之吏也。事必經由其手，故謂之所由。又乞「令宰相領鹽鐵使；」又請「以糶鹽多少爲刺史、縣令殿最；」殿，丁練翻。又乞「檢責所在實戶，據口團保，團保者，團結戶口，使之互相保識。給一年鹽，使其四季輸價；」又「行此策後，富商大賈或行財賄，邀截喧訴，其爲首者所在杖殺，連狀人皆杖脊。」連狀人，謂連名告狀者也。詔百官議其可否。

兵部侍郎韓愈上言，以爲：「城郭之外，少有見錢少，詩紹翻。見，賢遍翻；下同。糶鹽，當屬上句。多用雜物貿易。鹽商則無物不取，或賒貸徐還，鬻物而緩取直曰賒。貸，借也。用此取濟，兩得利便。今令吏人坐鋪自糶，列物而鬻之謂之鋪。鋪，普故翻。非得見錢，必不敢受。如此，貧者無從得鹽，自然坐失常課，如何更有倍利！又若令人吏將鹽家至而戶糶，必索百姓供應，索，山客翻。供應，言各供其物以應官吏所須也。騷擾極多。又，刺史、縣令職在分憂，人君憂民，有不得其生者，故置守令以撫字之，是其職在分憂也。豈可惟以鹽利多少爲之升黜，不復考其理行！復，扶又翻。理行，猶言治行也。行，戶孟翻。又，貧家食鹽至少，或有淡食動經旬月，若據戶給鹽，依時徵價，官吏畏罪，必用威刑，臣恐因此所在不安，此尤不可之大者也。」

中書舍人韋處厚議，以爲：「宰相處論道之地，處，昌呂翻。書曰：三公論道經邦。雜以鹺務，鹺，才何翻。記曲禮曰：鹽曰鹹鹺。實非所宜。竇參、皇甫鎛皆以錢穀爲相，名利難兼，卒蹈禍敗。竇參事見德宗紀。皇甫鎛事見憲宗紀。卒，子恤翻。又欲以重法禁人喧訴，謂爲首告訴者杖殺，連名者杖脊也。夫強人之所不能，事必不立；強，其兩翻。禁人之所必犯，法必不行矣。」事遂寢。考異曰：實錄因三月壬寅平叔遷戶部侍郎事，遂言變鹽法及處厚駁議。按韓愈時奉使鎮州猶未還。又壬寅三月十一日，愈論鹽法狀云：「奉今月九日敕，」不知其何月也，今附於四月之末。

平叔又奏徵遠年逋欠。江州刺史李渤上言：「度支徵當州貞元二年逃戶所欠錢四千餘緡，當州今歲旱災，田損什九。刺史自以所守州爲當州。陛下柰何於大旱中徵三十六年前逋負！」詔悉免之。

23 邕州人不樂屬容管，廢邕管入容管，見上卷元和十五年。樂，音洛。刺史李元宗以吏人狀授御史，使奏之。容管經略使嚴公素聞之，遣吏按元宗擅以羅陽縣歸蠻酋黃少度。羅陽，當在西原，羈縻縣也。蓋裴行立攻黃洞時得之，而元宗擅以歸之也。酋，慈由翻。五月，壬寅，元宗將兵百人幷州印奔黃洞。

24 王庭湊之圍牛元翼也，和王傅于方欲以奇策干進，和王綺，順宗子。言於元稹，請「遣客王昭、于友明考異曰：實錄作「于友明」，後作「于啓明」，舊元稹傳作「王友明」。今從實錄之初及新書。間說賊黨，使出元翼。間，古莧翻。說，式芮翻。仍賂兵、吏部令史僞出告身二十通，文官告身，賂吏部令史僞爲之；武官告身，賂兵部令史僞爲之。令以便宜給賜。」稹皆然之。元稹方圖進取，而先與兵、吏部令史爲僞，曾是以爲相業乎！有李賞者，知其謀，乃告裴度，云方爲稹結客刺度，爲，于僞翻。度隱而不發。賞詣左神策告其事。考異曰：舊裴度傳曰：「初，度與李逢吉素不協。度自太原入朝，而惡度者以逢吉善於陰計，足能構度，乃自襄陽召逢吉入朝爲兵部尚書。度既復知政事，而魏弘簡、劉承偕之黨在禁中，逢吉用族子仲言之謀，因毉人鄭注與中尉王守澄交結，內官皆爲之助。五月，左神策軍奏：『告事人李賞稱，于方受元稹所使，結客欲刺裴度。』」按惡度者不過元稹與宦官，彼欲害度，其術甚多，何必召逢吉！又如所謀，則稹當獲罪，非所以害度也。又逢吉若使李賞告之，下御史按鞫，賞急，必連引逢吉，非所以自謀也。蓋賞自告耳，非逢吉教令也。丁巳，詔左僕射韓皋等鞫之。

25 戊午，幽州節度使朱克融進馬萬匹，羊十萬口，而表云先請其直充犒賞。史言朱克融玩弄朝廷。

26 三司按于方刺裴度事，皆無驗。六月，甲子，度及元稹皆罷相，度爲右僕射，稹爲同州刺史；以兵部尚書李逢吉爲門下侍郎、同平章事。

27 党項寇靈州、渭北，掠官馬。先寇靈州，遂及渭北也。

28 諫官上言：「裴度無罪，不當免相。元稹與于方爲邪謀，責之太輕。」上不得已，壬申，削稹長春宮使。長春宮在同州，元稹以出刺兼使，今削之。

29 吐蕃寇靈武。

30 庚辰，鹽州奏党項都督拔跋萬誠請降。党，底朗翻。「拔跋」，當作「托跋」。降，戶江翻。

31 壬午，吐蕃寇鹽州。

32 戊子，復置邕管經略使。復，扶又翻。

33 初，張弘靖爲宣武節度使，弘靖代韓弘見上卷憲宗元和十四年。屢賞以悦軍士，府庫虚竭。李愿繼之，性奢侈，賞勞既薄於弘靖時，勞，力到翻。又峻威刑，軍士不悦。愿以其妻弟竇瑗典宿直兵，瑗驕貪；軍中惡之。惡，烏路翻。牙將李臣則等作亂，秋，七月，壬辰夜，卽帳中斬瑗頭，因大呼，呼，火故翻。府中響應。愿與一子踰城奔鄭州。汴州西至鄭州一百五十里。亂兵殺其妻，推都押牙李㝏爲留後。㝏，古拜翻。考異曰：實錄：「戊戌，汴州監軍使奏：六月四日夜，軍亂，節度使李愿踰城以遁。」新紀亦云：「六月癸亥，李㝏反，逐李愿。」按李愿若以六月四日夜被逐，不應至此月十日方奏到京師。疑實錄「七」字誤爲「六」。舊紀止用此奏到日，今從愿傳「七月四日」。

34 丙申，宋王結薨。結，順宗子。

35 戊戌，宣武監軍奏軍亂。庚子，李㝏自奏已權知留後。乙巳，詔三省官與宰相議汴州事，三省官，自遺、補、舍人、丞、郎以上。皆以爲宜如河北故事，授李㝏節。李逢吉曰：「河北之事，蓋非獲已。今若并汴州棄之，則是江、淮以南皆非國家有也。」杜元穎、張平叔爭之曰：「奈何惜數尺之節，不愛一方之死乎！」議未決，會宋、亳、潁三州【章：十二行本「州」下有「刺史」二字；乙十一行本同。】各上奏，請別命帥。三州，皆宣武巡屬。帥，所類翻。上大喜，以逢吉議爲然，遣中使詣三州宣慰。逢吉因請「以將軍徵岕入朝，以義成節度使韓充鎭宣武。充，弘之弟，素寬厚得衆心。韓弘鎭宣武二十餘年，將士懷之，其弟又以寬厚得衆，故逢吉請以代岕。脫岕旅拒，則命徐、許兩軍攻其左右而滑軍蹙其北，徐帥，王智興。許帥，李光顔。充必得入矣。」上皆從之。

丙午，貶李愿爲隨州刺史，隨州，古隨國，漢爲隨縣，江左爲隨郡，西魏置隨州，京師東南一千三百八十八里。以韓充爲宣武節度兼義成節度使。徵李岕爲右金吾將軍，岕不奉詔。宋州刺史高承簡斬其使者，岕遣兵二千攻之，陷寧陵、襄邑。宋州，西至汴州二百八十五里。寧陵，州西四十五里。襄邑，州西微北。宋州有三城，賊已陷其南城，承簡保北二城，與賊十餘戰。癸丑，忠武節度使李光顔將兵二萬五千討李岕，屯尉氏。尉氏，在汴州西南，許州東北。兗海節度使曹華聞岕作亂，不俟詔，卽發兵討之。岕遣兵三千人攻宋州，適至城下，丙辰，華逆擊，破之。丁巳，李光顔敗宣武兵於尉氏，敗，補邁翻；下同。斬獲二千餘人。

36 八月，辛酉，大理卿劉元鼎自吐蕃還。元鼎去年使吐蕃。

37 甲子，韓充入汴境，軍于千塔。千塔，當在汴州北。武寧節度使王智興與高承簡共破宣武兵，斬首千餘級，餘衆遁去。壬申，韓充敗宣武兵於郭橋，九域志：汴州祥符縣有郭橋鎭。斬首千餘級，進軍萬勝。九域志：汴州中牟縣有萬勝鎭。

初，李㝏既爲留後，以都知兵馬使李質爲腹心；及㝏除將軍，不奉詔，質屢諫不聽。會㝏疽發於首，遣李臣則等將兵拒李光顏於尉氏。既而官軍四集，兵屢敗，㝏疾甚，悉以軍事屬李質，屬，之欲翻。臥於家。丙子，質與監軍姚文壽擒㝏，殺之；詐爲㝏牒，追臣則等，至，皆斬之；執㝏四子送京師。

韓充未至，質權知軍務，時牙兵三千人，日給酒食，物力不能支。質曰：「若韓公始至而罷之，則人情大去矣！不可留此弊以遺吾帥。」遺，唯季翻。帥，所類翻。即命罷給而後迎充。丁丑，充入汴。

癸未，以韓充專爲宣武節度使，以曹華爲義成節度使，高承簡爲兗、海、沂、密節度使，加李光顏兼侍中，以李質爲右金吾將軍。

韓充既視事，人心粗定，乃密籍軍中爲惡者千餘人，一朝，并父母妻子悉逐之，曰：「敢少留境內者斬。」於是軍政大治。除亂而去其根，則亂無從生矣。治，直吏翻。

38 九月，戊子朔，浙西觀察使京兆竇易直易，弋豉翻。奏大將王國清作亂，伏誅。初，易直聞汴州亂而懼，欲散金帛以賞軍士，或曰：「賞之無名，恐益生疑。」乃止。而外已有知之者，故國清作亂；易直討擒之，并殺其黨二百餘人。考異曰：舊易直傳曰：「時江、淮旱，水淺，轉運司錢帛委積，不能漕。國清指以爲賞，激諷州兵謀亂。先事有告者，乃收國清下獄，其黨數千大呼，入獄中篡取國清而出之，因欲大剽。易直登樓謂將吏曰：『能誅爲亂者，每獲一人，賞千萬。』衆喜，倒戈擊亂黨，擒國清等三百餘人，皆斬之。」今從實錄。

39 德州刺史王稷，承父鍔餘貲，家富厚；横海節度使李景略利其財，李景略，當作李全略。丙申，密教軍士殺稷，屠其家，納其女爲妾，以軍亂聞。象有齒而焚其身，賄也。王鍔僅能免其身而禍鍾其子，君子是以知守富之難！

40 朝廷之討李㝏也，遣司門郎中韋文恪宣慰魏博，史憲誠表請授㝏旌節，又於黎陽築馬頭，爲渡河之勢，附河岸築土植木夾之至水次，以便兵馬入船，謂之馬頭。見文恪，辭禮倨慢；及聞㝏死，辭禮頓恭，曰：「憲誠，胡人，譬如狗，雖被捶擊，終不離主耳。」捶，比蘂翻。離，力智翻。

41 冬，十一月，庚午，皇太后幸華清宮。辛未，上自複道幸華清宮，遂畋于驪山，卽日還宮。太后數日乃返。

42 丙子，集王緗薨。緗，順宗子。

43 庚辰，上與宦者擊毬於禁中，有宦者墜馬，上驚，因得風疾，不能履地，自是人不聞上起居；宰相屢乞入見，不報。裴度三上疏請立太子，且請入見。見，賢遍翻。十二月，辛卯，上見羣臣於紫宸殿，御大繩牀，程大昌演繁露曰：今之交牀，制本自虜來，始名胡牀。隋以讖有胡，改名交牀。唐穆宗於紫宸殿御大繩牀見羣臣，則又名繩牀矣。余按交牀、繩牀，今人家有之，然二物也。交牀以木交午爲足，足前後皆施橫木，平其底，使錯之地而安；足之上端，其前後亦施橫木而平其上，橫木列竅以穿繩條，使之可坐。足交午處復爲圓穿，貫之以鐵，斂之可挾，放之可坐；以其足交，故曰交牀。繩牀，以板爲之，人坐其上，其廣前可容膝，後有靠背，左右有托手，可以閣臂，其下四足著地。悉去左右衞官，去，羌呂翻。獨宦者十餘人侍側，人情稍安。李逢吉進言：「景王已長，請立爲太子。」裴度請速下詔，副天下望。既【章：十二行本「既」上有「上無言」三字；乙十一行本同；退齋校同；張校同，云無註本亦無。】而兩省官亦繼有請立太子者。癸巳，詔立景王湛爲皇太子。考異曰：劉軻牛羊日曆曰：「穆宗不愈，宰臣議立敬宗爲皇太子。時牛僧孺獨懷異圖，欲立諸子。僧孺乃昌言於朝曰：『梁守謙、王守澄將不利於上。』又使楊虞卿、漢公輩宣言於外曰：『王守澄欲謀廢立。』又令其徒於街衢門牆上施牓，每於穆宗行幸處路傍或苑內草間削白而書之，冀謀大亂，其兇險如此。」此出於朋黨之言，不足信也。上疾浸瘳。

44 是歲，初行宣明曆。憲宗卽位，司天徐昂上新曆曰：「觀象起元和二年用之，然無蔀章之數，至於發斂啓閉之候，循用舊法，測驗不合。」上立，以累世纘緒，必更曆紀，乃詔日官改撰曆，名曰宣明。其氣朔發斂、日躔月離，皆因大衍舊術，晷漏交會，則稍增損之。

資治通鑑卷第二百四十三

端明殿學士兼翰林侍讀學士太中大夫提舉西京嵩山崇福宮上柱國河內郡開國公食邑二千二百戶食實封九百戶賜紫金魚袋臣司馬光　奉敕編集
後學天台胡三省　音註

唐紀五十九

起昭陽單閼（癸卯），盡著雍涒灘（戊申），凡六年。

穆宗睿聖文惠孝皇帝下

長慶三年（癸卯、八二三）

1春，正月，癸未，賜兩軍中尉以下錢。二月，辛卯，賜統軍、軍使等綿綵、銀器各有差。綿，當作「錦」。【章：十二行本正作「錦」。】

2戶部侍郎牛僧孺，素爲上所厚。初，韓弘之子右驍衛將軍公武爲其父謀，以財結中外。爲其，于僞翻。及公武卒，弘繼薨，穉孫紹宗嗣，主藏奴與吏訟於御史府。藏，徂浪翻。上憐之，盡取弘財簿自閱視，凡中外主權，主權，謂中外官之有事權者。多納弘貨，獨朱句細字曰：「某年月日，送戶部牛侍郎錢千萬，不納。」句，古侯翻。上大喜，以示左右曰：「果然，吾不繆知人！」繆，靡幼翻。三月，壬戌，以僧孺爲中書侍郎、同平章事。

時僧孺與李德裕皆有入相之望；德裕出爲浙西觀察使，八年不遷，至文宗大和三年，用裴度薦，始徵李德裕於浙西，又爲李宗閔所排，出帥滑。以爲李逢吉排己，引僧孺爲相。由是牛、李之怨愈深。考異曰：舊德裕傳曰：「初，李逢吉自襄陽入朝，乃密賂纖人，構成于方獄。六月，元稹、裴度俱罷。逢吉代裴度爲相，既得權位，銳意報怨。時德裕與僧孺俱有相望，逢吉欲引僧孺，懼紳與德裕禁中沮之，九月，出德裕浙西，尋引僧孺同平章事，繇是交怨愈深。」蓋德裕以此疑怨逢吉，未必皆出逢吉之意也！

3 夏，四月，甲午，安南奏陸州獠攻掠州縣。武德元年，以寧越郡之安海、玉山置玉山州；貞觀元年，州廢，屬欽州；高宗上元二年，復置陸州，東至廉州界三百里。

4 丙申，賜宣徽院供奉官錢，紫衣者百二十緡，下至承旨各有差。唐中世以後，置宣徽院，以宦者主之。其大朝賀及聖節上壽，則宣徽使宣答。徐度卻掃編曰：「宣徽使，本唐宦者之官，故其所掌皆瑣細之事。本朝更用士人，品秩亞二府，有南、北院，南院比北院資望尤優，然其職猶多因唐之舊。賜羣臣新火，及諸司使至崇班、內侍、供奉、諸司工匠、兵卒名籍，及三班以下遷補、假故、鞫劾，春秋及聖節大宴，節度迎授恩命，上元張燈，四時祠祭，契丹朝貢，內庭學士赴上，督其供帳，內外進奉名物，教坊伶人歲給衣帶，郊御殿、朝謁聖容，賜酺，國忌，諸司使下別籍分產，諸司工匠休假之類。」今觀穆宗所賜，則宣徽院官員數多矣。

5 初，翼城人鄭注，眇小，目下視，而巧譎傾諂，善揣人意，翼城縣，屬絳州，本漢絳縣地，隋改翼城縣，因縣古翼城爲名。揣，初委翻。以醫遊四方，羈貧甚。嘗以藥術干徐州牙將，牙將悅之，薦於節度使李愬。愬餌其藥頗驗，遂有寵，署爲牙推，牙推，在節度推官之下。浸預軍政，妄作威福，軍府患之。監軍王守澄以衆情白愬，請去之，去，羌呂翻；下同。愬曰：「注雖如是，然奇才也，將軍試與之語，時中官多加諸衛將軍，謂之內將軍。苟無可取，去之未晚。」乃使注往謁守澄，守澄初有難色，不得已見之，坐語未久，守澄大喜，延之中堂，促膝笑語，恨相見之晚。明日，謂愬曰：「鄭生誠如公言。」自是又有寵於守澄，權勢益張，張，知亮翻。愬署爲巡官，列於賓席。注既用事，恐牙將薦己者泄其本末，密以他罪譖之於愬，愬殺之。及守澄入知樞密，挈注以西，爲立居宅，贍給之；爲，于僞翻。遂薦於上，上亦厚遇之。

自上有疾，去年冬十一月上有疾，事見上卷。守澄專制國事，勢傾中外；注日夜出入其家，與之謀議，語必通夕，關通賂遺，遺，唯季翻。人莫能窺其迹。始則有微賤巧宦之士，或因以求進，數年之後，達官車馬滿其門矣。爲鄭注與李訓誅王守澄及甘露之禍張本。工部尚書鄭權，家多姬妾，祿薄不能贍，因注通於守澄以求節鎮；己酉，以權爲嶺南節度使。

6 五月，壬申，以尚書左丞柳公綽爲山南東道節度使。公綽過鄧縣，唐襄州之鄧城縣，漢南陽之鄧縣也，治古樊城。隋改爲安養縣，天寶元年改爲臨漢縣；貞元二十一年移縣古鄧城，乃改爲鄧城縣。九域志：在州北二十里。有二吏，一犯贓，一舞文，衆謂公綽必殺犯贓者。公綽判曰：「贓吏犯法，法在；姦吏亂法，法亡。」竟誅舞文者。考異曰：柳氏敍訓曰：「公爲襄陽節度使，有名馬，人爭畫爲圖。圉人潔其蹄尾，被蹴致斃，命斬於鞠場。賓吏請曰：『圉人備之不至，良馬可惜！』公曰：『有良馬之貌，含駑馬之性，必殺之。』有齊縗者，哭且獻狀曰：『遷三世十二喪于武昌，爲津吏所遏，不得出。』公覽狀，召軍候擒之，破其十二柩，皆實以稻米。時歲儉，鄰境尤甚，人以爲神明之政。」按韓愈與公綽書曰：「殺所乘馬以祭踶死之士，」乃在鄂岳時事，敍訓、舊傳皆誤也。察齊衰者，乃是閉糴，非美事。今不取。

7 丙子，以晉、慈二州爲保義軍，以觀察使李寰爲節度使。

8 六月，己丑，以吏部侍郎韓愈爲京兆尹；六軍不敢犯法，私相謂曰：「是尚欲燒佛骨，事見二百四十卷憲宗元和十四年。何可犯也！」

9 秋，七月，癸亥，嶺南奏黃洞蠻寇邕州，破左江鎮。邕州宣化縣有左江、右江二鎮，左江出七源州界，至合江鎮，與右江水合爲一水，流入橫州，號鬱水。右江源出峨利州界，與雲南大槃水通。左江道屬太平、永平寨，右江道屬橫山寨，各管羈縻州。丙寅，邕州奏黃洞蠻破欽州千金鎮，刺史楊嶼奔石南砦。千金鎮，當在欽州西南。嶼，徐與翻。砦，與寨同，音豺夬翻。

10 南詔勸利卒，國人請立其弟豐祐。考異曰：實錄：「九月辛酉，南詔王立佺進其國信。」歲末又云：「南詔請立蒙勸利之弟豐祐。」云立佺者，蓋誤也。今從新傳。豐祐勇敢，善用其衆，始慕中國，不與父連名。南詔父子連名，其先細奴邏，生邏盛炎，邏盛炎生炎閤，炎閤死而立其弟盛邏皮，盛邏皮生皮邏閤，皮邏閤生閤邏鳳，閤邏鳳生鳳迦異，鳳迦異生異牟尋，異牟尋生尋閤勸，尋閤勸生勸龍晟、勸利，皆連名也。爲南詔強盛寇邊張本。

11 八月，癸巳，邕管奏破黃洞蠻。

12 丙申，上自複道幸興慶宮，至通化門樓，雍錄：開元二十年，築夾城，通芙蓉園，自大明宮夾東羅城複道，由通化、安興門，次經春明門、延喜門，又可以達曲江芙蓉園，而外人不知也。按複道自大明宮至通化門便可入興慶宮，若經春明、延興、延喜門，則至芙蓉園矣。投絹二百匹施山僧。施，式豉翻。上之濫賜皆此類，不可悉紀。

13 癸卯，以左僕射裴度爲司空、山南西道節度使，不兼平章事。李逢吉惡度，惡，烏路翻。右補闕張又新等附逢吉，競流謗毁傷度，竟出之。又新，薦之子也。張薦事德宗，屢使吐蕃、回鶻。

14 九月，丙辰，加昭義節度使劉悟同平章事。

15 李逢吉爲相，內結知樞密王守澄，勢傾朝野。考異曰：李讓夷敬宗實錄曰：「逢吉用族子仲言之謀，因鄭注與守澄潛結上於東宮，且言逢吉實立殿下，上深德之。」又曰：「張又新、李續之，皆逢吉藩僚，時又新爲右補闕，續之爲度支員外郎。」劉昫承之爲逢吉傳，亦言：「逢吉令仲言賂注，求結於守澄。仲言辯譎多端，守澄見之甚悅，自是逢吉有助，事無違者。」其李訓傳則云：「訓自流所還，丁母憂，居洛中，時逢吉爲留守，思復爲相，乃使訓因鄭注結王守澄。」然則逢吉結守澄，乃在文宗時，非穆宗時也。二傳自相違。逢吉結守澄，要爲不誣，然未必因鄭注。李讓夷乃李德裕之黨，惡逢吉，欲重其罪，使與李訓、鄭注皆有連結之迹，故云用訓謀，因注以交守澄耳。又張又新、李續之爲逢吉藩僚，乃在逢吉再鎮襄陽後，於此時未也。今不取。惟翰林學士李紳每承顧問，常排抑之，擬狀至內庭，紳多所臧否；擬狀，謂進狀所擬除目也。翰林學士院在內庭，蓋李逢吉所進擬者，穆宗訪其可否於李紳，故得言之。否，音鄙。逢吉患之，而上待遇方厚，不能遠也。遠，于願翻。會御史中丞缺，逢吉薦紳清直，宜居風憲之地；上以中丞亦次對官，程大昌曰：德宗貞元七年，詔每御延英，令諸司長官二人奏本司事；俄又令常參官必日引見二人，訪以政事，謂之巡對。則是待制之外，又別有巡對也。蓋正謂待制者，諸司長官也。名爲巡對者，未爲長官而在常參之數，亦得更迭引對者也。其曰次對官者，卽巡對官，許亞次待制而俟對者也。則次對不得正爲待制矣。今人作文，凡言待制，皆以次對名之，則恐未審也。然稱謂既熟，雖唐人亦自不辯。開成中，敕今後遇入閤日，次對官未要隨班出，並於東階松木下立，待宰臣奏事退，令齊至香案前各奏本司公事。左、右史待次對官奏事訖同出。案此所言，嘗以諸司之長官待制者名爲次對官矣。若究其制，實誤以待制爲次對官也。余考唐中世以後，宰相對延英，既退，則待制官、巡對官皆得引對，總可謂之次對官。所謂次對官者，謂次宰相之後而得對也，非次待制官而入對也。唐人本不誤，程泰之自誤耳。據宋白所紀，貞元七年十一月敕，則次對官者以常參官依次對爲稱。詳已見前註。不疑而可之。會紳與京兆尹、御【章：十二行本「御」上有「兼」字；乙十一行本同。】史大夫韓愈爭臺參及他職事，文移往來，辭語不遜；故事，京尹新除，皆詣臺參。逢吉欲激二人使爭，以愈兼御史大夫免臺參，而紳、愈果爭。不遜，謂不相遜也。逢吉奏二人不協，冬，十月，丙戌，以愈爲兵部侍郎，紳爲江西觀察使。

16 己丑，以中書侍郎、同平章事杜元穎同平章事、充西川節度使。爲杜元穎以刻削致寇張本。

17 辛卯，安南奏黃洞蠻爲寇。

18 韓愈、李紳入謝，上各令自敍其事，乃深寤。壬辰，復以愈爲吏部侍郎，紳爲戶部侍郎。考異曰：穆宗實錄曰：「紳性險果，交結權倖，自以望輕，頗忌朝廷有名之士；及居近署，封植己類以樹黨援，進脩之士懼爲傷毒，疾之。常指鈞衡欲逞其私志，時宰病之，因以人情上論，諫官歷獻疏，方有江西之命。行有日矣，因延英對辭，又泣請留侍，故有是拜，人情憂駭。」此蓋脩穆宗實錄者惡紳，故毀之如是。今從敬宗實錄。

四年（甲辰、八二四）

1 春，正月，辛亥朔，上始御含元殿朝會。上即位四年矣，是歲元正，方御東內正牙大朝會。

2 初，柳泌等既誅，見二百四十一卷元和十五年。方士稍復因左右以進，復，扶又翻。上餌其金石之藥。有處士張皋者上疏，以爲：「神慮澹則血氣和，嗜欲勝則疾疢作。澹，徒覽翻。疢，丑刃翻。藥以攻疾，無疾不可餌也。昔孫思邈有言，孫思邈，唐之名醫。『藥勢有所偏助，令人藏氣不平，藏，徂浪翻。藏氣，五藏之氣也。借使有疾用藥，猶須重慎。』庶人尚爾，況於天子！先帝信方士妄言，餌藥致疾，此陛下所詳知也，豈得復循其覆轍乎！復，扶又翻；下同。今朝野之人紛紜竊議，但畏忤旨，莫敢進言。臣生長蓬艾，長，知丈翻。麋鹿與遊，無所邀求，但粗知忠義，欲裨萬一耳！」上甚善其言，使求之，不獲。

3 丁卯，嶺南奏黃洞蠻寇欽州，殺將吏。舊制，欽州至京師五千一百五十一里。

4 庚午，上疾復作；壬申，大漸，命太子監國。宦官欲請郭太后臨朝稱制，太后曰：「昔武后稱制，幾危社稷。事見武后紀。幾，居依翻。我家世守忠義，非武氏之比也。太子雖少，少，詩照翻。但得賢宰相輔之，卿輩勿預朝政，何患國家不安！自古豈有女子爲天下主而能致唐、虞之理乎！」取制書手裂之。太后兄太常卿釗聞有是議，密上牋曰：「苟果徇其請，臣請先帥諸子納官爵歸田里。」帥，讀曰率。太后泣曰：「祖考之慶，鍾於吾兄。」是夕，上崩于寢殿。年三十。癸酉，以李逢吉攝冢宰。丙子，敬宗卽位于太極東序。

初，穆宗之立，神策軍士人賜錢五十千，事見二百四十一卷元和十五年。宰相議以太厚難繼，乃下詔稱：「宿衞之勤，誠宜厚賞，屬頻年旱歉，屬，之欲翻。御府空虛，邊兵尚未給衣，霑卹期於均濟。神策軍士人賜絹十匹、錢十千，畿內諸鎮又減五千。仍出內庫綾二百萬匹付度支，充邊軍春衣。」時人善之。李逢吉爲相，時人之所惡也。一事之善，則時人善之，非是非之公歟！度，徒洛翻。

5 自戊寅至庚辰，上賜宦官服色及錦綵金銀甚衆，或今日賜綠，明日賜緋。史言上昵於近習，賜予無度。

6 初，穆宗既留李紳，事見上年。李逢吉愈忌之。紳族子虞頗以文學知名，自言不樂仕進，樂，音洛。隱居華陽川。華陽川，在虢州華陽山南。華，戶化翻。及從父耆爲左拾遺，從，才用翻；下從子同。虞與耆書求薦，誤達於紳；紳以書誚之，且以語於衆人。誚，才笑翻。語，牛倨翻。虞深怨之，乃詣逢吉，悉以紳平日密論逢吉之語告之。逢吉益怒，使虞與補闕張又新及從子前河陽掌書記仲言等伺求紳短，揚之於士大夫間；伺，相吏翻。且言「紳潛察士大夫有羣居議論者，輒指爲朋黨，白之於上。」由是士大夫多忌之。

及敬宗卽位，逢吉與其黨快紳失勢，又恐上復用之，復，扶又翻。日夜謀議，思所以害紳者。楚州刺史蘇遇楚州，漢射陽縣地，晉立山陽郡，隋爲楚州，至京師二千五百一里。謂逢吉之黨曰：「主上初聽政，必開延英，有次對官，惟此可防。」恐紳因次對言事，而上復用之。其黨以爲然，亟白逢吉曰：「事迫矣，若俟聽政，悔不可追！」逢吉乃令王守澄言於上曰：「陛下所以爲儲貳，臣備知之，皆逢吉之力也。如杜元穎、李紳輩，皆欲立深王。」深王察，後改名悰，憲宗之子，穆宗之弟也。度支員外郎李續之等繼上章言之。上時年十六，疑未信。會逢吉亦有奏，言「紳不利於上，請加貶謫。」上猶再三覆問，然後從之。二月，癸未，貶紳爲端州司馬。端州，隋置，取界內端溪爲名；煬帝初置信安郡，武德又爲端州，天寶改爲高安郡，乾元復爲州。舊志：至京師四千九百三十五里。逢吉仍帥百官表賀，帥，讀曰率。既退，百官復詣中書賀，復，扶又翻；下同。逢吉方與張又新語，門者弗內；良久，又新揮汗而出，旅揖百官曰：「端溪之事，又新不敢多讓。」端州謂之端溪。衆駭愕辟易，憚之。辟，音闢。易，音亦。右拾遺內供奉吳思獨不賀，逢吉怒，以思爲吐蕃告哀使。丙戌，貶翰林學士龐嚴爲信州刺史，蔣防爲汀州刺史。唐上元元年，割饒州之弋陽、衢州之玉山，建、撫二州各三鄉，置信州，至京師東南三千八百里。開元二十六年，開福、撫二州山洞，置汀州，至京師六千一百七十三里。嚴，壽州人，與防皆紳所引也。給事中于敖，素與嚴善，封還敕書；人爲之懼，爲，于僞翻。曰：「于給事爲龐、蔣直冤，犯宰相怒，誠所難也！」及奏下，乃言貶之太輕。逢吉由是獎之。

張又新等猶忌紳，日上書言貶紳太輕，上許爲殺之；爲，于僞翻。朝臣莫敢言，獨翰林侍讀學士韋處厚上疏，太宗選耆儒侍讀，以質史籍疑義。開元中，集賢院置侍讀直學士。時翰林有侍讀學士，有侍書學士。指述「紳爲逢吉之黨所讒，人情歎駭。紳蒙先朝獎用，借使有罪，猶宜容假，以成三年無改之孝，論語：孔子曰：三年無改於父之道，可謂孝矣。況無罪乎！」於是上稍開寤，考異曰：處厚傳曰：「敬宗卽位，李逢吉用事，素惡李紳，乃構成其罪，禍將不測。處厚乃上疏云云。帝悟其事，紳得減死，貶端州司馬。」今從實錄。處厚上疏，在紳貶端州後。會閱禁中文書，有穆宗所封文書一篋，發之，得裴度、杜元穎、李紳疏請立上爲太子，上乃嗟歎，悉焚人所上譖紳書，所上，時掌翻。雖未卽召還，後有言者，不復聽矣。

7 己亥，尊郭太后爲太皇太后。

8 乙巳，尊上母王妃爲皇太后。太后，越州人也。

9 丁未，上幸中和殿擊毬，自是數遊宴、擊毬、奏樂，數，所角翻。賞賜宦官、樂人，不可悉紀。

10 三月，壬子，赦天下；諸道常貢之外，毋得進奉。

11 甲寅，上始對宰相於延英殿。

12 初，牛元翼在襄陽，牛元翼出深州，鎮襄陽，見上卷二年。數賂王庭湊以請其家，數，所角翻。庭湊不與；聞元翼薨，甲子，盡殺之。

13 上視朝每晏，戊辰，日絕高尚未坐，百官班於紫宸門外，老病者幾至僵踣。僵，居良翻。踣，蒲北翻。諫議大夫李渤白宰相曰：「昨日疏論坐晚，論上坐朝之晚也。今晨愈甚，請出閤待罪於金吾仗。」金吾左、右仗，在宣政殿前。既坐班退，左拾遺劉栖楚獨留，進言曰：「憲宗及先帝皆長君，四方猶多叛亂。陛下富於春秋，嗣位之初，當宵衣求理；而嗜寢樂色，宵衣，未明而衣也。理，治也。樂，魚教翻。日晏方起，梓宮在殯，鼓吹日喧，吹，尺僞翻。令聞未彰，聞，音問；下響聞同。惡聲遐布。臣恐福祚之不長，請碎首玉階以謝諫職之曠。」遂以額叩龍墀，見血不已，響聞閤外。考異曰：實錄曰：「莊周云：『爲善無近名，爲惡無近刑。』意者既能爲近名之善，即必忍爲近刑之惡。栖楚本王承宗小吏，果敢有聞，逢吉擢而用之，蓋取其鷹犬之效耳。夫諫諍之道，是豈能知之乎！即如比干剖心，當文王與紂之事也。朱雲折檻，恐漢氏之爲新室也。時危事迫，不得不然，故忠臣有死諫之義。至如上年少嗜寢，坐朝稍晚，蓋宰臣密勿、諫臣封事而可止者也，豈在暴揚面數，激訐於羽儀之前，致使上疑死諫爲不難，謂細事皆當碎首，從此遂不覽章疏，卒有克明之難，實栖楚兆之。況諫辭皆羣黨所作，而使栖楚道之哉！賣前直而資後詐，殊可歎駭。」按李讓夷此論，豈非惡栖楚而強毁之邪！今所不取。李逢吉宣曰：「劉栖楚休叩頭，俟進止！」程大昌曰：奏劄言取進止，猶言此劄之或留或卻，合稟承可否也。唐中葉遂以處分爲進止，而不曉文義者習而不察，概謂有旨爲進止。如玉堂宣底所載凡宣旨皆云有進止者，相承之誤也。栖楚捧首而起，更論宦官事，上連揮令出。栖楚曰：「不用臣言，請繼以死。」牛僧孺宣曰：「所奏知，門外俟進止！」此宰相宣上旨也。言所奏知者，謂所奏之事，上已知之也。栖楚乃出，待罪於金吾仗，於是宰相贊成其言。上命中使就仗，并李渤宣慰令歸。尋擢栖楚爲起居舍人，仍賜緋。栖楚辭疾不拜，歸東都。

14 庚午，賜內教坊錢萬緡，以備行幸。武德後，置內教坊於禁中，武后如意元年，改曰雲韶府，以中官爲使。開元二年，又置內教坊於蓬萊宮側。京都有左、右教坊。

15 夏，四月，甲午，淮南節度使王播罷鹽鐵轉運使。王播兼鹽鐵轉運，見上卷二年。

16 乙未，以布衣姜洽爲補闕，試大理評事陸洿、布衣李虞、劉堅爲拾遺。六典註云：隋置大理評事。通典云：唐置評事十人，掌出使、推覆，後增爲十二人。新志：評事八人，從八品下。陸洿特試官耳。洿，後五翻。時李逢吉用事，所親厚者張又新、李仲言、李續之、李虞、劉栖楚、姜洽及拾遺張權輿、程昔範，又有從而附麗之者，時人惡逢吉者，目之爲八關、十六子。附，依也。麗，著也。自張又新至程昔範八人，而附麗者又八人，皆任要劇，故目之爲八關、十六子。關者，要也。考異曰：按宰相之門，何嘗無特所親愛之士，數蒙引接，詢訪得失，否臧人物，其間忠邪溷殽，固亦多矣。其疏遠不得志者則從而怨疾之，巧立品目以相識誚，此古今常態，非獨逢吉之門有八關、十六子也。舊逢吉傳以爲「有求於逢吉者，必先經此八人納賂，無不如意。」亦恐未必然；但逢吉之門，險詖者爲多耳。此皆出於李讓夷敬宗實錄。按栖楚爲吏，敢與王承宗爭事，此乃正直之士，何得爲佞邪之黨哉！蓋讓夷，德裕之黨，而栖楚爲逢吉所善，故深詆之耳。

17 卜者蘇玄明與染坊供人張韶善，染坊供人，供役於染坊者也。陸德明曰：染，如豔翻；劉而險翻。玄明謂韶曰：「我爲子卜，爲，于僞翻。當升殿坐，與我共食。今主上晝夜毬獵，多不在宮中，大事可圖也。」韶以爲然，乃與玄明謀結染工無賴者百餘人，丙申，匿兵於紫草，車載以入銀臺門，本草曰：紫草，出碭山山谷及楚地，今處處有之，人家園圃或種蒔。其根，所以染紫也。爾雅謂之藐，廣雅謂之茈莀。苗似蘭香，節青，二月有花，紫白色，秋實，白，三月採根陰乾。以下文清思殿徵之，所入者左銀臺門也，在大明宮東面，又北則玄化門。伺夜作亂。伺，相吏翻。未達所詣，有疑其重載而詰之者，載，才代翻。韶急，卽殺詰者，與其徒易服揮兵，大呼趣禁庭。

上時在清思殿擊毬，自左銀臺門西入，經太和殿至清思殿。清思殿之南則宣徽殿，北則珠鏡殿。諸宦者見之，驚駭，急入閉門，走白上；盜尋斬關而入。先是右神策中尉梁守謙有寵於上，每兩軍角伎藝，先，悉薦翻。伎，渠綺翻。上常佑右軍。至是，上狼狽欲幸右軍，左右曰：「右軍遠，恐遇盜，不若幸左軍近。」唐左神策軍、左龍武軍、左羽林軍皆列屯東內苑，直左銀臺門東北角。上從之。左神策中尉河中馬存亮聞上至，走出迎，捧上足涕泣，自負上入軍中，遣大將康藝全將騎卒入宮討賊。將，卽亮翻。上憂二太后隔絕，二太后，太皇太后郭氏、上母太后王氏也。存亮復以五百騎迎二太后至軍。復，扶又翻。

張韶升清思殿，坐御榻，與蘇玄明同食，曰：「果如子言！」玄明驚曰：「事止此邪！」韶懼而走。會康藝全與右軍兵馬使尚國忠引兵至，合擊之，殺韶、玄明及其黨，死者狼藉。逮夜始定，餘黨猶散匿禁苑中；明日，悉擒獲之。

時宮門皆閉，上宿於左軍，中外不知上所在，人情恇駭。恇，去王翻。丁酉，上還宮，宰相帥百官詣延英門賀，來者不過數十人。帥，讀曰率。盜所歷諸門，監門宦者三十五人法當死；己亥，詔並杖之，仍不改職任。兩中尉及諸宦者右之也。壬寅，厚賞兩軍立功將士。

18 五月，乙卯，以吏部侍郎李程、戶部侍郎・判度支竇易直並同平章事。上問相於李逢吉，逢吉列上當時大臣有資望者，程爲之首，列上，時掌翻。故用之。上好治宮室，好，呼到翻。治，直之翻。欲營別殿，制度甚廣，李程諫，請以所具木石回奉山陵，上卽從之。

19 六月，己卯朔，以左神策大將軍康藝全爲鄜坊節度使。賞討張韶、蘇玄明之功也。

20 上聞王庭湊屠牛元翼家，歎宰輔非才，使凶賊縱暴。翰林學士韋處厚因上疏言：「裴度勳高中夏，聲播外夷，若置之巖廊，委其參決，河北、山東必稟朝算。夏，戶雅翻。朝，直遙翻。管仲曰：『人離而聽之則愚，合而聽之則聖。』理亂之本，非有他術，順人則理，違人則亂。

伏承陛下當食歎息，恨無蕭、曹，今有裴度尚不能留，此馮唐所以謂漢文得廉頗、李牧不能用也。事見十五卷漢文帝十四年。夫御宰相，當委之，信之，親之，禮之，於事不效，於國無勞，則置之散寮，散，蘇但翻，冗散也。黜之遠郡，如此，則在位者不敢不厲，將進者不敢苟求。臣與逢吉素無私嫌，嘗爲裴度無辜貶官。憲宗時，韋處厚爲考功郎，韋貫之罷相，處厚坐與之善，出刺開州。今之所陳，上答聖明，下達羣議耳。」上見度奏狀無平章事，以問處厚。處厚具言李逢吉排沮之狀。上曰：「何至是邪！」李程亦勸上加禮於度。丙申，加度同平章事。

21 張韶之亂，馬存亮功爲多，存亮不自矜，委權求出；秋，七月，以存亮爲淮南監軍使。

22 夏綏節度使李祐入爲左金吾大將軍，夏，戶雅翻。壬申，進馬百五十匹；上卻之。甲戌，侍御史溫造於閤內奏彈祐違敕進奉，因入閤而奏彈之也。違敕者，謂違三月壬子敕也。請論如法，詔釋之。祐謂人曰：「吾夜半入蔡州城取吳元濟，事見二百四十卷憲宗元和十二年。未嘗心動，今日膽落於溫御史矣！」

23 八月，丁卯朔，安南奏黃蠻入寇。黃蠻，卽黃洞蠻。

24 龍州刺史尉遲銳上言：「牛心山素稱神異，尉，紆勿翻。牛心山，在龍州江油縣西一里。道敎靈驗記：「李虎葬龍州之牛心山。」又牛心山靈異記：「梁武陵王紀理益州，使李龍遷築城於牛心山。龍遷既沒，卽葬於山側，鄉里爲立祠。武德中，改爲觀。武氏革命，鑿斷山脈。明皇幸蜀，有老人蘇坦奏曰：『牛心山，國之祖墓，今日蒙塵之禍，乃則天掘鑿所致。』明皇卽命修塡如舊。明年，誅祿山，復宮闕。」以二記考之，則李虎與龍遷，卽一人也。然虎仕西魏，未嘗仕梁。有掘斷處，請加補塞。」塞，悉則翻。從之。役數萬人於絕險之地，東川爲之疲弊。爲，于僞翻。

25 九月，丁未，波斯李蘇沙獻沈香亭子材。左拾遺李漢上言：「此何異瑤臺、瓊室！」上雖怒，亦優容之。杜佑曰：林邑出沈香，土人破斷其木，積以歲年，朽爛而心節獨在，置水中則沈，故名沈香。諸蕃志：沈香所出非一，形多異而名亦不一：有如犀角者，謂之犀角沈；如燕口者，謂之燕口沈；如附子者，謂之附子沈；如梭者，謂之梭沈；紋堅而理緻者，謂之橫陽沈。今其材可爲亭子，則條段又非諸沈比矣。漢，道明之六世孫也。道明，淮陽王道玄之弟。

26 冬，十月，戊戌，翰林學士韋處厚諫上宴遊曰：「先帝以酒色致疾損壽，臣是時不死諫者，以陛下年已十五故也。今皇子纔一歲，臣安敢畏死而不諫乎！」上感其言，賜錦綵百匹、銀器四。

27 十一月，戊午，安南奏：黃蠻與環王合兵攻陷陸州，殺刺史葛維。

28 庚申，葬睿聖文惠孝皇帝于光陵；光陵，在同州奉先縣北十五里堯山。廟號穆宗。

29 王播以錢十萬緡賂王守澄，求復領利權，是年四月，王播罷鹽鐵、轉運使。十二月，癸未，諫議大夫獨孤朗、張仲方、起居郎柳公權、起居舍人宋申錫、拾遺李景讓、薛廷老請開延英論其奸邪。上問：「前廷爭者不在中邪？」爭，讀曰諍。即日，除劉栖楚諫議大夫。景讓，憕之曾孫；李憕，天寶末守東都，死於安祿山之難。憕，直陵翻。廷老，河中人也。

30 十二月，庚寅，加天平節度使烏重胤同平章事。

31 乙未，徐泗觀察使王智興以上生日，按唐會要：上以元和四年六月九日生。今王智興於十二月請置戒壇，預請之也。請於泗州置戒壇，度僧尼以資福；釋氏之法，凡初度僧尼，皆詣戒壇受戒，其未受戒者謂之沙彌；無知及避征役者爭趨之。泗州有大聖塔，人敬事之，故王智興請於此置戒壇。許之。自元和以來，敕禁此弊，智興欲聚貨，首請置之，於是四方輻湊，江、淮尤甚，智興家貲由此累鉅萬。浙西觀察使李德裕上言：「若不鈐制，鈐，其廉翻。至降誕日方停，計兩浙、福建當失六十萬丁。」奏至，即日罷之。

32 是歲，回鶻崇德可汗卒，弟曷薩特勒立。

敬宗睿武昭愍孝皇帝諱湛，穆宗長子也。謚法：夙夜警惕曰愍。

寶曆元年（乙巳、八二五）

1 春，正月，辛亥，上祀南郊；還，御丹鳳樓，赦天下，改元。

先是鄠令崔發聞外喧囂，問之，曰：「五坊人毆百姓。」先，悉薦翻。鄠，音戶。囂，虛驕翻。毆，烏口翻。發怒，命擒以入，曳之於庭。時已昏黑，良久，詰之，乃中使也。上怒，收發，繫御史臺。是日，發與諸囚立金雞下，唐制：凡國有赦宥，刑部先集囚徒於闕下，衞尉建金雞，置鼓宮城門之右，囚徒至則撾之。宣制訖乃釋其囚。忽有品官數十人玄宗天寶十三年，內侍省置高品一千六百九十六人，品官白身二千九百三十二人，皆羣閹也。執梃亂捶發，破面折齒，梃，徒鼎翻，白木棓也。捶，止桑翻。折，而設翻。絕氣乃去；數刻而蘇，復有繼來求擊之者，復，扶又翻。臺吏以席蔽之，僅免。上命復繫發於臺獄臺獄，御史臺獄也。而釋諸囚。

2 中書侍郎、同平章事牛僧孺以上荒淫，嬖幸用事，嬖，卑義翻，又博計翻。又畏罪不敢言，但累表求出。乙卯，升鄂岳爲武昌軍，以僧孺同平章事、充武昌節度使。考異曰：皇甫松續牛羊日曆曰：「太牢既交惡黨，潛豫姦謀。太牢乃元和中青衫外郎耳，穆宗世，因承和薦，不三二年，位兼將相。憲宗仙駕至灞上，以從官召知制誥。當時宰臣未盡兼職，而獨綜集賢、史館兩司；出鎭未盡佩相印，而太牢同平章事，出夏口。夏口去節十五年，由太牢而加節焉。太牢早孤，母周氏，冶蕩無檢，鄉里云云，兄弟羞赧，乃令改醮，既與前夫義絕矣。及貴，請以出母追贈。禮云：『庶氏之母死，何爲哭於孔氏之廟乎！』又曰：『不爲伋也妻者，是不爲白也母。』而李淸心妻配牛幼簡，是夏侯銘所謂『魂而有知，前夫不納於幽壤；歿而可作，後夫必訴於玄穹。』使其母爲失行無適從之鬼，上罔聖朝，下欺先父，得曰忠孝智識者乎！作周秦行紀，呼德宗爲沈婆兒。謂睿眞皇太后爲沈婆，此乃無君甚矣。」此朋黨之論，今不取。

中旨復以王播兼鹽鐵轉運使，復，扶又翻。諫官屢爭之；上皆不納。

牛僧孺過襄陽，山南東道節度使柳公綽服櫜鞬候於館舍，櫜，姑勞翻。鞬，居言翻。將佐諫曰：「襄陽地高於夏口，鄂州，謂之夏口。此禮太過！」公綽曰：「奇章公甫離台席，牛弘相隋，封奇章公，僧孺其裔孫也，故唐人以稱之。宰相之位，取象三台，故曰台席。離，力智翻。方鎮重宰相，所以尊朝廷也。」竟行之。

3 上遊幸無常，昵比羣小，昵，尼質翻，狎也，近也。比，毗至翻，黨也。視朝月不再三，朝，直遙翻；下同。大臣罕得進見。見，賢遍翻。二月，壬午，浙西觀察使李德裕獻丹扆六箴：扆，於豈翻。一曰宵衣，以諷視朝希晚；朝，直遙翻。二曰正服，以諷服御乖異；三曰罷獻，以諷徵求玩好；好，呼到翻。四曰納誨，以諷侮棄讜言；讜，音黨。五曰辨邪，以諷信任羣小；六曰防微，以諷輕出遊幸。其納誨箴略曰：「漢驁流湎，舉白浮鍾；事見三十一卷漢成帝永始二年。成帝諱驁，音五到翻。魏叡侈汰，陵霄作宮。事見七十三卷魏明帝青龍三年。明帝諱叡。忠雖不忤，善亦不從。忤，五故翻。以規爲瑱，是謂塞聰。」左氏外傳：楚靈王虐，白公子張驟諫。王曰：「不穀雖不能用，吾憖置之於耳。」對曰：「賴君之用也，故言；不然，犀犛兕象，其可盡乎！其又以規爲瑱也。」韋昭註曰：瑱，所以塞耳也。言四獸之牙角可以爲瑱難盡也，而又以規諫爲之乎！瑱，他甸翻。塞，悉則翻；下同。防微箴曰：「亂臣猖獗，非可遽數。玄服莫辨，漢宣帝時，霍氏外孫任宣坐謀反誅。宣子章亡在渭城界，夜，玄服入廟，居廊間，執戟立廟門待。上至，欲爲逆，發覺，伏誅。觸瑟始仆。馬何羅事，見二十二卷漢武帝征和四年。柏谷微行，豺豕塞路。覩貌獻餐，斯可戒懼！」事見十七卷漢武帝建元三年。上優詔答之。

4上既復繫崔發於獄，復，扶又翻。給事中李渤上言：「縣令不應曳中人，中人不應毆御囚，敕旨所囚繫者，謂之御囚。其罪一也。然縣令所犯在赦前，中人所犯在赦後。中人橫暴，橫，戶孟翻。一至於此。若不早正刑書，臣恐四方藩鎮聞之，則慢易之心生矣。」易，以豉翻。諫議大夫張仲方上言，略曰：「鴻恩將布於天下而不行御前，霈澤徧被於昆蟲而獨遺崔發。」被，皮義翻。自餘諫官論奏甚衆，上皆不聽。戊子，李逢吉等從容言於上曰：從，千容翻。「崔發輒曳中人，誠大不敬，律以對捍制使，無人臣之禮，爲大不敬。今崔發曳中使，故先以此罪坐之。然其母，故相韋貫之之姊也，年垂八十，自發下獄，積憂成疾。下，遐稼翻。陛下方以孝理天下，此所宜矜念。」上乃愍然曰：「比諫官但言發寃，未嘗言其不敬，亦不言有老母。如卿所言，朕何爲不赦之！」此以母子天性感發之，易所謂「納約自牖」者也。但逢吉以權數耳。比，毗至翻。卽命中使釋其罪，送歸家，仍慰勞其母。勞，力到翻。母對中使杖發四十。

5三月，辛酉，遣司門郎中于人文冊回鶻曷薩特勒爲愛登里囉汨沒密於合【張：「於合」作「施合」。】毗伽昭禮可汗。囉，魯何翻。汨，越筆翻。

6夏，四月，癸巳，羣臣上尊號曰文武大聖廣孝皇帝；赦天下。赦文但云：「左降官已經量移者，宜與量移，」不言未量移者。翰林學士韋處厚上言：「逢吉恐李紳量移，故有此處置。如此，則應近年流貶官，因李紳一人皆不得量移也。」量，音良。處，昌呂翻。上卽追赦文改之。紳由是得移江州長史。

7 秋，七月，甲辰，鹽鐵使王播進羨餘絹百萬匹。播領鹽鐵，誅求嚴急，正入不充而羨餘相繼。正入，謂歲入有正額者。羨，弋線翻。

8 己未，詔王播造競渡船二十艘，荆楚歲時記：屈原以五月五日死於汨羅，人傷其死，並以舟楫拯之，至今競渡是其遺俗。自唐以來，治競渡船，務爲輕駛，前建龍頭，後豎龍尾，船之兩旁，刻爲龍鱗而綵繪之，謂之龍舟。植標於中流，衆船鼓楫競進以爭錦標，有破舟折楫至於沉溺而不悔者。運材於京師造之，計用轉運半年之費。諫議大夫張仲方等力諫，乃減其半。

9 諫官言京兆尹崔元略以諸父事內常侍崔潭峻；丁卯，元略遷戶部侍郎。

10 昭義節度使劉悟之去鄆州也，以鄆兵二千自隨爲親兵。八月，庚戌，悟暴疾薨，子將作監主簿從諫匿其喪，考異曰：據李絳疏云：悟八月十日得病。計是日便死，故置此。餘從杜牧書。與大將劉武德及親兵謀，以悟遺表求知留後。司馬賈直言入責從諫曰：「爾父提十二州地歸朝廷，謂殺李師道，以鄆、青等州歸朝廷也。事見二百四十一卷憲宗元和十四年。其功非細，祇以張汶之故，張汶，事見上卷穆宗長慶二年。汶，音問。自謂不潔淋頭，今人爲屎爲不潔。竟至羞死。爾孺子，何敢如此！父死不哭，何以爲人！」從諫恐悚不能對，乃發喪。

11 初，陳留人武昭罷石州刺史，爲袁王府長史，石州，漢離石縣地，唐置石州，京師東北一千二百九十一里。袁王紳，順宗子。鬱鬱怨執政。李逢吉與李程不相悅，水部郎中李仍叔，程之族人，激怒之云，程欲與昭官，爲逢吉所沮。昭因酒酣，對左金吾兵曹茅彙言欲刺逢吉，刺，七亦翻。爲人所告。九月，庚辰，詔三司鞫之。前河陽掌書記李仲言謂彙曰：「君言李程與昭謀則生，不然必死。」彙曰：「冤死甘心！誣人自全，彙不爲也！」獄成，冬，十月，甲子，武昭杖死，李仍叔貶道州司馬，李仲言流象州，茅彙流崖州。彙，于貴翻。

12 上欲幸驪山溫湯，左僕射李絳、諫議大夫張仲方等屢諫不聽，拾遺張權輿伏紫宸殿下，叩頭諫曰：「昔周幽王幸驪山，爲犬戎所殺；史記：周幽王愛褒姒，褒姒不好笑，王欲其笑萬方，終不笑。幽王爲烽燧，有寇至則舉烽火，諸侯悉至而無寇，褒姒乃大笑。幽王悅之，爲數舉烽火。其後不信，諸侯益不至。西夷犬戎攻幽王，王舉烽徵兵，兵莫至，遂殺幽王驪山下。秦始皇葬驪山，國亡；玄宗宮驪山而祿山亂；先帝幸驪山，享年不長。」事並見前紀。上曰：「驪山若此之凶邪？我宜一往以驗彼言。」十一月，庚寅，幸溫湯，卽日還宮，謂左右曰：「彼叩頭者之言，安足信哉！」史言敬宗荒縱而愎諫。

13 丙申，立皇子普爲晉王。

14 朝廷得劉悟遺表，議者多言上黨內鎮，與河朔異，不可許。左僕射李絳上疏，以爲：

「兵機尚速，威斷貴定，斷，丁亂翻；下裁斷同。人情未一，乃可伐謀。劉悟死已數月，朝廷尚未處分，處，昌呂翻。分，扶問翻。中外人意，共惜事機。今昭義兵衆，必不盡與從諫同謀，縱使其半叶同，尚有其半效順。從諫未嘗久典兵馬，威惠未加於人。又此道素貧，言昭義一道，素來貧薄，不比他道豐富。非時必無優賞。今朝廷但速除近澤潞一將充昭義節度使，令兼程赴鎭，從諫未及布置，新使已至潞州，所謂『先人奪人之心』也。先，悉薦翻。左傳趙宣子之言。使，疏吏翻；下同。新使既至，軍心自有所繫；從諫無位，何名主張，設使謀撓朝命，撓，奴教翻，又奴巧翻。其將士必不肯從。今朝廷久無處分，處，昌呂翻。分，扶問翻。彼軍不曉朝廷之意，彼軍，謂昭義軍也。欲效順則恐忽授從諫，欲同惡則恐別更除人，猶豫之間，若有姦人爲之畫策，虛張賞設錢數，軍士覬望，尤難指揮。爲，于僞翻。賞設，猶言賞犒也。覬，凡利翻。伏望速賜裁斷，仍先下明敕，明敕，猶言明詔。斷，丁亂翻。下，遐稼翻。宣示軍衆，獎其從來忠節，言澤潞一軍，自李抱眞以來，盡忠竭節於朝廷。賜新使繒五十萬匹，使之賞設；繒，慈陵翻。續除劉從諫一刺史。從諫既粗有所得，必且擇利而行，萬無違拒。設不從命，臣亦以爲不假攻討。何則？臣聞從諫已禁山東三州軍士不許自畜兵刀，昭義巡屬邢、洺、磁三州，皆在山東。足明羣心殊未得一，帳下之事亦在不疑。言帳下必有圖從諫以爲功者。熟計利害，決無卽授從諫之理。」時李逢吉、王守澄計議已定，竟不用絳等謀。考異曰：實錄：「從諫以金幣賂當權者。」舊從諫傳曰：「李逢吉、王守澄受其賂，曲爲奏請。」事有無難明，今不取。十二月，辛丑，以從諫爲昭義留後。劉悟煩苛，從諫濟以寬厚，衆頗附之。

15 李絳好直言，李逢吉惡之。故事，僕射上日，好，呼到翻。惡，烏路翻。上，時掌翻。宰相送之，百官立班，中丞列位於廷，尚書以下每月當牙。牙，牙參也。元和中，伊愼爲僕射，太常博士韋謙上言舊儀太重，削去之。去，羌呂翻。御史中丞王播恃逢吉之勢，與絳相遇於塗，不之避。絳引故事上言：「僕射，國初爲正宰相，唐初，太宗爲尚書令，羣臣不敢居其位，自是不除授，以左、右僕射爲尚書省長官，其任爲正宰相。所謂參議朝政、參知機務、同平章事雖皆宰相之職，然非正宰相也。禮數至重。儻人才忝位，自宜別授賢良；若朝命守官，豈得有虧法制。乞下百官詳定。」議者多從絳議。朝，直遥翻。下，遐稼翻。上聽行舊儀。甲子，以絳有足疾，除太子少師、分司。

16 言事者多稱裴度賢，不宜棄之藩鎮，上數遣使至興元勞問度，數，所角翻。勞，力到翻。密示以還期；度因求入朝，逢吉之黨大懼。

二年（丙午、八二六）

1 春，正月，壬辰，裴度自興元入朝，李逢吉之黨百計毀之。先是民間謠云：先，悉薦翻。「緋衣小兒坦其腹，天上有口被驅逐。」緋衣，裴字。天上有口，吳字。謂度能擒吳元濟，其才爲可用也。又，長安城中有橫亙六岡，如乾象，度宅偶居第五岡。六岡橫亙，如乾卦六畫之象。裴度平樂里第偶居第五岡。程大昌曰：宇文愷之營隋都也，曰：朱雀街南北盡郭，有六條高坡，象乾卦六爻，故於九二置宮殿以當帝王之居，九三立百司以應君子之數，九五貴位，不欲常人居之，故置玄都觀及興善寺以鎮其地。劉禹錫賦看花詩卽此也。裴度宅在朱雀街東，自北而南則爲第四坊，名永樂坊，略與玄都觀東西相對，而其第之比觀基，蓋退北兩坊，不正相當也。唐實錄：裴度在興元，自請入覲，李逢吉之黨有張權輿者排之，以爲「度名應圖讖，宅據乾岡，不召而來，其意可見。」蓋權輿之所謂宅據乾岡者，卽龍首第五坡之餘勢也。然度之所居，張說第在其西，尤與玄都觀相近，而張嘉貞之第正在坊北，何獨指度爲占據乾岡也！小人挾私欺君皆此類。張權輿上言：「度名應圖讖，宅占岡原，不召而來，其旨可見。」考異曰：舊逢吉傳曰：「寶曆初，度連上章請入覲，逢吉之黨坐不安席，如矢攢身，乃相與爲謀，欲沮其來。張權輿撰『非衣小兒』之謠，傳於閭巷，言度相有天分，名應謠讖。而韋處厚於上前解析權輿所撰之言。」按權輿若撰謠言，當更加以惡言，不止云「天上有口被驅逐」而已。蓋民間先有此謠，權輿因言度名應謠讖，非撰之也。上雖年少，少，詩照翻。悉察其誣謗，待度益厚。

度初至京師，朝士塡門，度留客飲。京兆尹劉栖楚附度耳語，侍御史崔咸舉觴罰度曰：「丞相不應許所由官呫囁耳語。」京尹任煩劇，故唐人謂府縣官爲所由官。項安世家說曰：今坊市公人謂之所由。呫，叱涉翻。囁，而涉翻。呫囁，細語，口動而聲不遠聞。度笑而飲之。栖楚不自安，趨出。

二月，丁未，以度爲司空、同平章事。度在中書，左右忽白失印，聞者失色。度飲酒自如；頃之，左右白復於故處得印，度不應。或問其故，度曰：「此必吏人盜之以印書券耳，急之則投諸水火，緩之則復還故處。」或問：「當左右白得印之時，豈不可就詰其人以得印所自邪！」答曰：「晉公處此必有說，請自詳度。」人服其識量。

2 上自卽位以來，欲幸東都，宰相及朝臣諫者甚衆，上皆不聽，決意必行，已令度支員外郎盧貞按視，脩東都宮闕及道中行宮。自長安歷華、陝至洛，沿道皆有行宮，如華陰之瓊岳宮、金城宮，鄭縣之神臺宮，陝縣之繡嶺宮，澠池之芳桂宮，福昌之福昌宮，永寧之崎岫宮、蘭峯宮，壽安之連昌宮、興泰宮是也。裴度從容言於上曰：「國家本設兩都以備巡幸，自多難以來，茲事遂廢。從，千容翻。難，乃旦翻。今宮闕、營壘、百司廨舍率已荒阤，阤，施是翻，廢也。陛下儻欲行幸，宜命有司歲月間徐加完葺，然後可往。」上曰：「從來言事者皆云不當往，如卿所言，不往亦可。」會朱克融、王庭湊皆請以兵匠助脩東都。三月丁亥，敕以脩東都煩擾，罷之，史言脩東都之役，非以羣臣論諫而罷，特畏幽、鎭之稱兵而罷耳。召盧貞還。

先是，朝廷遣中使賜朱克融時服，先，悉薦翻。克融以爲疏惡，執留敕使；又奏「當道今歲將士春衣不足，乞度支給三十萬端匹」；又奏「欲將兵馬及丁匠五千助脩宮闕」。上患之，以問宰相，欲遣重臣宣慰，仍索敕使。索，山客翻。裴度對曰：「克融無禮已甚，殆將斃矣！譬如猛獸，自於山林中咆哮跳踉，咆，蒲交翻，嘷也。哮，虛交翻，闞也。踉，呂張翻，又音郎。久當自困，必不敢輒離巢穴。離，力智翻。願陛下勿遣宣慰，亦勿索敕使，旬日之後，徐賜詔書云：『聞中官至彼，稍失去就，俟還，朕自有處分。時服，有司製造不謹，朕甚欲知之，已令區處。處，昌呂翻。分，扶問翻。其將士春衣，從來非朝廷徵發，皆本道自備。朕不愛數十萬匹物，但素無此例，不可獨與范陽。』所稱助脩宮闕，皆是虛語，若欲直挫其姦，宜云『丁匠宜速遣來，已令所在排比供擬。』比，毗至翻。彼得此詔，必蒼黃失圖。若且示含容，則云『脩宮闕事在有司，不假丁匠遠來。』如是而已。不足勞聖慮也。」上悅，從之。

3立才人郭氏爲貴妃。妃，晉王普之母也。

4橫海節度使李全略薨；其子副大使同捷擅領留後，重賂鄰道，以求承繼。爲文宗討李同捷張本。

5夏，四月，戊申，以昭義留後劉從諫爲節度使。

6五月，幽州軍亂，殺朱克融及其子延齡，果如裴度之言。軍中立其少子延嗣主軍務。

7六月，甲子，上御三殿，令左右軍、教坊、內園爲擊毬、手搏、雜戲。戲酣，有斷臂、碎首者，夜漏數刻乃罷。

8己卯，上幸興福寺，唐會要：興福寺在脩德坊，本王君廓宅，貞觀八年太宗爲太穆皇后追福，立爲弘福寺，神龍元年改名。元和十二年，築夾城，自雲韶門過芳林門，西至脩德里，以通於興福佛寺。觀沙門文漵俗講。釋氏講說，類談空有，而俗講者又不能演空有之義，徒以悅俗邀布施而已。漵，象呂翻。

9癸未，衡王絢薨。絢，順宗子，音翾縣翻。

10 壬辰，宣索左藏見在銀十萬兩金七千兩，悉貯內藏，以便賜與。索，山客翻。貯，丁呂翻。藏，徂浪翻。見，賢遍翻。

11 道士趙歸眞說上以神仙，僧惟貞、齊賢、正簡說上以禱祠求福，說，式芮翻。皆出入宮禁，上信用其言。山人杜景先請徧歷江、嶺，求訪異人。有潤州人周息元，自言壽數百歲，上遣中使迎之。八月，乙巳，息元至京師，潤州至京師二千八百二十一里。上館之禁中山亭。館，古玩翻。

12 朱延嗣既得幽州，虐用其人；都知兵馬使李載義與弟牙內兵馬使載寧共殺延嗣，幷屠其家三百餘人。載義權知留後，九月，數延嗣之罪以聞。數，所具翻。載義，承乾之後也。承乾，太宗長子，以罪廢。

13 庚申，魏博節度使史憲誠妄奏李同捷爲軍士所逐，走歸本道，請束身歸朝；尋奏同捷復歸滄州。史言史憲誠玩侮朝廷，公肆欺罔。

14 壬申，以中書侍郎、同平章事李程同平章事、充河東節度使。

15 冬，十月，己亥，【嚴：「己」改「乙」。】以李載義爲盧龍節度使。

16 十一月，甲申，以門下侍郎、同平章事李逢吉同平章事、充山南東道節度使。

17 上遊戲無度，狎暱羣小，暱，尼質翻。善擊毬，好手搏，好，呼到翻；下同。禁軍及諸道爭獻力士，又以錢萬緡付內園令召募力士，晝夜不離側；離，力智翻。又好深夜自捕狐狸。性復褊急，復，扶又翻。力士或恃恩不遜，輒配流、籍沒；宦官小過，動遭捶撻，皆怨且懼。十二月，辛丑，上夜獵還宮，與宦官劉克明、田務澄、許文端及擊毬軍將蘇佐明、王嘉憲、石從寬、閻惟直等二十八人飲酒。上酒酣，入室更衣，更，工衡翻。殿上燭忽滅，蘇佐明等弒上於室內。年十八。劉克明等矯稱上旨，命翰林學士路隋草遺制，以絳王悟權句當軍國事。絳王悟，憲宗子。句，古侯翻。當，丁浪翻。壬寅，宣遺制，絳王見宰相百官於紫宸外廡。

克明等欲易置內侍之執權者，於是樞密使王守澄、楊承和，中尉魏從簡、梁守謙定議，唐末謂兩樞密、兩中尉爲四貴。以衞兵迎江王涵入宮，自十六宅迎入宮也。發左·右神策、飛龍兵進討賊黨，盡斬之。克明赴井，出而斬之。絳王爲亂兵所害。

時事起蒼猝，守澄以翰林學士韋處厚博通古今，一夕處置，皆與之共議。處，昌呂翻。守澄等欲號令中外，而疑所以爲辭。處厚曰：「正名討罪，於義何嫌；安可依違，有所諱避！」又問：「江王當如何踐阼？」處厚曰：「詰朝，當以王教布告中外以已平內難。詰，去吉翻。難，乃旦翻。然後羣臣三表勸進，以太皇太后令册命卽皇帝位。」當時皆從其言，時不暇復問有司，復，扶又翻。凡百儀法，皆出於處厚，無不叶宜。

癸卯，以裴度攝冢宰。百官謁見江王於紫宸外廡，見，賢遍翻。王素服涕泣。甲辰，見諸軍使於少陽院。少陽院，以地望準之，當在宮城東北隅，太子居之，亦謂之東宮。今按閣本大明宮圖：少陽院在浴堂殿東，其北又有溫室、宣徽、淸思、太和、珠鏡等殿，不正在宮城東北隅也。考異曰：魏謩文宗實錄，見軍使事承見百官下，不云別日。今從敬宗實錄。趙歸眞等諸術士及敬宗時佞幸者，皆流嶺南或邊地。

乙巳，文宗卽位，更名昂。更，工衡翻。戊申，尊母蕭氏爲皇太后，王太后爲寶曆太后。是時，郭太后居興慶宮，王太后居義安殿，蕭太后居大內。上性孝謹，事三宮如一，自此以後，凡言上者，皆文宗也。每得珍異之物，先薦郊廟，次奉三宮，然後進御。蕭太后，閩人也。

18 庚戌，以翰林學士韋處厚爲中書侍郎、同平章事。

19 上自爲諸王，深知兩朝之弊，謂穆、敬兩朝也。朝，直遙翻；下同。及卽位，勵精求治，去奢從儉。治，直吏翻。去，羌呂翻。詔宮女非有職掌者皆出之，出三千餘人。五坊鷹犬，準元和故事，量留校獵外，悉放之。量，音良。有司供宮禁年支物，並準貞元故事。省教坊、翰林、總監冗食千二百餘員，總監，苑總監也。停諸司新加衣糧。諸司，內諸司也。衣糧，敬宗濫恩所加也。御馬坊場及近歲別貯錢穀所占陂田，占，之贍翻。悉歸之有司。先宣索組繡、彫鏤之物，悉罷之。鏤，郎豆翻。敬宗之世，每月視朝不過一二，上始復舊制，每奇日未嘗不視朝，奇，紀宜翻，隻也。唐制，天子以隻日視朝。對宰相羣臣延訪政事，久之方罷。待制官舊雖設之，未嘗召對，至是屢蒙延問。其輟朝、放朝皆用偶日，中外翕然相賀，以爲太平可冀。欲治之主不世出，人君初政，儻有一二足以新民視聽，天下之所望重矣。然卒無以副天下之望者，魏高貴鄉公、晉懷帝、唐德宗、文宗是也。

文宗元聖昭獻孝皇帝上之上本名涵，即位更名昂，穆宗第二子。

太和元年（丁未、八二七）

1 春，二月，乙巳，赦天下，改元。

2 李同捷擅據滄景，朝廷經歲不問。去年三月，李同捷擅領橫海留後。同捷冀易世之後或加恩貸，三月，壬戌朔，遣掌書記崔從長奉表與其弟同志、同巽俱入見，見，賢遍翻。請遵朝旨。

3 上雖虛懷聽納而不能堅決，與宰相議事已定，尋復中變。復，扶又翻。夏，四月，丙辰，韋處厚於延英極論之，因請避位；上再三慰勞之。勞，力到翻。

4 忠武節度使王沛薨。庚申，以太僕卿高瑀爲忠武節度使。瑀，音禹。自大曆以來，節度使多出禁軍，其禁軍大將資高者，皆以倍稱之息貸錢於富室，倍者，子錢倍於本錢。稱者，子本相侔也。稱，尺證翻。以賂中尉，動踰億萬，然後得之，未嘗由執政；至鎮，則重斂以償所負。斂，力贍翻。及沛薨，裴度、韋處厚始奏以瑀代之。中外相賀曰：「自今債帥鮮矣！」帥，所類翻。鮮，息淺翻，少也。

5 五月，丙子，以天平節度使烏重胤爲橫海節度使，以前橫海節度副使李同捷爲兗海節度使。朝廷猶慮河南、北節度使搆扇同捷使拒命，乃加魏博史憲誠同平章事。丁丑，加盧龍李載義、平盧康志睦、成德王庭湊檢校官。

6 鹽鐵使王播自淮南入朝，力圖大用，所獻銀器以千計，綾絹以十萬計。六月，癸巳，以播爲左僕射、同平章事。

7 秋，七月，癸酉，葬睿武昭愍孝皇帝于莊陵；莊陵，在京兆三原縣西北五里。廟號敬宗。

8 李同捷託爲將士所留，不受詔；乙酉，武寧節度使王智興奏請將本軍三萬人，自備五月糧以討同捷，許之。八月，庚子，削同捷官爵，命烏重胤、王智興、康志睦、史憲誠、李載義與義成節度使李聽、義武節度使張璠各帥本軍討之。璠，扶元翻。帥，讀曰率。同捷遣其子弟以珍玩、女妓賂河北諸鎮。妓，渠綺翻。戊午，李載義執其姪，并所賂獻之。

史憲誠與李全略爲婚姻，及同捷叛，密以糧助之。裴度不知其所爲，謂憲誠無貳心。憲誠遣親吏至中書請事，韋處厚謂曰：「晉公於上前以百口保爾使主；裴度封晉國公。節度使爲一道之主，故對其屬吏稱之爲使主。使，疏吏翻。處厚則不然，但仰俟所爲，自有朝典耳！」憲誠懼，不敢復與同捷通。讀史者以爲裴度於是時耄及之矣，韋處厚較聰明；不惟不知度，亦不知處厚矣。一推心以待之，一明法以示之，此正寬嚴相濟，所以制御強藩。復，扶又翻。

王庭湊爲同捷求節鉞不獲，爲，于僞翻。乃助之爲亂，出兵境上以撓魏師；撓，奴教翻。又遣使厚賂沙陀酋長朱邪執宜，欲與之連兵，執宜拒不受。酋，慈由翻。長，知丈翻。

冬，十月，天平、橫海節度使烏重胤擊同捷，屢破之。十一月，丙寅，重胤薨。庚辰，以保義節度使李寰爲橫海節度使，穆宗長慶三年，以晉、慈二州爲保義軍。從王智興之請也。

9 十二月，庚戌，加王智興同平章事。

二年（戊申、八二八）

1 春，三月，己卯，王智興攻棣州，焚其三門。

2 自元和之末，宦官益橫，橫，戶孟翻。建置天子在其掌握，穆宗及上皆宦官所立。威權出人主之右，人莫敢言。上【章：十二行本「上」上有「辛巳」二字；乙十一行本同；退齋校同；張校同，云無註本亦無。】親策制舉人，賢良方正昌平劉蕡蕡，符分翻。對策，極言其禍，其略曰：「陛下宜先憂者，宮闈將變、社稷將危、天下將傾、海內將亂。」又曰：「陛下將杜篡弑之漸，則居正位而近正人，遠刀鋸之賤，親骨鯁之直，近，其靳翻。遠，于願翻。輔相得以專其任，相，息亮翻。庶職得以守其官，柰何以褻近五六人總天下大政！禍稔蕭牆，姦生帷幄，臣恐曹節、侯覽復生於今日。」曹節、侯覽見漢桓帝紀。復，扶又翻。又曰：「忠賢無腹心之寄，閽寺持廢立之權，陷先君不得正其終，致陛下不得正其始。」謂宦者弑敬宗而立上也。春秋穀梁傳曰：定元年，春王不言正月，定無正也。定之無正何也？昭公之終，非正終也；定之始，非正始也。昭無正終，故定無正始。又曰：「威柄陵夷，藩臣跋扈。或有不達人臣之節，首亂者以安君爲名；不究春秋之微，稱兵者以逐惡爲義。微，爲春秋之微指也。此二語，蕡蓋慮夫強藩首亂稱兵，以逐君側惡臣爲名者。則政刑不由乎天子，征伐必自於諸侯。」昭宗之世，岐、汴交兵，以誅宦官爲名，卒如劉蕡之言。又曰：「陛下何不塞陰邪之路，屏褻狎之臣，塞，悉則翻。屏，必郢翻，又卑正翻。制侵陵迫脅之心，復門戶掃除之役，戒其所宜戒，憂其所宜憂！既不能治於前，當治於後；治，直之翻。既不能正其始，當正其終；則可以虔奉典謨，克承丕構矣。昔秦之亡也失於強暴，漢之亡也失於微弱。強暴則賊臣畏死而害上，謂趙高也。高亦宦者也。微弱則姦臣竊權而震主。謂外戚、宦官。蕡意專指宦官。伏見敬宗皇帝不虞亡秦之禍，不翦其萌。伏惟陛下深軫亡漢之憂，以杜其漸，蕡蓋謂敬宗以荒暴喪身，又恐上以仁弱不能制宦官也。則祖宗之鴻業可紹，三、五之遐軌可追矣。」三、五，謂三皇、五帝。又曰：「臣聞昔漢元帝卽位之初，更制七十餘事，其略見二十八卷漢元帝初元元年、二年。其心甚誠，其稱甚美，然而紀綱日紊，稱，尺證翻。紊，音問。國祚日衰，姦宄日強，黎元日困者，以其不能擇賢明而任之，失其操柄也。」引漢元以爲戒者，蓋以帝之去奢從儉似漢元，而優遊不斷亦類漢元也。又曰：「陛下誠能揭國權以歸相，持兵柄以歸將，則心無不達，行無不孚矣。」行，下孟翻。又曰：「法宜畫一，官宜正名。今分外官、中官之員，立南司、北司之局，百官赴南牙朝會者，謂之外官，亦謂之南司。宦官列局於玄武門內，兩軍中尉護諸營於苑中，謂之中官，亦謂之北司。或犯禁于南則亡命于北，或正刑于外則破律於中，法出多門，人無所措，實由兵農勢異而中外法殊也。」又曰：「今夏官不知兵籍，止於奉朝請；朝，直遥翻。六軍不主兵事，止於養勳階。兵部，古夏官之職，六軍，上將軍、大將軍、將軍、統軍皆以養勳階。軍容合中官之政，戎律附內臣之職。謂觀軍容使及諸監軍使也。首一戴武弁，疾文吏如仇讎；足一蹈軍門，視農夫如草芥。謀不足以翦除兇逆而詐足以抑揚威福，勇不足以鎮衞社稷而暴足以侵軼里閭。軼，徒結翻，又音逸，突也。羈紲藩臣，紲，先列翻。干陵宰輔，隳裂王度，汩亂朝經。朝，直遥翻。張武夫之威，上以制君父；假天子之命，下以御英豪。有藏姦觀釁之心，無伏節死難之義。難，乃旦翻。豈先王經文緯武之旨邪！」又曰：「臣非不知言發而禍應，計行而身戮，蓋痛社稷之危，哀生人之困，豈忍姑息時忌，竊陛下一命之寵哉！」周禮：一命受職。後世以授初品官爲一命。

3 閏月，丙戌朔，史憲誠奏遣其子副大使唐、都知兵馬使亓志紹將兵二萬五千趣德州討李同捷。幵，苦堅翻。按考異從亓，當音渠之翻。二音皆姓也。趣，七喻翻。考異曰：實錄或作「于志沼」，或作「幵志沼」，或作「亓志紹」，舊紀作「幵志紹」。新紀、傳作「亓志沼」，今從之。據考異，「紹」當作「沼」。時憲誠欲助同捷，唐泣諫，且請發兵討之；憲誠不能違。

4 甲午，賢良方正裴休、李郃、李甘、杜牧、馬植、崔璵、王式、崔慎由等郃，曷閤翻。璵，音余。二十二人中第，皆除官。中，竹仲翻。考官左散騎常侍馮宿等見劉蕡策，皆歎服，而畏宦官，不敢取。詔下，物論囂然稱屈。囂，虚驕翻，喧也。諫官、御史欲論奏，執政抑之。李郃曰：「劉蕢下第，我輩登科，能無厚顔！」乃上疏，以爲：「蕢所對策，漢、魏以來無與爲比。今有司以蕢指切左右，不敢以聞，恐忠良道窮，綱紀遂絶。況臣所對不及蕢遠甚，乞回臣所授以旌蕢直。」不報。蕢由是不得仕於朝，終於使府御史。使府，節度使幕府也。御史，幕僚所帶寄祿官，亦謂之憲官。牧，佑之孫；植，勛之子；杜佑歷德、順、憲三朝，位至公輔。馬勛見二百三十卷德宗貞元元年。考異曰：舊傳「勛」作「曛」，誤也。勛事見德宗實錄。式，起之子；慎由，融之玄孫也。王起見二百四十一卷穆宗長慶元年。崔融以文章顯於武后朝。

5 夏，六月，晉王普薨；辛酉，謚【章：十二行本「謚」作「贈」；乙十一行本同。】悼懷太子。

6 初，蕭太后幼去鄉里，有弟一人；上即位，命福建觀察使求訪，莫知所在。有茶綱役人蕭洪，凡茶商販茶，各以若干爲一綱而輸税于官。自言有姊流落，商人趙縝引之見太后近親呂璋之妻，縝，指忍翻。亦不能辯，與之俱見太后。上以爲得眞舅，甲子，以爲太子洗馬。爲蕭洪詐覺流死張本。先，悉薦翻。

7 峯州刺史王升朝叛；庚辰，安南都護武陵韓約討斬之。舊志：峯州至京師一萬一千五百里。宋白曰：峯州，治嘉寧縣，漢麊泠縣地。武陵，漢臨沅縣之地，隋置武陵縣，唐帶朗州。朝，直遥翻。

8 王庭湊陰以兵及鹽糧助李同捷，上欲討之；秋，七月，甲辰，詔中書集百官議其事。宰相以下莫敢違，衛尉卿殷侑獨以爲：「廷湊雖附凶徒，事未甚露，宜且含容，專討同捷。」己巳，下詔罪狀廷湊，命鄰道各嚴兵守備，聽其自新。

9 九月，丁亥，王智興奏拔棣州。

10 李寰自晉州引兵赴鎮，不戢士卒，所過殘暴，至則擁兵不進，但坐索供饋。索，山客翻。庚寅，以寰爲夏綏節度使。夏，戶雅翻。

11 甲午，詔削奪王廷湊官爵，命諸軍四面進討。

12 加王智興守司徒，以前夏綏節度使傅良弼爲橫海節度使。

13 岳王緄薨。緄，順宗子，音古本翻。

14 庚戌，容管奏安南軍亂，逐都護韓約。

15 冬，十月，洋王忻薨。忻，憲宗子。

16 魏博敗橫海兵於平原，遂拔之。敗，補邁翻。

17 十一月，癸未朔，易定節度使柳公濟奏攻李同捷堅固寨，拔之；同捷築寨於滄州西，以抗官軍，以堅固爲名。又破其兵於寨東。時河南、北諸軍討同捷久未成功，每有小勝，則虛張首虜以邀厚賞，朝廷竭力奉之，江、淮爲之耗弊。

18 傅良弼至陝而薨。陝，失冉翻。乙酉，以左金吾大將軍李祐爲橫海節度使。

19 甲辰，禁中昭德寺火，天火曰災，人火曰火。延及宮人所居，燒死者數百人。

20 十二月，丁巳，王智興奏兵馬使李君謀將兵濟河，破無棣。無棣，古齊國之北境，周封太公賜履所至也；漢爲陽信縣；界有無棣溝，通海；唐爲無棣縣，屬滄州。九域志：在州東南一百七里。

21 壬申，中書侍郎、同平章事韋處厚薨。

22 李同捷軍勢日蹙，王庭湊不能救，乃遣人説魏博大將亓志紹説，式芮翻。使殺史憲誠父子取魏博；志紹遂作亂，引所部兵二萬人還逼魏州。丁丑，命諫議大夫柏耆宣慰魏博，且發義成、河陽兵以討志紹。

23 戊寅，以翰林學士路隋爲中書侍郎、同平章事。

24 辛巳，史憲誠奏亓志紹兵屯永濟，代宗大曆七年，田承嗣分魏州之臨清置永濟縣，屬貝州。告急求援；詔義成節度使李聽帥滄州行營諸軍以討志紹。帥，讀曰率。

容肇祖標點聶崇岐覆校

資治通鑑卷第二百四十四

端明殿學士兼翰林侍讀學士太中大夫提舉西京嵩山崇福宮上柱國河內郡開國公食邑二千二百戶食實封九百戶賜紫金魚袋臣司馬光　奉敕編集
後學天台胡三省　音註

唐紀六十 起屠維作噩（己酉），盡昭陽赤奮若（癸丑），凡五年。

文宗元聖昭獻孝皇帝上之下

太和三年（己酉、八二九）

1 春，正月，亓志紹與成德合兵掠貝州。貝州，在魏州北二百一十里。

2 義成行營兵三千人先屯齊州，使之禹城，之，往也，一作「屯」。禹城，漢祝阿縣地，天寶元年改爲禹城，以縣西有禹息古城也，屬齊州。九域志：在州西北一百三十里。中道潰叛；橫海節度使李祐討誅之。

3 李聽、史唐合兵擊亓志紹，破之；志紹將其衆五千奔鎮州。

4 李載義奏攻滄州長蘆，拔之。滄州，治青池縣。九域志：長蘆鎮屬清池。

5 甲辰，昭義奏亓志紹餘衆萬五千人詣本道降，置之洛【章：十二行本「洛」作「洺」；乙十一行本同；孔本同。】州。

6 二月，横海節度使李祐帥諸道行營兵擊李同捷，破之，帥，讀曰率。進攻德州。九域志：德州，東北至滄州二百三十里。

7 武寧捉生兵馬使石雄，勇敢，愛士卒；王智興殘虐，軍中欲逐智興而立雄，智興知之，因雄立功，奏請除刺史。丙辰，以雄爲壁州刺史。宋白曰：壁州本漢宕渠縣地，後魏大統中於今州理置諸水縣；唐武德八年立壁州，以縣西一里壁山爲名，京師西南一千八百二十二里。

8 史憲誠聞滄景將平而懼，其子唐勸之入朝。丙寅，憲誠使唐奉表請入朝，且請以所管聽命。

9 石雄既去武寧，王智興悉殺軍中與雄善者百餘人。夏，四月，戊午，智興奏雄搖動軍情，請誅之。上知雄無罪，免死，長流白州。爲武宗復用石雄張本。武德三年，析合浦縣地置博白縣，四年置南州，六年改白州，至京師六千七百一十五里。州縣皆因博白江爲名。

10 戊辰，李載義奏攻滄州，破其羅城。羅城，外城也。李祐拔德州，城中將卒三千餘人奔鎭州。李同捷與祐書請降，降，戶江翻。祐幷奏其書，諫議大夫柏耆受詔宣慰行營，好張大聲勢以威制諸將，諸將已惡之矣；好，呼到翻。惡，烏露翻。及李同捷請降於祐，祐遣大將萬洪代守滄州；耆疑同捷之詐，自將數百騎馳入滄州，以事誅洪，取同捷及其家屬詣京師。乙亥，至或言王庭湊欲以奇兵篡同捷，篡，初患翻，奪也。乃斬同捷，傳首，滄景悉平。

將陵，將陵，漢安德縣地，隋分安德，於將陵故城置縣，唐屬德州。

五月，庚寅，加李載義同平章事。考異曰：實錄作「庚寅」，誤。諸道兵攻李同捷，三年，僅能下之，上初元卽討同捷，至是三年。而柏耆徑入城，取爲己功，諸將疾之，爭上表論列。辛卯，貶耆爲循州司戶。循州，古龍川地，隋置循州。考異曰：實錄：「四月，李祐收德州，同捷請降于祐。祐疑其詐，柏耆請以騎兵三百入滄州；祐從之。耆徑入滄，收同捷與其家屬赴京師。」又詔曰：「假勢張皇，乘險縱恣，指揮彈壓，奏報蔑聞。擅入滄州，專殺大將，補署逆校，潛送兇渠。」舊傳曰：「滄、德平，諸將害耆邀功，爭上表論列。上不獲已，貶循州司戶。」新傳曰：「同捷請降，祐使萬洪代守滄州，同捷未出也。耆以三百騎馳入滄，以事誅洪，與同捷朝京師。既行，諜言王庭湊欲以奇兵劫同捷，耆遂斬其首以獻。諸將疾其功，比奏攢詆，文宗不獲已，貶耆循州司戶參軍。」蓋耆張皇邀功則有之，然諸將疾之而論奏，文宗不得已而貶黜，亦其實也。至於賜死，則因馬國亮奏其受同捷奴婢、綾絹故也。李祐尋薨。

11 壬寅，攝魏博副使史唐奏改名孝章。

12 六月，丙辰，詔：「鎭州四面行營各歸本道休息，但務保境，勿相往來；惟庭湊效順，爲達章表，爲，于僞翻。餘皆勿受。」

13 辛酉，以史憲誠爲兼侍中、河中節度使；以李聽兼魏博節度使。李聽本帥義成，使兼魏博。

分相、衛、澶三州，以史孝章爲節度使。澶，時連翻。

14 初，李祐聞柏耆殺萬洪，大驚，疾遂劇。上曰：「祐若死，是耆殺之也！」癸酉，賜耆自盡。

15 河東節度使李程奏得王庭湊書，請納景州；考異曰：按景州本隸横海，蓋因李同捷之亂，庭湊據有之。同捷既平，庭湊懼而復進之也。又奏亓志紹自縊。縊，於賜翻，又一計翻。

16 上遣中使賜史憲誠旌節，癸酉，至魏州。時李聽自貝州還軍館陶，遷延未進，館陶，在魏州北四十五里。憲誠竭府庫以治行。【章：十二行本「行」下有「將士怒」三字；乙十一行本同；張校同，云無註本亦無。】治，直之翻。甲戌，軍亂，殺憲誠，奉牙內都知兵馬使靈武何進滔知留後。李聽進至魏州，進滔拒之，不得入。秋，七月，進滔出兵擊李聽；聽不爲備，大敗，潰走，考異曰：新進滔傳曰：「進滔下令曰：『公等既迫我，當聽吾令。』衆唯唯。『孰殺前使及監軍者，疏出之。』凡斬九十餘人，釋脅從者。素服臨哭，將吏皆入弔。詔拜留後。」按進滔結王庭湊以拒李聽，又襲擊聽，大破之，安能如是！新傳蓋據柳公權德政碑云：「公謂將士曰：『既迫以爲長，當謹而聽承。』命都將總事者諭之曰：『害前使與監軍兇黨，籍其姓名，仍集之於庭，無使漏網。』卒獲九十三人。白黑既分，善惡無誤，會衆顯戮共棄，咸悅。公於是素服而哭，將吏序弔。」此恐涉溢美之辭耳。今從舊傳。晝夜兼行，趣淺口，九域志：魏州館陶縣有淺口鎮。趣，七喻翻。失亡過半，輜重兵械盡棄之。重，直用翻。昭義兵救之，聽僅而得免，歸于滑臺。李聽本鎮滑州。

河北久用兵，饋運不給，朝廷厭苦之。八月，壬子，以進滔爲魏博節度使，復以相、衛、澶三州歸之。

17 滄州承喪亂之餘，喪，息浪翻。骸骨蔽地，城空野曠，戶口存者什無三四。癸丑，以衛尉卿殷侑爲齊、德、滄、景節度使。是年，始以齊州隸横海。侑至鎭，與士卒同甘苦，招撫百姓，勸之耕桑，流散者稍稍復業。先是，本軍三萬人皆仰給度支，先，悉薦翻。仰，牛向翻。侑至一年，租稅自能贍其半；二年，請悉罷度支給賜；三年之後，戶口滋殖，倉廩充盈。史言方鎭得其人，則可轉荒殘爲富實。

18 王庭湊因鄰道微露請服之意；壬申，赦庭湊及將士，復其官爵。

19 徵浙西觀察使李德裕爲兵部侍郎，裴度薦以爲相。會吏部侍郎李宗閔有宦官之助，甲戌，以宗閔同平章事。

20 上性儉素，九月，辛巳，命中尉以下毋得衣紗縠綾羅；衣，於既翻。聽朝之暇，惟以書史自娛，聲樂遊畋未嘗留意。駙馬韋處仁嘗著夾羅巾，處，昌呂翻。著，陟略翻。劉昫曰：武德已來，始有巾子，文官名流上平頭小樣者。則天時，朝貴臣內賜高頭巾子，呼爲武家諸王樣。中宗景龍四年三月，因內宴，賜宰臣以下內樣巾子。開元已來，文官士伍多以紫皂官絁爲頭巾，平頭巾子，相倣爲雅製。玄宗開元十九年十月，賜供奉及諸司長官羅頭巾及宮樣巾，迄于今服之。上謂曰：「朕慕卿門地清素，故有選尚。處仁尚穆宗女新豐公主。如此巾服，聽其他貴戚爲之，卿不須爾。」

21 壬辰，以李德裕爲義成節度使。李宗閔惡其逼己，惡，烏露翻。故出之。

22 冬，十月，丙辰，以李聽爲太子少師。

23 路隋言於上曰：「宰相任重，不宜兼金穀瑣碎之務，如楊國忠、元載、皇甫鎛皆奸臣，所爲不足法也。」上以爲然。於是裴度辭度支；上許之。

24 十一月，甲午，上祀圜丘；赦天下。四方毋得獻奇巧之物，其纖麗布帛皆禁之，焚其機杼。

25 丙申，西川節度使杜元穎奏南詔入寇。元穎以舊相，文雅自高，杜元穎，長慶初相穆宗。不曉軍事，專務蓄積，減削士卒衣糧。西南戍邊之卒，衣食不足，皆入蠻境鈔盜以自給，鈔，楚交翻。蠻人反以衣食資之；由是蜀中虛實動靜，蠻皆知之。南詔自嵯顛謀大舉入寇，嵯顛弑君立君，遂專南詔之政。嵯，才何翻。邊州屢以告，元穎不之信；嵯顛兵至，邊城一無備禦。蠻以蜀卒爲鄉導，鄉，讀曰嚮。襲陷巂、戎二州。甲辰，元穎遣兵與戰於邛州南，蜀兵大敗；蠻遂陷邛州。邛，渠容翻。

26 武寧節度使王智興入朝。

27 詔發東川、興元、荆南兵以救西川；十二月，丁未朔，又發鄂岳、襄鄧、陳許等兵繼之。

28以王智興爲忠武節度使。智興自徐徙陳。

29己酉，以東川節度使郭釗爲西川節度使，兼權東川節度事。

嵯顛自邛州引兵徑抵成都，九域志：自邛州東至成都二百六十里。庚戌，陷其外郭。杜元穎帥衆保牙城以拒之，帥，讀曰率。考異曰：實録：「寇及子城，元穎方覺知。」按實録：「十一月丙申，元穎奏南詔入寇。乙巳，奏圍清溪關。十二月丙辰，奏官軍失利，蠻陷邛州。」至此乃云「寇及子城，元穎方覺知。」似尤之太過，今不取。欲遁者數四。壬子，貶元穎爲邵州刺史。

30己未，以右領軍大將軍董重質爲神策、諸道西川行營節度使，又發太原、鳳翔兵赴西川。南詔寇東川，入梓州西川。【章：十二行本「川」作「郭」；乙十一行本同；知「川」字乃「郭」之誤。退齋校云，下「川」字宋作「郭」。嚴：「西川」改「西郭」。】東川節度，治梓州。釗兵寡弱不能戰，「釗」上當更有「郭」字，蜀本正如此。以書責嵯顛。嵯顛復書曰：「杜元穎侵擾我，故興兵報之耳。」與釗脩好而退。好，呼到翻。

蠻留成都西郭十日，其始慰撫蜀人，市肆安堵；將行，乃大掠子女、百工數萬人及珍貨而去。蜀人恐懼，往往赴江，流尸塞江而下。塞，悉則翻。嵯顛自爲軍殿，殿，丁練翻。及大度水，嵯顛謂蜀人曰：「此南吾境也，聽汝哭别鄉國。」衆皆慟哭，赴水死者以千計。自是南詔工巧埒於蜀中。埒，龍輒翻，等也。

嵯顛遣使上表，稱：「蠻比脩職貢，比，毗至翻。豈敢犯邊，正以杜元穎不恤軍士，怨苦元穎，競爲鄉導，祈我此行以誅虐帥。帥，所類翻。誅之不遂，無以慰蜀士之心，願陛下誅之。」丁卯，再貶元穎循州司馬。詔董重質及諸道兵皆引還。郭釗至成都，與南詔立約，不相侵擾。詔遣中使以國信賜嵯顛。

四年（庚戌、八三〇）

1 春，正月，辛巳，武昌節度使牛僧孺入朝。

2 戊子，立子永爲魯王。

3 李宗閔引薦牛僧孺；辛卯，以僧孺爲兵部尚書、同平章事。於是二人相與排擯李德裕之黨，排，擠也。擯，斥也。稍稍逐之。

4 南詔之寇成都也，詔山南西道發兵救之，事見上年。興元兵少，山南西道節度，治興元府。節度使李絳募兵千人赴之，未至，蠻退而還。還，從宣翻，又如字。興元兵有常額，詔新募兵悉罷之。二月，乙卯，絳悉召新軍，諭以詔旨而遣之，仍賜以廩麥，皆怏怏而退。怏，於兩翻。往辭監軍，監軍楊叔元素惡絳不奉己，以賜物薄激之。衆怒，大譟，掠庫兵，趨使牙。惡，烏露翻。趣，七喻翻。節度使所居爲使宅，治事之所爲使牙。使，疏吏翻。絳方與僚佐宴，不爲備，走登北城。或勸縋而出，縋，馳僞翻。絳曰：「吾爲元帥，豈可逃去！」麾推官趙存約令去。存約曰：「存約受明公知，何可苟免！」牙將王景延與賊力戰死，絳、存約及觀察判官薛齊皆爲亂兵所害，賊遂屠絳家。考異曰：新傳曰：「楊叔元素疾絳，遣人迎說軍士曰：『將收募直，而還爲民。』士皆怒，乃譟而入，劫庫兵。絳方宴，不設備，遂握節登陴。或言縋城可以免，絳不從，遂遇害。」實錄：「絳召諸卒，以詔旨諭而遣之，發廩麥以賞衆，皆怏怏而退。出壘門，衆有請辭監軍者，而監軍楊叔元貪財怙寵，素怨絳之不奉己，與絳爲隙久矣，至是因以賞薄激之。散卒遂作亂。」今從之。

戊午，叔元奏絳收新軍募直以致亂。庚申，以尚書右丞溫造爲山南西道節度使。是時，三省官上疏共論李絳之冤；諫議大夫孔敏行具呈叔元激怒亂兵，上始悟。

5 三月，乙亥朔，以刑部尚書柳公綽爲河東節度使。先是，回鶻入貢及互市，先，悉薦翻。所過恐其爲變，常嚴兵迎送防衛之。公綽至鎭，回鶻遣梅錄李暢以馬萬匹互市，公綽但遣牙將單騎迎勞於境，勞，力到翻。至則大闢牙門，受其禮謁。暢感泣，戒其下，在路不敢馳獵，無所侵擾。

陘北沙陀素驍勇，沙陀保神武川，在陘嶺之北。陘，音刑。爲九姓、六州胡所畏伏。公綽奏以其酋長朱邪執宜爲陰山都督、代北行營招撫使，使居雲、朔塞下，捍禦北邊。執宜與諸酋長入謁，公綽與之宴。執宜神彩嚴整，進退有禮，公綽謂僚佐曰：「執宜外嚴而內寬，言徐而理當，酋，慈由翻。長，知兩翻。邪，讀曰耶。當，都浪翻。福祿人也。」執宜母妻入見，公綽使夫人與之飲酒，饋遺之。見，賢遍翻。遺，唯季翻。執宜感恩，爲之盡力。爲，于僞翻。塞下舊有廢府十一，舊書作「廢柵」，當從之，蓋考之唐志，雲、朔塞下無十一府也。執宜脩之，使其部落三千人分守之，自是雜虜不敢犯塞。雜虜，謂退渾、回鶻、韃靼、奚、室韋之屬。

6 溫造行至褒城，褒城，漢褒中縣，唐屬興元府。九域志：褒城，在府西北四十五里。遇興元都將衞志忠征蠻歸，造密與之謀誅亂者，以其兵八百人爲牙隊，五百人爲前軍，入府，分守諸門。己卯，造視事，饗將士於牙門，造曰：「吾欲問新軍去留之意，宜悉使來前。」既勞問，勞，力到翻。命坐，行酒。志忠密以牙兵圍之，既合，唱「殺！」圍既合，唱聲曰「殺！」衆應聲而進，殺之。新軍八百餘人皆死。楊叔元起，擁造靴求生，造命囚之。其手殺絳者，斬之百段，餘皆斬首，投尸漢水，以百首祭李絳，三十首祭死事者，具事以聞。己丑，流楊叔元於康州。康州，漢端溪縣地，武德四年置南康州，貞觀十二年去「南」字；至京師五千七百五十里。

7 癸卯，加淮南節度使段文昌同平章事、爲荆南節度使。

8 奚寇幽州，夏，四月，丁未，盧龍節度使李載義擊破之；辛酉，擒其王茹羯以獻。羯，居列翻。

9 裴度以高年多疾，懇辭機政。六月，丁未，以度爲司徒、平章軍國重事，平章軍國重事者，平章大事，不復煩以細務，與同平章事之官不同。考異曰：寶曆二年度入相時，猶守司空，自後未嘗遷官。至此，實錄直言司徒裴度。按制辭云：「遷秩上公，式是殊寵。」又云：「宜其首贊機衡，弘敷教典。」蓋此時方遷司徒。實錄先云「司徒裴度」，誤也。侯疾損，三五日一入中書。疾損，猶言疾減也。

上患宦者強盛，憲宗、敬宗弒逆之黨猶有在左右者；中尉王守澄尤專橫，橫，戶孟翻。招權納賄，上不能制。嘗密與翰林學士宋申錫言之，申錫請漸除其偪。欲以漸去其威權偪上者。偪，音逼。上以申錫沈厚忠謹，可倚以事，擢爲尚書右丞；七月，癸未，以申錫同平章事。疑則勿任，任則勿疑，文宗爲負宋申錫矣。爲申錫貶逐張本。

10 初，裴度征淮西，謂元和討吳元濟時也。奏李宗閔爲觀察判官，由是漸獲進用。至是，怨度薦李德裕，因其謝病，九月，壬午，以度兼侍中，充山南東道節度使。

11 西川節度使郭釗以疾求代，冬，十月，戊申，以義成節度使李德裕爲西川節度使。蜀自南詔入寇，一方殘弊，郭釗多病，未暇完補。德裕至鎮，作籌邊樓，圖蜀地形，南入南詔，西達吐蕃。日召老於軍旅、習邊事者，雖走卒蠻夷無所間，蜀自清溪關則南入南詔，踰西山則西達吐蕃。間，古莧翻。訪以山川、城邑、道路險易廣狹遠近，易，以豉翻。未踰月，皆若身嘗涉歷。

上命德裕脩塞清溪關以斷南詔入寇之路，塞，悉則翻；下同。斷，音短。或無土，則以石壘之。德裕上言：「通蠻細路至多，不可塞，惟重兵鎮守，可保無虞；但黎、雅以來得萬人，成都得二萬人，精加訓練，則蠻不敢動矣。邊兵又不宜多，須力可臨制。崔旰之殺郭英乂，見二百二十四卷代宗永泰元年。張朏之逐張延賞，見二百二十九卷德宗建中四年。皆鎮兵也。」時北兵皆歸本道，惟河中、陳許三千人在成都，有詔來年三月亦歸，蜀人恟懼。恟，許拱翻。德裕奏乞鄭滑五百人、陳許千人以鎮蜀；且言：「蜀兵脆弱，新爲蠻寇所困，皆破膽，不堪征戍。戰勝之威，士氣百倍，敗兵之卒，沒世不復，正謂此也。脆，此芮翻。若北兵盡歸，則與杜元穎時無異，蜀不可保。恐議者云蜀經蠻寇以來，已自增兵，曏者蠻寇已逼，元穎始募市人爲兵，得三千餘人，徒有其數，實不可用。郭釗募北兵僅得百餘人，臣復召募得二百餘人，復，扶又翻。此外皆元穎舊兵也。恐議者又聞一夫當關之說，一夫當關，萬夫莫前，前人所以言蜀之險也。以爲清溪可塞。臣訪之蜀中老將，清溪之旁，大路有三，自餘小徑無數，皆東蠻臨時爲之開通，勿鄧、豐琶、兩林，皆東蠻也。爲，于僞翻。若言可塞，則是欺罔朝廷。要須大度水北更築一城，迤邐接黎州，九域志：黎州南至大度河一百里。宋白曰：黎州，古沈黎地。迤，以爾翻。邐，力紙翻。以大兵守之方可。況聞南詔以所掠蜀人二千及金帛賂遺吐蕃，遺，唯季翻。若使二虜知蜀虛實，連兵入寇，誠可深憂。其朝臣建言者，蓋由禍不在身，望人責一狀，留入堂案，堂，謂政事堂。案，文案也。他日敗事，不可令臣獨當國憲。」憲，法也。敗，補邁翻。朝廷皆從其請。德裕乃練士卒，葺堡鄣，積糧儲以備邊，蜀人粗安。

12 是歲，勃海宣王仁秀卒，子新德早死，孫彝震立，改元咸和。

五年（辛亥、八三一）

1 春，正月，丁巳，賜滄、齊、德節度名義昌軍。張孝忠以程日華爲滄州刺史。朱滔之亂，滄、定隔絶，日華以滄州自通於朝廷。貞元三年，以日華爲橫海軍節度，領滄、景二州。元和十三年，王承宗獻德、棣二州，而橫海軍領滄、景、德、棣四州；長慶元年，省景州；明年，復領景州；太和元年，增領齊州；明年，以棣州隸淄青，平盧節度；又明年，罷橫海節度，更置齊德節度；尋平李同捷，得滄州，更號滄、齊、德節度；是年，賜號義昌軍。

2 庚申，盧龍監軍奏李載義與敕使宴於毬場後院，副兵馬使楊志誠與其徒呼噪作亂，載義與子正元奔易州；志誠又殺莫州刺史張慶初。宋白曰：幽州，南至莫州二百八十里。上召宰相謀之，牛僧孺曰：「范陽自安、史以來，非國所有，劉總蹔獻其地，事見二百四十一卷穆宗長慶元年。朝廷費錢八十萬緡而無絲毫所獲。今日志誠得之，猶前日載義得之也；敬宗寶曆二年，李載義得范陽，事見上卷。因而撫之，使捍北狄，不必計其逆順。」上從之。載義自易州赴京師，上以載義有平滄景之功，平滄、景見上三年。且事朝廷恭順；二月，壬辰，以載義爲太保，同平章事如故。以楊志誠爲盧龍留後。

臣光曰：昔者聖人順天理、察人情，知齊民之莫能相治也，治，直之翻；下同。故置師長以正之；知羣臣之莫能相使也，故建諸侯以制之；知列國之莫能相服也，故立天子以統之。自師長而上至天子，則所謂師長者，近民之官也。長，知丈翻。天子之於萬國，能褒善而黜惡，抑強而扶弱，撫服而懲違，禁暴而誅亂，然後發號施令而四海之內莫不率從也。率，循也。從，順也。一曰：相率而從上之令也。詩曰：「勉勉我王，綱紀四方。」詩大雅棫樸之辭。載義藩屏大臣，屏，必郢翻。有功於國，無罪而志誠逐之，此天子所宜治也。若一無所問，因以其土田爵位授之，則是將帥之廢置殺生皆出於士卒之手，天子雖在上，何爲哉！國家之有方鎮，豈專利其財賦而已乎！如僧孺之言，姑息偷安之術耳，豈宰相佐天子御天下之道哉！

3 新羅王彥昇卒，子景徽立。

4 上與宋申錫謀誅宦官，申錫引吏部侍郎王璠爲京兆尹，以密旨諭之。璠泄其謀，璠，孚袁翻。考異曰：按舊璠傳：去年七月爲京兆尹，十二月遷左丞。故申錫得罪時，京兆尹乃崔琯也。鄭注、王守澄知之，陰爲之備。

上弟漳王湊賢，有人望，注令神策都虞候豆盧著誣告申錫謀立漳王。戊戌，守澄奏之，上以爲信然，甚怒。漳王固上之所忌，因其所忌而譖間之，此宋申錫之所以不免於罪也。守澄欲即遣二百騎屠申錫家，飛龍使馬存亮固爭曰：「如此，則京城自亂矣！宜召他相與議其事。」以馬存亮定張韶之難及爭宋申錫之事觀之，則溫公之取存亮，固不特一事也。飛龍使，掌飛龍廐。守澄乃止。

是日，旬休，一月三旬，遇旬則下直而休沐，謂之旬休，今謂之旬假是也。遣中使悉召宰相至中書東門。中使曰：「所召無宋公名。」申錫知獲罪，望延英，以笏扣頭而退。按閣本大明宮圖：中書省與延英殿，其間僅隔殿中外院、殿中內院耳。宰相至延英，上示以守澄所奏，相顧愕眙。眙，丑吏翻。上命守澄捕豆盧著所告十六宅宮市品官晏敬則及申錫親事王師文等，於禁中鞫之；親事，常在左右者。今宰執侍從，猶有親事官。師文亡命。三月，庚子，申錫罷爲右庶子。自宰相大臣無敢顯言其冤者，獨京兆尹崔琯、大理卿王正雅連上疏請出內獄付外廷覈實，鞫於禁中，故曰內獄。由是獄稍緩。正雅，翃之子也。王翃，見德宗紀。晏敬則等自誣服，稱申錫遣王師文達意於王，結異日之知。

獄成，壬寅，上悉召師保以下及臺省府寺大臣面詢之。午際，午際，方交午漏初刻，非正午時也。左常侍崔玄亮、給事中李固言、諫議大夫王質、補闕盧鈞、舒元褒、蔣係、裴休、韋溫等復請對於延英，復，扶又翻；下同。乞以獄事付外覆按。上曰：「吾已與大臣議之矣。」屢遣之出，不退。玄亮叩頭流涕曰：「殺一匹夫猶不可不重慎，況宰相乎！」上意稍解，曰：「當更與宰相議之。」乃復召宰相入，牛僧孺曰：「人臣不過宰相，今申錫已爲宰相，假使如所謀，復與【章：十二行本「與」作「欲」；乙十一行本同；張校同，云無註本作「欲」。】何求！申錫殆不至此！」鄭注恐覆按詐覺，乃勸守澄請止行貶黜。癸卯，貶漳王湊爲巢縣公，宋申錫爲開州司馬。存亮卽日請致仕。「存亮」之上，更有一「馬」字，姓名較明白。按馬存亮自以知宋申錫之冤而不能救，惡王守澄之橫而不能退，卽日乞身致事，雖宦者而有古人之風。玄亮，磁州人；質，通五世孫；王通見一百七十九卷隋文帝仁壽三年；號文中子。係，乂之子；蔣乂見二百三十五卷德宗貞元十三年。元褒，江州人也。晏敬則等坐死及流竄者數十百人，申錫竟卒於貶所。

5 夏，四月，己丑，以李載義爲山南西道節度使，楊志誠爲幽州節度使。

6 五月，辛丑，上以太廟兩室破漏，踰年不葺，罰將作監、度支判官、宗正卿俸；將作監，掌土木工匠。度支，掌支調。宗正卿，掌太廟齋郎。宗廟不脩，故皆罰俸。俸，扶用翻。亟命中使帥工徒，輟禁中營繕之材以葺之。帥，讀曰率。左補闕韋溫諫，以爲：「國家置百官，各有所司，苟爲墮曠，墮，讀曰隳。宜黜其人，更擇能者代之。更，工衡翻。今曠官者止於罰俸，而憂軫所切卽委內臣，是以宗廟爲陛下所私而百官皆爲虛設也。」上善其言，卽追止中使，命有司葺之。

7 丙辰，西川節度使李德裕奏遣使詣南詔索所掠百姓，索，山客翻。前年寇蜀所掠者也。得四千人而還。考異曰：德裕西南備邊錄曰：「南詔以所虜男女五千三百六十四人歸于我。」舊傳曰：「又遣人入南詔求其所俘工匠，得僧、道、工巧四千餘人，復歸成都。」按實錄云「約四千人」，今從之。

8 秋，八月，戊寅，以陝虢觀察使崔郾爲鄂岳觀察使。陝，式冉翻。郾，於幰翻。鄂岳地囊山帶江，處百越、巴、蜀、荆、漢之會，處，昌呂翻。土多羣盜，剽行舟，剽，匹妙翻。無老幼必盡殺乃已。郾至，訓卒治兵，作蒙衝追討，蒙衝，戰船也。治，直之翻。歲中，悉誅之。郾在陝，以寬仁爲治，治，直吏翻；下同。或經月不笞一人，及至鄂，嚴峻刑罰；或問其故，郾曰：「陝土瘠民貧，吾撫之不暇，尚恐其驚；鄂地險民雜，夷俗慓狡爲姦，慓，匹妙翻。非用威刑，不能致治。治，直吏翻。政貴知變，蓋謂此也。」

9西川節度使李德裕奏：「蜀兵羸疾老弱者，從來終身不簡，臣命立五尺五寸之度，簡去四千四百餘人，簡，選也。去，羌呂翻。復簡募少壯者千人以慰其心。復，扶又翻。少，詩照翻。所募北兵已得千五百人，與土兵參居，參，倉含翻，間廁也。轉相訓習，日益精練。又，蜀工所作兵器，徒務華飾不堪用；臣今取工於別道以治之，無不堅利。」治，直之翻。

九月，吐蕃維州副使悉怛謀請降，怛，當割翻。盡帥其衆奔成都；德裕遣行維州刺史虞藏儉將兵入據其城。庚申，具奏其狀，且言「欲遣生羌三千，燒十三橋，擣西戎腹心，可洗久恥，是韋皋沒身恨不能致者也！」德宗之時，韋皋屢出兵攻維州，不能取。事下尚書省，集百官議，下，戶嫁翻。皆請如德裕策。牛僧孺曰：「吐蕃之境，四面各萬里，失一維州，未能損其勢。比來脩好，約罷戍兵，比，毗至翻。好，呼到翻。考異曰：舊僧孺傳載僧孺語曰：「今論董勃纔還，劉元鼎未至。」按穆宗實錄：「長慶二年八月，大理卿劉元鼎使吐蕃回。」文宗實錄：「太和六年三月，吐蕃遣論董勃藏入見，」不言元鼎再奉使。杜牧僧孺墓誌亦無董勃等名，蓋舊傳誤也。中國禦戎，守信爲上。彼若來責曰：『何事失信？』養馬蔚茹川，原州蕭關縣有蔚茹水，水西即白草軍。蔚，紆勿翻。上平涼阪，上，時掌翻。阪，音反。萬騎綴回中，怒氣直辭，不三日至咸陽橋。此時西南數千里外，得百維州何所用之！

徒棄誠信，有害無利。此匹夫所不爲，況天子乎！」上以爲然，詔德裕以其城歸吐蕃，執悉怛謀及所與偕來者悉歸之。吐蕃盡誅之於境上，極其慘酷。德裕由是怨僧孺益深。爲武宗朝李德裕追論維州事張本。

10冬，十月，戊寅，李德裕奏南詔寇嶲州，陷三縣。嶲，音髓。

六年（壬子、八三二）

1春，正月，壬子，詔以水旱降繫囚。羣臣上尊號曰太和文武至德皇帝；右補闕韋溫上疏，以爲：「今水旱爲災，恐非崇飾徽稱之時。」稱，尺證翻。上善之，辭不受。

2三月，辛丑，以武寧節度使王智興兼侍中，充忠武節度使；以邠寧節度使李聽爲武寧節度使。

3回鶻昭禮可汗爲其下所殺，從子胡特勒立。從，才用翻。考異曰：舊傳云：「七年三月，回鶻李義節等將駞馬到，且報可汗二月二十七日薨，已冊親弟薩特勒。廢朝三日。」今從新傳。

4李聽之前鎮武寧也，有蒼頭爲牙將；考新、舊書，李聽前此未嘗鎮武寧。竊意此蒼頭蓋從聽兄愿素鎮武寧，遂得爲牙將也。至是，聽先遣親吏至徐州慰勞將士，勞，力到翻。蒼頭不欲聽復來，說軍士復，扶又翻。說，式芮翻。殺其親吏，臠食之。聽懼，以疾固辭。辛酉，以前忠武節度使高瑀爲武寧節度使。

5 夏，五月，甲辰，李德裕奏脩邛崍關及移巂州理臺登城。邛崍關，或作邛峽關，誤也。邛崍關在雅州榮經縣，所謂邛崍九折坂，王尊叱馭處也。祝穆曰：邛崍關在巂州北九十里。巂州先治越巂縣。宋白曰：越巂，漢邛都地。臺登，漢旄牛地。李心傳曰：邛崍關，近榮經，去黎州六十里。

6 秋，七月，原王逵薨。逵，代宗子。

7 冬，十月，甲子，立魯王永爲太子。初，上以晉王普，敬宗長子，性謹愿，欲以爲嗣；會薨，晉王普，太和二年薨，見上卷。上痛惜之，故久不議建儲，至是始行之。

8 十一月，乙卯，以荆南節度使段文昌爲西川節度使。西川監軍王踐言入知樞密，數爲上言：數，所角翻。爲，于僞翻。「縛送悉怛謀以快虜心，絕後來降者，非計也。」上亦悔之，尤中書侍郎、同平章事牛僧孺失策。附李德裕者因言「僧孺與德裕有隙，害其功。」上益疏之。尤者，以爲愆過也。疏者，情不相親也。僧孺內不自安，會上御延英，謂宰相曰：「天下何時當太平，卿等亦有意於此乎！」責其尸位素餐，無佐理興化之心。僧孺對曰：「太平無象。今四夷不至交侵，百姓不至流散，雖非至理，至理，猶言至治也。亦謂小康。康，安也。陛下若別求太平，非臣等所及。」退，謂同列曰：「主上責望如此，吾曹豈得久居此地乎！」因累表請罷。十二月，乙丑，以僧孺同平章事，充淮南節度使。

臣光曰：君明臣忠，上令下從，俊良在位，佞邪黜遠，禮修樂舉，刑淸政平，姦宄消伏，宄，音軌。兵革偃戢，諸侯順附，四夷懷服，【章：十二行本「服」下有「時和年豐」四字；乙十一行本同；張校同，云無註本亦無。】家給人足，此太平之象也。于斯之時，閽寺專權，脅君於內，弗能遠也；遠，于願翻。藩鎮阻兵，陵慢于外，弗能制也；士卒殺逐主帥，拒命自立，弗能詰也；詰，起吉翻。軍旅歲興，賦斂日急，斂，力贍翻。骨血縱橫於原野，縱，子容翻。杼軸空竭於里閭，而僧孺謂之太平，不亦誣乎！當文宗求治之時，僧孺任居承弼，進則偷安取容以竊位，退則欺君誣世以盜名，罪孰大焉！按書冏命，旦夕承弼厥辟，本不專指宰相。溫公取翊輔之義，遂以爲宰相之任。又公以進退之道責牛僧孺，亦有見於後之竊位盜名如僧孺者。治，直吏翻。

9 珍王誠薨。新書：「誠」作「諴」。諴，德宗子也。

10 乙亥，昭義節度使劉從諫入朝。

11 丁未，以前西川節度使李德裕爲兵部尚書。

初，李宗閔與德裕有隙，事見二百四十一卷穆宗長慶元年。及德裕還自西川，上注意甚厚，朝夕且爲相，宗閔百方沮之不能。京兆尹杜悰，沮，在呂翻。悰，徂宗翻。宗閔黨也，嘗詣宗閔，見其有憂色，曰：「得非以大戎乎？」兵部掌戎政，尚書其長也。故悰隱語謂之大戎。宗閔曰：「然。何以相救？」悰曰：「悰有一策，可平宿憾，恐公不能用。」宗閔曰：「何如？」悰曰：「德裕有文學而不由科第，常用此爲慊慊，慊，苦簟翻。慊慊，不快之意。若使之知舉，必喜矣。」知舉，知貢舉也。宗閔默然有間，曰：間，如字。「更思其次。」悰曰：「不則用爲御史大夫。」不，讀曰否。宗閔曰：「此則可矣。」悰再三與約，乃詣德裕。德裕迎揖曰：「公何爲訪此寂寥？」悰曰：「靖安相公令悰達意。」李宗閔蓋居靖安坊，因以稱之；如後劉崇望居光德坊，呼爲光德劉公之類。即以大夫之命告之。德裕驚喜泣下，曰：「此大門官，唐制：大朝會，御史大夫帥其屬正百官之班序，遲明列於兩觀，故以爲大門官。小子何足以當之！」寄謝重沓。重，直龍翻。宗閔復與給事中楊虞卿謀之，復，扶又翻。事遂中止。牛僧孺患失之心重，李德裕進取之心銳，所謂楚則失矣，齊亦未爲得也。虞卿，汝士之從弟也。楊汝士見二百四十一卷穆宗長慶元年。

七年（癸丑、八三三）

1 春，正月，甲午，加昭義節度使劉從諫同平章事，遣歸鎮。初，從諫以忠義自任，入朝，欲請他鎮；既至，見朝廷事柄不一，又士大夫多請託，心輕朝廷，考異曰：補國史曰：「文宗朝，劉從諫朝覲，渥澤甚厚。自謂河朔近無比倫，頗矜臣節，文武百辟盡湊其門。從諫廣行金帛，賂諸權要，求登台席，人情多可，相國李公固言獨無一言。從諫欲市其歡，玉不可染，欲諷其意，水不可穿，門館不敢導其誠懇，遇休假，謁於私第，投誠瀝懇，至於再三。相公正色謂曰：『僕射先君以東平之功，鎮潞二十餘年。及即世之後，僕射擅領戎務，坐邀朝命。朝廷以先君勳績，不絕賞延，任居蕃閫，位劇南宮，豈是恩澤降於等倫，欲以何事效忠報國！僕射若請邊陲一鎮，大展籌謀，拓境復疆，乃爲勳業。朝廷豈不以袞職之重，命賞封功；區區躁求，一何容易！某比謂僕射英雄忠義，首冠蕃臣；今求佩相印，擁節旄，榮歸舊藩，亦河朔尋常倔強之臣所措履也，忠節安在，深爲解體。』從諫矍然禁口無辭，再拜趨出。然從諫厚賂倖臣，旬日間果以本官加平章事，遽辭歸鎮。宰相餞於郵亭，李相公謂曰：『相公少年昌盛，勉報國恩，幸望保家，勿殃後嗣。』從諫以笏扣頭，灑淚而辭。及至本鎮，謂從事將校曰：『昨者入覲闕庭，遍觀朝德，唯李公峻直貞明，凛然可懼，眞社稷之重臣也！』」按固言此年未爲相，其說妄也。今從實錄。故歸而益驕。爲劉從諫倔強張本。

2 徐州承王智興之後，士卒驕悖，節度使高瑀不能制；悖，蒲妹翻，又蒲沒翻。考異曰：杜牧上崔相公書曰：「高僕射寬厚聞名，不能治軍事，舉動汗流，拜于堂下。」此蓋文士筆快耳，未必然也！上以爲憂。甲寅，以嶺南節度使崔珙爲武寧節度使。珙至鎮，寬猛適宜，徐人安之。珙，瑨之弟也。崔瑨，見上五年。珙，居竦翻。

3 二月，癸亥，加盧龍節度使、檢校工部尚書楊志誠檢校吏部尚書。進奏官徐迪徐迪，盧龍進奏官也。宋白曰：大曆十二年正月，敕諸道先置上都留後便宜，並改充諸道都知進奏官。詣宰相言：「軍中不識朝廷之制，唯知尚書改僕射爲遷，不知工部改吏部爲美，敕使往，恐不得出。」晉、宋以來，以吏部尚書爲大尚書，諸部尚書莫敢比焉。唐諸藩進奏官豈不知之。徐迪敢詣宰相出是言者，直以下陵上替，無所忌憚耳。敕使不得出，言必將拘留之也。辭氣甚慢，宰相不以爲意。

4 丙戌，以兵部尚書李德裕同平章事。德裕入謝，上與之論朋黨事，對曰：「方今朝士三分之一爲朋黨。」時給事中楊虞卿與從兄中書舍人汝士、弟戶部郎中漢公、中書舍人張元夫、給事中蕭澣等善交結，依附權要，上干執政，下撓有司，爲士人求官及科第，無不如志，上聞而惡之，撓，奴高翻，又奴巧翻。爲，于僞翻。惡，烏露翻。故與德裕言首及之；德裕因得以排其所不悅者。昔人有評牛、李事者，謂德裕以燕伐燕，有味乎其言也。初，左散騎常侍張仲方嘗駮李吉甫諡，李吉甫薨，有司諡曰敬憲。度支郎中張仲方駮其太優，憲宗以是貶仲方，賜諡曰忠懿。宋白曰：唐制，諸職事官三品已上、散官二品已上身亡者，佐吏錄行狀申考功，責歷任勘校，下太常寺擬諡訖，復申考功，都堂集省官議定，然後奏聞。若蘊德丘園，聲實明著，雖無官爵，亦奏賜諡先生。諡，神至翻。及德裕爲相，仲方稱疾不出。三月，壬辰，以仲方爲賓客分司。

5 楊志誠怒不得僕射，留官告使魏寶義并春衣使焦奉鸞、送奚・契丹使尹士恭；唐中世已後，凡藩鎮加官，率遣中使奉命，謂之官告使。焦奉鸞以賜春衣，尹士恭以送兩蕃使者，同時至幽州，故皆爲所留。甲午，遣牙將王文穎來謝恩并讓官。丙申，復以告身并批答賜之，自唐以來，凡讓官者，皆有批答不允。復，扶又翻；下同。文穎不受而去。

6 和王綺薨。綺，順宗子。

7 庚戌，以楊虞卿爲常州刺史，張元夫爲汝州刺史。唐以隋毗陵郡置常州；京師東南二千八百四十三里。隋置伊州於襄城郡，後改汝州；京師東九百八十二里。他日，上復言及朋黨，李宗閔曰：「臣素知之，故虞卿輩臣皆不與美官。」李德裕曰：「給、舍非美官而何！」給、舍，謂給事中、中書舍人。

宗閔失色。丁巳，以蕭澣爲鄭州刺史。鄭州至京師千一百五里。

8 夏，四月，丙戌，册回鶻新可汗爲愛登里囉汨沒密施合句祿毗伽彰信可汗。

9 六月，乙巳，以山南西道節度使李載義爲河東節度使。先是，回鶻每入貢，所過暴掠，先，悉薦翻。州縣不敢詰，但嚴兵防衞而已。載義至鎮，回鶻使者李暢入貢，載義謂之曰：「可汗遣將軍入貢以固舅甥之好，唐公主出嫁回鶻，與爲舅甥之國。好，呼到翻。非遣將軍陵踐上國也。將軍不戢部曲，使爲侵盜；踐，慈演翻。戢，疾立翻。載義亦得殺之，勿謂中國之法可忽也。」於是悉罷防衞兵，但使二卒守其門。暢畏服，不敢犯令。

10 壬申，以工部尚書鄭覃爲御史大夫。初，李宗閔惡覃在禁中數言事，惡，烏露翻。數，所角翻。奏罷其侍講。覃自工部侍郎進尚書，皆兼翰林侍講學士。上從容謂宰相曰：從，千容翻。「殷侑經術頗似鄭覃。」宗閔對曰：「覃、侑經術誠可尚，然論議不足聽。」李德裕曰：「覃、侑議論，他人不欲聞，惟陛下欲聞之。」後旬日，宣出，除覃御史大夫。不由宰相進擬，出宣命而除之。宗閔謂樞密使崔潭峻曰：「事一切宣出，安用中書！」潭峻曰：「八年天子，上卽位，至是八年矣。聽其自行事亦可矣！」宗閔愀然而止。愀，七小翻。

11 乙亥，以中書侍郎、同平章事李宗閔同平章事、充山南西道節度使。

12 秋，七月，壬寅，以右僕射王涯同平章事、兼度支、鹽鐵轉運使。

13 宣武節度使楊元卿有疾，朝廷議除代，李德裕請徙劉從諫於宣武，因拔出上黨，不使與山東連結；上以爲未可。癸丑，以左僕射李程爲宣武節度使。

14 上患近世文士不通經術，李德裕請依楊綰議，進士試論議，不試詩賦。楊綰議見二百二十二卷代宗廣德元年。德裕又言：「昔玄宗以臨淄王定內難，事見二百九卷睿宗景雲元年。難，乃旦翻。自是疑忌宗室，不令出閤；天下議皆以爲幽閉骨肉，虧傷人倫。曏使天寶之末、建中之初，宗室散處方州，處，昌呂翻。雖未能安定王室，尚可各全其生；所以悉爲安祿山、朱泚所魚肉者，由聚於一宮故也。事並見前紀。陛下誠因册太子，制書聽宗室年高屬疏者出閤，且除諸州上佐，使攜其男女出外婚嫁；此則百年弊法，一旦因陛下去之，去，羌呂翻。海內孰不欣悅！」上曰：「茲事朕久知其不可，方今諸王豈無賢才，無所施耳！」八月，庚寅，册命太子，因下制：諸王自今以次出閤，授緊·望州刺史、上佐；開元中，定天下州府，自京都及諸都督護府外，以近畿同、華、岐、蒲爲四輔，鄭、陝、汴、懷、衞、絳爲六雄，宋、亳、滑、許、汝、晉、洺、虢、魏、相爲十望，又有十緊。其後入緊、望者浸多，凡商、寧、青、汾、貝、趙、襄、常、宣皆望州也。蔡、徐、鄆、楚、鄂、彭、蜀爲緊州，不及十數。又以汝、虢、鄭、汴、魏、洋、蘇爲雄。蓋升雄、望者既多，所以緊不及十。十六宅縣主，以時出適；出閤而適人，使有配偶。進士停試詩賦。諸王出閤，竟以議所除官不決而罷。

15 壬寅，加幽州節度使楊志誠檢校右僕射；考異曰：舊傳曰：「朝廷納裴度言，務以含垢下詔諭之，因再遣使加尚書右僕射。」按此時度爲襄陽節度使，舊傳恐誤。今從實錄。仍別遣使慰諭之。

16 杜牧憤河朔三鎮之桀驁，驁，五到翻。而朝廷議者專事姑息，乃作書，名曰罪言，大略以爲：「國家自天寶盜起，河北百餘城不得尺寸，人望之若回鶻、吐蕃，無敢窺者。齊、梁、蔡被其風流，因亦爲寇。齊，李正己；梁，李靈曜；蔡，李希烈、吳氏。被，皮義翻。未嘗五年間不戰，焦焦然七十餘年矣。今上策莫如先自治，中策莫如取魏；最下策爲浪戰，不計地勢，不審攻守是也。」

又傷府兵廢壞，作原十六衛，以爲：「國家始踵隋制，開十六衛，自今觀之，設官言無謂者，其十六衛乎！本原事迹，其實天下之大命也。唐承隋制，開十六衛，改左、右翊衛曰左、右衛府，左、右驍騎衛曰左、右驍衛府，左、右屯衛曰左、右威衛府，左、右禦衛曰左、右領軍衛府，左、右備身曰領左、右府。唯左・右武衛府、左・右監門府、左・右候衛府，仍隋不改。顯慶五年，改左、右府曰左、右千牛府。龍朔二年，左・右衛府、驍衛府、武衛府皆省府字。左、右威衛曰左、右武威，左、右領軍衛曰左、右戎衛，左、右候衛曰左、右金吾衛，左、右監門府曰左、右監門衛，左、右千牛府曰左、右奉宸衛，後復曰左、右千牛衛。咸亨元年，復改左、右戎衛曰領軍衛。武后光宅元年，改左、右驍衛曰左、右武威衛，左、右武衛曰左、右鷹揚衛，左、右威衛曰左、右豹韜衛，左、右領軍衛曰左、右玉鈐衛。唐初，十六衛置大將軍各一人，正三品；將軍各二人，從三品。貞元二年，十六衛各置上將軍一人，從二品。雖設官而無兵可掌，故當時以爲無謂。貞觀中，內以十六衛蓄養武臣，外開折衝、果毅府五百七十四，諸府，每府折衝都尉一人，上府正四品上，中府從四品下，下府正五品下。左、右果毅都尉各一人，上府從五品下，中府正六品上，下府正六品下。以儲兵伍，有事則戎臣提兵居外，無事則放兵居內。其居內也，富貴恩澤以奉其身；所部之兵散舍諸府。散者，分散之散。舍者，居舍之舍。上府不越千二百人，三時耕稼，一時治武，籍藏將府，治，直之翻。將，卽亮翻。伍散田畝，力解勢破，人人自愛，雖有蚩尤爲帥，亦不可使爲亂耳。帥，所類翻；下同。及其居外也，緣部之兵被檄乃來，被，皮義翻。斧鉞在前，爵賞在後，飇暴交捽，豈暇異略！飇，卽飄字。捽，昨沒翻。雖有蚩尤爲帥，亦無能爲叛也。此所謂實天下之大命也。自貞觀至于開元百三十年間，戎臣兵伍未始逆篡，此大聖人所以能柄統輕重，制鄣表裏，聖算神術【張：「術」作「謨」。】也。至于開元末，愚儒奏章曰：『天下文勝矣，請罷府兵。』武夫奏章曰：『天下力強矣，請搏四夷。』於是府兵內剗，字書無「剗」字，今以類求之，音楚限翻。邊兵外作，戎臣兵伍，湍奔矢往，內無一人矣。尾大中乾，乾，音干。成燕偏重，謂成安祿山偏重之勢也。燕，於賢翻。而天下掀然，根萌燼然，七聖旰食，七聖，謂肅、代、德、順、憲、穆、敬。求欲除之且不能也。由此觀之，戎臣兵伍，豈可一日使出落鈴【章：十二行本「鈴」作「鈐」；乙十一行本同。】鍵哉！然爲國者不能無兵，居外則叛，居內則篡。使外不叛，內不篡，古今以還，法術最長，其置府立衛乎！近代以來，於其將也，弊復爲甚，將，卽亮翻。復，扶又翻；下同。率皆市兒輩多齎金玉、負倚幽陰、謂負倚宦官，行貨賂以進取也。折券交貨所能致也；絕不識父兄禮義之教，復無慷慨感概之氣。百城千里，一朝得之，其強傑愎勃者則撓削法制，愎，弼力翻。撓，奴教翻。不使縛己，斬族忠良，不使違己，力一勢便，罔不爲寇；其陰泥巧狡者，「泥」，恐當作「昵」。亦能家算口斂，委於邪倖，由卿市公，去郡得都，郡，謂列郡。都，謂五都。四履所治，指爲別館；左傳：管仲曰：賜我先君履，東至於海，西至于河，南至于穆陵，北至于無棣。杜預註云：履，所踐履之界。後人言賜履者本此。此四履謂四境所至。或一夫不幸而壽，則戛割生人，略帀天下。帀，作答翻，周也。是以天下兵亂不息，齊人乾耗，乾，音干。靡不由是矣。嗚呼！文皇帝十六衞之旨，其誰原而復之乎！」太宗文皇帝。

又作戰論，以爲：「河北視天下，猶珠璣也；言河北不資天下所産以爲富。天下視河北，猶四支也。河北氣俗渾厚，果於戰耕，加以土息健馬，息，生也。便於馳敵，是以出則勝，處則饒，處，昌呂翻。不窺天下之産，自可封殖；亦猶大農之家，不待珠璣然後以爲富也。國家無河北，則精甲、鋭卒、利刀、良弓、健馬無有也，是一支，兵去矣。河東、盟津、滑臺、大梁、彭城、東平，盡宿厚兵以塞虜衝，不可他使，是二支，兵去矣。河東，太原之全軍。盟津，河陽軍。滑臺，義成軍。大梁，宣武軍。彭城，武寧軍。東平，天平軍。盟，讀曰孟。塞，音悉則翻。六鎮之師，厥數三億，低首仰給，仰，牛向翻。橫拱不爲，橫拱者，言橫其兩肱，拱立而事其帥，他無所爲也。則沿淮已北，循河之南，東盡海，西叩洛，赤地盡取，才能應費，是三支，財去矣。才能之才，卽纔字，漢書作「財」，後人從省便，又去「貝」作「才」。咸陽西北，戎夷大屯，謂自咸陽西北，列大屯以防戎夷也。盡剷吳、越、荊、楚之鐃以啖兵戍，啖，徒濫翻。是四支，財去矣。天下四支盡解，頭腹兀然，其能以是久爲安乎！今者誠能治其五敗，則一戰可定，四支可生。夫天下無事之時，殿寄大臣偷安奉私，殿寄大臣，謂受殿邦之寄者，牧蓋謂當時節度使也。詩采菽，殿天子之邦，毛氏註云：殿，鎮也。音丁練翻。戰士離落，兵甲鈍弊，是不蒐練之過，其敗一也。百人荷戈，荷，下可翻。仰食縣官，則挾千夫之名，大將小裨，操其餘贏，小裨，謂裨將。操，七刀翻。以虜壯爲幸，以師老爲娛，是執兵者常少，糜食常多，此不責實料食之過，其敗二也。戰小勝則張皇其功，奔走獻狀以邀上賞，或一日再賜，或一月累封，凱還未歌，書品已崇，戰勝，則奏凱歌而還。書品，謂書其官品也。還，音旋。爵命極矣，田宮廣矣，田宮，猶言田宅也。金繒溢矣，繒，慈陵翻。子孫官矣，焉肯搜奇出死，勤於我矣！此厚賞之過，其敗三也。焉，於虔翻。多喪兵士，顛翻大都，則跳身而來，刺邦而去；跳身而來，謂逃至京師也。刺邦而去，謂貶爲刺史也。喪，息浪翻。回視刀鋸，氣色甚安，一歲未更，更，工衡翻。旋已立於壇墀之上矣，立壇墀之上，謂復登大將之壇也。此輕罰之過，其敗四也。大將兵柄不得專，恩臣、敕使迭來揮之，恩臣，亦指宦官之怙恩者。堂然將陳，殷然將鼓，一則曰必爲偃月，一則曰必爲魚麗，陳，讀曰陣。麗，力知翻。偃月、魚麗，皆陳名。偃月陳，中軍偃居其中，張兩角向前。左傳：爲魚麗之陳，先偏後伍，伍承彌縫。三軍萬夫，環旋翔羊愰駭之間，翔羊，猶云徜徉，徘徊也。愰，呼廣翻。虜騎乘之，遂取吾之鼓旗，此不專任責成之過，其敗五也。今者誠欲調持干戈，洒掃垢汙，

【章：十二行本「汙」下有「以爲萬世安」五字；乙十一行本同；退齋校同；張校同，云無註本亦無。】而乃踵前非，是不可爲也。」

又作守論，以爲：「今之議者皆曰：夫倔強之徒，吾以良將勁兵爲銜策，倔，渠勿翻。強，其兩翻。銜策，所以馭馬。高位美爵充飽其腸，安而不撓，外而不拘，撓，奴巧翻，又火高翻。亦猶豢擾虎狼而不拂其心，豢，養也。擾，馴也，順也。拂，讀曰咈。則忿氣不萌；此大曆、貞元所以守邦也，亦何必疾戰，焚煎吾民，然後以爲快也！愚曰：大曆、貞元之間，適以此爲禍也。當是之時，有城數十，千百卒夫，則朝廷別待之，貸以法度。於是闊視大言，自樹一家，破制削法，角爲尊奢，天子養威而不問，有司守恬而不呵。王侯通爵，越錄受之；凡賞功者錄其功而加之封爵，無功而超越授之以爵，是謂越錄。受，讀曰授。覲聘不來，几杖扶之；言不朝者賜之几杖，以安其心。逆息虜胤，皇子嬪之；息，子也。胤，繼嗣也。河北蕃將之子，率多尚主。裝緣采飾，無不備之。緣，以絹翻。是以地益廣，兵益強，僭擬益甚，侈心益昌。於是土田名器，分劃殆盡，劃，呼麥翻，又音畫。而賊夫貪心，未及畔岸，遂有淫名越號，或帝或王，盟詛自立，詛，莊助翻。恬淡不畏，走兵四略以飽其志者也。是以趙、魏、燕、齊卓起大唱，梁、蔡、吳、蜀躡而和之；謂朱滔、王武俊、田悅、李納相立爲王。李希烈、李錡、劉闢繼亂也。和，戶臥翻。其餘混澒軒囂，澒，戶孔翻。欲相效者，往往而是。運遭孝武，謂憲宗。宵旰不忘，宵，宵衣也，謂未明求衣也。旰，旰食也，謂日旰而食也。前英後傑，夕思朝議，故能大者誅鋤，小者惠來。不然，周、秦之郊，幾爲犯獵哉！周、秦之郊，謂河南、關內也。大抵生人油然多欲，欲而不得則怒，怒則爭亂隨之，是以教笞於家，刑罰於國，征伐於天下，此所以裁其欲而塞其爭也。大曆、貞元之間，盡反此道，提區區之有而塞無涯之爭，區區之有，謂朝廷爵命。塞，悉則翻。是以首尾指支，幾不能相運掉也。幾，居於翻。掉，走弔翻。今者不知非此，而反用以爲經。經，常也。愚見爲盜者非止於河北而已，嗚呼！大曆、貞元守邦之術，永戒之哉！」

又註孫子，爲之序，以爲：「兵者，刑也；大刑，用甲兵。刑者，政事也；爲夫子之徒，實仲由、冉有之事也。不知自何代何人分爲二道曰文、武，離而俱行，因使縉紳之士不敢言兵，或恥言之；苟有言者，世以爲粗暴異人，人不比數。嗚呼！亡失根本，斯最爲甚！禮曰：『四郊多壘，此卿大夫之辱也。』記曲禮之言。歷觀自古，樹立其國，滅亡其國，未始不由兵也。主兵者必聖賢、材能、多聞博識之士乃能有功，議於廊廟之上，兵形已成，然後付之於將。將，卽亮翻。漢祖言『指蹤者人也，指蹤，謂指示獸蹤。此與漢書因文取義小不同。獲兔者犬也』，此其是也。彼爲相者曰：『兵非吾事，吾不當知。』君子曰：『勿居其位可也！』」觀溫公取杜牧此語，則其平時講明相業，可以見矣。

17 前邠寧行軍司馬鄭注，依倚王守澄，權勢燻灼，上深惡之。惡，烏露翻。九月，丙寅，侍御史李款閤內奏彈注：「內通敕使，外連朝士，兩地往來，兩地，謂往來南牙、北司間也。使，疏吏翻。朝，直遙翻。卜射財賄，晝伏夜動，干竊化權，人不敢言，道路以目；請付法司。」旬日之間，章數十上。上，時掌翻。守澄匿注於右軍，王守澄時爲右軍中尉，故得以匿注。左軍中尉韋元素、樞密使楊承和、王踐言皆惡注。惡，烏露翻。左軍將李弘楚說元素曰：說，式芮翻。「鄭注姦猾無雙；卵鷇不除，鷇，苦角翻，鳥子未出者。使成羽翼，必爲國患。今因御史所劾匿軍中，弘楚請以中尉意，詐爲有疾，召使治之，來則中尉延與坐，弘楚侍側，伺中尉舉目，擒出杖殺之。伺，相吏翻。中尉因見上叩頭請罪，具言其奸，楊、王必助中尉進言。楊、王，謂楊承和、王踐言也。況中尉有翼戴之功，元和末，穆宗立，韋元素亦以預有定策之功矣。豈以除奸而獲罪乎！」元素以爲然，召之。注至，蠖屈鼠伏，蠖，烏郭翻。易大傳曰：尺蠖之屈，以求伸也。爾雅註：蠖行，若今以指步尺，屈而後伸。佞辭泉涌；元素不覺執手款曲，諦聽忘倦。諦，都計翻，審也。弘楚詗伺【章：十二行本「伺」下有「往復」二字；乙十一行本同。】再三，元素不顧，以金帛厚遺注而遣之。詗，火迥翻，又翾正翻。遺，唯季翻。弘楚怒曰：「中尉失今日之斷，必不免他日之禍矣！」斷，丁亂翻。爲元素爲注所去張本。因解軍職去；頃之，疽發背卒。王涯之爲相，注有力焉，是必因注以結王守澄也。且畏王守澄，遂寢李款之奏。守澄言注於上而釋之；尋奏爲侍御史，充右神策判官，考異曰：開成紀事曰：「五年，金吾將軍孟文亮出鎮邠郊，以與注姻懿之故，奏爲軍司馬。路經奉天，防遏使、御史大夫王從亮薄其爲人，不爲之禮。注毀從亮於守澄，竟爲守澄誣構，決杖投荒。未幾，文亮沒，罷職還城，守澄潛置爲軍畫。時澤潞劉從諫本欲誅注，忌其權勢，因辟爲節度副使。纔至潞州，涉旬之間，會上乖愈，大和七年十一月，驛徵之赴闕，偶遭其時，聖體獲愈；上悦之。自此恩寵漸隆，凡臺省府縣軍戎，莫不從風。七年九月十三日，侍御史李款彈注『內通敕使，外連朝臣，兩地往來，卜射財貨，晝伏夜動，干竊化權，人不敢言，道路以目。城社轉固，恐爲禍胎，罪不容誅，理合顯戮，其鄭注請付有司。』時王涯重處台司，注之所致，又慮守澄黨援，遂寢不行。注潛遁軍司矣。」李德裕文武兩朝獻替記曰：「八年春暮，上對宰相歎天下無名醫，便及鄭注，精於服食。或欲置於翰林伎術院，或欲令爲左神策判官。注自稱衣冠，皆不願此職。守澄遂託從諫奏爲行軍司馬。及赴職，宗閔又自山南令判官楊儉至澤潞與從諫要約，令卻薦入。」今從實錄。朝野駭歎。

18 甲寅，以前忠武節度使王智興爲河中節度使。

19 羣臣以上即位八年，未受尊號，冬，十二月，甲午，上尊號曰太和文武仁聖皇帝。會有五坊中使薛季稜自同、華還，同、華，同州、華州。華，戶化翻。還，音旋。言閭閻彫弊。上歎曰：「關中小稔，百姓尚爾，況江、淮比年大水，其人如何！比，毗至翻。吾無術以救之，敢崇虛名乎！」因以通天帶賞季稜。通天犀帶也。羣臣凡四上表，竟不受。

20 庚子，上始得風疾，不能言。於是王守澄薦昭義行軍司馬鄭注善醫；上徵注至京師，飲其藥，頗有驗，遂有寵。甘露之禍胎成矣。

資治通鑑卷第二百四十五

端明殿學士兼翰林侍讀學士太中大夫提舉西京嵩山崇福宫上柱國河内郡開國公食邑二千二百户食實封九百户賜紫金魚袋臣司馬光 奉敕編集

後學天台胡三省 音註

唐紀六十一 起閼逢攝提格(甲寅),盡强圉大荒落(丁巳),凡四年。

文宗元聖昭獻孝皇帝中

太和八年(甲寅、八三四)

1 春,正月,上疾小瘳;丁巳,御太和殿按閣本大明宫圖,入左銀臺門稍北卽太和殿,又西卽清思殿。見近臣,然神識耗減,不能復故。

2 二月,壬午朔,日有食之。

3 夏,六月,丙戌,莒王紓薨。紓,順宗子。紓,山於翻。

4 上以久旱,詔求致雨之方。司門員外郎李中敏上表,以爲:「仍歲大旱,非聖德不至,直以宋申錫之冤濫,宋申錫事見上卷五年。鄭注之姦邪。今致雨之方,莫若斬注而雪申錫。」表留中；中敏謝病歸東都。考異曰：新、舊中敏傳皆云六年夏上此疏。今據開成紀事、太和摧兇記，皆云八年六月。又，中敏疏言申錫臨終。按申錫去年七月卒，若六年則申錫尚在。今從開成紀事。

5 郯王經薨。經亦順宗子。

6 初，李仲言流象州，事見二百四十三卷敬宗寶曆元年。遇赦，還東都。會留守李逢吉思復入相，復，扶又翻。仲言自言與鄭注善，逢吉使仲言厚賂之。注引仲言見王守澄，守澄薦於上，云仲言善易；上召見之。時仲言有母服，難入禁中，乃使衣民服，衣，於既翻。號王山人。仲言儀狀秀偉，倜儻尚氣，倜，他歷翻；倜儻，不羈也；史炤曰：卓異貌。頗工文辭，有口辯，多權數。上見之，大悅，以爲奇士，待遇日隆。考異曰：舊傳：「李訓初名仲言，居洛中。李逢吉爲留守，思入相。訓揣知其意，即以奇計動之，自言與鄭注善。逢吉遺訓金帛珍寶數百萬，令持入長安以賂注。」又曰：「初，注搆宋申錫事，帝深惡之，欲令京兆尹杖殺。至是，以藥稍效，始善遇之。」獻替記曰：「先是，上惡鄭注極甚，嘗謂樞密使曰：『卿知有善和端公，無歎京兆尹懦弱，不能斃於枯木！』」開成紀事曰：「訓除名，流象州，會恩歸于東洛。投謁諸處困乏，逢吉叱之不顧。會鄭注賓副上黨，路經東都，于道投之，廣以古今義烈披述衷款。注本兇邪，趨而附之，自此豁然相然諾，情契稠疊。及注徵赴闕，訓隨而到京，別第安置。注因陳奏，言訓文學優盛無比，上納之。太和八年三月，以布衣在翰林，注之援也。」甘露記曰：「訓爲人長大美貌，口辯無前，常以英雄自任。會鄭注介上黨，出洛陽。訓慨然太息曰：『當世操權力者齷齪苛細，無足與言。吾聞鄭注爲人好義而求奇士，且通於內官，易爲因緣。』乃往說之。注見訓太驚，如舊相識，遂結爲死交。及注赴闕，請訓行京師，爲卜居供給，日夕往來，乘間奏於上。」按實錄，去年九月李款彈鄭注，云「前邠州行軍司馬」，今年九月庚申，王守澄宣召鄭注對於浴堂門。獻替記：「八年春暮，上對宰臣歎天下無名醫，便及鄭注精於服食。或欲置於伎術，或欲令爲神策判官，注皆不願此職。守澄遂托從諫奏爲行軍司馬。」又云：「去歲春夏李仲言猶喪母，已潛入城，稱王山人，兩度對於含元殿。今年八月十三日，欲與諫官。至九月三日，鄭注自絳州至，便於宣徽對」。然則訓自去年已因注謁守澄，得見上。注今年暮春後方從昭義辟。然則訓舊與注善，去春已入長安見上，非注赴昭義時始定交，亦非去年十一月徵注於潞州，又非訓隨注到京也。今從實錄、獻替記。

仲言既除服，秋，八月，辛卯，上欲以仲言爲諫官，置之翰林。李德裕曰：「仲言曏所爲，計陛下必盡知之，豈宜置之近侍？」兩省官，皆近侍也。上曰：「然豈不容其改過？」對曰：「臣聞惟顔回能不貳過。彼聖賢之過，但思慮不至，或失中道耳。至於仲言之惡，著於心本，安能悛改邪！」著，直略翻。悛，丑緣翻。心本，猶言心根也。上曰：「李逢吉薦之，朕不欲食言。」對曰：「逢吉身爲宰相，乃薦姦邪以誤國，亦罪人也。」上曰：「然則別除一官。」對曰：「亦不可。」上顧王涯，涯對曰：「可。」德裕揮手止之，上回顧適見，色殊不懌而罷。始，涯聞上欲用仲言，草諫疏極憤激；既而見上意堅，且畏其黨盛，遂中變。

尋以仲言爲四門助教，四門助教，從八品。給事中鄭肅、韓佽封還敕書。佽，七四翻。德裕將出中書，謂涯曰：「且喜給事中封敕！」涯卽召肅、佽謂曰：「李公適留語，令二閣老不用封敕。」留語，謂將出之時所留下言語也。兩省官相呼曰閣老。二人卽行下，書讀而行下之也。下，戶稼翻。

明日，以白德裕，德裕驚曰：「德裕不欲封還，當面聞，何必使人傳言！且有司封駮，駮，北角翻。豈復稟宰相意邪！」復，扶又翻。二人悵恨而去。

九月，辛亥，徵昭義節度副使鄭注至京師。去年鄭注出佐昭義軍，事見上卷。王守澄、李仲言、鄭注皆惡李德裕，以山南西道節度使李宗閔與德裕不相悅，引宗閔以敵之。壬戌，詔徵宗閔於興元。惡，烏路翻。李宗閔出帥興元，見上卷元年。興元府至京師一千二百二十三里。

7 冬，十月，辛巳，幽州軍亂，逐節度使楊志誠及監軍李懷仵，仵，疑古翻。推兵馬使史元忠主留務。

8 庚寅，以李宗閔爲中書侍郎、同平章事。甲午，以中書侍郎、同平章事李德裕同平章事，充山南西道節度使。是日，以李仲言爲翰林侍講學士。給事中高銖、鄭肅、韓佽、諫議大夫郭承嘏、中書舍人權璩等爭之，不能得。承嘏，晞之孫；晞，郭子儀之子。璩，德輿之子也。權德輿，元和初爲相。璩，求於翻。

9 乙巳，貢院奏進士復試詩賦，從之。唐尚書省在朱雀門北正街之東，自占一坊，六部附麗其旁。省前一坊別有禮部南院，卽貢院也。罷詩賦見上卷上年。李德裕罷相，故復之。

10 李德裕見上自陳，請留京師。丙午，以德裕爲兵部尚書。

11 楊志誠過太原，李載義自毆擊，欲殺之，楊志誠逐載義見上卷五年。毆，烏口翻。幕僚諫救得免，殺其妻子及從行將卒；朝廷以載義有功，不問。李載義有平滄景之功。將，卽亮翻。載義母兄【張：「兄」作「死」。】葬幽州，志誠發取其財。載義奏乞取志誠心以祭母，不許。

12 十一月，成德節度使王庭湊薨，軍中奉其子都知兵馬使元逵知留後。元逵改父所爲，事朝廷禮甚謹。

13 史元忠獻楊志誠所造袞衣及諸僭物。丁卯，流志誠於嶺南，道殺之。

14 李宗閔言李德裕制命已行，不宜自便。以德裕自請留京師也。乙亥，復以德裕爲鎭海節度使，不復兼平章事。復，扶又翻。時德裕、宗閔各有朋黨，互相擠援。非其黨則相擠，同黨則相援。擠，子西翻，又子細翻。援，于元翻，又于眷翻。上患之，每歎曰：「去河北賊易，去朝廷朋黨難！」去，羌呂翻；下同。

臣光曰：夫君子小人之不相容，猶冰炭之不可同器而處也。故君子得位則斥小人，小人得勢則排君子，此自然之理也。然君子進賢退不肖，其處心也公，其指事也實；小人譽其所好，毀其所惡，處，昌呂翻。譽，音余。好，呼到翻。惡，烏路翻。其處心也私，其指事也誣。公且實者謂之正直，私且誣者謂之朋黨，在人主所以辨之耳。是以明主在上，度德而敍位，量能而授官；荀卿子之言。度，徒洛翻。量，音良。有功者賞，有罪者刑；奸不能惑，佞不能移。夫如是，則朋黨何自而生哉！彼昏主則不然。明不能燭，強不能斷；斷，丁亂翻。邪正並進，毀譽交至；取捨不在於己，威福潛移於人。於是讒慝得志而朋黨之議興矣。

夫木腐而蠹生，醯酸而蜹集，蜹，而銳翻。故朝廷有朋黨，則人主當自咎而不當以咎羣臣也。文宗苟患羣臣之朋黨，何不察其所毀譽者爲實，爲誣，譽，音余。所進退者爲賢，爲不肖，其心爲公，爲私，其人爲君子，爲小人！苟實也，賢也，公也，君子也，匪徒用其言，又當進之；誣也，不肖也，私也，小人也，匪徒棄其言，又當刑之。如是，雖驅之使爲朋黨，孰敢哉！釋是不爲，乃怨羣臣之難治，治，直之翻。是猶不種不芸而怨田之蕪也。朝中之黨且不能去，況河北賊乎！溫公此論爲熙、豐發也。

15 丙子，李仲言請改名訓。

16 幽州奏莫州軍亂，刺史張元汎不知所在。

17 十二月，己卯，以昭義節度副使鄭注爲太僕卿。郭承嘏累上疏言其不可，上不聽。於是注詐上表固辭，上遣中使再以告身賜之，不受。史極言鄭注之姦狀。

18 癸未，以史元忠爲盧龍留後。考異曰：實錄：十一月，鎭州奏幽州留後史元忠爲瀛莫三軍逐出，不知所在。後不言元忠復歸幽州，而至此有新命，蓋因莫州軍亂，鎭州承傳聞之誤而奏之耳。

19 初，宋申錫與御史中丞宇文鼎受密詔誅鄭注，使京兆尹王璠掩捕之。璠密以堂帖示王守澄，帖由政事堂出，故謂之堂帖。璠，孚袁翻。注由是得免，深德璠。璠又與李訓善，於是訓、注共薦之，自浙西觀察使徵爲尚書左丞。王璠之險躁自可以得禍，史言其預甘露之難亦有所自來。

九年（乙卯、八三五）

1 春，正月，乙卯，以王元逵爲成德節度使。

2 巢公湊薨，追贈齊王。漳王湊貶巢公，事見上卷五年。

3 鄭注上言秦地有災，宜興役以禳之。辛卯，發左、右神策千五百人浚曲江及昆明池。雍錄：唐曲江本秦隑州，至漢爲樂遊苑，基地最高，四望寬敞。隋營京城，宇文愷以其地在京城東南隅，地高不便，故闕此地不爲居人坊巷，而鑿爲池以厭勝之。又會黃渠水自城外南來，故隋世遂從城外包之，入城爲芙蓉池，且爲芙蓉園也。漢武帝時，池周回六里餘，唐周七里，占地三十頃，又加展拓矣。其地在城東南昇道坊龍華寺之南。昆明池，漢武帝所鑿，在長安西南，周回四十里。三輔故事曰：池周三百二十頃。長安志曰：今爲民田。夫既可以爲民田，則非有水之地矣。然則漢於何取水也？長安志引水經曰：交水西至石堨，武帝穿昆明池所造。有石闥堰，在縣西南三十二里。則昆明之周三百餘頃者，用此堰之水也。昆明基高，故其下流尚可壅激以爲都城之用。於是並城疏別三派，城內外皆賴之。此池仍在。括地志曰：豐、鎬二水皆已堰入昆明池，無復流派。括地志作於太宗之世，則唐初仍自壅堰不廢，至文宗而猶嘗加濬也。然則圖經之作當在文宗後，故竭而爲田也。

4 三月，冀王絿薨。絿，順宗子。

5 丙辰，以史元忠爲盧龍節度使。

6 初，李德裕爲浙西觀察使，漳王傅母杜仲陽坐宋申錫事放歸金陵，詔德裕存處之。會德裕已離浙西，傅母，女師也。處，昌呂翻。離，力智翻。牒留後李蟾使如詔旨。德裕自浙西徵見上卷三年，鎮蜀見四年，宋申錫事見五年。繫年差殊，當考。至是，左丞王璠、戶部侍郎李漢奏德裕厚賂仲陽，陰結漳王，圖爲不軌。上怒甚，召宰相及璠、漢、鄭注等面質之。璠、漢等極口誣之，路隋曰：「德裕不至有此。果如所言，臣亦應得罪！」言者稍息。夏，四月，以德裕爲賓客分司。

7 癸巳，以鄭注守太僕卿，兼御史大夫，注始受之，仍舉倉部員外郎李款自代曰：「加臣之罪，雖於理而無辜；在款之誠，乃事君而盡節。」款奏注見上卷七年。考異：甘露記曰：「時論或云款外沽直名而陰事注。」按款彈注之文皆訐其隱慝，豈有於人如此而能陰與之合乎！此皆當時庸人見注舉款自代，遂有此疑耳。今不取。時人皆哂之。笑不壞顏爲哂。

8 丙申，以門下侍郎、同平章事路隋【章：十二行本「隋」下有「同平章事」四字；乙十一行本同；孔本同；張校同。】充鎮海節度使，趣之赴鎮，趣，讀曰促。不得面辭；坐救李德裕故也。考異曰：舊隋傳曰：「德裕貶袁州長史，隋不署奏狀，始爲鄭注所忌，出鎮浙西。」按實錄，隋出鎮在德裕貶前四日。今不取。

9 初，京兆尹河南賈餗，餗，蘇谷翻。性褊躁輕率，與李德裕有隙，而善於李宗閔、鄭注。上巳，賜百官宴於曲江，古者上巳，正用三月之上巳日；自魏以後但用三月三日，不復用巳。唐貞元間置三令節，使百官選勝行樂，三月三日其一也。故事，尹於外門下馬，揖御史。餗恃其貴勢，乘馬直入，殿中侍御史楊儉、蘇特與之爭，餗罵曰：「黃面兒敢爾！」坐罰俸。餗恥之，求出，詔以爲浙西觀察使；尚未行，戊戌，以餗爲中書侍郎、同平章事。

10 庚子，制以鄉日上初得疾，謂七年冬也。王涯呼李德裕奔問起居，德裕竟不至；又在西蜀徵逋懸錢三十萬緡，百姓愁困；貶德裕袁州長史。

11 初，宋申錫獲罪，事見上卷五年。宦官益橫；橫，戶孟翻。上外雖包容，內不能堪。李訓、鄭注既得幸，揣知上意，訓因進講，數以微言動上。揣，初委翻。數，所角翻。上見其才辨，意訓可與謀大事；且以訓、注皆因王守澄以進，冀宦官不之疑，遂密以誠告之。訓、注遂以誅宦官爲己任，考異曰：舊傳以爲上出易義以示羣臣之時，已與訓有誅宦官之謀。按補國史云：「許康佐進新註春秋列國經傳六十卷，上問閽弒吳子餘祭事，康佐託以春秋義奧，臣窮究未精，不敢容易解陳。後上以問李仲言，仲言乃精爲上言之。上曰：『朕左右刑臣多矣，餘祭之禍安得不慮？』仲言曰：『陛下留意於未萌，臣願遵聖謨。』」實錄，「今年四月癸亥，許康佐進纂集左氏傳三十卷。五月，乙巳朔，以御集左氏列國經傳三十卷宣付史館。」然則上與訓謀誅宦官必在此際矣。然文宗與訓語時，宦官必盈左右，恐亦未敢班班顯言，如補國史所云也。二人相挾，朝夕計議，所言於上無不從，聲勢炟赫。炟，當割翻。一作「烜」，況遠翻。【章：乙十一行本正作「烜」；孔本同；張校同。】注多在禁中，或時休沐，賓客填門，賂遺山積。遺，唯季翻。外人但知訓、注倚宦官擅作威福，不知其與上有密謀也。

上之立也，右領軍將軍興寧仇士良有功；興寧，漢龍川縣地，江左置興寧縣，唐屬循州。王守澄抑之，由是有隙。訓、注爲上謀，爲，于僞翻。進擢士良以分守澄之權。五月，乙丑，以士良爲左神策中尉，出韋元素，以士良代之。守澄不悅。

12 戊辰，以左丞王璠爲戶部尚書，判度支。

13 京城訛言鄭注爲上合金丹，合，音閤。須小兒心肝，民間驚懼，上聞而惡之。惡，烏路翻；下同。鄭注素惡京兆尹楊虞卿，與李訓共構之，云此語出於虞卿家人。上怒，六月，下虞卿御史獄。下，戶稼翻。注求爲兩省官，中書侍郎、同平章事李宗閔不許，注毀之於上。會宗閔救楊虞卿，上怒，叱出之；壬寅，貶明州刺史。明州，後漢鄮縣地，唐開元二十六年置明州，京師東南四千三百里。

14 左神策中尉韋元素、樞密使楊承和、王踐言居中用事，與王守澄爭權不叶，李訓、鄭注因之出承和於西川，元素於淮南，踐言於河東，皆爲監軍。

15 秋，七月，甲辰朔，貶楊虞卿虔州司馬。虔州，漢贛縣，晉置南康郡，隋爲虔州，京師東南四千一十七里。

16 庚戌，作紫雲樓於曲江。紫雲樓在曲江之南，洊經喪亂，頹圮不修，今再作之。

17 辛亥，以御史大夫李固言爲門下侍郎、同平章事。

李訓、鄭注爲上畫太平之策，爲，于僞翻。以爲當先除宦官，次復河、湟，次清河北，開陳方略，如指諸掌。上以爲信然，寵任日隆。

初，李宗閔爲吏部侍郎，因駙馬都尉沈𥫗結女學士宋若憲、知樞密楊承和得爲相。𥫗，宜寄翻。宋若憲姊妹皆善屬文，德宗召入宮，不以妾侍命之，呼學士。及貶明州，鄭注發其事，壬子，再貶處州長史。代宗大曆十四年，改括州爲處州，京師東南四千二百七十八里。

著作郎、分司舒元輿與李訓善，訓用事，召爲右司郎中，兼侍御史知雜，鞫楊虞卿獄；唐制：侍御史六人，以久次者一人知雜事，謂之知雜。癸丑，擢爲御史中丞。元輿，元褒之兄也。舒元褒，見上卷五年。

貶吏部侍郎李漢爲汾州刺史，刑部侍郎蕭澣爲遂州刺史，汾州，漢文帝封代王，都中都，即其地，去京師一千二百六里。遂州，本漢德陽縣之舊壘，東晉置遂寧郡，後周置遂州，去京師二千三百二十九里。皆坐李宗閔之黨。

是時李訓、鄭注連逐三相，三相，李德裕、路隋、李宗閔。威震天下，於是平生絲恩髮怨無不報者。

18 李訓奏僧尼猥多，耗蠹公私。丁巳，詔所在試僧尼誦經不中格者，皆勒歸俗；中，竹仲翻。禁置寺及私度人。

19 時人皆言鄭注朝夕且爲相，侍御史李甘揚言於朝曰：「白麻出，我必壞之於庭！」壞，音怪。癸亥，貶甘封州司馬。考異曰：舊傳曰：「鄭注入翰林侍講，舒元輿既作相，注亦求入中書。甘昌言於朝云云，貶封州。」按是時元輿未作相，舊傳誤也。然李訓亦忌注，不欲使爲相，事竟寢。

20 甲子，以國子博士李訓爲兵部郎中、知制誥，依前侍講學士。

21 貶左金吾大將軍沈𧩯爲邵州刺史。八月，丙子，又貶李宗閔潮州司戶。賜宋若憲死。

22 丁丑，以太僕卿鄭注爲工部尚書，充翰林侍講學士。注好服鹿裘，以隱淪自處，處，昌呂翻。上以師友待之。注之初得幸，上嘗問翰林學士、戶部侍郎李珏曰：「卿知有鄭注乎？亦嘗與之言乎？」對曰：「臣豈特知其姓名，兼深知其爲人。其人奸邪，陛下寵之，恐無益聖德。臣忝在近密，安敢與此人交通！」戊寅，貶珏江州刺史。再貶沈𧩯柳州司戶。江州，京師東南二千九百四十八里。

23 丙申，詔以楊承和庇護宋申錫，韋元素、王踐言與李宗閔、李德裕中外連結，受其賂遺。遺，唯季翻。承和可驩州安置，元素可象州安置，踐言可恩州安置，令所在錮送。錮送者，枷錮而防送之。象州至京師四千九百八十九里，恩州至京師六千五百里。楊虞卿、李漢、蕭澣爲朋黨之首，貶虞卿虔州司戶，漢汾州司馬，澣遂州司馬。尋遣使追賜承和、元素、踐言死。韋元素卒如李弘楚之言。時崔潭峻已卒，亦剖棺鞭尸。

己亥，以前廬州刺史羅立言爲司農少卿。立言贓吏，以賂結鄭注而得之。

鄭注之入翰林也，中書舍人高元裕草制，言以醫藥奉君親，注銜之；奏元裕嘗出郊送李宗閔，壬寅，貶元裕閬州刺史。閬州，古巴子國，秦爲閬中縣，西魏爲隆州，唐先天中避諱改閬州，至京師一千九百一十五里。元裕，士廉之六世孫也。高士廉，長孫無忌之舅，事高祖、太宗。

時注與李訓所惡朝士，皆指目爲二李之黨，惡，烏路翻。二李，謂德裕、宗閔。貶逐無虚日，班列殆空，廷中恟恟，上亦知之。訓、注恐爲人所搖，九月，癸卯朔，勸上下詔：「應與德裕、宗閔親舊及門生故吏，今日以前貶黜之外，餘皆不問。」人情稍安。

24 鹽鐵使王涯奏改江淮、嶺南茶法，增其稅。德宗貞元九年，初稅茶，於出茶州縣及茶山外商人要路，委所由定三等時估，每十稅一。長慶元年，鹽鐵使王播奏茶稅一百增之五十。今又改法而增其稅愈重矣。

25 庚申，以鳳翔節度使李聽爲忠武節度使，代杜悰。

26 憲宗之崩也，人皆言宦官陳弘志所爲。見二百四十一卷元和十五年。時弘志爲山南東道監軍，李訓爲上謀召之，至青泥驛，訓爲，于僞翻。青泥驛在嶢關南。癸亥，封杖殺之。考異曰：舊傳曰：「李訓既秉權衡，即謀誅内豎。陳弘慶自元和末負弒逆之名，遣人封杖決殺。」按此時李訓未爲相。今從實錄。

27 鄭注求爲鳳翔節度使，門下侍郎、同平章事李固言不可。丁卯，以固言爲山南西道節度使，考異曰：宋敏求宣宗實錄曰：「固言性狷急，無重望。時訓、注用事，雖相之，中實惡與宗閔爲黨，乃出爲興元節度。」按固言鍛鍊楊虞卿獄，宗閔由是罷相而固言代之，豈得爲宗閔黨也！今從開成紀事。注爲鳳翔節度使。考異曰：開成紀事：「注引舒元輿、李訓俱擢相庭。注自詣宰臣李固言求鳳翔節度使，固言剛勁不許，惟王涯、賈餗贊從其事。」九月二十五日，紀事誤。今從實錄。李訓雖因注得進，及勢位俱盛，心頗忌注。謀欲中外協勢以誅宦官，故出注於鳳翔。其實俟既誅宦官，并圖注也。

注欲取名家才望之士爲參佐，請禮部員外郎韋溫爲副使，節度副使也。溫不可。或曰：「拒之必爲患。」溫曰：「擇禍莫若輕。拒之止於遠貶，從之有不測之禍。」卒辭之。卒，子恤翻。

28 戊辰，以右神策中尉、行右衛上將軍、知內侍省事王守澄爲左、右神策觀軍容使，兼十二衛統軍。唐因隋制，置十六衛，以十二衛統諸府之兵，曰左、右衛，曰左、右驍騎衛，曰左、右武衛，曰左、右威衛，曰左、右領軍衛，曰左、右候衛。至開元間，府兵之法寢壞，乃募彍騎十二萬，分隸十二衛，每衛萬人。其後洊更喪亂，十二衛之軍無復承平之舊。李訓、鄭注爲上謀，以虛名尊守澄，實奪之權也。爲，于僞翻；下同。

29 己巳，以御史中丞兼刑部侍郎舒元輿爲刑部侍郎，兵部郎中知制誥、充翰林侍講學士李訓爲禮部侍郎，並同平章事。仍命訓三二日一入翰林講易。元輿爲中丞，凡訓、注所惡者，則爲之彈擊，惡，烏路翻。由是得爲相。又上懲李宗閔、李德裕多朋黨，以賈餗及元輿皆孤寒新進，餗少孤，客江、淮間。元輿地寒，不與士齒。故擢爲相，庶其無黨耳。

訓起流人，期年致位宰相，期，讀曰朞。天子傾意任之。訓或在中書，或在翰林，天下事皆決於訓。王涯輩承順其風指，惟恐不逮；自中尉、樞密、禁衛諸將，見訓皆震慴，迎拜叩首。慴，之涉翻。

壬申，以刑部郎中兼御史知雜李孝本權知御史中丞。孝本，宗室之子，依訓、注得進。

30 李聽自恃勳舊，不禮於鄭注。注代聽鎮鳳翔，先遣牙將丹駿至軍中慰勞，丹，姓；駿，名。姓譜：丹姓，丹朱之後。勞，力到翻。誣奏聽在鎮貪虐。冬，十月，乙亥，以聽爲太子太保、分司，復以杜悰爲忠武節度使。

鄭注每自負經濟之略，上問以富人之術，注無以對，乃請榷茶。於是以王涯兼榷茶使，榷，古岳翻。涯知不可而不敢違，人甚苦之。

31 鄭注欲收僧尼之譽，固請罷沙汰，從之。是年七月，李訓乞沙汰僧尼。

32 李訓、鄭注密言於上，請除王守澄。辛巳，遣中使李好古就第賜酖，殺之，好，呼到翻。贈揚州大都督。訓、注本因守澄進，注事見二百二十三卷穆宗長慶三年，訓事見上八年。卒謀而殺之，卒，子恤翻。人皆快守澄之受佞而疾訓、注之陰狡，於是元和之逆黨略盡矣。

乙酉，鄭注赴鎮。

33 庚子，以東都留守、司徒兼侍中裴度兼中書令，餘如故。李訓所獎拔，率皆狂險之士，然亦時取天下重望以順人心，如裴度、令孤楚、鄭覃皆累朝耆俊，久爲當路所軋，朝，直遙翻。軋，乙轄翻。置之散地，散，悉但翻。訓皆引居崇秩。由是士大夫亦有望其眞能致太平者，不惟天子惑之也。然識者見其橫甚，橫，戶孟翻。知將敗矣。

34十一月，丙午，以大理卿郭行餘爲邠寧節度使。癸丑，以河東節度使、同平章事李載義兼侍中。丁巳，以戶部尚書、判度支王璠爲河東節度使。戊午，以京兆尹李石爲戶部侍郎、判度支；以京兆少尹羅立言權知府事。石，神符之五世孫也。襄邑王神符，淮安王神通之弟。己未，以太府卿韓約爲左金吾衞大將軍。

始，鄭注與李訓謀，至鎮，選壯士數百，皆持白棓，懷其斧，以爲親兵。棓，蒲項翻。白棓，猶言白梃也。是月，戊辰，王守澄葬於滻水，雍錄：滻水源出藍田縣境之西，稍北行至白鹿原西，即趨京城。王守澄蓋葬於白鹿原西南。注奏請入護葬事，因以親兵自隨。仍奏令內臣中尉以下盡集滻水送葬，注因闔門，令親兵斧之，使無遺類。約既定，訓與其黨謀：「如此事成，則注專有其功，不若使行餘、璠以赴鎮爲名，多募壯士爲部曲，并用金吾、臺府吏卒，先期誅宦者，先，悉薦翻。已而并注去之。」去，羌呂翻。行餘、璠、立言、約及中丞李孝本，皆訓素所厚也，故列置要地，獨與是數人及舒元輿謀之，他人皆莫之知也。

壬戌，上御紫宸殿。百官班定，韓約不報平安，唐制：凡朝，皇帝既升御座，金吾將軍奏：「左右廂內外平安。」奏稱：「左金吾聽事後石榴夜有甘露，臣遞門奏訖。」言夜中聞奏，禁門已扃，於隔門遞入以奏也。因蹈舞再拜，宰相亦帥百官稱賀。帥，讀曰率；下同。訓、元輿勸上親往觀之，以承天既，上許之。百官退，班於含元殿。紫宸，內殿也；含元，前殿也。上欲往觀甘露，故百官自紫宸退而出，立班於含元殿，以左、右金吾仗在含元殿前左右也。日加辰，上乘軟輿出紫宸門，軟輿，蓋以裀褥積而爲之，下施椆，令人舉之。升含元殿。先命宰相及兩省官詣左仗視之，良久而還。還，音旋，又如字。訓奏：「臣與衆人驗之，殆非眞甘露，未可遽宣布，考異曰：按訓與韓約共謀，詐爲甘露，而自言恐非眞瑞者，蓋欲使宦官盡往金吾覆視，因伏兵誅之耳。故二十二日令狐楚所草制書亦云「兇渠仍請其覆視」。今從實錄。恐天下稱賀。」上曰：「豈有是邪！」顧左、右中尉仇士良、魚志弘帥諸宦者往視之。帥，讀曰率。宦者既去，訓遽召郭行餘、王璠曰：「來受敕旨！」璠股栗不敢前，獨行餘拜殿下。時二人部曲數百，皆執兵立丹鳳門外，訓已先使人召之，令入受敕。獨東兵入，河東兵也，「東」上逸「河」字。【章：孔本正有「河」字。】邠寧兵竟不至。

仇士良等至左仗視甘露，韓約變色流汗，士良怪之曰：「將軍何爲如是？」俄風吹幕起，見執兵者甚衆，又聞兵仗聲。士良等驚駭走出，門者欲閉之，士良叱之，關不得上。關，門牡也。上，時掌翻；下來上同。士良等奔詣上告變。訓見之，遽呼金吾衞士曰：「來上殿衞乘輿者，人賞錢百緡！」宦者曰：「事急矣，請陛下還宮！」卽舉軟輿，迎上扶升輿，決殿後罘罳，疾趨北出。唐宮殿中罘罳，以絲爲之，狀如網，以捍燕雀，非如漢宮闕之罘罳也。今諸宦者能決之而出，則可知矣。程大昌曰：罘罳者，鏤木爲之，其中疏通，可以透明。或爲方空，或爲連鎖，其狀扶疏，故曰罘罳，讀如浮思，猶曰髣髴也。因其形似而想其本狀，自可見矣。罘罳之名既立，於是隨其所施而附著以爲之名，其在宮闕則爲闕上罘罳，臣朝於君，至闕下復思所奏是也。在陵垣則爲陵上罘罳，王莽斫去陵上罘罳，而曰使人無復思漢者是也。郤而求之上古，則禮記疏屏亦其物也。疏者，刻爲雲氣而中空玲瓏也。又有網戶，刻爲連文，遞爲綴屬，其形如網也。宋玉曰「網戶朱綴刻方連」是也。既曰刻，則是雕木爲之，其狀如網耳。後人因此遂有直織絲網而張之簷窗以護禽雀者。文宗甘露之變，出殿北門，裂斷罘罳而去，是眞網也。此又沿放楚辭而施網焉者也。元微之爲承旨時詩曰：「蘂珠深處少人知，網索西臨太液池，浴殿曉聞天語後，步廊騎馬笑相隨。」自註云：「網索在太液池上，學士候對歇於此。」予按網索，乃是無壁或有窗處，以索掛網，遮護飛雀，故云網索，猶掛鈴之索爲鈴索也。宋元獻喜子京召還爲學士詩曰：「網索軒窗邃，鑾坡羽衞重。」用微之句也。若並今世俗語求之，則門屏鏤明格子是也。其制與青瑣同類，顧所施之地不同而名亦隨異耳。訓攀輿呼曰：呼，火故翻。「臣奏事未竟，陛下不可入宮！」金吾兵已登殿；羅立言帥京兆邏卒三百餘自東來，邏，郎佐翻。李孝本帥御史臺從人二百餘自西來，從，才用翻。皆登殿縱擊，宦官流血呼冤，死傷者十餘人。乘輿迤邐入宣政門，迤，移爾翻。邐，力爾翻。宣政門，宣政殿門也。訓攀輿呼益急，上叱之，宦者郗志榮奮拳毆其胸，偃於地。郗，丑之翻。毆，烏口翻。偃者，偃仰而仆也。乘輿既入，門隨闔，宦者皆呼萬歲，百官駭愕散出。訓知事不濟，脫從吏綠衫衣之，衣，於既翻。走馬而出，揚言於道曰：「我何罪而竄謫！」人不之疑。王涯、賈餗、舒元輿還中書，相謂曰：「上且開延英，召吾屬議之。」兩省官詣宰相請其故，皆曰：「不知何事，諸公各自便！」士良等知上豫其謀，怨憤，出不遜語，上慚懼不復言。

士良等命左、右神策副使劉泰倫、魏仲卿等各帥禁兵五百人，露刃出閤門討賊。復，扶又翻。帥，讀曰率。王涯等將會食，諸宰相每日會食於政事堂。吏白：「有兵自內出，逢人輒殺！」涯等狼狽步走，兩省及金吾吏卒千餘人塡門爭出；門尋闔，其不得出者六百餘人皆死。士良等分兵閉宮門，索諸司，捕賊黨。索，下客翻；下同。諸司吏卒及民酤販在中者皆死，死者又千餘人，橫尸流血，狼藉塗地，諸司印及圖籍、帷幕、器皿俱盡。又遣騎各千餘出城追亡者，又遣兵大索城中。舒元輿易服單騎出安化門，安化門，長安南面西頭第一門。禁兵追擒之。王涯徒步至永昌里茶肆，禁兵擒入左軍。涯時年七十餘，被以桎梏，掠治不勝苦，被，皮義翻。桎，職日翻。梏，古沃翻。掠，音亮。治，直之翻。勝，音升。自誣服，稱與李訓謀行大逆，尊立鄭注。王璠歸長興里私第，【章：十二行本「里」作「坊」；乙十一行本同；孔本同。】閉門，以其兵自防。河東節度之兵也。神策將至門，呼曰：「王涯等謀反，欲起尚書爲相，魚護軍令致意！」魚弘志時爲右神策護軍中尉。將，卽亮翻。璠喜，出見之。將趨賀再三，將，卽亮翻。璠知見紿，涕泣而行；至左軍，見王涯曰：「二十兄自反，胡爲見引？」涯曰：「五弟昔爲京兆尹，不漏言於王守澄，王涯第二十，王璠第五。漏言事見上卷五年。豈有今日邪！」璠俛首不言。又收羅立言於太平里，及涯等親屬奴婢，皆入兩軍繫之。戶部員外郎李元皋，訓之再從弟也，訓實與之無恩，亦執而殺之。故嶺南節度使胡証，家鉅富，証，音正。禁兵利其財，託以搜賈餗入其家，執其子溵，殺之。溵，音殷。又入左常侍羅讓、詹事渾鐬、翰林學士黎埴等家，左常侍，左散騎常侍也。鐬，火外翻。掠其貲財，掃地無遺。鐬，瑊之子也。坊市惡少年因之報私仇，殺人，剽掠百貨，剽，匹妙翻。互相攻劫，塵埃蔽天。

癸亥，百官入朝，朝，直遥翻。日出，始開建福門，建福門，在大明宮丹鳳門之右。惟聽以從者一人自隨，從，才用翻。禁兵露刃夾道。至宣政門，尚未開。時無宰相御史知班，百官無復班列。新書儀衛志曰：朝日，殿上設黼扆、躡席、熏爐、香案，御史大夫領屬官至殿西廡，從官朱衣傳呼，促百官就列。文武班于兩觀，監察御史二人立于東西朝堂甎道以涖之。平明，傳點畢，內門開，監察御史領百官入。夾階監門校尉二人執門籍，曰唱籍，既視籍，曰「在」，入畢而止。次門亦如之。序班于通乾、觀象門南，武班居文班之次。入宣政門，文班自東門而入，武班自西門而入，至閤門亦如之。夾階校尉十人同唱，入畢而止。宰相兩省官對班于香案前，百官班于殿庭，左右巡使二人分涖于鼓鍾樓下。先一品班，次二品班，次三品班，次四品班，次五品班；每班尚書省官爲首。武班供奉者立于橫街之北，次千牛中郎將，次千牛將軍，次過狀中郎將一人，次接狀中郎將一人，次押柱中郎將一人，次排階中郎將一人，次押散手仗中郎將一人，次左右金吾衛大將軍。凡殿中省監、少監、尚衣、尚舍、尚輦、奉御分左右，隨繖扇而立。東宮官居上臺之次，王府官又次之。唯三太、三少、賓客、庶子、王傅隨本品。侍中奏外辦，皇帝步出西序門，索扇，扇合；皇帝升御座，扇開，左右留扇各三。左右金吾將軍一人奏「左右廂內外平安。」通事舍人贊，宰相、兩省官再拜升殿。朝罷，皇帝步入東序門。觀此，可以知甘露之亂，蕩無朝儀矣。上御紫宸殿，問：「宰相何爲不來？」仇士良曰：「王涯等謀反繫獄。」因以涯手狀呈上，召左僕射令狐楚、右僕射鄭覃等升殿示之。上悲憤不自勝，勝，音升。謂楚等曰：「是涯手書乎？」對曰：「是也！」「誠如此，罪不容誅！」因命楚、覃留宿中書，參決機務。使楚草制宣告中外。楚敍王涯、賈餗反事浮汎，其敍事浮汎，蓋以王涯等非實反也。仇士良等不悅，由是不得爲相。

時坊市剽掠者猶未止，命左、右神策將楊鎮、靳遂良等各將五百人分屯通衢，靳，居焮翻。擊鼓以警之，斬十餘人，然後定。

賈餗變服潛民間經宿，自知無所逃，素服乘驢詣興安門，自言：「我宰相賈餗也，爲姦人所汚，興安門，大明宮南面西來第一門。汚，烏故翻。可送我詣兩軍！」門者執送西軍。西軍，右神策軍也，在大明宮西西内苑中。李孝本改衣綠，衣，於既翻。猶服金帶，以帽障面，單騎奔鳳翔，欲依鄭注也。至咸陽西，追擒之。

甲子，以右僕射鄭覃同平章事。

李訓素與終南僧宗密善，往投之。宗密欲剃其髮而匿之，其徒不可。訓出山，剃，他計翻。山即謂終南山。將奔鳳翔，爲盩厔鎮遏使宋楚所擒，盩厔，音舟窒。械送京師。至昆明池，訓恐至軍中更受酷辱，謂送者曰：「得我則富貴矣！聞禁兵所在搜捕，汝必爲所奪，不若取我首送之！」送者從之，斬其首以來。

乙丑，以戶部侍郎、判度支李石同平章事，仍判度支。前河東節度使李載義復舊任。

王璠得罪，故載義復舊任。

左神策出兵三百人，以李訓首引王涯、王璠、羅立言、郭行餘，右神策出兵三百人，擁賈餗、舒元輿、李孝本獻于廟社，徇于兩市。唐太廟在朱雀街東第一街之東北來第二坊。太社在街西第一街之西北來第二坊。兩市，長安城中東市、西市也。命百官臨視，腰斬于獨柳之下，梟其首於興安門外。親屬無問親疏皆死，孩稺無遺，稺，直利翻。妻女不死者沒爲官婢。百姓觀者怨王涯榷茶，或詬詈，或投瓦礫擊之。詬，許候翻，又古候翻。詈，力智翻。礫，郎狄翻。

臣光曰：論者皆謂涯、餗有文學名聲，初不知訓、注之謀，橫罹覆族之禍。【章：十二行本「禍」下有「憤歎其冤」四字；乙十一行本同；孔本同；退齋校同；張校同，云無註本亦無。】橫，戶孟翻。臣獨以爲不然。夫顛危不扶，焉用彼相！論語載孔子之言。焉，於虔翻。涯、餗安高位，飽重祿；訓、注小人，窮奸究險，究，極也。力取將相。涯、餗與之比肩，不以爲恥；國家危殆，不以爲憂。偷合苟容，日復一日，復，扶又翻。自謂得保身之良策，莫我如也。若使人人如此而無禍，則奸臣孰不願之哉！一旦禍生不虞，足折刑剭，易曰：鼎折足，覆公餗，其刑剭，凶。剭，音屋。剭者，誅殺不於市。周制，誅大臣適甸師謂之剭。折，而設翻。蓋天誅之也，士良安能族之哉！

35 王涯有再從弟沭，從，才用翻。家於江南，老且貧。聞涯爲相，跨驢詣之，欲求一簿、尉。

留長安二歲餘，始得一見，涯待之殊落莫。落，冷落也。莫，薄也。落莫，唐人常語。久之，沐因嬖奴以道所欲，嬖，卑義翻，又博計翻。涯許以微官，自是旦夕造涯之門以俟命；造，七到翻。及涯家被收，被，皮義翻。沐適在其第，與涯俱腰斬。

舒元輿有族子守謙，愿而敏，元輿愛之，從元輿者十年，一旦忽以非罪怒之，日加譴責，奴婢輩亦薄之。守謙不自安，求歸江南，元輿亦不留，守謙悲歎而去。夕，至昭應，聞元輿收族，守謙獨免。王沐之幷命，躁之禍也。舒守謙之幸免，愿之餘福也。禍福之應，天豈爽哉！

是日，以令狐楚爲鹽鐵轉運使，左散騎常侍張仲方權知京兆尹。考異曰：實錄，乙丑，閤門使馬元贄已宣授仲方京兆尹，至此又言者，蓋當時止是口宣，至此乃降敕耳。時數日之間，殺生除拜，皆決於兩中尉。考異曰：皮光業見聞錄曰：「崔愼由以元和元年登第，至開成，已入翰林。因寓直之夕，二更以來，有中使宣召，引入數重門。至一處，堂宇華煥，簾幕俱垂。見左右二廣燃蠟而坐，謂愼由曰：『上不豫來已數日，兼自登極後聖政多虧。今奉太后中旨，命學士草廢立令。』愼由大驚曰：『某有中外親族數千口，列在搢紳，長行、兄弟、甥姪僅三百人，一旦聞此覆族之言，寧死不敢承命！況聖上高明之德，覆于八荒，豈可輕議！』二廣默然無以爲對。良久，啓後戶，引愼由至一小殿。見文宗坐於殿上，二廣徑登階而疏文宗過惡，上唯俛首。又曰：『不爲此拗木枕措大，不合更在此坐矣！』街談以好拗爲『拗木枕』。仍戒愼由曰：『事泄卽是此措大也！』於是二廣自執炬，送愼由出邃殿門，復令中使送至本院。愼由尋以疾出翰林，遂金縢其事付胤，故胤切於勦絕北司者由此也。誅北司後，胤方彰其事。」新傳曰：「愼由記其事，藏箱枕間。將沒，以授其子胤。故胤惡中官，終討除之。」按舊傳，崔愼由大中初始入朝爲右拾遺、員外郎、知制誥，文宗時未爲翰林學士。蓋崔胤欲重宦官之罪而誣之，新傳承皮錄之誤也。上不豫知。

初，王守澄惡宦者田全操、劉行深、周元稹、薛士幹、似先義逸、劉英誗等，惡，烏路翻。似先，姓；義逸，名。誗，直嚴翻。李訓、鄭注因之遣分詣鹽州、靈武、涇原、夏州、振武、鳳翔巡邊，夏，戶雅翻。命翰林學士顧師邕爲詔書賜六道，使殺之。會訓敗，六道得詔，皆廢不行。六道卽謂鹽、靈、夏、涇原、振武、鳳翔也。丙寅，以師邕爲矯詔，下御史獄。下，遐稼翻。

先是，鄭注將親兵五百，已發鳳翔，至扶風。宋白曰：扶風縣本漢美陽縣地，今京兆府武功縣北美陽故城是也。隋開皇十六年，於今岐陽縣置岐山縣，武德三年分岐山縣於圍川城，置圍川縣，貞觀八年改扶風縣。九域志，鳳翔府東至扶風八十里。先，悉薦翻。扶風令韓遼知其謀，不供具，攜印及吏卒奔武功。注知訓已敗，復還鳳翔。仇士良等使人齎密敕授鳳翔監軍張仲清令取注，仲清惶惑，不知所爲。押牙李叔和說仲清曰：「叔和爲公以好召注，說，式芮翻。爲，于僞翻。好，如字。以好召之，言示之以無惡意也。屏其從兵，於坐取之，屏，必郢翻，又卑正翻。從，才用翻。坐，徂臥翻。事立定矣！」仲清從之，伏甲以待注。注恃其兵衞，遂詣仲清。叔和稍引其從兵，享之於外，注獨與數人入。既啜茶，啜，樞悅翻，飲也。叔和抽刀斬注，因閉外門，悉誅其親兵。乃出密敕，宣示將士，遂滅注家，并殺副使錢可復、節度判官盧簡能、觀察判官蕭傑、掌書記盧弘茂等及其枝黨，死者千餘人。可復，徽之子；錢徽見二百四十一卷穆宗長慶元年。簡能，綸之子；盧綸與吉中孚、韓翃、錢起、司空曙、苗發、崔峒、耿緯、夏侯審、李端皆以詩齊名，號大曆十才子。傑，俛之弟也。蕭俛事憲、穆，位至宰相。史言錢可復等皆名家子，以託身非人併命。朝廷未知注死，丁卯，詔削奪注官爵，令鄰道按兵觀變。以左神策大將軍陳君奕爲鳳翔節度使。戊辰夜，張仲清遣李叔和等以注首入獻，考異曰：據實錄，甲子已傳注首，而開成紀事二十六日方下詔削官爵，云鄭注初誅，京師尚未知。李潛用乙卯記亦云丁卯張仲清誘注而殺之。與開成紀事同。但開成紀事注傳云二十六日奏朝覲，恐誤。乙卯記，注庚申入覲，十九日也。至扶風，聞訓敗，乃還。似近之。實錄恐太在前。新本紀云戊辰張仲清殺注。今不書日以傳疑。梟於興安門，人情稍安，京師諸軍始各還營。

詔將士討賊有功及娖隊者，官爵賜賚各有差。娖，則角翻。右神策軍獲韓約於崇義坊，己巳，斬之。仇士良等各進階遷官有差。自是天下事皆決於北司，宰相行文書而已。宦官氣益盛，迫脅天子，下視宰相，陵暴朝士如草芥。每延英議事，士良等動引訓、注折宰相。折，之舌翻。鄭覃、李石曰：「訓、注誠爲亂首，但不知訓、注始因何人得進？」宦者稍屈，搢紳賴之。

時中書惟有空垣破屋，百物皆闕。江西、湖南獻衣糧百二十分，充宰相召募從人。分，扶問翻。從，才用翻；下導從同。辛未，李石上言：「宰相若忠正無邪，神靈所祐，縱遇盜賊，亦不能傷。若內懷姦罔，雖兵衛甚設，鬼得而誅之。臣願竭赤心以報國，止循故事，以金吾卒導從足矣；從，才用翻。其兩道所獻衣糧，並乞停寢。」從之。

十二月，壬申朔，顧師邕流儋州，至商山，賜死。儋，都甘翻。儋州，漢儋耳郡，至京師七千四百四十二里。商山卽商嶺也，所謂「繞霤七盤」是也。貞元七年，刺史李西華患此路之險，自藍田至內鄉開新道七百餘里，迴山取塗，人不病涉，謂之偏路，行旅便之。

[36] 榷茶使令狐楚奏罷榷茶，從之。王涯誅，乃罷榷茶。

[37] 度支奏籍鄭注家貲，得絹百餘萬匹，他物稱是。稱，尺證翻。

庚辰，上問宰相：「坊市安未？」李石對曰：「漸安。然比日寒冽特甚，比，毗至翻。蓋刑殺太過所致。」鄭覃曰：「罪人周親前已皆死，周親，孔安國曰：周，至也。其餘殆不足問。」時宦官深怨李訓等，凡與之有瓜葛親，瓜葛有所附麗。言非至親，或羣從中表相附麗以敍親好，若瓜葛然。或蹔蒙奬引者，誅貶不已，故二相言之。

李訓、鄭注既誅，召六道巡邊使。田全操追忿訓、注之謀，在道揚言：「我入城，凡儒服者，無貴賤當盡殺之！」癸未，全操等乘驛疾驅入金光門，金光門，長安城西面北來第二門。京城訛言有寇至，士民驚譟縱橫走，縱，子容翻。塵埃四起。兩省諸司官聞之，皆奔散，有不及束帶韤而乘馬者。韤，勿發翻。

鄭覃、李石在中書，顧吏卒稍稍逃去。覃謂石曰：「耳目頗異，宜且出避之！」石曰：「宰相位尊望重，人心所屬，屬，之欲翻。不可輕也！今事虛實未可知，堅坐鎮之，庶幾可定。若宰相亦走，則中外亂矣。且果有禍亂，避亦不免！」覃然之。石坐視文案，沛然自若。

敕使相繼傳呼：「閉皇城諸司門！」六典：唐都城三重：外一重名京城，內一重名皇城，又內一重名宮城，亦名子城。左金吾大將軍陳君賞帥其衆立望仙門下，大明宮城南面五門，望仙門在丹鳳門之左。帥，讀曰率。謂敕使曰：「賊至，閉門未晚，請徐觀其變，不宜示弱！」至晡後乃定。是日，坊市惡少年皆衣緋皁，衣，於既翻。皁，在早翻。持弓刀北望，見皇城門閉，卽欲剽掠，非石與君賞鎮之，京城幾再亂矣。剽，匹妙翻。幾，居衣翻。時兩省官應入直者，皆與其家人辭訣。

38 甲申，敕罷脩曲江亭館。以鄭注之言而脩之，注誅乃罷。

39 丁亥，詔：「逆人親黨，自非前已就戮及指名收捕者，餘一切不問。諸司官【章：十二行本「官」下有「吏」字；乙十一行本同；孔本同；張校同。】雖爲所脅從，涉於詿誤，詿，古賣翻，又戶卦翻。皆赦之。他人無得相告言及相恐愒。愒，許葛翻。見亡匿者，勿復追捕，見，賢遍翻。復，扶又翻。三日內各聽自歸本司。」

時禁軍暴橫，橫，戶孟翻。京兆尹張仲方不敢詰，宰相以其不勝任，勝，音升。出爲華州刺史，華，戶化翻。以司農卿薛元賞代之。元賞常詣李石第，聞石方坐聽事與一人爭辯甚喧，元賞使䀹之，䀹，丑廉翻。云有神策軍將訴事。元賞趨入，責石曰：「相公輔佐天子，紀綱四海。今近不能制一軍將，使無禮如此，何以鎮服四夷！」即趨出上馬，命左右擒軍將，俟於下馬橋，閣本大明宮圖：下馬橋在建福門北。元賞至，則已解衣跽之矣。跽，其几翻。其黨訴於仇士良，士良遣宦者召之曰：「中尉屈大尹。」元賞曰：「屬有公事，屬，之欲翻。行當繼至。」遂杖殺之。考異曰：開成紀事以祕書少監王會爲京兆尹。按薛元賞已爲京兆尹，紀事誤。乃白服見士良，白服，卽待罪之素服。士良曰：「癡書生何敢杖殺禁軍大將！」元賞曰：「中尉大臣也，宰相亦大臣也，宰相之人若無禮於中尉，如之何？中尉之人無禮於宰相，庸可恕乎！中尉與國同體，當爲國惜法，爲，于僞翻。元賞已囚服而來，惟中尉死生之！」士良知軍將已死，無可如何，乃呼酒與元賞歡飲而罷。

初，武元衡之死，詔出內庫弓矢、陌刀給金吾仗，使衞從宰相，事見二百三十九卷憲宗元和十年。從，才用翻。至建福門而退。至是，悉罷之。

開成元年（丙辰、八三六）

1 春，正月，辛丑朔，上御宣政殿，赦天下，改元。仇士良請以神策仗衞殿門，諫議大夫馮定言其不可，南牙十六衞之兵，至此雖名存實亡，然以北軍衞南牙，則外朝亦將聽命於北司，旣紊太宗之紀綱，又增宦官之勢焰，故馮定言其不可。乃止。定，宿之弟也。馮宿，穆宗長慶初知制誥。

2 二月，癸未，上與宰相語，患四方表奏華而不典，李石對曰：「古人因事爲文，今人以文害事。」

3 昭義節度使劉從諫上表請王涯等罪名，且言：「涯等儒生，荷國榮寵，荷，下可翻。咸欲保身全族，安肯構逆！訓等實欲討除內臣，兩中尉自爲救死之謀，遂致相殺；誣以反逆，誠恐非辜。設若宰相實有異圖，當委之有司，正其刑典，豈有內臣擅領甲兵，恣行剽劫，延及士庶，横被殺傷！剽，匹妙翻。横，戶孟翻。流血千門，漢武帝起建章宮，度爲千門萬戶，後世遂謂宮門爲千門。僵尸萬計，搜羅枝蔓，中外恫疑。恫，音通，痛也，又敕動翻。臣欲身詣闕庭，面陳臧否，恐并陷孥戮，否，音鄙。孥，音奴，子也。孥戮，戮及子也。事亦無成。謹當脩飾封疆，訓練士卒，內爲陛下心腹，外爲陛下藩垣。如奸臣難制，誓以死清君側！」丙申，加從諫檢校司徒。

4 天德軍奏吐谷渾三千帳詣豐州降。

5 三月，壬寅，以袁州長史李德裕爲滁州刺史。袁州，漢宜春縣地，隋置袁州，京師東南三千五百八十里。滁州，二千五百六十四里。

6 左僕射令狐楚從容奏：「王涯等既伏辜，從，千容翻。其家夷滅，遺骸棄捐。請官爲收瘞，以順陽和之氣。」爲，于僞翻。瘞，於計翻。月令：孟春掩骼埋胔，以死氣逆生也。上慘然久之，命京兆收葬涯等十一人於城西，各賜一【章：十二行本「一」上有「衣」字；乙十一行本同；孔本同；退齋校同。】襲。考異曰：開成紀事云：「京兆尹薛元賞於城西張村葬涯等七人。」今從新傳。仇士良潛使人發之，棄骨於渭水。

7 丁未，皇城留守郭皎按舊制：車駕行幸，則京城置留守。今天子在上京而皇城置留守，當考。觀下奏，則知置皇城留守，宦官之意也。奏：「諸司儀仗有鋒刃者，請皆輸軍器使，軍器使卽軍器庫使，內諸司使之一也。遇立仗別給儀刀！」從之。儀刀以木爲之，以銀裝之，具刀之儀而已。

8 劉從諫復遣牙將焦楚長上表讓官，讓檢校司徒。復，扶又翻。稱：「臣之所陳，繫國大體。可聽則涯等宜蒙湔洗，湔，則前翻。不可聽則賞典不宜妄加！安有死冤不申而生者荷祿！」荷，下可翻。因暴揚仇士良等罪惡。辛酉，上召見楚長，慰諭遣之。時士良等恣橫，橫，戶孟翻。朝臣日憂破家。及從諫表至，士良等憚之。由是鄭覃、李石粗能秉政，粗，坐伍翻。天子倚之亦差以自強。

9 夏，四月，己卯，以潮州司戶李宗閔爲衡州司馬。凡李訓指爲李德裕、宗閔黨者，稍收復之。

10 淄王協薨。協，憲宗子。

11 甲午，以山南西道節度使李固言爲門下侍郎、同平章事，以左僕射令狐楚代之。

12 戊戌，上與宰相從容論詩之工拙，從，千容翻。鄭覃曰：「詩之工者，無若三百篇，皆國人作之以刺美時政，王者采之以觀風俗耳，不聞王者爲詩也。後代辭人之詩，華而不實，無補於事。陳後主、隋煬帝皆工於詩，不免亡國，陛下何取焉！」史言鄭覃能守經學以輔其君。覃篤於經術，上甚重之。

13 己酉，上御紫宸殿，宰相因奏事拜謝，外間因訛言：「天子欲令宰相掌禁兵，已拜恩矣。」由是中外復有猜阻，復，扶又翻。人情恟恟，士民不敢解衣寢者數日。乙丑，李石奏請召仇士良等面釋其疑。上爲召士良等出，爲，于僞翻。上及石等共諭釋之，使毋疑懼，然後事解。

14 閏月，乙酉，以太子太保、分司李聽爲河中節度使。上嘗歎曰：「付之兵不疑，置之散地不怨，散，蘇旱翻。惟聽爲可以然。」

15 乙未，李固言薦崔球爲起居舍人，鄭覃再三以爲不可，上曰：「公事勿相違！」覃曰：「若宰相盡同，則事必有欺陛下者矣！」

16 李孝本二女配沒右軍，右軍，右神策軍。上取之入宮。秋，七月，右拾遺魏謩上疏，以爲：「陛下不邇聲色，屢出宮女以配鰥夫。竊聞數月以來，教坊選試以百數，莊宅收市猶未已；唐內諸司有教坊使、莊宅使，皆宦者爲之。又召李孝本女入宮，不避宗姓，大興物論，臣竊惜之。昔漢光武一顧列女屏風，宋弘猶正色抗言，光武卽撤之。光武時，宋弘爲大司空，嘗讌見，御座新屏風圖畫列女，帝數顧視之。弘正容言曰：「未見好德如好色者！」帝卽爲撤之。笑謂弘曰：「聞義則服，可乎？」對曰：「陛下進德，臣不勝其喜！」陛下豈可不思宋弘之言，欲居光武之下乎！」上卽出孝本女。考異曰：實錄上云「取孝本女二人入內」，下魏謩疏云「取孝本女一人入內」。所以如此不同者，蓋孝本二女皆籍沒在右軍，先取長女入內，謩不之知；又取次女，謩乃知之上疏故也。擢謩爲補闕，曰：「朕選市女子，以賜諸王耳。憐孝本女【章：十二行本「女」下有「宗枝」二字；乙十一行本同；孔本同；張校同。】髫亂孤露，髫，于聊翻，小兒垂髮也。亂，初覲翻，小兒毀齒也。故收養宮中。謩於疑似之間皆能盡言，可謂愛我，不忝厥祖矣！」命中書優爲制辭以賞之。謩，徵之五世孫也。魏徵以直事太宗。

17 鄜坊節度使蕭洪詐稱太后弟，事始二百四十三卷大和二年。事覺；八月，甲辰，流驩州，於道賜死。趙縝、呂璋等皆流嶺南。縝，止忍翻。

初，李訓知洪之詐，洪懼，辟訓兄仲京置幕府。先是，自神策軍出爲節度使者，軍中皆資其行裝，至鎭，三倍償之。有自左軍出鎭鄜坊左軍，左神策軍。未償而死者，軍中徵之於洪，洪恃訓之勢，不與；又徵於死者之子，洪教其子遮宰相自言，訓判絕之。仇士良由是恨洪。

太后有異母弟在閩中，孱弱不能自達。孱，鉏山翻。有閩人蕭本從之得其內外族諱，因士良進達於上，且發洪之詐，洪由是得罪。上以本爲眞太后弟，戊申，擢爲右贊善大夫。

18 九月，丁丑，李石爲上言宋申錫忠直，爲，于僞翻。爲讒人所誣，竄死遐荒，未蒙昭雪，上俛首久之，既而流涕泫然俛，美辨翻，俯也。泫，胡犬翻。曰：「茲事朕久知其誤，奸人逼我，以社稷大計，兄弟幾不能保，謂漳王湊也。幾，居衣翻。況申錫，僅全腰領耳。非獨內臣，外廷亦有助之者。皆由朕之不明，曏使遇漢昭帝，必無此冤矣！」謂漢昭帝知燕、蓋、上官之詐也。鄭覃、李固言亦共言其冤，上深痛恨，有慙色。庚辰，詔悉復申錫官爵，以其子慎微爲成固尉。成固縣屬興元府。

19 李石用金部員外郎韓益判度支桉，桉，與案同，文案也。句斷。益坐贓三千餘緡，繫獄；石曰：「臣始以益頗曉錢穀，故用之，不知其貪乃如是！」上曰：「宰相但知人則用，有過則懲，如此則人易得。易，以豉翻。卿所用人不掩其惡，可謂至公。從前宰相用人好曲蔽其過，不欲人彈劾，此大病也！」冬，十一月，丁巳，貶益梧州司戶。梧州，因蒼梧郡而名，至京師五千五百里。好，呼到翻。劾，戶概翻，又戶得翻。

20 上自甘露之變，意忽忽不樂，兩軍毬鞠之會什減六七，樂，音洛。史炤曰：鞠以皮爲之，今通謂之毬。雖宴享音伎雜遝盈庭，遝，達合翻。未嘗解顏；閒居或徘徊眺望，眺，他弔翻。或獨語歎息。壬午，上於延英謂宰相曰：「朕每與卿等論天下事，則不免愁。」對曰：「爲理者不可以速成。」爲理，猶言爲治也。上曰：「朕每讀書，恥爲凡主。」李石曰：「方今內外之臣，其間小人尚多疑阻，願陛下更以寬御之，彼有公清奉法如劉弘逸、薛季稜者，陛下亦宜褒賞以勸爲善。」甲申，上復謂宰相曰：復，扶又翻。「我與卿等論天下事，有勢未得行者，退但飲醇酒求醉耳！」對曰：「此皆臣等之罪也。」

21 有司以左藏積弊日久，藏，徂浪翻。請行檢勘，且言官典罪在赦前者，請宥之，上許之。既而果得繒帛妄稱漬汚者，漬，疾智翻。汚，烏故翻。敕赦之，給事中狄兼謩封還敕書曰：「官典犯贓，理不可赦！」上諭之曰：「有司請檢之初，朕既許之矣。與其失信，寧失罪人。卿能奉職，朕甚嘉之！」

22 十二月，庚戌，以華州刺史盧鈞爲嶺南節度使。李石言於上曰：「盧鈞除嶺南，朝士皆相賀。以爲嶺南富饒之地，近歲皆厚賂北司而得之；今北司不撓朝權，撓，奴巧翻，又奴教翻。陛下亦宜有以褒之。庶幾內外奉法，此致理之本也。」上從之。鈞至鎮，以清惠著名。

23 己未，淑王縱薨。縱，順宗子。

二年（丁巳、八三七）

1 春，二月，己未，上謂宰相：「薦人勿問親疏。朕聞竇易直爲相，竇易直爲相於長慶、寶曆。未嘗用親故。若親故果才，避嫌而棄之，是亦不爲至公也。」

2 均王緯薨。緯，順宗子。

3 三月，有彗星出於張，彗，祥歲翻，又旋芮翻，又徐醉翻。長八丈餘。長，直亮翻。壬申，詔撤樂減膳，以一日之膳分充十日。

4 夏，四月，甲辰，上對中書舍人、翰林學士兼侍書柳公權於便殿，柳公權先除翰林侍書學士，今以翰林學士兼侍書。上舉衫袖示之曰：「此衣已三澣矣！」澣，戶管翻。衆皆美上之儉德；公權獨無言，上問其故，對曰：「陛下貴爲天子，富有四海，當進賢退不肖，納諫諍，明賞罰，乃可以致雍熙。服澣濯之衣，乃末節耳。」上曰：「朕知舍人不應復爲諫議，杜佑通典曰：中書舍人，文士之極任，朝廷之盛選，諸官莫得比。以卿有諍臣風采，須屈卿爲之。」乙巳，以公權爲諫議大夫，餘如故。

5 戊戌，以翰林學士、工部侍郎陳夷行同平章事。

6 六月，河陽軍亂，節度使李泳奔懷州；軍士焚府署，殺泳二子，大掠數日方止。泳，長安市人，寓籍禁軍，以賂得方鎮，所至恃所交結，貪殘不法，其下不堪命，故作亂。丁未，貶泳澧州長史。澧州，京師東南一千八百九十三里。澧，音禮。戊申，以左金吾將軍李執方爲河陽節度使。

7 秋，七月，癸亥，振武奏党項三百餘帳剽掠逃去。剽，匹妙翻；下同。

8 給事中韋溫爲太子侍讀，晨詣東宮，日中乃得見，溫諫曰：「太子當雞鳴而起，問安視膳，記：文王之爲世子，雞初鳴而衣服，至於寢門外，問內豎之御者曰：「今日安否何如？」內豎曰：「安。」文王乃喜。其有不安節，則內豎以告文王，文王色憂，行不能正履。至於復初，然後亦復初。食上必在視寒暖之節。史炤曰：熟食曰饔，具食曰膳。膳之爲言善也。不宜專事宴安！」太子不能用其言，爲太子不令終張本。溫乃辭侍讀；辛未，罷守本官。考異曰：舊傳曰：「兼太子侍讀，每晨至少陽院，午見太子。溫云云，太子不能行其言。溫稱疾，上不悅，改太常少卿。未幾，拜給事中。」按溫已爲給事中，乃兼太子侍讀。舊傳誤。今從新傳。

9 振武突厥百五十帳叛，剽掠營田；戊寅，節度使劉沔擊破之。

10 八月，庚戌，以昭儀王氏爲德妃，昭容楊氏爲賢妃。唐因隋制，有貴妃、淑妃、德妃、賢妃各一人，爲夫人，正一品。立敬宗之子休復爲梁王，執中爲襄王，言楊爲杞王，成美爲陳王。癸丑，立皇子宗儉爲蔣王。蔣，古國名。左傳：凡、蔣、邢、茅、胙、祭。

11 河陽軍士既逐李泳，日相扇，欲爲亂。九月，李執方索得首亂者七十餘人，索，山客翻。悉斬之，餘黨分隸外鎮，然後定。

12 冬，十月，國子監石經成。劉昫曰：時上好文，鄭覃以宰臣判國子祭酒，依後漢蔡邕刊碑列於太學，創立石壁九經，諸儒校正訛謬。上又令翰林勒字官校字體，又乖師法。故石經立後數十年，名儒皆不窺之，以爲蕪累。

13 福建奏晉江百姓蕭弘稱太后族人，晉江，故晉安郡晉安縣地。吳置東安縣，晉改曰晉安，隋改曰南安，開元八年分南安置晉江縣，帶泉州。詔御史臺按之。

14 戊申，以門下侍郎、同平章事李固言同平章事，充西川節度使。

15 甲寅，御史臺奏蕭弘詐妄；詔遞歸鄉里，令所過給食而遞歸也。不之罪，冀得其眞。

周一良標點　容肇祖 聶崇岐覆校

資治通鑑卷第二百四十六

端明殿學士兼翰林侍讀學士太中大夫提舉西京嵩山崇福宮上柱國河內郡開國公食邑二千二百戶食實封九百戶賜紫金魚袋臣　司馬光　奉敕編集

後學天台　胡三省　音註

唐紀六十二（起著雍敦牂（戊午），盡玄黓閹茂（壬戌），凡五年。）

文宗元聖昭獻孝皇帝下

開成三年（戊午、八三八）

1 春，正月，甲子，李石入朝，中塗有盜射之，（射，食亦翻。）微傷，左右奔散，石馬驚，馳歸第。又有盜邀擊於坊門，斷其馬尾，（唐諸坊之南皆有門，以時啓閉。斷，音短。）僅而得免。上聞之大驚，命神策六軍遣兵防衛，敕中外捕盜甚急，竟無所獲。乙丑，百官入朝者九人而已。京城數日方安。

2 丁卯，追贈故齊王湊爲懷懿太子。（知湊之冤也。湊被枉事見二百四十四卷太和五年。）

3 戊申，以鹽鐵轉運使、戶部尚書楊嗣復，戶部侍郎、判戶部李珏並同平章事，（考異曰：

舊傳：「三年，楊嗣復輔政，薦珏，以本官同平章事。」按珏與嗣復並命，今從實錄。判、使如故。判，謂判戶部，使，謂鹽鐵轉運使。嗣復，於陵之子也。楊於陵見二百三十七卷憲宗元和三年。於，音烏。

4 中書侍郎、同平章事李石，承甘露之亂，人情危懼，宦官恣横，横，戶孟翻。忘身徇國，故紀綱粗立。仇士良深惡之，粗，坐五翻。惡，烏路翻；下同。潛遣盜殺之，不果。石懼，累表稱疾辭位；上深知其故而無如之何。丙子，以石同平章事，充荆南節度使。

5 陳夷行性介直，惡楊嗣復爲人，每議政事，多相詆斥。壬辰，夷行以足疾辭位，不許。

6 上命起居舍人魏謩獻其祖文貞公笏。魏徵謚曰文貞。鄭覃曰：「在人不在笏。」上曰：「亦甘棠之比也。」言周人思召公，愛其甘棠而不敢翦伐，今思魏徵之正直，則亦當寶愛其故笏。

7 楊嗣復欲援進李宗閔，復，扶又翻。援，于元翻；下同。恐爲鄭覃所沮，乃先令宦官諷上，上臨朝，謂宰相曰：「宗閔積年在外，宜與一官。」李宗閔貶，見上卷太和九年。鄭覃曰：「陛下若憐宗閔之遠，止可移近北數百里，近，其靳翻。不宜再用；用之，臣請先避位。」陳夷行曰：「宗閔曏以朋黨亂政，陛下何愛此纖人！」纖人，猶言小人也。楊嗣復曰：「事貴得中，不可但徇愛憎。」上曰：「可與一州。」覃曰：「與州太優，止可洪州司馬耳。」洪州，京師東南三千九十里。因與嗣復互相詆訐以爲黨。訐，居謁翻。上曰：「與一州無傷。」覃等退，上謂起居郎周敬復、舍人魏謩曰：「宰相諠爭如此，可乎？」唐制：起居郎、起居舍人掌錄天子起居法度。天子御正殿，則郎居左，舍人居右，有命，俯陛以聽。每仗下，天子與宰相議政事，郎、舍人亦分侍左右。若仗在紫宸内閣，則夾香案分立殿下。覃等喧爭既退，故上因問之。對曰：「誠爲不可。然覃等盡忠憤激，不自覺耳。」丁酉，以衡州司馬李宗閔爲杭州刺史。唐制：衡州，中。洪州，上，都督府。杭州，上。中州司馬，從五品下。大都督府司馬，從四品下。上州刺史，從三品。李固言與楊嗣復、李珏善，故引居大政以排鄭覃、陳夷行，每議政之際，是非鋒起，上不能決也。史言文宗明不足以燭理。

8 三月，牂柯寇涪州清溪鎮，牂柯蠻在涪州東九百里，東距辰州二千四百里。涪，音浮。鎮兵擊卻之。

9 初，太和之末，杜悰爲鳳翔節度使，有詔沙汰僧尼。事見上卷太和八年。時有五色雲見于岐山，見，賢遍翻；下同。近法門寺，民間訛言佛骨降祥，佛骨在法門寺，故云然。以僧尼不安之故。監軍欲奏之，悰曰：「雲物變色，何常之有！佛若果愛僧尼，當見於京師。」未幾，獲白兔，幾，居豈翻。未幾，言未得幾何時也。監軍又欲奏之，曰：「此西方之瑞也。」悰曰：「野獸未馴，且宜畜之。」馴，松倫翻。畜，吁玉翻。旬日而斃；監軍不悅，以爲掩蔽聖德，獨畫圖獻之。及鄭注代悰鎮鳳翔，按通鑑上卷，太和八年，九月，庚申，以鳳翔節度使李聽爲忠武節度使，代杜悰。丁卯，以鄭注爲鳳翔節度使。注誣奏聽在鳳翔貪虐；冬，十月，乙亥，以聽爲太子太保、分司，復以杜悰爲忠武節度使。若如上卷所書，則杜悰鎮忠武，不在鳳翔。奏紫雲見，又獻白雉。是歲，八月，有甘露降於紫宸殿前櫻桃之上，上親采而嘗之，百官稱賀。其十一月，遂有金吾甘露之變。

及悰爲工部尚書、判度支，河中奏騶虞見，詩註：騶虞，義獸，白虎黑文，不食生物，有至信之德則應之。司馬相如封禪書曰：般般之獸，樂我君囿，白質黑章，其儀可喜。師古註：謂騶虞也。山海經：騶虞如虎，五色，尾長於身。百官稱賀。上謂悰曰：「李訓、鄭注皆因瑞以售其亂，乃知瑞物非國之慶。卿前在鳳翔，不奏白兔，眞先覺也。」對曰：「昔河出圖，伏羲以畫八卦；洛出書，大禹以敍九疇，皆有益於人，故足尚也。至於禽獸草木之瑞，何時無之！劉聰桀逆，黃龍三見；石季龍暴虐，得蒼麟十六、白鹿七，以駕芝蓋。石虎，字季龍，唐避廟諱，故稱其字。以是觀之，瑞豈在德！玄宗嘗爲潞州別駕，中宗時，玄宗爲潞州別駕。及卽位，潞州奏十九瑞，玄宗曰：『朕在潞州，惟知勤職業，此等瑞物，皆不知也。』願陛下專以百姓富安爲國慶，自餘不足取也。」上善之。他日，謂宰相曰：「時和年豐，是爲上瑞；嘉禾靈芝，誠何益於事！」宰相因言：「春秋記災異以儆人君，而不書祥瑞，用此故也！」意此必鄭覃之言。

夏，五月，乙亥，詔：「諸道有瑞，皆無得以聞，亦勿申牒所司。其臘饗太廟唐制：四孟及臘享于太廟。唐臘用寅。及饗太清宮，玄宗天寶二年，以西京玄元皇帝廟爲太清宮。元日受朝奏祥瑞，皆停。」六典：凡大祥瑞隨卽表奏，文武百寮詣闕奉賀。其他並年終具表以聞，有司告廟，百寮詣闕奉賀。又儀制令：大瑞卽隨表奏聞；中瑞、下瑞申報有司，元日聞奏。今皆停罷。考異曰：實錄：「初，上謂宰臣曰：『歲豐人安，豈非上瑞！』宰臣因言春秋不書祥瑞，上深然之，遂有此詔。」補國史以爲因杜悰進言，今兼取之。

10 初，靈武節度使王晏平自盜贓七千餘緡，上以其父智興有功，王智興有討橫海之功。免死，長流康州。晏平密請於魏、鎮、幽三節度使，魏帥，何進滔；鎮帥，王元逵；幽帥，史元忠。使上表雪己；上不得已，六月，壬寅，改永州司戶。

11 八月，己亥，嘉王運薨。運，代宗子。

12 太子永之母王德妃無寵，爲楊賢妃所譖而死。唐因隋制，有貴妃、淑妃、德妃、賢妃各一人，爲夫人，正一品。開元中，玄宗以后妃四星，一爲后，有后而復置四妃，非典法。乃置惠妃、麗妃、華妃，以代三夫人。其後復置貴妃，蓋復唐初四妃之制。太子頗好遊宴，昵近小人，好，呼到翻。昵，尼質翻。近，其靳翻。賢妃日夜毀之。九月，壬戌，上開延英，召宰相及兩省、御史、郎官，疏太子過惡，議廢之，曰：「是宜爲天子乎？」羣臣皆言：「太子年少，少，詩照翻；下同。容有改過。國本至重，豈可輕動！」御史中丞狄兼謩論之尤切，至於涕泣。給事中韋溫曰：「陛下惟一子，不教，陷之至是，豈獨太子之過乎！」癸亥，翰林學士六人、神策六軍軍使十六人復上表論之，復，扶又翻。上意稍解。是夕，太子始得歸少陽院；如京使王少華等唐置如京使，以武臣爲之，內職也，未知所職何事。及宦官宮人坐流死者數十人。

13 義武節度使張璠在鎮十五年，穆宗長慶三年，璠代陳楚鎮義武。爲幽、鎮所憚；及有疾，請入朝，朝廷未及制置，疾甚，戒其子元益舉族歸朝，毋得效河北故事。及薨，軍中欲立元益，觀察留後李士季不可，衆殺之，又殺大將十餘人。壬申，以易州刺史李仲遷爲義武節度使。義武馬軍都虞候何清朝自拔歸朝，癸酉，以爲儀州刺史。宋白曰：遼州樂平郡，唐武德三年置遼州，八年改爲箕州，先天二年，以玄宗嫌名，改爲儀州。

14 朝廷以義昌節度使李彥佐在鎮久，太和六年，李彥佐代殷侑鎮義昌。甲戌，以德州刺史劉約爲節度副使，欲以代之。

15 開成以來，神策將吏遷官，多不聞奏，直牒中書令覆奏施行，遷改殆無虛日。甘露之變之後，宦官專橫遂至於此。癸未，始詔神策將吏改官皆先奏聞，狀至中書，然後檢勘施行。先奏聞於上，禁中以其狀付中書，方與檢勘由歷而施行之。

16 冬，十月，易定監軍奏軍中不納李仲遷，請以張元益爲留後。

17 太子永猶不悛，悛，丑緣翻，改也。庚子，暴薨，考異曰：按文宗後見緣橦者而泣曰：「朕爲天子，不能全一子！」遂殺劉楚材等，然則太子非良死也。但宮省事祕，外人莫知其詳，故實錄但云「終不悛過，是日暴薨。」謚曰莊恪。

18 乙巳，以左金吾大將軍郭旼爲邠寧節度使。旼，莫貧翻。考異曰：舊柳公權傳作「皎」。按子儀子姪名皆連「日」旁。今從實錄。

19 宰相議發兵討易定。上曰：「易定地狹人貧，軍資半仰度支。仰，牛向翻。急之則靡所不爲，緩之則自生變。但謹備四境以俟之。」乃除張元益代州刺史。頃之，軍中果有異議，乃上表以不便李仲遷爲辭，朝廷爲之罷仲遷。爲，于僞翻。十一月，【章：十二行本「月」下有「壬戌」二字；乙十一行本同；孔本同；張校同。】詔徙元益出定州；其義武將士始謀立元益者，皆赦不問。

20 以義昌節度使李彥佐爲天平節度使，以劉約爲義昌節度使。

21 丁卯，張元益出定州。考異曰：補國史曰：「易定張公璠卒，三軍請公璠子元益繼統軍務。公璠乃孝忠孫也。公璠彌留之際，誡元益歸闕。三軍復效幽、鎮、魏三道，自立連帥，坐邀制命。廟謀未決，丞相衞公欲伐而克之。貞穆公議未可興師，且行弔贈禮，追元益赴闕，若拒命跋扈，討之不遲。上前互陳短長，未行朝典。貞穆公有密疏，進追元益詔意云：『敕張元益：卿太祖孝忠，功列鼎彝，垂於不朽。卿乃祖茂昭，克荷遺訓，不墜義風。』云云。文宗覽詔意，深叶睿謀。詔下定州，元益拜詔慟哭，焚墨衰，請死於衆。三軍將士南向稽首，蹈舞流涕，扶元益就苫廬，請監軍使、幕府準諸道例各知留後。公璠遂全家赴闕。詔以神策軍使陳君賞爲帥。」所謂貞穆公者，李玨也。按實錄：璠，定州牙將，非孝忠孫。又李德裕此年不爲相。補國史蓋傳聞之說，不可據。今從實錄。

22 庚午，上問翰林學士柳公權以外議，對曰：「郭旼除邠寧，外間頗以爲疑。」上曰：「旼，尚父之姪，德宗以郭子儀爲尚父。太后叔父，太后，卽謂太皇郭太后。在官無過，自金吾作小鎮，外間何尤焉？」對曰：「非謂旼不應爲節度使也。聞陛下近取旼二女入宮，有之乎？」上曰：「然，入參太皇太后耳。」公權曰：「外間不知，皆云旼納女後宮，故得方鎮。」上俛首良久曰：「然則柰何？」對曰：「獨有自南內遣歸其家，則外議自息矣！」是日，太皇太后遣中使送二女還畋家。太皇太后居興慶宮，興慶宮謂之南內。使，疏吏翻。還，如字。

23上好詩，好，呼到翻。嘗欲置詩學士；李珏曰：「今之詩人浮薄，無益於理。」乃止。

24甲戌，以蔡州刺史韓威爲義武節度使。張元益既出定州，乃除韓威。

25河東節度使、司徒、中書令裴度以疾求歸東都，裴度治第東都集賢里，號綠野堂。十二月，辛丑，詔度入知政事，遣中使敦諭上道。上，時掌翻。

26鄭覃累表辭位，丙午，詔：三五日一入中書。

27是歲，吐蕃彝泰贊普卒，弟達磨立。彝泰多病，委政大臣，由是僅能自守，久不爲邊患。達磨荒淫殘虐，國人不附，災異相繼，吐蕃益衰。按：吐蕃衰，回鶻衰，而唐亦衰矣。考異曰：彝泰卒及達磨立，實錄不書，舊傳、續會要皆無之。今據補國史。

四年（己未、八三九）

1春，閏正月，己亥，裴度至京師，以疾歸第，此長安平樂里第也。不能入見。見，賢遍翻。上勞問賜賚，使者旁午。勞，力到翻。三月，丙戌，薨，謚曰文忠。上怪度無遺表，問其家，得半藁，以儲嗣未定爲憂，言不及私。度身貌不踰中人，而威望遠達四夷，四夷見唐使，輒問度老少用捨；少，詩照翻。以身繫國家輕重如郭子儀者，二十餘年。

2夏，四月，戊辰，上稱判度支杜悰之才，楊嗣復、李珏因請除悰戶部尚書，陳夷行曰：

「恩旨當由上出，自古失其國未始不由權在臣下也。」珏曰：「陛下嘗語臣云，語，牛倨翻。人主當擇宰相，不當疑宰相。」五月，丁亥，上與宰相論政事，陳夷行復言不宜使威福在下，復，扶又翻。李珏曰：「夷行意疑宰相中有弄陛下威權者耳。臣屢求退，苟得王傅，臣之幸也。」王傅，散地，自宰執以下貶官者居之。鄭覃曰：「陛下開成元年、二年政事殊美，三年、四年漸不如前。」楊嗣復曰：「元年、二年鄭覃、夷行用事，三年、四年臣與李珏同之，罪皆在臣！」因叩頭曰：「臣不敢更入中書！」政事堂在中書省。遂趨出。上遣使召還，勞之勞，力到翻。曰：「鄭覃失言，卿何遽爾！」覃起謝曰：「臣愚拙，意亦不屬嗣復；屬，之欲翻。而遽如是，乃嗣復不容臣耳。」嗣復曰：「覃言政事一年不如一年，非獨臣應得罪，亦上累聖德。」累，良瑞翻。退，三上表辭位，上遣中使召出之，癸巳，始入朝。丙申，門下侍郎、同平章事鄭覃罷爲右僕射，陳夷行罷爲吏部侍郎。覃性清儉，夷行亦耿介，故嗣復等深疾之。史言小人排君子，不遺餘力。

3上以鹽鐵推官、檢校禮部員外郎姚勗能鞫疑獄，命權知職方員外郎，右丞韋溫不聽，上奏稱：「郎官朝廷清選，不宜以賞能吏。」上乃以勗檢校禮部郎中，依前鹽鐵推官。姚勗權知職方員外郎，而韋溫爭之，檢校禮部郎中，而溫不復言者，蓋唐制藩鎮及諸使僚屬率帶檢校官，而權知則爲職事官故也。六月，丁丑，上以其事問宰相楊嗣復，對曰：「溫志在澄清流品。若有吏能者皆不得清流，則天下之事孰爲陛下理之！爲，于僞翻。恐似衰晉之風。」然上素重溫，終不奪其所守。

4秋，七月，癸未，以張元益爲左驍衛將軍，以其母侯莫陳氏爲趙國太夫人，賜絹二百匹。易定之亂，侯莫陳氏說諭將士，說，式芮翻。且戒元益以順朝命，故賞之。

5甲辰，以太常卿崔鄲同中書門下平章事。鄲，郾之弟也。鄲，多寒翻。崔郾見二百四十四卷太和五年。

6八月，辛亥，鄜王憬薨。憬，憲宗子。

7癸酉，昭義節度使劉從諫上言：「蕭本詐稱太后弟，上下皆稱蕭弘是眞，以本來自左軍，故弘爲臺司所抑。蕭本事見上卷元年。蕭弘事見二年。臺司，謂御史臺官吏，主按驗蕭弘者。今弘詣臣，求臣上聞。上，時掌翻。乞追弘赴闕，與本對推，以正眞僞。」詔三司鞫之。

8冬，十月，乙卯，上就起居舍人魏謩取記注觀之，記注，卽起居注。貞觀初，以給事中、諫議大夫兼知起居注，或知起居事。每仗下議記事，起居郎一人執筆記錄于前，史官隨之。其後復置起居舍人，分侍左右秉筆，隨宰相入殿。若仗在紫宸內閤，則夾香案，分立殿下，直第二螭首。和墨濡筆，皆卽坳處，時號「螭頭」。高宗臨朝不決事，有所奏，惟辭見而已。許敬宗、李義府爲相，奏請多畏人之知也，命起居郎、舍人對仗承旨，仗下與百官皆出，不敢聞機務矣。長壽中，宰相姚璹建議：仗下後，宰相一人錄軍國政要，爲時政記，月送史館。然率推美讓善，事非其實，未幾亦罷。而起居郎因制敕稍稍筆削，以廣國史之闕。起居舍人本記言之職，惟編詔書，不及他事。開元初，復詔脩史官非供奉者，皆隨仗而入，位於起居郎、舍人之次。及李林甫專權，又廢。太和九年，詔起居郎、舍人，凡入閤日，具紙筆，立螭頭下，復貞觀故事。謩不可，曰：「記注兼書善惡，所以儆戒人君。陛下但力爲善，不必觀史！」上曰：「朕曏嘗觀之。」對曰：「此曏日史官之罪也。若陛下自觀史，則史官必有所諱避，何以取信於後！」上乃止。

9 楊妃請立皇弟安王溶爲嗣，上謀於宰相，李珏非之。丙寅，立敬宗少子陳王成美爲皇太子。爲楊妃及成美見殺張本。

丁卯，上幸會寧殿作樂，有童子緣橦，橦，職容翻。字樣曰：本音同，今借爲木橦字。漢有都盧緣橦，卽此伎也。一夫來往走其下如狂。上怪之，左右曰：「其父也。」上泫然流涕曰：「朕貴爲天子，不能全一子！」泫，胡犬翻。以太子永死於非命也。召教坊劉楚材等四人，宮人張十十等十人責之曰：「構會太子，皆爾曹也，今更立太子，更，工衡翻。復欲爾邪？」復，扶又翻。執以付吏，己巳，皆殺之。上因是感傷，舊疾遂增。

10 十一月，三司按蕭本、蕭弘皆非眞太后弟。本除名，流愛州，弘流儋州。愛州，漢九眞郡，梁置愛州，至京師八千八百里。而太后眞弟在閩中，終不能自達。

11 乙亥，上疾少間，間，讀如字。坐思政殿，召當直學士周墀，賜之酒，因問曰：「朕可方前代何主？」對曰：「陛下堯、舜之主也。」上曰：「朕豈敢比堯、舜！所以問卿者，何如周赧、漢獻耳？」赧，奴版翻。墀驚曰：「彼亡國之主，豈可比聖德！」上曰：「赧、獻受制於強諸侯，今朕受制於家奴，以此言之，朕殆不如！」因泣下霑襟，墀伏地流涕，自是不復視朝。考異曰：高彥休唐闕史曰：「文宗開成後常鬱鬱不樂。五年，春，風痺稍間，坐思政殿，問周墀云云。既而龍姿掩抑，淚落衣襟。汝南公俯伏嗚咽，再拜而退。自是不復視朝，以至厭代。」按實錄，明年，正月，朔，上不康，不受朝賀。四日，帝崩。恐非五年春。今從新傳，仍置於此。

12 是歲，天下戶口四百九十九萬六千七百五十二。

13 回鶻相安允合、特勒柴革謀作亂，彰信可汗殺之。相掘羅勿將兵在外，以馬三百賂沙陀朱邪赤心，借其兵共攻可汗。可汗兵敗，自殺，國人立㕑馺特勒爲可汗。㕑，安盍翻。馺，先合翻。考異曰：後唐獻祖紀年錄曰：「開成四年，回鶻大饑，族帳離散，復爲黠戛斯所逼，漸過磧口，至於榆林。天德軍使温德彝請帝爲援，遂帥騎赴之。時胡特勒可汗牙帳在近，帝遣使說回鶻相嗢沒斯，爲陳利害云云。嗢沒斯然之，決有歸國之約。俄而回鶻宰相勿篤公叛可汗，將圖歸義，遣人獻良馬三百，以求應接。帝自天德引軍至磧口援之，爲回鶻所薄，帝一戰敗之，進擊可汗牙帳。胡特勒可汗勢窮自殺，國昌因奏勿篤公爲署颯可汗，是歲開成五年也。文宗崩，武宗卽位，遣嗣澤王溶告哀於回鶻。使還，始知特勒可汗易代。」按朱邪赤心若奏勿篤公爲可汗，安得因溶告哀始知易代乎！此則自相違矣。舊傳：「開成初，其相有安允合者，與特勒柴革欲篡薩特勒可汗，可汗覺，殺柴革及安允合。又有回鶻相掘羅勿者，擁兵在外，怨誅柴革、安允合，又殺薩特勒可汗，以㕑馺特勒爲可汗。」新傳云：「開成四年，其相掘羅勿作難，引沙陀共攻可汗。可汗自殺，國人立㕑馺特勒爲可汗。」今從之。會歲疫，大雪，羊馬多死，回鶻遂衰。赤心，執宜之子也。

五年（庚申、八四〇）

1春，正月，己卯，詔立潁王瀍爲皇太弟，瀍，直連翻。應軍國事權令句當。句，古候翻。當，丁浪翻。且言太子成美年尚沖幼，未漸師資，漸，子廉翻。老子曰：善人者，不善人之師；不善人者，善人之資。可復封陳王。時上疾甚，命知樞密劉弘逸、薛季稜引楊嗣復、李珏至禁中，欲奉太子監國。中尉仇士良、魚弘志以太子之立，功不在己，乃言太子幼，且有疾，更議所立。更，工衡翻。李珏曰：「太子位已定，豈得中變！」士良、弘志遂矯詔立瀍爲太弟。考異曰：唐闕史曰：「武宗皇帝王夫人者，燕趙倡女也，武宗爲潁王，獲愛幸。文宗於十六宅西別建安王溶、潁王瀍院，上數幸其中，縱酒如家人禮。及文宗晏駕，後宮無子，所立敬宗男陳王，年幼且病，未任軍國事。中貴主禁掖者，以安王大行親弟，既賢且長，遂起左、右神策軍及飛龍、羽林、驍騎數千衆，卽藩邸奉迎安王。中貴遙呼曰：『迎大者！迎大者！』如是者數四，意以安王爲兄，卽大者也。及兵仗至二王宅首，兵士相語曰：『奉命迎大者，不知安、潁孰爲大者？』王夫人竊聞之，擁髻褰裙走出，矯言曰：『大者潁王也。大家左右以王魁梧頎長，皆呼爲大王，且與中尉有死生之契，汝曹或誤，必赤族矣！』時安王心云其次第合立，志少疑懦，懼未敢出。潁王神氣抑揚，隱于屏間，夫人自後聳出之。衆惑其語，遂扶上馬，戈甲霜擁，前至少陽院。諸中貴知已誤，無敢出言者，遂羅拜馬前，連呼萬歲。尋下詔，以潁王瀍立爲皇太弟，權句當軍國事。」新后妃傳曰：「武宗賢妃王氏，開成末，王嗣帝位，妃陰爲助畫，故進號才人。」蓋亦取於闕史也。按立嗣大事，豈容繆誤！闕史難信，今不取，從文宗、武宗實錄。是日，士良、弘志將兵詣十六宅，迎潁王至少陽院，百官謁見於思賢殿。瀍沈毅有斷，喜慍不形於色。見，賢遍翻。沈，持林翻。斷，丁亂翻。慍，於問翻。與安王溶皆素爲上所厚，異於諸王。

辛巳，上崩于太和殿。年三十三。以楊嗣復攝冢宰。

癸未，仇士良說太弟賜楊賢妃、安王溶、陳王成美死。說，式芮翻。考異曰：舊傳曰：「安王溶，穆宗第八子，母楊賢妃。武宗卽位，李德裕秉政。或告文宗崩時，楊嗣復以與賢妃宗家，欲立安王爲嗣，故王受禍，復貶官。」按是時德裕未入相。今從武宗實錄。敕大行以十四日殯，成服。考異曰：武宗實錄：裴夷直上言，「伏見二日敕，令有司以今月十四日攢斂成服。」按文宗以四日崩，豈得二日遽有此敕！必誤也。諫議大夫裴夷直上言期日太遠，不聽。時仇士良等追怨文宗，以甘露之事也。凡樂工及內侍得幸於文宗者，誅貶相繼。夷直復上言：「陛下自藩維繼統，是宜儼然在疚，記檀弓：秦穆公弔公子重耳曰：「儼然在憂服之中。」詩：閔予小子，嬛嬛在疚。註：疚，病也；在憂病之中。復，扶又翻。以哀慕爲心，速行喪禮，早議大政，以慰天下。而未及數日，屢誅戮先帝近臣，驚率土之視聽，傷先帝之神靈，人情何瞻！國體至重，若使此輩無罪，固不可刑；若其有罪，彼已在天網之內，無所逃伏，旬日之外行之何晚！」不聽。

辛卯，文宗始大斂。大行十一日而始大斂，非禮也。斂，力贍翻。武宗卽位。甲午，追尊上母韋妃爲皇太后。

二月，乙卯，赦天下。

丙寅，謚韋太后曰宣懿。

2夏，五月，己卯，門下侍郎、同平章事楊嗣復罷爲吏部尚書，以刑部尚書崔珙同平章事兼鹽鐵轉運使。珙，居竦翻。

3秋，八月，壬戌，葬元聖昭獻孝皇帝于章陵，章陵在京兆富平縣西北二十里。廟號文宗。

4庚午，門下侍郎、同平章事李珏坐爲山陵使龍輴陷，輴，敕倫翻。記：天子龍輴。輴，載柩車也，畫龍於轅。罷爲太常卿。貶京兆尹敬昕爲郴州司馬。郴，丑林翻。

5義武軍亂，逐節度使陳君賞。君賞募勇士數百人，復入軍城，誅亂者。

6初，上之立非宰相意，故楊嗣復、李珏相繼罷去，召淮南節度使李德裕入朝；九月，甲戌朔，至京師，丁丑，以德裕爲門下侍郎、同平章事。

庚辰，德裕入謝，言於上曰：「致理之要，致理，猶言致治也。在於辯羣臣之邪正。夫邪正二者，勢不相容，正人指邪人爲邪，邪人亦指正人爲邪，人主辯之甚難。臣以爲正人如松柏，特立不倚；邪人如藤蘿，非附他物不能自起。故正人一心事君，而邪人競爲朋黨。先帝深知朋黨之患，然所用卒皆朋黨之人，卒，子恤翻。良由執心不定，故奸人得乘間而入也。間，古莧翻；下疑間同。夫宰相不能人人忠良，或爲欺罔，主心始疑，於是旁詢小臣以察執政。如德宗末年，所聽任者惟裴延齡輩，宰相署敕而已，此政事所以日亂也。陛下誠能慎擇賢才以爲宰相，有奸罔者立黜去，去，羌呂翻。常令政事皆出中書，推心委任，堅定不移，則天下何憂不理哉！」又曰：「先帝於大臣好爲形迹，好，呼到翻。小過皆含容不言，日累月積，累，魯水翻。以至禍敗。茲事大誤，願陛下以爲戒！臣等有罪，陛下當面詰之。詰，起吉翻。事苟無實，得以辯明；若其有實，辭理自窮。小過則容其悛改，悛，丑緣翻。大罪則加之誅譴，如此，君臣之際無疑間矣。」上嘉納之。

初，德裕在淮南，敕召監軍楊欽義，人皆言必知樞密，德裕待之無加禮，欽義心銜之。一旦，獨延欽義，置酒中堂，情禮極厚；陳珍玩數牀，罷酒，皆以贈之，欽義大喜過望。行至汴州，敕復還淮南，復，扶又翻。欽義盡以所餉歸之。德裕曰：「此何直！」言此物所直能幾何也。卒以與之。卒，子恤翻。其後欽義竟知樞密；德裕柄用，欽義頗有力焉。史言李德裕亦不免由宦官以入相。

7 初，伊吾之西，焉耆之北，有黠戛斯部落，黠，下八翻。戛，訖黠翻。即古之堅昆，唐初結骨也，後更號黠戛斯，結骨入貢，見一百九十八卷太宗貞觀二十二年。考異曰：李德裕會昌一品集安撫回鶻制作「紇吃斯」，又作「紇扢斯」。今從德裕會昌伐叛記、杜牧集、新、舊傳、實錄。乾元中爲回鶻所破，自是隔閡不通中國。閡，牛代翻。其君長曰阿熱，建牙青山，去回鶻牙，橐駝行四十日。青山在劍河西。其人悍勇，悍，戶罕翻，又侯旰翻。吐蕃、回鶻常賂遺之，遺，唯季翻。假以官號。回鶻既衰，阿熱始自稱可汗。回鶻遣相國將兵擊之，連兵二十餘年，數爲黠戛斯所敗，數，所角翻。敗，補邁翻。

詈回鶻曰：詈，力智翻。「汝運盡矣，我必取汝金帳！」金帳者，回鶻可汗所居帳也。及掘羅勿殺彰信，立㕎馺，事見上年。回鶻別將句錄莫賀引黠戛斯十萬騎攻回鶻，大破之，殺㕎馺及掘羅勿，考異曰：舊傳作「句錄末賀」。今從新傳。焚其牙帳蕩盡，回鶻諸部逃散。其相馺職、特勒厖等十五部西奔葛邏祿，一支奔吐蕃，一支奔安西。邏，郎佐翻。可汗兄弟嗢沒斯等嗢，烏沒翻。及其相赤心、僕固、特勒那頡啜啜，樞悅翻。各帥其衆抵天德塞下，就雜虜貿易穀食，帥，讀曰率。貿，音茂。且求內附。冬，十月，丙辰，天德軍使溫德彝奏：「回鶻潰兵侵逼西城，西城，朔方西受降城也。亙六十里，不見其後。亙，橫亙也。邊人以回鶻猥至，恐懼不安。」詔振武節度使劉沔屯雲迦關以備之。新志：單于府有雲伽關。振武節度治單于府。迦，古牙翻，又居伽翻。考異曰：新傳、實錄作「雲伽關」。今從一品集。

8 魏博節度使何進滔薨，軍中推其子都知兵馬使重順知留後。

9 蕭太后徙居興慶宮積慶殿，號積慶太后。蕭太后，文宗之母。

10 十一月，癸酉朔，上幸雲陽校獵。

11 故事，新天子卽位，兩省官同署名。上之卽位也，諫議大夫裴夷直漏名，由是出爲杭州刺史。考異曰：新傳曰：「武宗立，夷直視册牒不肯署。」今從武宗實錄。

12 開府儀同三司、左衛上將軍兼內謁者監仇士良請以開府蔭其子爲千牛，唐制：千牛備身掌執御刀，服花鈿繡，衣綠，執象笏，宿衞侍從。宋白曰：唐制：千牛、進馬，並係資蔭。給事中李中敏判曰：「開府階誠宜蔭子，唐制：從五品以上皆得蔭子。開府從一品，宜得蔭子。謁者監何由有兒？」士良慚恚。恚，於避翻。李德裕亦以中敏爲楊嗣復之黨，惡之，惡，烏路翻。出爲婺州刺史。婺州，春秋越之西界，漢爲會稽郡烏傷縣地。吳置東陽郡，陳置縉州。隋平陳爲吳州，以其地於天文爲婺女之分，改婺州。京師東南四千七百里。婺，亡遇翻。

13 十二月，庚申，以何重順知魏博留後事。

14 立皇子峻爲杞王。

武宗至道昭肅孝皇帝上諱瀍，穆宗第五子。

會昌元年（辛酉、八四一）

1 春，正月，辛巳，上祀圜丘，赦天下，改元。

2 劉沔奏回鶻已退，詔沔還鎮。自雲迦關還鎮。

3 二月，回鶻十三部近牙帳者立烏希特勒爲烏介可汗，南保錯子山。新志：鸊鵜泉北十里入磧，經䴥鹿山、鹿耳山至錯甲山。據李德裕言，錯子山東距釋迦泊三百里。考異曰：據伐叛記，烏介立在二月，今從之。後唐獻祖紀年錄曰：王子烏希特勒者，曷薩之弟，胡特勒之叔，爲黠戛斯所迫，帥衆來歸，至錯子山，乃自立爲可汗。二年七月，册爲烏介可汗。

4 三月，甲戌，以御史大夫陳夷行爲門下侍郎、同平章事。

5 初，知樞密劉弘逸、薛季稜有寵於文宗，仇士良惡之。惡，烏路翻。上之立，非二人及宰相意，故楊嗣復出爲湖南觀察使，李珏出爲桂管觀察使。士良屢譖弘逸等於上，勸上除之，乙未，賜弘逸、季稜死，遣中使就潭、桂州誅嗣復及珏。湖南觀察使治潭州。桂管觀察使治桂州。潭州，古長沙郡，京師南二千四百四十五里。秦取陸梁地爲桂林郡，吳於桂林置始安郡，梁置桂州，至京師水陸路四千七百六十里。戶部尚書杜悰奔馬見李德裕曰：「天子年少，少，詩照翻。新卽位，茲事不宜手滑！」丙申，德裕與崔珙、崔鄲、陳夷行三上奏，又邀樞密使至中書，使入奏。以爲：「德宗疑劉晏動搖東宮而殺之，中外咸以爲冤，兩河不臣者由茲恐懼，得以爲辭；德宗後悔，錄其子孫。劉晏之死見二百二十六卷德宗建中元年，李正己等請晏罪見二年。興元初，帝痁，許晏歸葬。貞元五年，擢晏子執經太常博士，宗經祕書郎。文宗疑宋申錫交通藩邸，竄謫至死；既而追悔，爲之出涕。宋申錫竄事見二百四十四卷大和五年。追悔事見上卷開成元年。爲，于僞翻。嗣復、珏等若有罪惡，乞更加重貶；必不可容，亦當先行訊鞫，俟罪狀著白，誅之未晚。今不謀於臣等，遽遣使誅之，人情莫不震駭。願開延英賜對！」至晡時，開延英，召德裕等入。

德裕等泣涕極言：「陛下宜重愼此舉，毋致後悔！」上曰：「朕不悔。」三命之坐，德裕等曰：「臣等願陛下免二人於死，勿使既死而衆以爲冤。今未奉聖旨，臣等不敢坐。」久之，上乃曰：「特爲卿等釋之。」特爲，于僞翻。德裕等躍下階舞蹈。上召升坐，坐，徂臥翻。歎曰：「朕嗣位之際，宰相何嘗比數！李珏、季稜志在陳王，陳王，成美也。嗣復、弘逸志在安王。安王，溶也。陳王猶是文宗遺意，安王則專附楊妃。楊妃請立安王，故云然。嗣復仍與妃書云：『姑何不效則天臨朝！』鄉使安王得志，朕那復有今日？」復，扶又翻。德裕等曰：「茲事曖昧，虛實難知。」上曰：「『楊妃嘗有疾，文宗聽其弟玄思入侍月餘，以此得通指意。朕細詢內人，情狀皎然，非虛也。」遂追還二使，二使一往潭，一往桂。更貶嗣復爲潮州刺史，李珏爲昭州刺史，昭州至京師四千四百三十六里。裴夷直爲驩州司戶。考異曰：舊紀：「開成五年八月十七日，葬文宗于章陵。知樞密劉弘逸、薛季稜率禁軍護靈駕。二人素爲文宗獎遇，仇士良惡之，心不自安，因是欲倒戈誅士良，弘志。鹵簿使王起、山陵使崔鄲覺其謀，先諭鹵簿諸軍。是日弘逸、季稜伏誅，以楊嗣復爲湖南觀察使，李珏爲桂管觀察使，中丞裴夷直爲杭州刺史，皆坐弘逸、季稜也。」賈緯唐年補錄曰：「五年八月，云是月誅樞密使劉弘逸、薛季稜。帝卽位，尤忌宦官，季稜、弘逸深懼之。及將葬文宗於章陵，聚禁兵，欲議廢立。賴山陵使崔鄲、鹵簿使王起等拒而獲濟，遂擒弘逸、季稜殺之。」舊王起傳：「八月，充山陵鹵簿使。樞密使劉弘逸、薛季稜懼誅，欲因山陵兵士謀廢立。起與山陵使知其謀，密奏，皆伏誅。」舊嗣復傳：「五年九月，貶湖南。明年，誅季稜、弘逸。中人言：『二人頃附嗣復、李珏，不利於陛下。』武宗性急，立命中使往湖南、桂管殺嗣復與珏。」按去年八月若已誅弘逸、季稜，不當至此月始再貶嗣復等。舊紀、王起傳與嗣復傳自相違，今從實錄。實錄又曰：「時有再以其事動帝意者，帝赫怒，欲殺之。

中使既發，雖宰相亦不知之。戶部尚書、判度支杜悰奔馬見德裕」云云。舊嗣復傳曰：「宰相崔鄲、崔珙等亟請開延英，極言」云云。獻替記曰：「會昌元年三月二十四日，遇假在宅，向晚聞有中使一人向東，一人向南，處置二故相及裴夷直。余遣人問鹽鐵崔相、度支杜尚書、京兆盧尹，皆言聞有使去，不知其故。余遂草約奏狀。二十五日早入中書，崔相珙續至，崔鄲次至，陳相最後至，已巳時矣。余令三相會食，自歸廳寫狀，請開延英賜對。進狀後更無報答。至午又自寫第二狀封進，兼請得樞密使至中書問有此事無。樞密使對曰：『向者不敢言。相公既知，只是二人：嗣復、李珏。』德裕言：『此事至重，陛下都不訪問，便遣使去，物情無不驚懼。請附德裕奏。聖旨若疑德裕情故，請先自遠貶，惟此一事不可更行！德裕等至夜不敢離中書，請早開延英賜對。』至申時，報開延英。余邀得丞相、兩省官謂曰：『上性剛，若有一人進狀伏問，必不捨矣。容德裕極力救解，繼以叩頭流血，德裕救不得，他人固不可矣。』及召入延英殿，德裕率三相公立當御榻奏事，嗚咽流涕云云。上既捨之，又令德裕召丞郎、兩省官宣示。」今從實錄，亦采獻替記。宋白曰：天福六年，脩撰起居注賈緯奏：「伏覩史館唐高祖至代宗已有紀傳，德宗亦存實錄，武宗至濟陰廢帝凡六代，惟有武宗實錄一卷，餘皆闕落。臣今采訪遺文及耆舊傳說，編六十五卷，目爲唐年補遺錄，以備將來史館修述。」詔褒美，付史館。

6 夏，六月，乙巳，詔：「自今臣下論人罪惡，並應請付御史臺按問，毋得乞留中，以杜讒邪。」

7 以魏博留後何重順爲節度使。

8 上命道士趙歸眞等於三殿建九天道場，親授法籙。道家符籙起於張道陵，盛於寇謙之，崇而信之則後魏世祖、唐武宗也。「授」，當作「受」。右拾遺王哲上疏切諫，坐貶河南府士曹。考異曰：實錄：

「道士趙歸眞等八十一人於三殿建九天道場，帝親傳法籙。右拾遺王哲上疏，請不度進士、明經爲道士，不從。又上書諫求仙事，詞甚切直，貶河南府士曹參軍。」舊紀：「以衡山道士劉玄靜爲崇玄館學士，令與道士趙歸眞於禁中脩法籙。左補闕劉彥謨切諫，貶彥謨河南府戶曹。」實錄，去年九月已命歸眞建道場，親受法籙。哲疏言，「王業之始，不宜崇信過篤。」至此又有此事，與舊紀劉彥謨事相類。今從實錄。

9 秋，八月，加仇士良觀軍容使。

10 天德軍使田牟、監軍韋仲平欲擊回鶻以求功，奏稱：「回鶻叛將嗢沒斯等侵逼嗢，烏沒翻。塞下，吐谷渾、沙陀、党項皆世與爲仇，請自出兵驅逐。」党，底朗翻。上命朝臣議之，議者皆以爲嗢沒斯叛可汗而來，不可受，宜如牟等所請，擊之便。上以問宰相，李德裕以爲：「窮鳥入懷，猶當活之。況回鶻屢建大功，謂助收兩京，平安、史之亂也。今爲鄰國所破，部落離散，窮無所歸，遠依天子，無秋毫犯塞，柰何乘其困而擊之！宜遣使者鎭撫，運糧食以賜之，此漢宣帝所以服呼韓邪也。」呼韓邪事見二十七卷漢宣帝之甘露三年。陳夷行曰：「此所謂借寇兵資盜糧也，史記秦李斯之言。不如擊之。」德裕曰：「彼吐谷渾等各有部落，見利則銳敏爭進，不利則鳥驚魚散，各走巢穴，走，音奏。安肯守死爲國家用！今天德城兵纔千餘，若戰不利，城陷必矣。不若以恩義撫而安之，必不爲患。縱使侵暴邊境，亦須徵諸道大兵討之，豈可獨使天德擊之乎！」

時詔以鴻臚卿張賈爲巡邊使，使察回鶻情僞，臚，陵如翻。邊使，疏吏翻。考異曰：「一品集賜嗢没斯等詔曰：「天德軍遞至，覽所奉表。」又曰：「方圖鎮撫，已命使臣。今又知堅昆等五族深入陵虐，可汗被害，公主及新可汗播越他所，特勒等相率遁逃，萬里歸命。」又曰：「豈非欲討除外寇，匡復本蕃？」又曰：「但緣未知指的，難便聽從。」又曰：「又慮邊境守臣或懷疑沮。」又曰：「故遣張賈往安撫。」又曰：「秋熱。」然則詔下必在此際也。未還。上問德裕曰：「嗢没斯等請降，可保信乎？」對曰：「朝中之人，臣不敢保，況敢保數千里外戎狄之心乎！然謂之叛將，則恐不可。若可汗在國，嗢没斯等帥衆而來，則於體固不可受。今聞其國敗亂無主，將相逃散，或奔吐蕃，或奔葛邏禄，惟此一支遠依大國。觀其表辭，危迫懇切，豈可謂之叛將乎！降，户江翻。朝，直遥翻。將，卽亮翻。況嗢没斯等自去年九月至天德，今年二月始立烏介，自無君臣之分。分，扶問翻。願且詔河東、振武嚴兵保境以備之，俟其攻犯城鎮，然後以武力驅除。或於吐谷渾等部中少有抄掠，聽自讎報，亦未可助以官軍。先鬭之以離其交，此在兵法，習者不察耳。抄，楚交翻。仍詔田牟、仲平毋得邀功生事，常令不失大信，懷柔得宜，彼雖戎狄，必知感恩。」辛酉，詔田牟約勒將士及雜虜，雜虜卽吐谷渾、沙陀、党項等部落。毋得先犯回鶻。考異曰：舊紀：「八月，烏介遣使告故可汗死，部人推爲可汗。今奉公主南投大國。時烏介至塞上，嗢没斯與赤心相攻殺，赤心率數千帳近西城，田牟以聞。烏介又令其相頡干迦斯表借天德城，仍乞糧儲牛羊。詔王會、李師偃往宣慰，令放公主入朝，賑粟二萬石。」舊德裕傳曰：「開成末，回鶻爲黠戛斯所破，部族離散，烏介奉太和公主南來。會昌二年二月，牙於塞上，遣使求助兵糧，收復本國，權借天德軍。田牟請以沙陀、退渾諸部擊之；下百寮議，議者多云如牟之奏。德裕云云。帝以爲然，許借米三萬石。」伐叛記曰：「會昌元年二月，回鶻遠涉沙漠，飢餓尤甚，將金寶於塞上部落博糴糧食。邊人貪其財寶，生攘奪之心。至其年秋，城使田牟、監軍韋仲平上表稱退渾、党項與回鶻宿有嫌怨，願出本部兵馬驅逐。其時天德城内只有將士一千人，職事又居其半。上令宰臣商量，德裕面奏云云。八月二十四日，請賜田牟、仲平詔，漢兵及蕃、渾不得先犯回鶻，語在會昌集奏狀中。」按舊紀、實録皆采集衆書爲之，事前後多差互。今從伐叛記、一品集。九月，戊辰朔，詔河東、振武嚴兵以備之。牟，布之弟也。田布，弘正之子，死於史憲誠之亂。

11 癸巳，盧龍軍亂，殺節度使史元忠，推陳【章：十二行本「陳」上有「牙將」二字；乙十一行本同；退齋校同。】行泰主留務。

12 李德裕請遣使慰撫回鶻，且運糧三萬斛以賜之，上以爲疑；閏月，己亥，開延英，召宰相議之。陳夷行於候對之所，唐自德宗以後，羣臣乞對延英，率於延英門請對。會要曰：元和十五年，詔於西上閤門西廊内開便門，以通宰臣自閤中赴延英路。宋申錫之得罪也，召諸宰相自中書入對延英。屢言資盜糧不可。德裕曰：「今徵兵未集，天德孤危。儻不以此糧啗飢虜，啗，徒濫翻。且使安靜，萬一天德陷沒，咎將誰歸！」李德裕之本計是也；至於此言，特以箝陳夷行之喙耳。若以用兵大勢言之，固將不計一城得失也。此弊自唐及宋皆然，嗚呼，可易言哉！夷行至上前，遂不敢言。上乃許以穀二萬斛賑之。賑，止忍翻。考異曰：伐叛記云：「降使賜米二萬石，尋又烏介至天德。」按實録，十一月初猶未知公主所在，遣苗縝至嗢沒斯處訪問。月末始云公主遣使言烏介可汗乞册命，及降使宣慰。十二月，庚辰，制曰：「公主遣使入朝，已知新立可汗寓居塞下，宜令王會慰問，仍賑米二萬斛。」然則閏九月中烏介未至天德，德裕但欲賑嗢沒斯等耳。上雖許賜米而未遣使，會聞烏介在塞下，因遣王會，併賜之二萬斛耳，非再賜也。伐叛記終言其事，非以閏九月中卽降使賜米也。

13 以前山南東道節度使、同平章事牛僧孺爲太子太〔少〕師。先是漢水溢，壞襄州民居。先，悉薦翻。壞，音怪。故李德裕以爲僧孺罪而廢之。廢之者，使居散地也。史言李德裕以私怨而廢牛僧孺。

14 盧龍軍復亂，復，扶又翻；下同。殺陳行泰，立牙將張絳。考異曰：舊紀：「十月，幽州雄武軍使張絳遣軍吏吳仲舒入朝，言行泰慘虐，請以鎮軍加討，許之。是月，誅行泰，遂以絳知兵馬事。二年，正月，以絳知留後，仍賜名仲武。」以兩人爲一人，誤也。今從舊仲武傳、伐叛記、實錄。

初，陳行泰逐史元忠，遣監軍傔傔，苦念翻。監軍傔，監軍之傔從也。以軍中大將表來求節鉞。李德裕曰：「河朔事勢，臣所熟諳。比來朝廷遣使賜詔常太速，諳，烏含翻。比，毗至翻。故軍情遂固。若置之數月不問，必自生變。今請留監軍傔，勿遣使以觀之。」既而軍中果殺行泰，立張絳，復求節鉞，朝廷亦不問。會雄武軍使張仲武起兵擊絳，雄武軍，在薊州廣漢川。且遣軍吏吳仲舒奉表詣京師，稱絳慘虐，請以本軍討之。

冬，十月，仲舒至京師。詔宰相問狀，仲舒言：「行泰、絳皆遊客，故人心不附。仲武幽州舊將，仲武，范陽舊將張光朝之子。性忠義，通書，習戎事，人心嚮之。曏者張絳初殺行泰，召仲武，欲以留務讓之，牙中一二百人不可；仲武行至昌平，絳復卻之。今計仲武纔發雄武，軍中已逐絳矣。」李德裕問：「雄武士卒幾何？」對曰：「軍士八百，外有土團五百人。」團結土人爲兵，故謂之土團。德裕曰：「兵少，何以立功？」對曰：「在得人心。苟人心不從，兵三萬何益？」德裕又問：「萬一不克，如何？」對曰：「幽州糧食皆在嬀州及北邊七鎮，嬀州南至幽州二百九十里，東至檀州二百五十里。檀州有大王、北來、保要、鹿固、赤城、邀虜、石子䃮七鎮。嬀，居爲翻。萬一未能入，則據居庸關，幽州昌平縣軍都陘西北三十五里有納款關，卽居庸故關，亦謂之軍都關。按今居庸關在燕京之北一百一十里。絕其糧道，幽州自困矣！」李德裕因吳仲舒之言，固心服張仲武之方略矣，命掌燕留務，豈徒然哉！

德裕奏：「行泰、絳皆使大將上表，脅朝廷，邀節鉞，故不可與。今仲武先自【章：十二行本「自」下有「表請」二字；乙十一行本同；張校同；退齋校同。】發兵爲朝廷討亂，爲，于僞翻。與之則似有名。」德裕既未敢保張仲武，又恐與其初論河朔事勢者相違，故然。乃以仲武知盧龍留後。仲武尋克幽州。

15 上校獵咸陽。

16 十一月，李德裕上言：「今回鶻破亡，太和公主未知所在。若不遣使訪問，則戎狄必謂國家降主虜庭，本非愛惜，既負公主，又傷虜情。請遣通事舍人苗縝齎詔詣溫沒斯，縝，止忍翻。令轉達公主，兼可卜溫沒斯逆順之情。」從之。

17上頗好田獵及武戲，武戲，謂毬鞠、騎射、手搏等。好，呼到翻。五坊小兒得出入禁中，賞賜甚厚。嘗謁郭太后，郭太后妃憲宗，於上爲祖母，時居興慶宮以養。從容問爲天子之道，從，千容翻。太后勸以納諫。上退，悉取諫疏閱之，多諫遊獵。自是上出畋稍稀，五坊無復横賜。横，下孟翻。

18癸亥，以中書侍郎、同平章事崔鄲同平章事，充西川節度使。

19初，黠戛斯既破回鶻，得太和公主；自謂李陵之後，唐書曰：黠戛斯人皆長大，赤髮，皙面，緑瞳，以黑髮者爲不祥，黑瞳者必曰李陵苗裔也。與唐同姓，遣達干十人奉公主歸之於唐。回鶻烏介可汗引兵邀擊達干，盡殺之，質公主，南度磧，質，音致。磧，七迹翻。屯天德軍境上。天德軍境，北至磧口三百里。公主遣使上表，言可汗已立，求册命。烏介又使其相頡干伽斯等上表，借振武一城以居公主、可汗。考異曰：新傳曰：「達干奉主來歸，烏介怒，擊達干殺之，刼主南度磧，進攻天德城，劉沔屯雲伽關拒卻之。」按烏介方倚唐爲援，豈敢攻天德！今從舊紀、傳、實録。十二月，庚辰，制遣右金吾大將軍王會等慰問回鶻，仍賑米二萬斛。又賜烏介可汗敕書，諭以「宜帥部衆漸復舊疆，帥，讀曰率。漂寓塞垣，殊非良計。」又云：「欲借振武一城，前代未有此比。比，毗至翻，例也。或欲别遷善地，求大國聲援，亦須於漠南駐止。朕當許公主入覲，親問事宜。儻須應接，必無所吝。」

二年（壬戌、八四二）

1春，正月，以張仲武爲盧龍節度使。

2 朝廷以回鶻屯天德、振武北境，以兵部郎中李拭爲巡邊使，察將帥能否。拭，鄘之子也。李鄘見二百四十卷元和十二年。

3 二月，淮南節度使李紳入朝。丁丑，以紳爲中書侍郎、同平章事、判度支。

4 河東節度使苻澈脩杷頭烽舊戍以備回鶻。杷頭烽北臨大磧，東望雲、朔，西望振武。杷，蒲巴翻。李德裕奏請增兵鎮守，及脩東、中二受降城以壯天德形勢，從之。

5 右散騎常侍柳公權素與李德裕善，崔珙奏爲集賢學士、判院事。玄宗開元十三年，改麗正修書院爲集賢殿書院，五品以上爲學士，六品以下爲直學士，宰相一人爲學士知院事，常侍一人爲副知院事，又置判院一人，押院中使一人。元和四年，集賢御書院學士、直學士皆用五品，如開元故事，以學士一人年高者判院事。德裕以恩非己出，因事左遷公權爲太子詹事。此德裕所以不能免朋黨之禍也。

6 回鶻復奏求糧，復，扶又翻。及尋勘吐谷渾、党項所掠，又借振武城；詔遣內使楊觀賜可汗書，諭以城不可借，餘當應接處置。處，昌呂翻。

三月，【章：十二行本「月」下有「戊申」二字；乙十一行本同；孔本同；退齋校同。】李拭巡邊還，稱振武節度使劉沔有威略，可任大事。時河東節度使苻澈疾病，疾甚曰病。庚申，以沔代之；以金吾上將軍李忠順爲振武節度使。遣將作少監苗縝册命烏介可汗，使徐行，駐於河東，俟可汗位定，然後進。既而可汗屢侵擾邊境，縝竟不行。

7 回鶻嗢沒斯以赤心桀黠難知，黠，下八翻。先告田牟云，赤心謀犯塞；乃誘赤心幷僕固殺之，那頡啜收赤心之衆七千帳東走。考異曰：伐叛記曰：「赤心宰相欲謀犯塞，嗢沒斯先布誠於田牟，然後誘赤心同謁可汗，戮於可汗帳下。赤心所領兵馬遂潰散東去，歸投幽州。」一品集幽州紀聖功碑曰：「赤心怙力負氣，潛圖厲階；爲嗢沒斯所紿，誘以俱謁可汗，戮於帳下。其衆大潰，東逼漁陽。」舊傳曰：「回鶻相赤心者與連位相姓僕固者與特勒那頡啜擁部衆不賓烏介。赤心欲犯塞，烏介遣其屬嗢沒斯先布誠於田牟，然後誘赤心同謁烏介，戮赤心於可汗帳下，幷僕固二人。那頡戰勝，全占赤心下七千帳，東瞰振武、大同，據室韋、黑沙、榆林，東南入幽州雄武軍西北界。」新傳曰：「嗢沒斯以赤心姦桀，難得要領，卽密約田牟，誘赤心斬帳下。」按一品集賜可汗敕書雖云「去歲嗢沒斯已至近界，今可汗旣立，彼又降附。」然賜可汗書意又云：「嗢沒斯自本國破亡之初，奔迸先至塞上，不隨可汗、公主已是二年。」是則嗢沒斯自有部衆，雖遙降烏介，身未嘗往也，安得斬赤心、僕固於可汗帳下乎！且赤心若不賓烏介，又安肯隨嗢沒斯同謁烏介乎！蓋嗢沒斯自惡赤心桀黠，誘至己之帳下而殺之耳。今從新傳。又，伐叛記嗢沒斯殺赤心，於烏介至天德下連言之，舊傳亦然。新傳在召諸道兵討烏介下。按一品集，據回鶻到横水柵，未知是那頡特下，爲復是可汗遣來。蓋「那頡特」下脫「勒」字，卽那頡啜也。然則虜犯横水在赤心死後，故置於此。河東奏：「回鶻兵至横水，考異曰：實錄：苻澈奏回鶻掠横水，事在正月李拭巡邊前。按一品集此狀云「宜密詔劉沔、忠順，」則狀必在李忠順鎮振武之後也。蓋澈在太原時奏之，沔除河東後德裕方有此奏，故置於此。殺掠兵民，今退屯釋迦泊東。」李德裕上言：「釋迦泊西距可汗帳三百里，烏介時移帳保錯子山。未知此兵爲那頡所部，爲可汗遣來。宜且指此兵云不受可汗指揮，擅掠邊鄙。密詔劉沔、仲武仲武，張仲武也。先經略此兵，如可以討逐，事亦有名。摧此一支，可汗必自知懼。」

夏，四月，庚辰，天德都防禦使田牟奏：「回鶻侵擾不已，不俟朝旨，已出兵三千拒之。」壬午，李德裕奏：「田牟殊不知兵。戎狄長於野戰，短於攻城。牟但應堅守以待諸道兵集，今全軍出戰，萬一失利，城中空虛，何以自固！望亟遣中使止之。如已交鋒，卽詔雲、朔、天德以來羌、渾各出兵奮擊回鶻，凡所虜獲，並令自取。回鶻羈旅二年，糧食乏絕，人心易動。易，以豉翻。宜詔田牟招誘降者，給糧轉致太原，不可留於天德。嗢沒斯情僞雖未可知，然要早加官賞。考異曰：一品集異域歸忠傳序云：「二年，四月，甲申，回鶻大特勒嗢沒斯率其國特勒、宰相等內附。」而此四月十八日狀已言嗢沒斯送款者，蓋嗢沒斯自欲誅赤心之時已送款於田牟，至二十日乃帥衆至天德耳。故其授左金吾大將軍制云：「屢獻款誠，布于邊將；尋執反虜，不遺君親。戢其餒殍之徒，曾靡秋毫之犯。旋觀所履，大節甚明。」蓋回鶻亂亡，嗢沒斯本與赤心等來歸唐，而邊吏疑阻，故赤心等怒欲犯塞。而嗢沒斯先告邊吏，誘赤心之衆東走，而嗢沒斯帥其衆降唐也。縱使不誠，亦足爲反間。間，古莧翻。且欲獎其忠義，爲討伐之名，令遠近諸蕃知但責可汗犯順，非欲盡滅回鶻。石雄善戰無敵，請以爲天德都團練副使，佐田牟用兵。」上皆從其言。

初，太和中，河西党項擾邊，文宗召石雄於白州，雄流白州見二百四十四卷太和三年。隸振武軍爲裨將，屢立戰功，以王智興故，未甚進擢。至是，德裕舉用之。

甲申，嗢沒斯帥其國特勒、宰相等二千二百餘人來降。考異曰：一品集，嗢沒斯特勒等狀五月四日上，實錄在五月丙申，蓋據奏到之日也。今從歸忠傳序。

8 上信任李德裕，觀軍容使仇士良惡之。惡，烏路翻。會上將受尊號，御丹鳳樓宣赦。或告士良，宰相與度支議草制減禁軍衣糧及馬芻粟，士良揚言於衆曰：「如此，至日，軍士必於樓前諠譁！」德裕聞之，乙酉，乞開延英自訴。上怒，遽遣中使宣諭兩軍：「赦書初無此事。且赦書皆出朕意，非由宰相，爾安得此言！」士良乃惶愧稱謝。丁亥，羣臣上尊號曰仁聖文武至神大孝皇帝；赦天下。

9 五月，戊申，遣鴻臚卿張賈安撫嗢沒斯等，以嗢沒斯爲左金吾大將軍、懷化郡王；其次酋長官賞有差。酋，慈由翻。長，知丈翻。賜其部衆米五千斛，絹三千匹。

那頡啜帥其衆自振武、大同，東因室韋、黑沙，南趣雄武軍，窺幽州。趣，七喻翻。盧龍節度使張仲武遣其弟仲至將兵三萬迎擊，大破之，斬首捕虜不可勝計，勝，音升。悉收降其七千帳，分配諸道。那頡啜走，烏介可汗獲而殺之。考異曰：伐叛記曰：「仲武招降赤心下潰兵及可汗下部落前後三萬餘人，分配諸道，回鶻種族遂至寡弱。」新、舊紀皆無仲武破回鶻事。舊回紇傳曰：「仲武大破那頡之衆，全收七千帳，殺戮收擒老小共九萬人。那頡中箭，透駝羣潛脫，烏介獲而殺之。」一品集幽州紀聖功碑曰：「公前後受降三萬人、特勒二人、可汗姊一人、大都督外宰相四人，其他裨王、騎將不可備載。」諸書皆不言仲武破那頡啜月日，故附於此。

時烏介衆雖衰減，尚號十萬，駐牙於大同軍北閭門山。楊觀自回鶻還，還，音旋。可汗表求糧食、牛羊，因楊觀之還而上表。且請執送嗢沒斯等。詔報以「糧食聽自以馬價於振武糴三千石；回鶻自肅、代以來，以馬與中國互市，隨其直而償其價。牛，稼穡之資，中國禁人屠宰；羊，中國所鮮，鮮，息淺翻。出於北邊雜虜，國家未嘗科調。調，徒弔翻。嗢沒斯自本國初破，先投塞下，不隨可汗已及二年，慮彼猜嫌，彼謂烏介。窮迫歸命。前可汗正以猜虐無親，致內離外叛。今可汗失地遠客，尤宜深矯前非。若復骨肉相殘，復，扶又翻；下同。則可汗左右信臣誰敢自保！朕務在兼愛，已受其降。謂受嗢沒斯降也。於可汗不失恩慈，於朝廷免虧信義，豈不兩全事體，深叶良圖！」

10 嗢沒斯入朝。六月，甲申，以嗢沒斯所部爲歸義軍，以嗢沒斯爲左金吾大將軍，充軍使。

11 門下侍郎、同平章事陳夷行罷爲左僕射。秋，七月，以尚書右丞李讓夷爲中書侍郎、同平章事。

12 嵐州人田滿川據州城作亂，劉沔討誅之。

13 嗢沒斯請置家太原，與諸弟竭力扞邊；詔劉沔存撫其家。

烏介可汗復遣其相上表，借兵助復國，又借天德城，詔不許。

初，可汗往來天德、振武之間，剽掠羌、渾，剽，正妙翻。又屯杷頭烽北。宋白曰：杷頭烽在朔川。朝廷屢遣使諭之，使還漠南，可汗不奉詔。李德裕以爲「那頡啜屯於山北，烏介恐其與奚、契丹連謀邀遮，故不敢遠離塞下。離，扐智翻。望敕張仲武諭奚、契丹與回鶻共滅那頡啜，使得北還。」及那頡啜死，可汗猶不去。議者又以爲回鶻待馬價；詔盡以馬價給之，又不去。八月，可汗帥衆過杷頭烽南，突入大同川，驅掠河東雜虜牛馬數萬，轉鬭至雲州城門。宋白曰：雲州，古平城之地，北至長城三百里卽蕃界，今大元大同府治大同縣，領雲中、白登二縣；又有雲內州，領柔服、蠻川二縣。刺史張獻節閉城自守，吐谷渾、党項皆挈家入山避之。庚午，詔發陳、許、徐、汝、襄陽等兵屯太原及振武、天德，俟來春驅逐回鶻。考異曰：實錄：「六月，回鶻寇雲州，劉沔出太原兵禦之。」又云：「劉沔救雲州，爲回鶻所敗。」七月又云：「烏介過天德，至杷頭烽，突入大同川，驅太原部落牛馬數萬，轉戰至雲州。」新紀：「正月，回鶻寇橫水柵，略天德、振武軍。三月，回鶻寇雲、朔。六月，劉沔及回鶻戰于雲州，敗績。」按一品集奏回鶻事宜狀：「臣等見楊觀說，緣回鶻赤心下兵馬多散在山北，恐與奚、契丹、室韋同邀截可汗，所以未敢遠去。今因賜仲武詔，令諭以朝旨。緣回鶻曾有忠効，又因殘破，歸附國家，朝廷事體須有存恤。今奚、契丹等與其同力，討除赤心下散卒，遣可汗漸出漢界，免有滯留。」此狀雖無月日，約須在楊觀自回鶻還、赤心死、那頡啜未敗前也。又賜可汗書云：「一昨數使卻回，皆言可汗只待馬價。及令交付之次，又聞所止屢遷。」則是可汗邀求馬價，而朝廷於此盡給之也。又七月十九日狀云：「望賜可汗書：『得嗢沒斯表，稱在本國之時各有本分馬，其馬價絹並合落下，請充進奉。以可汗本國殘破，久在邊陲，此已量與嗢沒斯優當，其嗢沒斯以下本分馬價絹，便賜可汗。』」然則給其馬價必在七月十九日前。當是時，回鶻必未寇雲州，敗劉沔，突入大同川，掠太原牛馬，故朝廷曲徇其所求，欲其早離塞下北去，尚未有攻討之意也。又實錄：「八月，壬戌朔，李德裕奏請遣石雄斫營取公主，擒可汗。戊辰，又奏斫營事令且住。辛未，詔發陳、許、徐、汝、襄陽兵屯太原、振武、天德救援。」按一品集，德裕論討襲回鶻狀云：「臣頻奉聖旨，緣回鶻漸逼杷頭烽，早須討襲。臣比聞戎虜不解攻城，只知馬上馳突。臣料必無遊弈伏道，又不會斫營。儻令石雄以義武馬軍兼退渾馬騎，精選步卒以爲羽翼，銜枚夜襲，必易成功。」狀無月日。實錄據七日狀云，今月一日所商量石雄斫營事，望且令住，故置之朔日耳。此時猶云漸逼杷頭烽，則是尚未知過杷頭烽南也。又八月七日論回鶻事宜狀云：「回鶻自至杷頭烽北，已是數旬，奏報寂然，更無侵軼。察其情狀，只與在天德、振武界首不殊。臣等今月一日所商量石雄斫營事，望且令住，更審候事勢。」據此狀意，則是殊未知可汗深入犯雲州也。又八月十日請發陳許等兵狀云：「臣等昨日已於延英面奏，請太原、振武、天德各加兵備，請更徵發陳、許、徐、汝、襄陽等兵。至河冰合時，深慮可汗突出過河，兼與吐蕃連結，則爲患不細，深要防虞。其所徵諸道兵恐不可停，須令及冰未合前，各到所在。」然則回鶻突入大同川犯雲州必在八月之初，一日、七日猶未知，九日始奏到，故議發兵守備驅逐。實錄、新紀皆誤。今從舊紀。

丁丑，賜嗢沒斯與其弟阿歷支、習勿啜、烏羅思皆姓李氏，名思忠、思貞、思義、思禮；嗢沒斯曰思忠，阿歷支曰思貞，習勿啜曰思義，烏羅思曰思禮。考異曰：舊紀：「六月，嗢沒斯等至京師，制以嗢沒斯充歸義軍使，賜姓名李思忠。以回鶻宰相受邪勿爲歸義軍副使，賜姓名李弘順。」舊回鶻傳曰：「二年冬，三年春，回鶻七部共三萬衆相次降於幽州，詔配諸道。有嗢沒斯、受邪勿等諸部降振武，皆賜姓李氏，及名思忠、思貞、思義。」今從實錄。國相愛邪勿姓愛，名弘順；仍以弘順爲歸義軍副使。

上遣回鶻石戒直還其國，賜可汗書，考異曰：舊紀此詔在劉沔、張仲武爲招討使下。按一品集八月十八日狀：「兩日來臣等竊聞外議云，石誡直久在京城，事無巨細，靡不諳悉。昨緣收入鴻臚，懼朝廷處置，因求奉使，意在脫身。」又云：「石誡直先有兩男逃走，必是已入回鶻，料其此去豈肯盡心！伏望速詔劉沔，所在勒迴。」然則遣石誡直賜可汗書必在此狀之前，未知後來果曾勒回否也。諭以「自彼國爲紇吃斯所破，黠戛斯一名紇吃斯，蓋語音相近。來投邊境，撫納無所不至。今可汗尚此近塞，近，其靳翻。未議還蕃，或侵掠雲、朔等州，或鈔擊羌、渾諸部。鈔，楚交翻。遙揣深意，似恃姻好之情；謂質太和公主以邀中國。揣，初委翻。好，呼到翻。每觀蹤由，實懷馳突之計。中外將相咸請誅翦，朕情深屈己，未忍幸災。可汗宜速擇良圖，無貽後悔！」

上又命李德裕代劉沔答回鶻相頡干迦斯書，以爲：「回鶻遠來依投，當效呼韓邪遣子入侍，身自入朝。呼韓邪事見漢宣帝紀。及令太和公主入謁太皇太后，求哀乞憐，則我之救卹，無所愧懷。言無所愧於懷也。而乃睥睨邊城，桀驁自若，睥，匹詣翻。睨，研計翻。驁，五到翻。邀求過望，如在本蕃，又深入邊境，侵暴不已，求援繼好，好，呼到翻。豈宜如是！來書又云胡人易動難安，若令忿怒，不可復制。復，扶又翻；下同。回鶻爲紇吃斯所破，舉國將相遺骸棄於草莽，累代可汗墳墓，隔在天涯，回鶻忿怒之心，不施於彼，彼，謂紇吃斯。而蔑棄仁義，逞志中華，天地神祇豈容如此！昔郅支不事大漢，竟自夷滅，事見漢宣帝、元帝紀。往事之戒，得不在懷！」

戊子，李德裕等上言，「若如前詔，河東等三道嚴兵守備，三道，河東、盧龍、振武也。俟來春驅逐，乘回鶻人困馬羸之時，羸，倫爲翻。又官軍免盛寒之苦，則幽州兵宜令止屯本道以俟詔命。若慮河冰既合，回鶻復有馳突，須早驅逐，則當及天時未寒，決策於數月【章：十二行本「月」作「日」；乙十一行本同；孔本同。】之間。以河朔兵益河東兵，必令收功於兩月之內。今聞外議紛紜，互有異同，儻不一詢羣情，終爲浮辭所撓。撓，奴教翻，又奴巧翻。望令公卿集議！」詔從之。時議者多以爲宜俟來春。

九月，以劉沔兼招撫回鶻使，如須驅逐，其諸道行營兵權令指揮；以張仲武爲東面招撫回鶻使，其當道行營兵及奚、契丹、室韋等並自指揮。以李思忠爲河西党項都將回鶻西南面招討使；此河西，謂北河之西。皆會軍于太原。令沔屯鴈門關。鴈門關在代州鴈門縣，即陘嶺關。

初，奚、契丹羈屬回鶻，各有監使，歲督其貢賦，且詗唐事。監，古銜翻。使，疏吏翻。詗，火迥翻，又翾正翻。張仲武遣牙將石公緒統二部，盡殺回鶻監使等八百餘人。仲武破那頡啜，得室韋酋長妻子。酋，慈由翻。長，知丈翻。室韋以金帛羊馬贖之，仲武不受，曰：「但殺【章：十二行本「殺」下有「回鶻」二字；乙十一行本同；孔本同；張校同；退齋校同。】監使則歸之！」

癸卯，李德裕等奏：「河東奏事官孫儔適至，云回鶻移營近南四十里。近，其靳翻。劉沔以爲此必契丹不與之同，恐爲其掩襲故也。據此事勢，正堪驅除。臣等問孫儔，若與幽州合勢，迫逐回鶻，更須益幾兵。儔言不須多益兵，唯大同兵少，得易定千人助之足矣。」上皆從之。詔河東、幽州、振武、天德各出大兵，移營稍前，以迫回鶻。

14上聞太子少傅白居易名，欲相之，易，以豉翻。相，息亮翻。以問李德裕。德裕素惡居易，惡，烏路翻。乃言居易衰病，不任朝謁。任，音壬。其從父弟左司員外郎敏中，辭學不減居易，且有器識。甲辰，以敏中爲翰林學士。爲敏中排德裕張本。

15李思忠請與契苾、沙陀、吐谷渾六千騎合勢擊回鶻。乙巳，以銀州刺史何清朝、蔚州刺史契苾通分將河東蕃兵詣振武，受李思忠指揮。通，何力之五世孫。契苾種帳，太和中附於振武；契苾何力，太宗時來朝，遂留宿衞。蔚，紆勿翻。契，欺訖翻。

16冬，十月，丁卯，立皇子峴爲益王，岐爲兗王。

17黠戛斯遣將軍踏布合祖等至天德軍，言「先遣都呂施合等奉公主歸之大唐，至今無聲問，不知得達，或爲奸人所隔。今出兵求索，索，山客翻。上天入地，期於必得。」索，山客翻。上，時掌翻。又言「將徙就合羅川，居回鶻故國，回鶻舊居薛延陀北娑陵水上，去長安七千里。開元中破突厥，徙牙烏德鞬山昆河之間，南距漢高闕塞一千七百里。兼已得安西、北庭達靼等五部落。」李心傳曰：達靼之先與女眞同種，靺鞨之後也。靺鞨本臣高麗，唐滅高麗，其遺人迸入勃海，惟黑水完疆。及勃海盛，靺鞨皆役屬。

後爲奚、契丹所攻，部族分散。其居混同江之上者曰女眞，乃黑水遺種也。其居陰山者，自號爲韃靼。韃靼之人皆勇悍善戰，其近漢地者謂之熟韃靼，尚能種秫穄，以平底瓦釜煮而食之。其遠者謂之生韃靼，以射獵爲生，無器甲，矢貫骨鏃而已。余謂李心傳蜀人也，安能知直北事，特以所傳聞書之。

18 十一月，辛卯朔，昭義節度使劉從諫上言，請出部兵五千討回鶻，詔不許。

19 上遣使賜太和公主冬衣，命李德裕爲書賜公主，略曰：「先朝割愛降婚，義寧家國，謂回鶻必能禦侮，安靜塞垣。今回鶻所爲，甚不循理，每馬首南向，姑得不畏高祖、太宗之威靈！欲侵擾邊疆，豈不思太皇太后之慈愛！爲其國母，足得指揮；若回鶻不能稟命，則是棄絕姻好，今日已後，不得以姑爲詞！」太和公主，憲宗女也，於上爲姑。

20 上幸涇陽校獵。乙卯，諫議大夫高少逸、鄭朗於閤中諫曰：「陛下比來遊獵稍頻，比，毗志翻。出城太遠，侵星夜歸，萬機曠廢。」上改容謝之。少逸等出，上謂宰相曰：「本置諫官使之論事，朕欲時時聞之。」宰相皆賀。己未，以少逸爲給事中，朗爲左諫議大夫。

21 劉沔、張仲武固稱盛寒未可進兵，請待歲首，唐以建寅之月爲歲首，欲待來春進兵。李忠順獨請與李思忠俱進。十二月，丙寅，李德裕奏請遣思忠進屯保大柵，從之。

22 丁卯，吐蕃遣其臣論普熱來告達磨贊普之喪，會要：會昌二年贊普卒，至十二月遣論贊等來告喪。考異曰：實錄：「丁卯，吐蕃贊普卒，遣使告喪，廢朝三日。贊普立僅三十餘年，有心疾，不知國事，委政大臣焉。命將作少監李璟爲弔祭使。」據補國史，彝泰卒後又有達磨贊普，此年卒者達磨也。文宗實錄不書彝泰贊普卒，舊傳及續會要亦皆無達磨。新書據補國史，疑文宗實錄闕略，故他書皆因而誤。彝泰以元和十一年立，至此二十七年，然開成三年已卒。達磨立至此五年，而實錄云僅三十年，亦是誤以達磨爲彝泰也。命將作少監李璟爲弔祭使。

23 劉沔奏移軍雲州。

24 李忠順奏擊回鶻，破之。

25 丙戌，立皇子嶧爲德王，嵯爲昌王。嶧，音亦。嵯，才何翻。

26 初，吐蕃達磨贊普有佞幸之臣，以爲相；達磨卒，無子，佞相立其妃綝氏兄尚延力之子乞離胡爲贊普，綝，丑林翻。纔三歲，佞相與妃共制國事，吐蕃老臣數十人皆不得預政事。首相結都那見乞離胡不拜，曰：「贊普宗族甚多，而立綝氏子，國人誰服其令，鬼神誰饗其祀！國必亡矣；比年災異之多，乃爲此也。比，毗至翻。爲，于僞翻。老夫無權，不得正其亂以報先贊普之德，有死而已！」拔刀剺面，慟哭而出。佞相殺之，滅其族，國人憤怒。又不遣使詣唐求册立。

洛門川討擊使論恐熱，洛門川在渭州隴西縣東南，漢來歙破隗純於落門，即此。考異曰：補國史曰：恐熱姓末，名農力。吐蕃國法不呼本姓，但王族則曰論，官族則曰尚，其中字即蕃號也。熱者，例皆言之，如中華呼郎。性悍忍，多詐謀，乃屬其徒告之曰：屬，之欲翻，聚會其徒也。「賊捨國族立綝氏，專害忠良以脅衆臣，且無大唐册命，何名贊普！吾當與汝屬舉義兵，入誅綝妃及用事者以正國家。天道助順，功無不成。」遂說三部落，得萬騎。三部落，吐蕃種落之分居河、隴者；或云，吐渾、党項、嗢末。說，式芮翻。是歲，與青海節度使同盟舉兵，自稱國相。

至渭州，遇國相尚思羅屯薄寒山，恐熱擊之，思羅棄輜重西奔松州。王涯曰：從龍州青川鎮入吐蕃界直抵故松州之城，是吐蕃舊置節度之所。恐熱遂屠渭州。思羅發蘇毗、吐谷渾、羊同等兵，合八萬，保洮水，焚橋拒之。洮，土刀翻。恐熱至，隔水語蘇毗等曰：語，牛倨翻。「賊臣亂國，天遣我來誅之，汝曹柰何助逆！我今已爲宰相，國内兵我皆得制之，汝不從，將滅汝部落！」蘇毗等疑不戰，恐熱引驍騎涉水，蘇毗等皆降。思羅西走，追獲，殺之。恐熱盡併其衆，合十餘萬。自渭川【章：十二行本「川」作「州」；乙十一行本同；張校同，云無註本作「川」。】至松州，所過殘滅，尸相枕藉。枕，職任翻。藉，慈夜翻。

周一良標點　容肇祖聶崇岐覆校

資治通鑑卷第二百四十七

端明殿學士兼翰林侍讀學士太中大夫提舉西京嵩山崇福宮上柱國河内郡開國公食邑二千二百戶食實封九百戶賜紫金魚袋臣　司馬光　奉敕編集

後學天台　胡三省　音註

唐紀六十三起昭陽大淵獻（癸亥），盡閼逢困敦（甲子）七月，凡一年有奇。

武宗至道昭肅孝皇帝中

會昌三年（癸亥、八四三）

1春，正月，回鶻烏介可汗帥衆侵逼振武，劉沔遣麟州刺史石雄、都知兵馬使王逢帥沙陀朱邪赤心三部及契苾、拓跋三千騎襲其牙帳，拓跋，即党項部落也。帥，讀曰率；契，欺訖翻。考異曰：舊回鶻傳云豐州刺史石雄。後唐獻祖紀年錄云石州刺史石雄。按是時田牟爲豐州刺史。今從實錄。沔自以大軍繼之。雄至振武，登城望回鶻之衆寡，見氈車數十乘，氈車，以氈爲車屋。乘，繩證翻。從者皆衣朱碧，類華人；從，才用翻；下侍從同。衣，於既翻。華人，謂中國人也。使諜問之，曰：「公主帳也。」雄使諜告之曰：諜，達協翻，間也。「公主至此，家也，當求歸路！今將出兵擊可汗，請公主潛與侍從相保，駐車勿動！」雄乃鑿城爲十餘穴，引兵夜出，直攻可汗牙帳，至其帳下，虜乃覺之。可汗大驚，不知所爲，棄輜重走，重，直用翻。雄追擊之；庚子，大破回鶻於殺胡山，殺胡山卽黑山。可汗被瘡，與數百騎遁去，雄迎太和公主以歸。考異曰：舊石雄傳曰：「三年，回鶻大略雲、朔，劉沔以太原之師屯於雲州。沔謂雄曰：『國家以公主之故，不欲急攻；我輩捍邊，但能除患，專之可也。』雄受敎，自選勁騎，得沙陀部落，兼契苾、拓跋雜虜，夜發馬邑，徑趨烏介之牙。時虜帳逼振武，雄既入城，登堞視其衆寡，見氈車數十云云。遂迎公主還太原。」回鶻傳：「烏介去幽州八十里下營。是夜，河東劉沔帥兵奄至。烏介驚走，東北依和解室韋下營，不及將太和公主同走。石雄兵遇公主帳，因迎歸國。」後唐獻祖紀年錄曰：「沔表帝爲前鋒。回鶻可汗樹牙於殺胡山，帝與石雄銜枚夜進，圍其牙帳，烏介可汗輕騎而遁。帝於牙帳謁見太和公主，奉而歸國。」按一品集，會昌二年十月十七日狀：「訪聞劉沔頗練邊事，唯臨機決策，不免遲疑。深恐過爲愼重，漸失事機。望賜劉沔詔：『比緣回鶻未爲侵擾，且務綏懷。今既殺戮邊人，驅劫牛馬，頻已有詔速令驅除。自度便宜，臨機應變，不得過懷疑慮，皆待朝廷指揮。既假以使名，令爲諸軍節制，邊境之事皆以責成。向後或要移營進軍，一切自取機便，不必皆候進止！』」實錄：戊寅，詔劉沔云云如前。據德裕此狀，則沔豈敢不俟詔旨，擅遣石雄襲擊可汗牙帳，況已有不須聞奏之詔也。舊德裕傳：「德裕曰：『杷頭烽北便是沙磧，彼中野戰須用騎兵，若以步卒敵之，理難必勝。今烏介所恃者公主，如令勇將出騎，奪得公主，虜自敗矣。』上然之，卽令德裕草制處分。」伐叛記曰：「上問討襲之計，德裕奏：『若以步兵與回鶻野戰，必無勝理。回鶻常質公主同行，臣思得一計。料回鶻必未知有斫營，石雄驍勇無敵，若令揀蕃、渾及漢兵銳卒，銜枚夜進，必取得公主，兼可汗可擒。』上從之。遂令石雄領蕃、渾及漢兵夜進，回鶻果無遊弈伏道，直至帳幕方覺。遂取得公主，惟可汗輕騎而遁。」按德裕尋自請駐斫營事，而石雄於城上見公主牙帳迎得之，非因德裕之策。今不取。斬首萬級，降其部落二萬餘人。丙午，劉沔捷奏至。李思忠入朝，自以回鶻降將，懼邊將猜忌，降，戶江翻。將，即亮翻。乞并弟思貞等及愛弘順皆歸闕庭。【章十二行本「庭」下有「上從之」三字；乙十一行本同；孔本同；張校同；退齋校同。】

庚戌，以石雄爲豐州都防禦使。賞破回鶻之功也。

烏介可汗走保黑車子族，胡嶠曰：轄戛之北單于突厥，又北黑車子，善作車帳，其人知孝義，地貧無所產。詳考新舊書，黑車子卽室韋之一種。按是時賜黠戛斯詔云，黑車子去漢界一千餘里。考異曰：舊回鶻傳云：「烏介驚走東北約四百里外，依和解室韋下營，嫁妹與室韋，依附之。」今從伐叛記、實錄、新傳。舊張仲武傳又云：「烏介既敗，乃依康居求活，盡徙餘種寄託黑車子。」蓋以李德裕紀聖功碑云：「烏介幷丁令以圖安，依康居而求活，盡徙餘種，屈意黑車。」彼所謂康居，用郅支故事耳；致此誤也。其潰兵多詣幽州降。

2 二月，庚申朔，日有食之。

3 詔停歸義軍，置歸義軍見上卷上年。以其士卒分隸諸道爲騎兵，優給糧賜。

4 辛未，黠戛斯遣使者注吾合索獻名馬二；新書曰：注吾，虜姓也。合言猛，素者左也，謂武猛善左射者。「索」作「素」。宋白曰：索，上聲。詔太僕卿趙蕃飲勞之。飲，於禁翻。勞，力到翻。甲戌，上引對，班在勃海使之上。

上欲令趙蕃就頡戛斯求安西、北庭，李德裕等上言：「安西去京師七千餘里，北庭五千餘里，借使得之，當復置都護，復，扶又翻。以唐兵萬人戍之。不知此兵於何處追發，饋運從何道得通，此乃用實費以易虛名，非計也。」考異曰：德裕傳曰：「三年二月，趙蕃奏黠戛斯攻安西、北庭都護府，宜出師影援。」德裕奏辭與此同。獻替記曰：「三年，二月十一日，延英，德裕奏：『九日奉宣，令臣等向趙蕃說，於黠戛斯處邀求安西、北庭。深恐不可。』」其下辭亦與此同。按實錄：「辛未，注吾合索始至，命趙蕃飲勞之。丙子，中書門下奏九日奉宣，」其辭亦與獻替記同。不知宋據何書得此辛未及丙子日也。今且沒其日，繫於注吾合索入對之下以傳疑。上乃止。

5 中書侍郎、同平章事崔珙罷爲右僕射。

6 黠戛斯求冊命，李德裕奏，宜與之結歡，令自將兵求殺使者罪人黠戛斯遣使者送太和公主，爲回鶻所殺，事見上卷上年。及討黑車子。上恐加可汗之名即不脩臣禮，踵回鶻故事求歲遺及賣馬，遺，唯季翻；下同。猶豫未決。德裕奏：「黠戛斯已自稱可汗，今欲藉其力，恐不可吝此名。回鶻有平安、史之功，故歲賜絹二萬匹，且與之和市。黠戛斯未嘗有功於中國，豈敢遽求賂遺乎！若慮其不臣，當與之約，必如回鶻稱臣，乃行冊命；又當敍同姓以親之，使執子孫之禮。」上從之。

7 庚寅，太和公主至京師，改封安定大長公主；太和公主以長慶元年嫁回鶻，至此得還。「安定」，新書作「定安」。長，知丈翻。詔宰相帥百官迎謁於章敬寺前。帥，讀曰率。公主詣光順門，去盛服，脫簪珥，謝回鶻負恩、和蕃無狀之罪。唐公主入蕃者謂之「和蕃公主」，今太和公主以回鶻犯邊，故自謝和蕃無狀。去，羌呂翻。上遣中使慰諭，然後入宮。陽安等六［七］公主不來慰問安定公主，各罰俸物及封絹。陽安公主，順宗之女。宋白曰：不至者，陽安、宣城、眞寧、義寧、臨眞、眞源、義昌六［七］公主。

8 賜魏博節度使何重順名弘敬。

9 三月，以太僕卿趙蕃爲安撫黠戛斯使。上命李德裕草賜黠戛斯可汗書，諭以「貞觀二十一年黠戛斯先君身自入朝，「二十一年」，當作「二十二年」。授左屯衞將軍、堅昆都督，迄于天寶，朝貢不絕。比爲回鶻所隔，比，毗至翻。回鶻淩虐諸蕃，可汗能復讎雪怨，茂功壯節，近古無儔。今回鶻殘兵不滿千人，散投山谷，可汗既與爲怨，須盡殲夷；殲，子廉翻，滅也。儻留餘燼，必生後患。又聞可汗受氏之源，與我同族，孔穎達曰：天子賜姓、賜氏；諸侯但得賜氏，不得賜姓，降於天子也。故隱八年左傳云：無駭卒，公問族於衆仲。衆仲對曰：「天子建德，因生以賜姓，胙之土而命之氏。諸侯以字爲謚，因以爲族。官有世功，則有官族；邑亦如之。」以此言之，天子因諸侯先祖所生賜之曰姓。杜預註云：若舜生嬀汭，賜姓曰嬀；封舜之後於陳，以所封之土命爲氏。舜後姓嬀而氏曰陳。故鄭駮異義云：炎帝姓姜，太皞之所賜也。黄帝姓姬，炎帝之所賜也。故堯賜伯夷姓曰姜，賜禹姓曰姒，賜契姓曰子，賜稷姓曰姬，著在書傳。如鄭此言，是天子賜姓也。諸侯賜卿大夫以氏。若同姓，公之子曰公子，公子之子曰公孫，公孫之子其親已遠，不得上達於公，故以王父字爲氏。若適夫人之子，則以五十字伯、仲爲氏，若魯之仲孫、季孫是也。若庶子、妾子，則以二十字爲氏，若臧氏、展氏是也。若異姓，則以父、祖官及所食之邑爲氏：以官爲氏者，則司馬、司城是也；以邑爲氏者，若韓、趙、魏是也。凡賜氏族者，此爲卿乃賜，有大功者生賜以族，若叔孫得臣是也。雖公子之身，有大功德，則以公子之字賜以爲族，若襄仲遂是也。其無功德，死後乃賜族，若無駭是也。若子孫若爲卿，其君不賜族，自以王父字爲族也。氏、族，對之爲別，散則通也。故左傳問族於衆仲下云，「公命以字爲展氏」是也。其姓與氏散亦得通，故春秋有姜氏、子氏，姜、子皆姓而云氏是也。國家承北平太守之後，可汗乃都尉苗裔。北平太守，謂李廣。都尉，謂李陵。以此合族，尊卑可知。今欲册命可汗，特加美號，緣未知可汗之意，且遣諭懷。待趙蕃回日，別命使展禮。」自回鶻至塞上及黠戛斯入貢，每有詔敕，上多命德裕草之。德裕請委翰林學士，上曰：「學士不能盡人意，須卿自爲之。」

10 劉沔奏：「歸義軍回鶻三千餘人及酋長四十三人準詔分隸諸道，皆大呼，連營據滹沱河，酋，慈由翻。長，知丈翻。呼，火故翻。章懷太子後漢書註曰：山海經註云：大戲之山，滹沱之水出焉，在今代州繁畤縣東，流入定州深澤縣界。九域志忻、代二州註皆有滹沱水。不肯從命，已盡誅之。回鶻降幽州者前後三萬餘人，皆散隸諸道。」

11 李德裕追論維州悉怛謀事事見二百四十四卷文宗太和五年。云：「維州據高山絕頂，三面臨江，在戎虜平川之衝，是漢地入兵之路；初，河、隴並沒，唯此獨存。吐蕃潛以婦人嫁此州門者，二十年後，兩男長成，長，知兩翻。竊開壘門，引兵夜入，遂爲所陷，號曰無憂城。從此得併力於西邊，更無虞於南路。并力於西邊，謂吐蕃并力以攻岐、隴、邠、涇、靈、夏也。無虞於南路，謂西川在吐蕃之南也。自長安言之，西川亦在劍關之南。若吐蕃寇蜀，則南路自維、茂入，北路自巂州入。憑陵近甸，旰食累朝。朝，直遥翻。旰，古案翻。貞元中，韋皋欲經略河、湟，須此城爲始。萬旅盡鋭，急攻數年，雖擒論莽熱而還，還，從宣翻，又如字。城堅卒不可克。見二百三十六卷德宗貞元十七、十八年。卒，子恤翻。

臣初到西蜀，外揚國威，中緝邊備。其維州熟臣信令，空壁來歸，臣始受其降，南蠻震懾，山西八國，皆願内屬。其吐蕃合水、棲雞等城，翼州有合江守捉城，與棲雞城本皆唐地，沒於吐蕃。既失險阨，自須抽歸，可減八處鎮兵，坐收千餘里舊地。且維州未降前一年，吐蕃猶圍魯州，魯州，河曲六胡州之一也，在宥州西界。豈顧盟約！臣受降之初，指天爲誓，面許奏聞，各加酬賞。當時不與臣者，望風疾臣，詔臣執送悉怛謀等令彼自戮，臣寧忍以三百餘人命棄信偷安！累表陳論，乞垂矜捨，答詔嚴切，竟令執還。體備三木，輿於竹畚，畚，布忖翻。及將就路，冤叫嗚嗚，將吏對臣，無不隕涕。其部送者更爲蕃帥譏誚，云既已降彼，此言吐蕃謂中國爲彼也。帥，所類翻。何用送來！復以此降人戮於漢境之上，復，扶又翻。恣行殘忍，用固攜離；謂戎蠻有攜離内向之心者，畏吐蕃屠戮之慘，不敢復懷反側，以威虐固制之。至乃擲其嬰孩，承以槍槊。絕忠款之路，快兇虐之情，從古已來，未有此事。雖時更一紀，更，工衡翻。十二年爲一紀。太和五年悉怛謀死，至是年適十二年。而運屬千年，謂千載一遇之運也。屬，之欲翻。乞追奬忠魂，各加褒贈！」

詔贈悉怛謀右衛將軍。

臣光曰：論者多疑維州之取捨，不能決牛、李之是非。臣以爲昔荀吳圍鼓，鼓人或請以城叛，吳弗許，曰：「或以吾城叛，吾所甚惡也，人以城來，吾獨何好焉！惡，烏路翻。好，呼到翻；下同。吾不可以欲城而邇姦。」使鼓人殺叛者而繕守備。見春秋左氏傳。是時唐新與吐蕃脩好而納其維州，以利言之，則維州小而信大；以害言之，則維州緩而關中急。然則爲唐計者，宜何先乎？悉怛謀在唐則爲向化，在吐蕃不免爲叛臣，其受誅也又何矜焉！且德裕所言者利也，僧孺所言者義也，匹夫徇利而忘義猶恥之，況天子乎！譬如鄰人有牛，逸而入於家，或勸其兄歸之，或勸其弟攘之。勸歸者曰：「攘之不義也，且致訟。」勸攘者曰：「彼嘗攘吾羊矣，何義之拘！牛大畜也，畜，許救翻。鬻之可以富家。」以是觀之，牛、李之是非，端可見矣。元祐之初，棄米脂等四寨以與西夏，蓋當時國論大指如此。

12 夏，四月，辛未，李德裕乞退就閒局，上曰：「卿每辭位，使我旬日不得所。不得所，猶言不安其所也。今大事皆未就，卿豈得求去！」

13 初，昭義節度使劉從諫累表言仇士良罪惡，見二百四十五卷文宗太和八年。士良亦言從諫窺伺朝廷。伺，相吏翻。及上卽位，從諫有馬高九尺，獻之，上不受。周禮：馬八尺以上爲龍，七尺以上爲駷，六尺以上爲馬。馬高九尺，蓋稀有也。高，古報翻。從諫以爲士良所爲，怒殺其馬，由是與朝廷相猜恨。遂招納亡命，繕完兵械，鄰境皆潛爲之備。

從諫榷馬牧及商旅，歲入錢五萬緡，榷，古岳翻。又賣鐵、煮鹽亦數萬緡。大商皆假以牙職，牙職，牙前將校之職。使通好諸道，因爲貶易。商人倚從諫勢，所至多陵轢將吏，諸道皆惡之。好，呼到翻。轢，郎狄翻。惡，烏路翻。

從諫疾病，謂妻裴氏曰：「吾以忠直事朝廷，而朝廷不明我志，諸道皆不我與。我死，他人主此軍，則吾家無炊火矣！」乃與幕客張谷、陳揚庭謀效河北諸鎮，以弟右驍衛將軍從素之子稹爲牙內都知兵馬使，從子匡周爲中軍兵馬使，稹，止忍翻。考異曰：實錄作「莊周」。今從一品集。孔目官王協爲押牙親事【嚴：「事」改「軍」。】兵馬使，以奴李士貴爲使宅十將兵馬使，劉守義、劉守忠、董可武、崔玄度分將牙兵。谷，鄆州人；鄆，音運。揚庭，洪州人也。

從諫尋薨，稹秘不發喪。王協爲稹謀曰：爲，于僞翻。「正當如寶曆年樣爲之，敬宗寶曆元年，劉悟死，從諫得襲，事見二百四十三卷。不出百日，旌節自至。但嚴奉監軍，厚遺敕使，遺，唯季翻。四境勿出兵，城中暗爲備而已。」使押牙姜崟奏求國醫，上遣中使解朝政以醫問疾。崟，魚音翻。解，戶買翻，姓也。稹又逼監軍崔士康奏稱從諫疾病，請命其子稹爲留後。上遣供奉官薛士幹往諭指云：「恐從諫疾未平，宜且就東都療之；俟稍瘳，別有任使。仍遣稹入朝，必厚加官爵。」供奉官，亦宦者也。

上以澤潞事謀於宰相，宰相多以爲：「回鶻餘燼未滅，邊境猶須警備，復討澤潞，復，扶又翻。國力不支，請以劉稹權知軍事。」諫官及羣臣上言者亦然。李德裕獨曰：「澤潞事體與河朔三鎮不同。河朔習亂已久，人心難化，是故累朝以來，置之度外。澤潞近處心腹，處，昌呂翻。一軍素稱忠義，嘗破走朱滔，擒盧從史。走朱滔見二百三十一卷德宗貞元元年。擒盧從史見二百三十八卷憲宗元和三年。頃時多用儒臣爲帥，帥，所類翻。如李抱眞成立此軍，見二百二十三卷代宗永泰元年。德宗猶不許承襲，使李緘護喪歸東都。見二百三十五卷貞元十年。敬宗不恤國務，宰相又無遠略，劉悟之死，因循以授從諫。從諫跋扈難制，累上表迫脅朝廷，事見文宗紀。今垂死之際，復以兵權擅付豎子。朝廷若又因而授之，則四方諸鎮誰不思效其所爲，天子威令不復行矣！」復，扶又翻。上曰：「卿以何術制之？果可克否？」對曰：「稹所恃者河朔三鎮。但得鎮、魏不與之同，則稹無能爲也。若遣重臣往諭王元逵、何弘敬，王元逵，鎮帥；何弘敬，魏帥也。以河朔自艱難以來，列聖許其傳襲，已成故事，與澤潞不同。今朝廷將加兵澤潞，不欲更出禁軍至山東。其山東三州隸昭義者，委兩鎮攻之；山東三州，謂邢、洺、磁也。兼令徧諭將士，以賊平之日厚加官賞。苟兩鎮聽命，不從旁沮橈官軍，沮，在呂翻。橈，奴教翻，又奴巧翻。則稹必成擒矣！」上喜曰：「吾與德裕同之，保無後悔。」遂決意討稹，考異曰：按舊紀、傳及實錄所載德裕之語，皆出於伐叛記。伐叛記繫於四月劉從諫始亡之時。至此，君相誅討之意已決，百官集議及宰臣再議，皆備禮耳。德裕之言當在事初，實錄置此，誤也。羣臣言者不復入矣。復，扶又翻；下同。

上命德裕草詔賜成德節度使王元逵、魏博節度使何弘敬，其略曰：「澤潞一鎮，與卿事體不同，勿爲子孫之謀，欲存輔車之勢。古語云：輔車相依。車，尺遮翻。但能顯立功效，自然福及後昆。」丁丑，上臨朝，稱其語要切，曰：「當如此直告之是也！」又賜張仲武詔，以「回鶻餘燼未滅，塞上多虞，專委卿禦侮。」以烏介可汗尚在黑車子也。元逵、弘敬得詔，悚息聽命。

解朝政至上黨，考異曰：實錄云：「時從諫死二十日矣。」按姜崟等云，自四月六日後不見本使。而辛巳爲從諫輟朝，自六日至辛巳，纔十八日耳。實錄自相違，今不取。劉稹見朝政曰：「相公危困，不任拜詔。」任，音壬。朝政欲突入，兵馬使劉武德、董可武躡簾而立，朝政恐有他變，遽走出。稹贈賫直數千緡，賫，徐刃翻。復遣牙將梁叔文入謝。薛士幹入境，俱不問從諫之疾，直爲已知其死之意。都押牙郭誼等乃大出軍，至龍泉驛迎候敕使，請用河朔事體；又見監軍言之，崔士康懦怯，不敢違。於是將吏扶稹出見士衆，發喪。士幹竟不得入牙門，稹亦不受敕命。誼，兗州人也。解朝政復命，上怒，杖之，配恭陵；囚姜崟、梁叔文。

辛巳，始爲從諫輟朝，爲，于僞翻。贈太傅，詔劉稹護喪歸東都。又召見劉從素，令以書諭稹，令父以書諭其子也。從素時在朝爲右驍衛將軍。見，賢遍翻。稹不從。丁亥，以忠武節度使王茂元爲河陽節度使，邠寧節度使王宰爲忠武節度使。茂元，栖曜之子；宰，智興之子也。王栖曜見二百三十卷德宗興元元年。王智興始見二百二十七卷建中二年。

黃州刺史杜牧上李德裕書，自言：「嘗問淮西將董重質以三州之衆四歲不破之由，重質以爲由朝廷徵兵太雜，客軍數少，既不能自成一軍，事須帖付地主。勢羸力弱，心志不一，多致敗亡。故初戰二年，戰則必勝，是多殺客軍。及二年已後，客軍殫少，止與陳許、河陽全軍相搏，陳許，謂李光顔之兵；河陽，謂烏重胤之兵。縱使唐州兵不能因虛取城，唐州謂李愬之兵。蔡州事力亦不支矣。其時朝廷若使鄂州、壽州、唐州只保境，不用進戰，但用陳許、鄭滑兩道全軍，帖以宣、潤弩手，令其守隘，卽不出一歲，無蔡州矣。今者上黨之叛，復與淮西不同。復，扶又翻。淮西爲寇僅五十歲，其人味爲寇之腴，見爲寇之利，風俗益固，氣燄已成，自以爲天下之兵莫與我敵，根深源闊，取之固難。夫上黨則不然。自安、史南下，不甚附隸；肅宗時蔡希德攻上黨不能克。建中之後，每奮忠義；是以郳公抱眞能窘田悅，走朱滔，郳，五稽翻。李抱眞封郳公。窘田悅見二百二十七卷德宗建中二年、三年。常以孤窮寒苦之軍，橫折河朔強梁之衆。折，之舌翻。以此證驗，人心忠赤，習尚專一，可以盡見。劉悟卒，從諫求繼，與扶同者，只鄆州隨來中軍二千耳。扶同，猶今俗言扶合也。劉悟自鄆帥滑，自滑徙潞，鄆兵二千實從之，唐末所謂元從也。値寶曆多故，因以授之。今纔二十餘歲，按寶曆元年，以昭義節授劉從諫，至是年纔十九年。風俗未改，故老尚存，雖欲劫之，必不用命。今成德、魏博雖盡節效順，亦不過圍一城，攻一堡，係纍稺老而已。纍，倫追翻。稺，直二翻。若使河陽萬人爲壘，窒天井之口，天井關在澤州晉城縣南，亦名太行關，關南有天井泉三所，故名。杜牧此說，欲杜潞人之南窺懷、洛也。高壁深塹，勿與之戰。只以忠武、武寧兩軍，忠武，陳、許兵；武寧，徐州兵。帖以青州五千精甲，宣、潤二千弩手，徑擣上黨，不過數月，必覆其巢穴矣！」時德裕制置澤潞，亦頗采牧言。

14 上雖外尊寵仇士良，內實忌惡之。惡，烏路翻。士良頗覺之，遂以老病求散秩。詔以左衞上將軍兼內侍監、知省事。知內侍省事。

15 李德裕言於上曰：「議者皆云劉悟有功，劉悟以誅李師道爲功。稹未可亟誅，宜全恩禮。請下百官議，下，戶稼翻。以盡人情。」上曰：「悟亦何功，當時迫於救死耳，非素心徇國也。藉使有功，父子爲將相二十餘年，國家報之足矣，稹何得復自立！復，扶又翻。朕以爲凡有功當顯賞，有罪亦不可苟免也。」德裕曰：「陛下之言，誠得理國之要。」

16 五月，李德裕言太子賓客、分司李宗閔與劉從諫交通，不宜寘之東都。戊戌，以宗閔爲湖州刺史。史言李德裕脩怨。考異曰：獻替記曰：「四月十九日，上言：『東都李宗閔，我聞比與從諫交通。今澤潞事如何？可別與一官，不要令在東都。』德裕曰：『臣等續商量。』上又云：『不可與方鎮，只與一遠郡！』德裕又奏云：『須與一郡！』」此蓋德裕自以宿憾因劉稹事害宗閔，畏人譏議，故於獻替記載此語以隱其跡耳。今從實錄。

17 河陽節度使王茂元以步騎三千守萬善；九域志：懷州河内縣有萬善鎮。河東節度使劉沔步騎二千守芒車關，芒車關卽昂車關。魏收地形志：上黨郡沾縣有昂車嶺。其地當在唐儀州東南界石會關之西。新唐志：潞州武鄉縣北有昂車關。步兵一千五百軍榆社；九域志：遼州遼山縣有榆社鎮，唐之榆社縣也。宋白曰：榆社縣，隋開皇十六年置，今潞州襄垣縣理是也。因今縣西北榆社故城爲名。成德節度使王元逵以步騎三千守臨洺，掠堯山；堯山本柏人縣，天寶元年更名，屬邢州。宋白曰：以唐堯大麓之地名之。洺，音名。河中節度使陳夷行以步騎一千守翼城，步兵五百益【嚴：「益」改「掠」。】冀氏。冀氏，本漢猗氏縣地，後魏於古猗氏縣城南置冀氏郡及冀氏縣，隋廢郡存縣，唐屬晉州。九域志：在州東北二百八十里。辛丑，制削奪劉從諫及子稹官爵，以元逵爲澤潞北面招討使，何弘敬爲南面招討使，與夷行、劉沔、茂元合力攻討。

先是河朔諸鎮有自立者，先，悉薦翻。朝廷必先有弔祭使，次册贈使、宣慰使繼往商度軍情。度，徒洛翻。必不可與節，則別除一官；俟軍中不聽出，然後始用兵。故常及半歲，軍中得繕完爲備。至是，宰相亦欲且遣使開諭，上卽命下詔討之。考異曰：獻替記曰：「五月十一日，德裕疾病，先請假在宅。李相紳其日亦請假。李相讓夷獨對，上便決攻討之意。李相歸中書後，錄聖意四紙，令德裕草制。至薄晚封進，明日遂降麻處分。」舊本紀，九月下制討稹。今從實錄。王元逵受詔之日，出師屯趙州。九域志：鎮州南至趙州九十五里。

18 壬寅，以翰林學士承旨崔鉉爲中書侍郎、同平章事。翰林學士第一廳爲承旨廳，以翰林學士久次者爲之。考異曰：實錄，李讓夷引鉉爲相。今從補國史。鉉，元略之子也。崔元略見二百四十三卷敬宗寶曆元年。上夜召學士韋琮，以鉉名授之，令草制，宰相、樞密皆不之知。時樞密使劉行深、楊欽義皆愿慤，不敢預事，老宦者尤之曰：「此由劉、楊懦怯，墮敗舊風故也。」墮，讀曰隳。敗，補邁翻。琮，乾度之子也。韋乾度憲宗朝爲吏部郎中。

19 以武寧節度使李彥佐爲晉絳行營諸軍節度招討使。

20 劉沔自代州還太原。以回鶻已破走也。

21 築望仙觀於禁中。會要，是年脩望仙樓及廊舍，共五百三十九間。觀，古玩翻。

22 六月，王茂元遣兵馬使馬繼等將步騎二千軍於天井關南科斗店，劉稹遣衙內十將薛茂卿將親軍二千拒之。

23 黠戛斯可汗遣將軍溫仵合入貢。仵，音午。上賜之書，諭以速平回鶻、黑車子，乃遣使行册命。

24 癸酉，仇士良以左衞上將軍、內侍監致仕。其黨送歸私第，士良教以固權寵之術曰：「天子不可令閒，常宜以奢靡娛其耳目，使日新月盛，無暇更及他事，然後吾輩可以得志。愼勿使之讀書，親近儒生，近，其靳翻。彼見前代興亡，心知憂懼，則吾輩疏斥矣。」其黨拜謝而去。觀仇士良之教其黨，則閹寺豈可親近哉！

25 丙子，詔王元逵、李彥佐、劉沔、王茂元、何弘敬以七月中旬五道齊進，劉稹求降皆不得受。又詔劉沔自將兵取仰車關路以臨賊境。仰車關即昂車關。

26 吐蕃鄯州節度使尚婢婢，世爲吐蕃相，婢婢好讀書，不樂仕進，好，呼到翻。樂，音洛。國人敬之；年四十餘，彝泰贊普強起之，使鎮鄯州。彝泰，達磨之兄，文宗開成三年卒。強，其兩翻。婢婢寬厚沈勇，有謀略，沈，持林翻。訓練士卒多精勇。

論恐熱雖名義兵，實謀篡國，論恐熱起兵事始上卷二年。忌婢婢，恐襲其後，欲先滅之。是月，大舉兵擊婢婢，旌旗雜畜千里不絕。至鎮西，鎮西軍，在河州西一百八十里。畜，許救翻。大風震電，天火燒殺裨將十餘人，雜畜以百數，恐熱惡之，惡，烏路翻。盤桓不進。婢婢謂其下曰：「恐熱之來，視我如螻蟻，以爲不足屠也。今遇天災，猶豫不進，吾不如迎伏以卻之，使其志益驕而不爲備，然後可圖也。」乃遣使以金帛、牛酒犒師，且致書言：「相公舉義兵以匡國難，難，乃旦翻。闔境之內，孰不向風！苟遣一介，賜之折簡，敢不承命！何必遠辱士衆，親臨下藩！婢婢資性愚僻，惟嗜讀書，先贊普授以藩維，誠爲非據，夙夜慚惕，惟求退居。相公若賜以骸骨，聽歸田里，乃愜平生之素願也。」愜，詰叶翻。恐熱得書喜，偏示諸將曰：「婢婢惟把書卷，安知用兵！待吾得國，當位以宰相，坐之於家，亦無所用也。」乃復爲書，勤厚答之，引兵歸。婢婢聞之，撫髀笑曰：「我國無主，則歸大唐，豈能事此犬鼠乎！」

27 秋，七月，以山南東道節度使盧鈞爲昭義節度招撫使。朝廷以鈞在襄陽寬厚有惠政，得衆心，故使領昭義以招懷之。

28 上遣刑部侍郎兼御史中丞李回宣慰河北三鎮，令幽州乘秋早平回鶻，鎮、魏早平澤潞。回，太祖之八世孫也。太祖第六子禕生德良，六世至回。

甲辰，李德裕言於上曰：「臣見曏日河朔用兵，諸道利於出境仰給度支。仰，牛向翻。或陰與賊通，借一縣一栅據之，自以爲功，坐食轉輸，輸，舂遇翻。延引歲時。今請賜諸軍詔指，令王元逵取邢州，何弘敬取洺州，王茂元取澤州，李彥佐、劉沔取潞州，毋得取縣。」上從之。

晉絳行營節度使李彥佐自發徐州，行甚緩，又請休兵於絳州，兼請益兵。李德裕言於上曰：「彥佐逗遛顧望，殊無討賊之意，所請皆不可許，宜賜詔切責，令進軍翼城。」九域志：翼城縣在絳州東北一百里。宋白曰：翼城本漢絳縣地。後魏明帝置北絳縣於曲沃縣東，隋改爲翼城縣，因縣東古翼城而名。上從之。德裕因請以天德防禦使石雄爲彥佐之副，俟至軍中，令代之。乙巳，以雄爲晉絳行營節度副使，仍詔彥佐進屯翼城。

劉稹上表自陳：「亡父從諫爲李訓雪冤，言仇士良罪惡，事見二百四十五卷文宗開成元年。爲，于僞翻。由此爲權倖所疾，謂臣父潛懷異志，臣所以不敢舉族歸朝。乞陛下稍垂寬察，活臣一方！」何弘敬亦爲之奏雪，爲，于僞翻。皆不報。李回至河朔，何弘敬、王元逵、張仲武皆具櫜鞬郊迎，櫜，姑勞翻。鞬，居言翻。立於道左，不敢令人控馬，讓制使先行，曰制使，以別宦官之敕使。自兵興以來，未之有也。兵興以來，謂天寶之後。回明辯有膽氣，三鎮無不奉詔。

王元逵奏拔宣務柵，宣務柵當在堯山縣東北。擊堯山；劉稹遣兵救堯山，元逵擊敗之。敗，補邁翻。詔切責李彥佐、劉沔、王茂元，使速進兵逼賊境，且稱元逵之功以激厲之。加元逵同平章事。

八月，乙丑，昭義大將李丕來降。議者或謂賊故遣丕降，欲以疑誤官軍。李德裕言於上曰：「自用兵半年，未有降者，今安問誠之與詐！且須厚賞以勸將來，但不要置之要地耳。」

29 上從容言：「文宗好聽外議，諫官言事多不著名，從，千容翻。好，呼到翻。著，陟略翻。有如匿名書。」李德裕曰：「臣頃在中書，文宗猶不爾。德裕謂太和間己爲相時，文宗猶不如此。此乃李訓、鄭注教文宗以術御下，遂成此風。人主但當推誠任人，有欺罔者，威以明刑，孰敢哉！」上善之。

30 王元逵前鋒入邢州境已踰月，九域志：趙州南至邢州境七十四里。何弘敬猶未出師，元逵屢有密表，稱弘敬懷兩端。丁卯，李德裕上言：「忠武累戰有功，軍聲頗振。王宰年力方壯，謀略可稱。自曲環、李光顔以來，忠武軍屢立戰功。王宰，智興之子，於當時諸帥蓋少年中之翹楚者。請賜弘敬詔，以『河陽、河東皆闕山險，未能進軍，河陽闕太行之險，河東闕石會、昂車之險。闕，牛代翻。賊屢出兵焚掠晉、絳。今遣王宰將忠武全軍徑魏博，直抵磁州，以分賊勢。』弘敬必懼，此攻心伐謀之術也。」從之。詔宰悉選步騎精兵自相、魏趣磁州。趣，七喻翻；下同。磁，疾之翻。相州東至魏州百八十里，北至磁州六十里。

甲戌，薛茂卿破科斗寨，擒河陽大將馬繼等，焚掠小寨一十七，距懷州纔十餘里。茂卿以無劉稹之命，故不敢入。言不敢入懷州。時議者鼎沸，以爲劉悟有功，不可絕其嗣。又，從諫養精兵十萬，糧支十年，如何可取！上亦疑之，以問李德裕，對曰：「小小進退，兵家之常。願陛下勿聽外議，則成功必矣！」上乃謂宰相曰：「爲我語朝士：爲，于僞翻。語，牛倨翻。朝，直遙翻。有上疏沮議者，我必於賊境上斬之！」議者乃止。沮，在呂翻。

何弘敬聞王宰將至，恐忠武兵入魏境，軍中有變，蒼黃出師。丙子，弘敬奏，已自將全軍渡漳水，趣磁州。

庚辰，李德裕上言：「河陽兵力寡弱，自科斗店之敗，賊勢愈熾。王茂元復有疾，復，扶又翻。人情危怯，欲退保懷州。臣竊見元和以來諸賊，常視官軍寡弱之處，併力攻之，一軍不支，然後更攻他處。今魏博未與賊戰，西軍闕險不進，西軍，謂河東晉、絳兵也。故賊得併兵南下。自太行南趨懷州謂之下。若河陽退縮，不惟虧沮軍聲，兼恐震驚洛師。東都，謂之洛師。書洛詔曰：朝至于洛師。望詔王宰更不之磁州，魏博既出師攻磁州，故請詔王宰移軍。之，往也。亟以忠武軍應援河陽；不惟扞蔽東都，兼可臨制魏博。若令【章：十二行本「令」作「慮」；乙十一行本同；孔本同；張校同。】全軍供餉難給，且令發先鋒五千人赴河陽，亦足張聲勢。」張，知亮翻。甲申，又奏請敕王宰以全軍繼進，仍急以器械繒帛助河陽窘乏。上皆從之。繒，慈陵翻。

王茂元軍萬善，劉稹遣牙將張巨、劉公直等會薛茂卿共攻之，期以九月朔圍萬善。乙酉，公直等潛師先過萬善南五里，焚雍店。巨引兵繼之，過萬善，覘知城中守備單弱，覘，丑廉翻。欲專有功，遂攻之。日昃，城且拔，乃使人告公直等。時義成軍適至，時以河陽兵寡，令王宰以忠武軍合義成兵援之。義成軍，滑州兵。茂元困急，欲帥衆棄城走。帥，讀曰率。都虞候孟章諫【章：十二行本「諫」上有「遮馬」二字；乙十一行本同；孔本同；退齋校同。】曰：「賊衆自有前卻，半在雍店，半在此，乃亂兵耳。今義成軍纔至，尚未食，聞僕射走，則自潰矣。願且強留！」強，其兩翻。茂元乃止。會日暮，公直等不至，巨引兵退，始登山，登太行阪也。微雨晦黑，自相驚曰：「追兵近矣！」皆走，人馬相踐，墜崖谷死者甚衆。踐，慈演翻。

上以王茂元、王宰兩節度使共處河陽非宜，處，昌呂翻。庚寅，李德裕等奏：「茂元習吏事而非將才，將，即亮翻。請以宰爲河陽行營攻討使。茂元病愈，止令鎮河陽，病困亦免他虞。」九月，辛卯，以宰兼河陽行營攻討使。

何弘敬奏拔肥鄉、平恩，肥鄉，漢邯溝縣地，曹魏置肥鄉縣，至唐，與平恩皆屬洺州。九域志：肥鄉在州東三十五里，平恩在州東九十里。殺傷甚衆。得劉稹牓帖，皆謂官軍爲賊，云遇之卽須痛殺。癸巳，上謂宰相：「何弘敬已克兩縣，可釋前疑。謂王元逵密奏弘敬持兩端也。既有殺傷，雖欲持兩端，不可得已。」乃加弘敬檢校左僕射。

丙午，河陽奏王茂元薨。李德裕奏：「王宰止可令以忠武節度使將萬善營兵，不可使兼領河陽，恐其不愛河陽州縣，恣爲侵擾。又，河陽節度先領懷州刺史，常以判官攝事，割河南五縣租賦隸河陽。見二百二十有七卷德宗建中二年。不若遂【章：十二行本「遂」下有「以五縣」三字；乙十一行本同；孔本同；張校同。】置孟州，始置孟州，因孟津爲名也。其懷州別置刺史。俟昭義平日，仍割澤州隸河陽節度，則太行之險不在昭義，而河陽遂爲重鎮，東都無復憂矣！」上采其言。戊申，以河南尹敬昕爲河陽節度、懷孟觀察使，王宰將行營以扞敵，昕供饋餉而已。昕，許斤翻。

庚戌，以石雄代李彥佐爲晉絳行營節度使，考異曰：實錄：「召彥佐入奉朝請，俟罷兵日赴鎮。」按：彥佐前已罷武寧，今又罷晉絳，復赴何鎮！實錄誤也。令自冀氏取潞州，仍分兵屯翼城以備侵軼。軼，徒結翻，突也。

31 是月，吐蕃論恐熱屯大夏川，大夏川，在河州大夏縣西，有大夏水，漢古縣也。夏，户雅翻。尚婢婢遣其將厖結心及莽羅薛呂將精兵五萬擊之。至河州南，莽羅薛呂伏兵四萬於險阻，厖結心伏萬人於柳林中，以千騎登山，飛矢繫書罵之。恐熱怒，將兵數萬追之，厖結心陽敗走，時爲馬乏不進之狀。恐熱追之益急，不覺行數十里，伏兵發，斷其歸路，斷，音短。夾擊之。會大風飛沙，溪谷皆溢，恐熱大敗，伏尸五十里，溺死者不可勝數，勝，音升。恐熱單騎遁歸。

32 石雄代李彥佐之明日，卽引兵踰烏嶺，五代志：翼城縣有烏嶺山。破五寨，殺獲千計。時王宰軍萬善，劉沔軍石會，皆顧望未進。上得雄捷書，喜甚。冬，十月，庚申，臨朝，謂宰相曰：「雄眞良將！」考異曰：獻替、伐叛記皆云「十月五日，上言石雄破賊」，而實錄己巳奏到，庚午對宰臣言，乃是十五日。恐誤。李德裕因言：「比年前潞州市有男子磬折唱曰：比，毗至翻。磬折，言屈折其身，如磬之形。折，之舌翻。『石雄七千人至矣！』劉從諫以爲妖言，斬之。妖，於驕翻。破潞州者必雄也。」詔賜雄帛爲優賞，雄悉置軍門，自依士卒例先取一匹，餘悉分將士，故士卒樂爲之致死。樂，音洛。爲，于僞翻。

33 初，劉沔破回鶻，得太和公主，見上會昌三年。張仲武疾之，由是有隙；上使李回至幽州和解之，仲武意終不平。朝廷恐其以私憾敗事，敗，補邁翻。辛未，徙沔爲義成節度使，以前荆南節度使李石爲河東節度使。

34 党項寇鹽州，以前武寧節度使李彥佐爲朔方靈鹽節度使。十一月，邠寧奏党項入寇。

李德裕奏：「党項愈熾，不可不爲區處。處，昌呂翻。聞党項分隸諸鎮，綏、銀、靈、鹽、夏、邠、寧、延、麟、勝、慶等州皆有党項，諸鎮分領之。剽掠於此則亡逃歸彼。剽，匹妙翻。節度使各利其駝馬，不爲擒送，爲，于僞翻。以此無由禁戢。臣屢奏不若使一鎮統之，陛下以爲一鎮專領党項權太重。臣今請以皇子兼統諸道，擇中朝廉幹之臣爲之副，居於夏州，理其辭訟，庶爲得宜。」乃以兗王岐爲靈、夏等六道元帥，岐，皇子也。夏，戶雅翻。兼安撫党項大使，又以御史中丞李回爲安撫党項副使，史館修撰鄭亞爲元帥判官，令齎詔往安撫党項及六鎮百姓。六鎮，鹽州、夏州、靈武、涇原及振武、邠寧也。

35 安南經略使武渾役將士治城，治，直之翻。將士作亂，燒城樓，劫府庫。渾奔廣州，監軍段士則撫安亂衆。

36 忠武軍素號精勇，王宰治軍嚴整，昭義人甚憚之。薛茂卿以科斗寨之功，意望超遷。或謂劉稹曰：「留後所求者節耳。茂卿太深入，多殺官軍，激怒朝廷，此節所以來益遲也。」由是無賞。茂卿慍懟，慍，於問翻。懟，直類翻。密與王宰通謀，十二月，丁巳，宰引兵攻天井關，茂卿小戰，遽引兵走，宰遂克天井關守之。關東西寨聞茂卿不守，皆退走，宰遂焚大小箕村。茂卿入澤州，密使諜召宰進攻澤州，當爲內應；宰疑，不敢進，失期不至，茂卿拊膺頓足而已。稹知之，誘茂卿至潞州，殺之，并其族，誘，音酉。以兵馬使劉公直代茂卿，安全慶守烏嶺，李佐堯守彫黃嶺，彫黃嶺在潞州長子縣西。郭僚守石會，康良佺守武鄉。武鄉，漢垣縣，後魏改曰鄉縣，移治於南亭川，武后加「武」字，屬潞州。僚，誼之姪也。

戊辰，王宰進攻澤州，考異曰：一品集，十月二十三日狀：「緣王宰兵已深入，須取澤州。」按此月三日宰始得天井關，於十月之末豈能深入取澤州！蓋十二月十三日狀，「二」字誤在「月」下耳。與劉公直戰，不利，公直乘勝復天井關。甲戌，宰進擊公直，大破之；遂圍陵川，克之。陵川，漢泫氏縣地，隋開皇十六年置陵川縣，唐屬澤州。九域志：在州東北一百五里。河東奏克石會關。

洺州刺史李恬，石之從兄也。石至太原，劉稹遣軍將賈羣詣石，以恬書與石云：「稹願舉族歸命相公，奉從諫喪歸葬東都。」石囚羣，以其書聞。李德裕上言：「今官軍四合，捷書日至，賊勢窮蹙，故僞輸誠款，冀以緩師，稍得自完，復來侵軼。軼，徒結翻。望詔石荅恬書云：『前書未敢聞奏。若郎君誠能悔過，舉族面縛，待罪境上，則石當親往受降，護送歸闕。若虛爲誠款，先求解兵，次望洗雪，則石必不敢以百口保人。』」考異曰：一品集，正月四日狀曰：「臣等得李石狀，報劉稹潛有款誠」云云。又曰：「今饋運之費計至春末並足，如二月已來尚未殄滅，然議納降，亦未爲晚。」又草詔賜石曰：「必不得因此遷延，令其得計。仍不得先受章表，便與奏聞。」實錄：「上貶崔碣，仍詔敢言罷兵者送賊境戮之。」德裕狀正月四日上，然石發奏必在楊弁未亂前，故置於此。仍望詔諸道，乘其上下離心，速進兵攻討，不過旬朔，必內自生變。」上從之。右拾遺崔碣上疏請受其降，碣，渠列翻。上怒，貶碣鄧城令。

37 初，劉沔破回鶻，留兵三千戍橫水柵；河東行營都知兵馬使王逢奏乞益榆社兵，王逢時以河東兵屯榆社。詔河東以兵二千赴之。時河東無兵，守倉庫者及工匠皆出從軍，李石召橫水戍卒千五百人，使都將楊弁將之詣逢，壬午，戍卒至太原。先是，軍士出征，人給絹二匹。先，悉薦翻。劉沔之去，竭府庫自隨，石初至，軍用乏，以己絹益之，人纔得一匹。時已歲盡，軍士求過正旦而行，監軍呂義忠累牒趣之。趣，讀曰促。楊弁因衆心之怒，又知城中空虛，遂作亂。

四年（甲子、八四四）

1 春，正月，乙酉朔，楊弁帥其衆剽剠城市，殺都頭梁季叶，帥，讀曰率。李石奔汾州。太原府西南至汾州二百餘里。弁據軍府，釋賈羣之囚，使其姪與之俱詣劉稹，約爲兄弟。稹大喜。石會關守將楊珍聞太原亂，復以關降於稹。

戊子，呂義忠遣使言狀，朝議喧然。或言兩地皆應罷兵，兩地謂幷、潞也。王宰又上言：「遊弈將得劉稹表，將，卽亮翻。臣近遣人至澤潞，賊有意歸附。若許招納，乞降詔命！」李德裕上言：「宰擅受稹表，遣人入賊中，曾不聞奏，觀宰意似欲擅招撫之功。昔韓信破田榮，「榮」當作「橫」，事見十卷漢高祖三年、四年。李靖擒頡利，見一百九十三卷太宗貞觀四年。皆因其請降，潛兵掩襲。止可令王宰失信，豈得損朝廷威命！建立奇功，實在今日，必不可以太原小擾，失此事機。望卽遣供奉官至行營，督其進兵，掩其無備，必須劉稹與諸將皆舉族面縛，方可受納。考異曰：一品集奏狀云：「如劉稹自來，卻令送入，輒不得受。」按稹若自來，豈有卻送入之理？恐是「稹」下脫「不」字。兼遣供奉官至晉絳行營，密諭石雄以王宰若納劉稹，則雄無功可紀。雄於垂成之際，須自取奇功，勿失此便。」又爲相府與宰書，言：「昔王承宗雖逆命，猶遣弟承恭奉表詣張相祈哀，又遣其子知感、知信入朝，憲宗猶未之許。見二百四十卷元和十三年。今劉稹不詣尚書面縛，又不遣血屬祈哀，血屬，謂父子兄弟至親同出於一氣者。置章表於衢路之間，遊弈將不卽毁除，實恐非是。況稹與楊弁通姦，逆狀如此，而將帥大臣容受其詐，是私惠歸於臣下，不赦在於朝廷，事體之間，交恐不可。自今更有章表，宜卽所在焚之。惟面縛而來，始可容受。」德裕又上言：「太原人心從來忠順，止是貧虛，賞犒不足。況千五百人何能爲事！必不可姑息寬縱。且用兵未罷，深慮所在動心。頃張延賞爲張朏所逐，逃奔漢州，還入成都。事見德宗紀。朏，敷尾翻。望詔李石、義忠還赴太原行營，召旁近之兵討除亂者。」上皆從之。

是時，李石已至晉州，詔復還太原。辛卯，詔王逢悉留太原兵守榆社，以易定千騎、宣武兗海步兵三千討楊弁；又詔王元逵以步騎五千自土門入，應接逢軍。考異曰：實錄：「詔側近行營量抽兵翦撲。又詔王元逵以兵五千扼土門，張仲武把鴈門，以爲聲援。」今從伐叛記。忻州刺史李丕奏：「楊弁遣人來爲遊說，說，式芮翻。臣已斬之，兼斷其北出之路，斷，音短。恐楊弁之軍北出，扇動雜虜與回鶻餘衆合，故斷其路。發兵討之。」

辛丑，上與宰相議太原事，李德裕曰：「今太原兵皆在外，爲亂者止千餘人，諸州鎮必無應者。計不日誅翦，惟應速詔王逢進軍，至城下必自有變。」上曰：「仲武見鎮、魏討澤潞有功，必有慕羡之心，使之討太原何如？」德裕對曰：「鎮州趣太原路最便近。九域志：鎮州西至太原府四百三十里。武宗之意，蓋欲使張仲武出兵道鎮州趣太原耳。趣，七喻翻。仲武去年討回鶻，與太原爭功，恐其不戢士卒，平人受害。」乃止。

上遣中使馬元實至太原，曉諭亂兵，且覘其強弱。楊弁與之酣飲三日，且賂之。戊申，元實自太原還，上遣詣宰相議之，元實於衆中大言：「相公須早與之節！」李德裕曰：「何故？」元實曰：「自牙門至柳子列十五里曳地光明甲，柳子列，因其地列植柳樹而名。若之何取之？」德裕曰：「李相正以太原無兵，李石，舊相也，故呼爲李相。故發橫水兵赴榆社。庫中之甲盡在行營，弁何能遽致如此之衆乎？」元實曰：「太原人勁悍，皆可爲兵，弁召募所致耳。」德裕曰：「召募須有貨財，李相止以欠軍士絹一匹，無從可得，故致此亂，弁何從得之？」元實辭屈。德裕曰：「從其有十五里光明甲，必須殺此賊！」因奏稱：「楊弁微賊，決不可恕。以其起於卒伍而逐節帥也。如國力不及，寧捨劉稹。」當時君相志叶議從，劉稹勢已窮蹙，必不肯捨之而不討。德裕此言，蓋深激武宗，以明楊弁之決不可恕耳。河東兵戍榆社者聞朝廷令客軍取太原，恐妻孥爲所屠滅，乃擁監軍呂義忠自取太原。壬子，克之，生擒楊弁，盡誅亂卒。

2 二月，甲寅朔，日有食之。

3 乙卯，呂義忠奏克太原。丙辰，李德裕言於上曰：「王宰久應取澤州，今已遷延兩月。蓋宰與石雄素不相叶，王宰父智興奏石雄罪，流白州，故不叶。今得澤州，距上黨猶二百里，而石雄所屯距上黨纔百五十里。宰恐攻澤州綴昭義大軍，而雄得乘虛入上黨獨有其功耳。又宰生子晏實，其父智興愛而子之，晏實今爲磁州刺史，爲劉稹所質。質，音致。宰之顧望不敢進，或爲此也。」爲，于僞翻。上命德裕草詔賜宰，督其進兵。且曰：「朕顧茲小寇，終不貸刑。亦知晏實是卿愛弟，將申大義，在抑私懷。」

4 丁巳，以李石爲太子少傅、分司，以河中節度使崔元式爲河東節度使，石雄爲河中節度使。元式，元略之弟也。元略，時宰崔鉉之父。

5 己未，石雄拔良馬等三寨一堡。初，退渾李萬江歸李抱玉於潞州，牧津梁寺。地美水草，馬如鴨而健，世謂之津梁種。良馬寨蓋置於其地。

6 辛酉，太原獻楊弁及其黨五十四人，皆斬於狗脊嶺。按宋白續通典，狗脊嶺在京城東市。

7 壬申，李德裕言於上曰：「事固有激發而成功者：陛下命王宰趣磁州，趣，七喻翻。而何弘敬出師；遣客軍討太原，而戍兵先取楊弁。今王宰久不進軍，請徙劉沔鎮河陽，仍令以義成精兵二千直抵萬善，處宰肘腋之下。處，昌呂翻。若宰識朝廷此意，必不敢淹留。若宰進軍，沔以重兵在南，聲勢亦壯。」上曰：「善！」戊寅，以義成節度使劉沔爲河陽節度使。

8 王逢擊昭義將康良佺，敗之。敗，補邁翻。良佺棄石會關，退屯鼓腰嶺。佺，丑緣翻。鼓腰嶺，當在潞州武鄉縣北。考異曰：實錄：「王宰奏賊將康良佺敗，棄石會關，移軍入三十里，守鼓腰嶺。」按石會關在潞州北，與河東接。宰時在澤州南，何以得敗良佺！蓋「逢」字誤爲「宰」耳。

9 黠戛斯遣將軍諦德伊斯難珠等入貢，諦，音帝。言欲徙居回鶻牙帳，請發兵之期，集會之地。上賜詔，諭以「今秋可汗擊回鶻、黑車子之時，當令幽州、太原、振武、天德四鎮出兵要路，邀其亡逸，便申册命，並依回鶻故事。」

10 朝廷以回鶻衰微，吐蕃內亂，議復河、湟四鎮十八州。開元之盛，隴右、河西分爲兩鎮而已。蓋淪陷之後，吐蕃分爲四鎮也。十八州：秦、原、河、渭、蘭、鄯、階、成、洮、岷、臨、廓、疊、宕、甘、涼、瓜、沙也。乃以給事中劉濛爲巡邊使，考異曰：實錄，以濛爲巡邊使在明年二月壬寅。壬寅，二十五日也。按一品集，會昌四年二月二十二日奏狀曰：「緣李回等稱黠戛斯使云，今冬必欲就黑車子收回鶻可汗餘燼，切望國家兵馬應接。黠戛斯使回日已賜敕書，許令幽州、太原、振武、天德各於要路出兵邀截。」又曰：「仍令代北諸軍摐摐排比。」又曰：其幽州兵馬至多，不必先令排比，待至冬初續降中使賜詔。黠戛斯使來在四年二月，德裕奏狀所謂今冬、防秋、冬初者，皆四年事也。不容至五年二月始以濛爲巡邊使。濛之奉使要在今年春夏，不知的何月日，且附於此。使之先備器械糗糧及詗吐蕃守兵衆寡。糗，去久翻。詗，翾正翻，又火迥翻。又令天德、振武、河東訓卒礪兵，以俟今秋黠戛斯擊回鶻，邀其潰敗之衆南來者，皆委濛與節度團練使詳議以聞。濛，晏之孫也。劉晏以讒死於建中之初。

11 以道士趙歸眞爲右街道門教授先生。

12 吐蕃論恐熱之將岌藏豐贊惡恐熱殘忍，降於尚婢婢。惡，烏路翻。降，戶江翻。恐熱發兵擊婢婢於鄯州，婢婢分兵爲五道拒之。恐熱退保東谷，九域志：河州東南一十五里有東谷堡，宋熙寧七年置。婢婢爲木柵圍之，絕其水原。恐熱將百餘騎突圍走保薄寒山，餘衆皆降於婢婢。

13 夏，四月，王宰進攻澤州。

14 上好神仙，好，呼到翻。道士趙歸眞得幸，諫官屢以爲言。丙子，李德裕亦諫曰：「歸眞，敬宗朝罪人，見二百四十三卷寶曆二年。不宜親近！」近，其靳翻。上曰：「朕宮中無事時與之談道滌煩耳。至於政事，朕必問卿等與次對官，雖百歸眞不能惑也。」德裕曰：「小人見勢利所在，則奔趣之，如夜蛾之投燭。聞旬日以來，歸眞之門，車馬輻湊。願陛下深戒之！」

15 戊寅，以左僕射王起同平章事，充山南西道節度使，起以文臣未嘗執政，直除使相，前無此比，固辭；唐中世以後，節度使同平章事者則謂之使相。比，毗至翻，例也。上曰：「宰相無內外之異，朕有闕失，卿飛表以聞！」

16 李德裕以州縣佐官太宂，奏令吏部郎中柳仲郢裁減。六月，仲郢奏減一千二百一十四員。考異曰：獻替記曰：「減得二千二員。」新傳曰：「罷二千餘員。」舊柳仲郢傳曰：「減一千二百員」，今從之。仲郢，公綽之子也。柳公綽事憲、穆，歷方鎮、京尹，有聲績。

17 宦官有發仇士良宿惡，於其家得兵仗數千。詔削其官爵，籍沒家貲。

18 秋，七月，辛卯，上與李德裕議以王逢將兵屯翼城，上曰：「聞逢用法太嚴，有諸？」對曰：「臣亦嘗以此詰之，逢言：『前有白刃，法不嚴，其誰肯進！』」上曰：「言亦有理，卿更召而戒之！」德裕因言劉稹不可赦。上曰：「固然。」德裕曰：「昔李懷光未平，京師蝗旱，米斗千錢，太倉米供天子及六宮無數旬之儲。德宗集百官，遣中使馬欽緒詢之。左散騎常侍李泌取桐葉搏破，以授欽緒獻之。德宗召問其故，對曰：『陛下與懷光君臣之分，如此葉不可復合矣！』分，扶問翻，或讀如字。復，扶又翻。由是德宗意定。既破懷光，遂用爲相，獨任數年。」見德宗紀。上曰：「亦大是奇士！」李泌相業，卓有可稱，觀此則可以傳信，唐人毀之者皆妄也。

19 上聞揚州倡女善爲酒令，倡，音昌。酒令者，行令而飲酒也。唐人多好爲之。郤掃編曰：皇甫松著醉鄉日月，載骰子令，又有旗旛令、閃壓令、拋打令。今人不復曉其法，惟優伶家猶用手打令以爲戲云。敕淮南監軍選十七人獻之。監軍請節度使杜悰同選，且欲更擇良家美女，教而獻之。悰曰：「監軍自受敕，悰不敢預聞！」監軍再三請之，不從。監軍怒，具表其狀，上覽表默然。左右請并敕節度使同選，上曰：「敕藩方選倡女入宮，豈聖天子所爲！杜悰不徇監軍意，得大臣體，眞宰相才也。朕甚愧之！」遽敕監軍勿復選。甲辰，以悰同平章事，考異曰：新表，悰入相在閏月壬戌。今從實錄。兼度支、鹽鐵轉運使。及悰中謝，既受命入謝，謂之中謝。上勞之曰：勞，力到翻。「卿不從監軍之言，朕知卿有致君之心。今相卿，如得一魏徵矣！」武宗之期望杜悰者如此，然悰在相位，其所論諫，史無稱焉。

資治通鑑卷第二百四十八

端明殿學士兼翰林侍讀學士太中大夫提舉西京嵩山崇福宮上柱國河内郡開國公食邑二千二百戶食實封九百戶賜紫金魚袋臣　司馬光　奉敕編集

後　學　天　台　胡三省　音　註

唐紀六十四　起閼逢困敦（甲子）閏月，盡屠維大荒落（己巳），凡五年有奇。

武宗至道昭肅孝皇帝下

會昌四年（甲子、八四四）

1 閏月，壬戌，以中書侍郎、同平章事李紳同平章事，充淮南節度使。

2 李德裕奏：「鎭州奏事官高迪方鎭遣牙職入奏事，因謂之奏事官。密陳意見二事：其一，以爲『賊中好爲偷兵術，好，呼到翻。潛抽諸處兵聚於一處，官軍多就迫逐，以致失利；經一兩月，又偷兵詣他處。官軍須知此情，自非來攻城柵，愼勿與戰。彼淹留不過三日，須散歸舊屯，如此數四空歸，自然喪氣。喪，息浪翻。官軍密遣諜者詗其抽兵之處，乘虛襲之，無不捷矣。』詗，翾正翻，又火迥翻。其二，『鎭、魏屯兵雖多，終不能分賊勢。何則？下營不離故處，離，力智翻。每三兩月一深入，燒掠而去。賊但固守城柵，城外百姓，賊亦不惜。宜令進營據其要害，以漸逼之。若止如今日，賊中殊不以爲懼。』望詔諸將各使知之！」

劉稹腹心將高文端降，言賊中乏食，令婦人挼穗舂之以給軍。挼，奴禾翻，兩手相切摩也。德裕訪文端破賊之策，文端以爲：「官軍今直攻澤州，恐多殺士卒，城未易得。易，以豉翻。澤州兵約萬五千人，賊常分兵太半，潛伏山谷，伺官軍攻城疲弊，則四集救之，官軍必失利。伺，相吏翻。今請令陳許軍過乾河立寨，乾，音干。自寨城連延築爲夾城，環繞澤州，環，音宦。日遣大軍布陳於外以扞救兵。陳，讀曰陣。賊見圍城將合，必出大戰；待其敗北，然後乘勢可取。」德裕奏請詔示王宰。

文端又言：「固鎮寨四崖懸絕，勢不可攻。九域志：磁州武安縣有固鎮鎮，武安西北至遼州三百餘里。然寨中無水，皆飲澗水，在寨東【章：十二行本「東」下有「南」字；乙十一行本同；孔本同；張校同。】約一里許。宜令王逢進兵逼之，絕其水道，不過三日，賊必棄寨遁去，官軍即可追躡。前十五里至青龍寨，亦四崖懸絕，水在寨外，可以前法取也。其東十五里則沁州城。」沁州治沁源縣，漢上黨穀遠縣地。沁，七鴆翻。德裕奏請詔示王逢。

文端又言：「都頭王釗將萬兵戍洺州，劉稹既族薛茂卿，又誅邢洺救援兵馬使談朝義兄弟三人，釗自是疑懼；稹遣使召之，釗不肯入，士卒皆諠譟，釗必不爲稹用。但釗及士卒家屬皆在潞州，又士卒恐已降爲官軍所殺，招之必不肯來。惟有諭意於釗，使引兵入潞州取稹，事成之日，許除別道節度使，仍厚有賜與，庶幾肯從。」幾，居依翻。德裕奏請詔何弘敬潛遣人諭以此意。

劉稹年少懦弱，少，詩照翻。押牙王協、宅內兵馬使李士貴用事，專聚貨財，府庫充溢，而將士有功無賞，由是人心離怨。劉從諫妻裴氏，冕之支孫也，裴冕相肅、代兩朝。憂稹將敗，其弟問，典兵在山東，欲召之使掌軍政。士貴恐問至奪己權，且泄其奸狀，乃曰：「山東之事仰成於五舅，仰，牛向翻。裴問，第五。若召之，是無三州也。」乃止。三州，邢、洺、磁。

王協薦王釗爲洺州都知兵馬使；釗得衆心，而多不遵使府約束，同列高元武、安玉言其有貳心。稹召之，釗辭以「到洺州未立少功，實所慚恨，乞留數月，然後詣府。」許之。

王協請稅商人，每州遣軍將一人主之，名爲稅商，實籍編戶家貲，編戶，猶言編民也。將，卽亮翻。至於什器無所遺，皆估爲絹匹，十分取其二，率高其估。民竭浮財及糗糧輸之，不能充，皆恟恟不安。民財非地著，轉易以致利者爲浮財。糗，去久翻。恟，許拱翻。

軍將劉溪尤貪殘，劉從諫棄不用；溪厚賂王協，協以邢州富商最多，命溪主之。裴問所將兵號「夜飛」，多富商子弟，溪至，悉拘其父兄；軍士訴於問，問爲之請，爲，于僞翻。溪不許，以不遜語答之。問怒，密與麾下謀殺溪歸國，幷告刺史崔嘏，嘏從之。丙子，嘏、問閉城，斬城中大將四人，請降於王元逵。時高元武在党山，聞之，亦降。「党山」，恐當作「堯山」。

先是使府賜洺州軍士布，人一端，尋有帖以折冬賜。先，悉薦翻。以前所賜布折充冬賜。折，之舌翻。會稅商軍將至洺州，王釗因人不安，謂軍士曰：「留後年少，少，詩照翻。政非己出。今倉庫充實，足支十年，豈可不少散之少，詩沼翻。以慰勞苦之士！使帖不可用也。」乃擅開倉庫，給士卒人絹一匹，穀十二石，士卒大喜。釗遂閉城請降於何弘敬。安玉在磁州，聞二州降，亦降於弘敬。堯山都知兵馬使魏元談等降於王元逵，元逵以其久不下，皆殺之。

八月，辛卯，鎮、魏奏邢、洺、磁三州降，宰相入賀。李德裕曰：「昭義根本盡在山東，三州降，則上黨不日有變矣。」上曰：「郭誼必梟劉稹以自贖。」德裕曰：「誠如聖料。」上曰：「於今所宜先處者何事？」處，昌呂翻。德裕請以【章：十二行本「以」下有「給事中」三字；乙十一行本同；孔本同；張校同；退齋校同。】盧弘止爲三州留後，考異曰：舊紀、傳皆作「弘正」。實錄、新紀、傳皆作「弘止」，今從之。曰：「萬一鎮、魏請占三州，占，之贍翻。朝廷難於可否。」上從之。詔山南東道兼昭義節度使盧鈞乘驛赴鎮。

潞人聞三州降，大懼。郭誼、王協謀殺劉稹以自贖；稹再從兄中軍使匡周兼押牙，再從兄，同曾祖。從，才用翻。誼患之，言於稹曰：「十三郎在牙院，劉匡周，第十三。牙院，押牙治事之所。諸將皆莫敢言事，恐爲十三郎所疑而獲罪，以此失山東。今誠得十三郎不入，則諸將始敢盡言，采於衆人，必獲長策。」稹召匡周諭之，使稱疾不入。匡周怒曰：「我在院中，故諸將不敢有異圖；我出院，家必滅矣！」稹固請之，匡周不得已，彈指而出。

誼令稹所親董可武說稹曰：說，式芮翻。「山東之叛，事由五舅，城中人人誰敢相保！留後今欲何如？」五舅，謂裴問。劉稹自爲留後，故稱之。稹曰：「今城中尚有五萬人，且當閉門堅守耳。」可武曰：「非良策也。留後不若束身歸朝，如張元益，元益事見二百四十六卷文宗開成三年。不失作刺史。且以郭誼爲留後，俟得節之日，徐奉太夫人及室家金帛歸之東都，不亦善乎？」太夫人，謂從諫妻裴氏。稹曰：「誼安肯如是？」可武曰：「可武已與之重誓，必不負也。」乃引誼入。稹與之密約既定，乃白其母，母曰：「歸朝誠爲佳事，但恨已晚。吾有弟不能保，謂裴問以邢州降也。安能保郭誼！汝自圖之！」稹乃素服出門，以母命署誼都知兵馬使。王協已戒諸將列於外廳，誼拜謝稹已，已，猶畢也。出見諸將，稹治裝於內廳。治，直之翻。李士貴聞之，帥後院兵數千攻誼。帥，讀曰率。誼叱之曰：「何不自取賞物，乃欲與李士貴同死乎！」軍士乃退，共殺士貴。誼易置將吏，部署軍士，一夕俱定。

明日，使董可武入謁稹曰：「請議公事。」稹曰：「何不言之！」可武曰：「恐驚太夫人。」乃引稹步出牙門，至北宅，北宅，昭義節度使別宅也，在使宅之北，故曰北宅。置酒作樂。酒酣，乃言：「今日之事欲全太尉一家，劉悟贈太尉。須留後自圖去就，則朝廷必垂矜閔。」稹曰：

「如所言，稹之心也。」可武遂前執其手，崔玄度自後斬之，因收稹宗族，匡周以下至襁褓中子皆殺之。襁，舉兩翻。褓，音保。穆宗長慶初，劉悟始帥昭義，三世，二十六年而滅。又殺劉從諫父子所厚善者張谷、陳揚庭、李仲京、郭台、王羽、韓茂章、茂實、王渥、賈庠等凡十二家，并其子姪甥壻無遺。仲京，訓之兄；台，行餘之子；羽，涯之從孫；茂章、茂實，約之子；渥，璠之子；庠，餗之子也。甘露之亂，仲京等亡歸從諫，從諫撫養之。李仲京等僅脱甘露之禍，卒與劉從諫之族俱屠，蓋天聚而殲之也。凡軍中有小嫌者，誼日有所誅，流血成泥。乃函稹首，遣使奉表及書，降於王宰。首過澤州，劉公直舉營慟哭，亦降於宰。

乙未，宰以狀聞。丙申，宰相入賀。李德裕奏：「今不須復置邢、洺、磁留後，復，扶又翻；下同。但遣盧弘止宣慰三州及成德、魏博兩道。」上曰：「郭誼宜如何處之？」德裕曰：「劉稹騃孺子耳，處，昌呂翻。騃，五駭翻，癡也。阻兵拒命，皆誼爲之謀主；及勢孤力屈，又賣稹以求賞。此而不誅，何以懲惡！宜及諸軍在境，并誼等誅之！」上曰：「朕意亦以爲然。」乃詔石雄將七千人入潞州，以應謠言。謠言見上卷三年。杜悰以饋運不給，謂誼等可赦，上熟視不應。德裕曰：「今春澤潞未平，太原復擾，自非聖斷堅定，斷，丁亂翻。二寇何由可平！外議以爲若在先朝，赦之久矣。」上曰：「卿不知文宗心地不與卿合，安能議乎！」罷盧鈞山南東道，專爲昭義節度使。

戊戌，劉稹傳首至京師。詔：「昭義五州給復一年，復，方目翻，除其賦役也。軍行所過州縣免今年秋稅。昭義自劉從諫以來，横增賦斂，横，戶孟翻。斂，力贍翻。悉從蠲免。所籍土團並縱遣歸農。諸道將士有功者，等級加賞。」

郭誼既殺劉稹，日望旌節；既久不聞問，乃曰：「必移他鎮。」於是閲鞍馬，治行裝；治，直之翻。及聞石雄將至，懼失色。雄至，誼等參賀畢，敕使張仲淸曰：「郭都知告身來日當至；郭誼爲昭義都知兵馬使，故稱之。諸高班告身在此，晚牙來受之！」諸高班，謂諸將。凡方鎮及州縣率早晚兩牙，將校吏卒皆集。乃以河中兵環毬場，河中兵，石雄所統入潞州者。環，讀如宦。晚牙，誼等至，唱名引入，凡諸將桀黠拒官軍者，黠，下八翻。悉執送京師。加何弘敬同平章事。丁未，詔發劉從諫尸，暴於潞州市三日；石雄取其尸置毬場斬剉之。

戊申，加李德裕太尉、趙國公，德裕固辭。上曰：「恨無官賞卿耳！卿若不應得，朕必不與卿。」

初，李德裕以「韓全義以來，德宗遣韓全義討吳少誠，敗於溵水。將帥出征屢敗，其弊有三：一者，詔令下軍前，日有三四，下，戶嫁翻。宰相多不預聞。二者，監軍各以意見指揮軍事，將帥不得專進退。三者，每軍各有宦者爲監使，悉選軍中驍勇數百爲牙隊，其在陳戰鬬者，皆怯弱之士；每戰，監使自有信旗，信旗者，別爲一旗，軍中視之以爲進退。監，古銜翻。使，疏吏翻。乘高立馬，以牙隊自衛，視軍勢小卻，輒引旗先走，陳從而潰。」陳，讀曰陣。德裕乃與樞密使楊欽義、劉行深議，約敕監軍不得預軍政，每兵千人聽監使取十人自衛，有功隨例霑賞。二樞密皆以爲然，白上行之。自禦回鶻至澤潞罷兵，皆守此制。自非中書進詔意，更無他詔自中出者。號令既簡，將帥得以施其謀略，故所向有功。史因李德裕之事而敍之，以見唐中世之所以敗，武宗之所以勝。

自用兵以來，河北三鎮每遣使者至京師，李德裕常面諭之曰：「河朔兵力雖強，不能自立，須藉朝廷官爵威命以安軍情。歸語汝使：語，牛倨翻。使，疏吏翻。與其使大將邀宣慰敕使以求官爵，何如自奮忠義，立功立事，結知明主，使恩出朝廷，不亦榮乎！且以耳目所及者言之，李載義在幽州，爲國家盡忠平滄景，爲，于僞翻。及爲軍中所逐，不失作節度使，後鎮太原，位至宰相。楊志誠遣大將遮敕使馬求官，及爲軍中所逐，朝廷竟不赦其罪。事並見前紀。此二人禍福足以觀矣。」德裕復以其言白上，復，扶又翻。上曰：「要當如此明告之。」由是三鎮不敢有異志。

3 九月，詔以澤州隸河陽節度。用李德裕三年之議也。

4 丁巳，盧鈞入潞州。鈞素寬厚愛人，劉稹未平，鈞已領昭義節度，事見上卷三年。襄州士卒在行營者，與潞人戰，常對陳揚鈞之美。陳，讀曰陣。及赴鎮，入天井關，昭義散卒歸之者，鈞皆厚撫之，人情大洽，昭義遂安。

劉稹將郭誼、王協、劉公直、安全慶、李道德、李佐堯、劉武德、董可武等至京師，皆斬之。

臣光曰：「董重質之在淮西，事見憲宗紀。郭誼之在昭義，吳元濟、劉稹，如木偶人在伎兒之手耳。伎，渠綺翻。彼二人始則勸人爲亂，終則賣主規利，其死固有餘罪。然憲宗用之於前，武宗誅之於後，臣愚以爲皆失之。何則？賞姦，非義也；殺降，非信也。失義與信，何以爲國！昔漢光武待王郎、劉盆子止於不死，知其非力竭則不降故也。樊崇、徐宣、王元、牛邯之徒，豈非助亂之人乎？而光武不殺；事並見光武紀。蓋以既受其降，則不可復誅故也。若既赦而復逃亡叛亂，復，扶又翻；下同。則其死固無辭矣。如誼等，免死流之遠方，沒齒不還，可矣；殺之，非也！」

王羽、賈庠等已爲誼所殺，李德裕復下詔稱「逆賊王涯、賈餗等已就昭義誅其子孫」，宣告中外，識者非之。王涯、賈餗，非爲逆也。設以其附麗非人，害于而家，凶于而國，罪亦不至於殄滅而無遺育。李德裕明底其罪，若眞假手於郭誼而致天誅者，宜識者之非之也。劉從諫妻裴氏亦賜死；又令昭義降將李丕、高文端、王釗等疏昭義將士與劉稹同惡者，悉誅之，死者甚衆。盧鈞疑其枉濫，奏請寬之，不從。

昭義屬城有嘗無禮於王元逵者，元逵推求得二十餘人，斬之；餘衆懼，復閉城自守。

戊辰，李德裕等奏：「寇孽既平，盡爲國家城鎮，豈可令元逵窮兵攻討！望遣中使賜城內將士敕，招安之，仍詔元逵引兵歸鎮，并詔虞鈞自遣使安撫。」從之。

乙亥，李德裕等請上尊號，且言：「自古帝王，成大功必告天地；又，宣懿太后祔廟，上初卽位，追謚母韋妃曰宣懿太后。陛下未嘗親謁。」上瞿然曰：「郊廟之禮，誠宜亟行，至於徽稱，非所敢當！」凡五上表，乃許之。瞿，紀具翻。瞿然，失其常度之貌。徽，美也。稱，昌孕翻。

6李德裕奏：「據幽州奏事官言：詗知回鶻上下離心，詗，火迥翻，又翾正翻。可汗欲之安西，其部落言親戚皆在唐，不如歸唐；又與室韋已相失，計其不日來降，或自相殘滅。望遣識事中使欲遣識事宜者出使。賜仲武詔，諭以鎮、魏已平昭義，惟回鶻未滅，仲武猶帶北面招討使，宜早思立功。」

7李德裕怨太子太傅・東都留守牛僧孺、湖州刺史李宗閔，言於上曰：「劉從諫據上黨十年，太和中入朝，僧孺、宗閔執政，不留之，加宰相縱去，事見二百四十四卷文宗太和七年。以成今日之患，竭天下力乃能取之，皆二人之罪也。」德裕又使人於潞州求僧孺、宗閔與從諫交通書疏，無所得，乃令孔目官鄭慶言從諫每得僧孺、宗閔書疏，皆自焚毀。詔追慶下御史臺按問，下，遐嫁翻。中丞李回、知雜鄭亞以爲信然。唐制：御史臺侍御史六人，以久次者一人知雜事，謂之雜端。河南少尹呂述與德裕書，言稹破報至，僧孺出聲歎恨。此希德裕意而誣僧孺也。德裕奏述書，上大怒，以僧孺爲太子少保、分司，宗閔爲漳州刺史；戊子，再貶僧孺汀州刺史，宗閔漳州長史。垂拱元年，分福州西南境置漳州，以南有漳水爲名。舊志：京師東南七千三百里。

8 上幸鄠校獵。鄠，音戶。

9 十一月，復貶牛僧孺循州長史，宗【章：十二行本「宗」上有「李」字；乙十一行本同。】閔長流封州。復，扶又翻。

10 十二月，以忠武節度使王宰爲河東節度使，河中節度使石雄爲河陽節度使。考異曰：實錄：「九月，盧鈞奏，十七日，石雄回軍赴孟州。」按雄於時未爲河陽節度使，實錄誤也。

11 上幸雲陽校獵。

五年（乙丑、八四五）

1 春，正月，己酉朔，羣臣上尊號曰仁聖文武章天成功神德明道大孝皇帝，尊號始無「道」字，中旨令加之。是時帝崇信道士趙歸眞等，至親受道籙，故旨令羣臣於尊號中加「道」字；而不知其所謂道者，非吾之所謂道也。庚戌，上謁太廟；辛亥，祀昊天上帝，赦天下。

2 築望仙臺於南郊。

3 庚申，義安太后王氏崩。太和五年，宰相建白，以太皇太后與寶曆太后稱號未辨，前代詔令不敢斥言，皆以宮爲稱。今寶曆太后居義安殿，宜曰義安太后。詔可。

4以祕書監盧弘宣爲義武節度使。弘宣性寬厚而難犯，爲政簡易，易，以豉翻。其下便之。河北之法，軍中偶語者斬；弘宣至，除其法。河北諸帥防其下相與聚謀以圖己，故嚴軍中偶語之法，以剛制之。盧弘宣至中山，乃除其法。詔賜粟三十萬斛，在飛狐西，計運致之費踰於粟價，弘宣遣吏守之。會春旱，弘宣命軍民隨意自往取之，粟皆入境，約秋稔償之。時成德、魏博皆饑，獨易定之境無害。

5淮南節度使李紳按江都令吳湘盜用程糧錢，新書百官志：主客郎中，主蕃客。東南蕃使還者，給入海程糧；西北蕃使還者，給度磧程糧。至於官吏以公事有遠行，則須計程以給糧，而糧重不可遠致，則以錢準估，故有程糧錢。強娶所部百姓顏悅女，估其資裝爲贓，罪當死。湘，武陵之兄子也，吳武陵見二百三十九卷憲宗元和十年。李德裕素惡武陵。惡，烏路翻。議者多言其冤，諫官請覆按，詔遣監察御史崔元藻、李稠覆之。還言：「湘盜程糧錢有實；顏悅本衢州人，嘗爲青州牙推，妻亦士族，與前獄異。」德裕以爲無與奪，二月，貶元藻端州司戶，稠汀州司戶。不復更推，亦不付法司詳斷，卽如紳奏，處湘死。復，扶又翻。斷，丁亂翻。處，昌呂翻。爲德裕以吳湘獄致禍張本。諫議大夫柳仲郢、敬晦皆上疏爭之，不納。稠，晉江人；宋白曰：泉州治晉江縣，晉爲晉安縣地，隋廢郡爲邑。晦，昕之弟也。敬昕見上卷三年。

6李德裕以柳仲郢爲京兆尹；素與牛僧孺善，謝德裕曰：「不意太尉恩奬及此，仰報厚德，敢不如奇章公門館！」德裕不以爲嫌。隋封牛弘爲奇章公，牛僧孺蓋其後也，故時人亦呼之爲奇章公。宋白曰：奇章縣屬巴州，本漢葭萌縣地，梁置奇章縣，取縣東八里奇章山爲名。

7 夏，四月，壬寅，以陝虢觀察使李拭爲册黠戛斯可汗使。陝，失冉翻。

8 五月，壬戌，葬恭僖皇后于光陵柏城之外。義安太后謚曰恭僖。后於穆宗非伉儷，故陪葬光陵而不合。

9 門下侍郎、同平章事杜悰罷爲右僕射，中書侍郎、同平章事崔鉉罷爲戶部尚書。乙丑，以戶部侍郎李回爲中書侍郎、同平章事，判戶部如故。

10 祠部奏括天下寺四千六百，蘭若四萬，僧尼二十六萬五百。祠部掌僧尼，故使括之。若，人者翻。釋氏要覽曰：蘭若者，梵言阿蘭若，唐言無諍也；四分律云，空靜處；智度經云，遠離處；大悲經云，離諸忿。

11 詔册黠戛斯可汗爲宗英雄武誠明可汗。

12 秋，七月，丙午朔，日有食之。

13 上惡僧尼耗蠹天下，欲去之，惡，烏路翻。去，羌呂翻。道士趙歸眞等復勸之；復，扶又翻。乃先毀山野招提、蘭若，釋書曰：招提、菩薩，皆佛名，故號寺或謂之招提。增輝記曰：招提者，梵言拓鬬提奢，唐言四方僧物。後人傳寫之誤，以「拓」爲「招」，又省去「鬬奢」二字，只稱招提，卽今十方寺院是也。薩波論云：西天度地以四肘爲一弓，去村店五百弓不遠不近，以閒靜爲蘭若。史炤曰：今若以唐尺計之，度二里許。敕【章：

十二行本「敕」上有「至是」二字；乙十一行本同；孔本同；張校同。】上都、東都兩街各留二寺，唐謂長安曰上都。時左街留慈恩、薦福，右街留西明、莊嚴。每寺留僧三十人；天下節度、觀察使治所及同、華、商、汝州各留一寺，華，戶化翻。分爲三等：上等留僧二十人，中等留十人，下等五人。考異曰：實錄：「中書門下奏請上都、東都兩街各留寺十所，每寺留僧十人，大藩鎮各一所，僧亦依前詔。敕上都、東都每街各留寺兩所，每寺僧各留三十人。中書門下奏，『奉敕諸道所留僧尼數宜令更商量，分爲三等：上至二十人，中至十人，下至五人。今據天下諸道共五十處四十六道，合配三等：鎮州、魏博、淮南、西川、山南東道、荊南、嶺南、汴宋、幽州、東川、鄂岳、浙西、浙東、宣歙、湖南、江西、河南府，望每道許留僧二十人；山南西道、河東、鄭滑、陳許、潞磁、鄆曹、徐泗、鳳翔、兗海、淄青、滄齊、易定、福建、同華州，望令每道許留十人；夏桂、邕管、黔中、安南、汝、金、商州、容管，望每道許留五人；一道河中已敕下留十三人。』」按鎮州等凡五十六州，四十一道，今云五十處四十六道，誤也。杜牧杭州南亭記曰：「武宗卽位，始去其山臺野邑四萬所，冠其徒幾至十萬人。後至會昌五年，始命西京留佛寺四，僧惟十人；東都二寺。天下所謂節度、觀察、同、華、汝三十四治所得留一寺，僧準西京數；其他刺史州不得有寺。凡除寺四千六百，僧、尼笄冠二十六萬五百。」實錄註又云：按唐時石刻云，「兩都留寺四，僧各十人；郡國留寺二，僧各三人。」數皆不同。今從實錄前文。餘僧及尼幷大秦穆護、祆僧皆勒歸俗。大秦穆護又釋氏之外教，如回鶻摩尼之類。是時敕曰：「大秦穆護等祠，釋教既已釐革，邪法不可獨存。其人並勒還俗，遞歸本貫，充稅戶；如外國人送遠處收管。」祆，呼煙翻，胡神也。唐制：祠部歲再祀磧西諸州火祆，而禁民祈祭。官品令有祆正，蓋主祆僧也。寺非應留者，立期令所在毀撤，仍遣御史分道督之。財貨田產並沒官，寺材以葺公廨驛舍，廨，古隘翻。銅像、鍾磬以鑄錢。

14以山南東道節度使鄭肅檢校右僕射、同平章事。

15詔發昭義騎兵五百、步兵千五百戍振武，節度使盧鈞出至裴村餞之；潞卒素驕，憚於遠戍，乘醉，回旗入城，閉門大譟，鈞奔潞城以避之。宋白曰：潞城縣，春秋潞子嬰兒之國，漢爲潞縣。十三州志云：潞水出焉。後魏太武改爲刈陵縣，隋開皇十三年置潞城縣。九域志：潞城在潞州東北四十里。監軍王惟直自出曉諭，亂兵擊之，傷，旬日而卒。李德裕奏：「請詔河東節度使王宰以步騎一千守石會關，三千自儀州路據武安，以斷邢、洺之路；斷，音短。又令河陽節度使石雄引兵守澤州，河中節度使韋恭甫發步騎千人戍晉州。如此，賊必無能爲。」分守四境，使潞之亂卒不得越逸而奔他鎮。皆從之。

16八月，李德裕等奏：「東都九廟神主二十六，今貯於太微宮小屋，玄宗天寶二年，改東都玄元皇帝廟曰太微宮。劉昫曰：東都太微宮本武后家廟。神龍初，中宗反正，廢武氏廟主，立太祖已下神主祔主。安祿山陷洛陽，以廟爲馬廐，棄其神主，協律郎嚴郢收而藏之。史思明再陷洛陽，尋又散失。賊平，東都留守盧正己又募得之。廟已焚毁，乃寄主於太微宮。貯，丁呂翻。請以廢寺材復脩太廟。」

17壬午，詔陳釋教之弊，宣告中外。凡天下所毁寺四千六百餘區，歸俗僧尼二十六萬五百人，大秦穆護、祆僧二千餘人，毁招提、蘭若四萬餘區。考異曰：會要：元和二年，薛平奏請賜中條山蘭若額爲大和寺。蓋官賜額者爲寺，私造者爲招提、蘭若，杜牧所謂「山臺野邑」是也。收良田數千萬頃，奴婢十五萬人。所留僧皆隸主客，不隸祠部。時中書門下奏：「據大唐六典，祠部掌天地宗廟大祭，與僧事殊不相當。又萬務根本合歸尚書省，隸鴻臚寺亦未爲允當。又據六典，主客掌朝貢之國七十餘蕃，五天竺國並在數內。釋氏出自天竺國，今陛下以其非中國之教，已有釐革。僧尼名籍便令係主客，不隸祠部及鴻臚寺，至爲允當。」從之。百官奉表稱賀。尋又詔東都止留僧二十人，諸道留二十人者減其半，留十人者減三人，留五人者更不留。

五臺僧多亡奔幽州。五臺在代州五臺縣，山形五峙，相傳以爲文殊示現之地。華嚴經疏云：清涼山者，卽代州鴈門五臺山也。以歲積堅冰，夏仍飛雪，曾無炎暑，故曰清涼。五峯聳出，頂無林木，有如壘土之臺，故曰五臺。古傳云：山在長安東北一千六百餘里，代州之所管。山頂至州城一百餘里。其山左鄰恆山，右接天池，南屬五臺縣，北至繁畤縣，環基所至五百餘里。靈記云：五臺山有四埵，去臺各一百二十里。據古經所載，今北臺卽是中臺，中臺卽是南臺，大黃尖卽是北臺，栲栳山卽是西臺，漫天石卽是東臺。惟北臺、中臺古時無異，東臺、西臺古今無別。無恤臺，恆山頂是也。昔趙襄子名無恤，曾登此山觀代國，下瞰東海。西曾甍山，有宮池古廟；隋煬帝避暑於此而居，因天池造立宮室，龍樓鳳閣，遍滿池邊，號爲西埵。南繫舟山，上有銅環，船軸猶在。昔帝堯遭水，繫舟於此。世傳文殊見於南臺，號爲南埵。北有覆宿堆，卽夏屋山也；後魏孝文皇帝避暑往復宿此，下見雲州，謂之北埵。中臺稍近西北，有太華泉，有古寺二十餘處。東臺去太華泉四十二里，臺上遙見滄、瀛諸州；日出時，下視大海猶陂澤焉，有古寺十五處。西臺去太華泉四里，危嶝干雲，喬林拂日，有古寺十二處。南臺去太華泉八十里，最爲幽寂，有古寺九處。北臺去太華泉十二里，有古寺八處，唐末所添寺不在其數。五臺縣本漢慮虒縣。慮虒，音驢夷。隋大業二年改爲五臺縣。李德裕召進奏官謂曰：「汝趣白本使，趣，讀曰促。五臺僧爲將必不如幽州將，爲卒必不如幽州卒，何爲虛取容納之名，染於人口！將，即亮翻。染，如豔翻，又而險翻。獨不見近日劉從諫招聚無算閒人，竟有何益！」張仲武乃封二刀付居庸關曰：「有游僧入境則斬之。」

主客郎中韋博以爲事不宜太過，李德裕惡之，惡，烏路翻。出爲靈武節度副使。

18 昭義亂兵奉都將李文矩爲帥；帥，所類翻。文矩不從，亂兵亦不敢害。文矩稍以禍福諭之，亂兵漸聽命，乃遣人謝盧鈞於潞城。鈞還入上黨，復遣之戍振武；行一驛，乃潛選兵追之；明日，及於太平驛，唐制：三十里一驛。太平驛在潞州北六十里。宋白曰：太平驛東南距潞州八十里。盡殺之。考異曰：獻替記：「上信任宰臣，無不先訪問，無獨斷之事。唯誅討澤潞，不肯捨赴振武官健及誅翦党項，此二事並禁中發詔處分，更不顧問。振武官健回旗，不肯進發，先害監軍傔一人，監軍王惟直自出曉諭，又被傷痍，旬日而卒。禁中兩軍樞密已下，恨其不殺節將，唯害中人，所以激上之怒，盡須勦戮。上問宰臣曰：『我送石雄領兵至澤潞，令盧鈞不誅討罪人，如何？』德裕曰：『盧鈞已失律，性又寬懦，必恐自誅不得。若便替卻盧鈞，亂卒罪惡轉大，須興兵討伐。恐不如先除替，令新帥誅翦。』上謂德裕曰：『勿惜盧鈞！本非材將。救澤潞叛兵，疑李丕報嫌。往劉稹平後，處置澤潞與劉稹同惡，僅五千餘人，皆是取得高文端、王釗狀，通姓名，勘李丕狀同，然後處分。其間有三兩人或王釗狀無名，並不更問，足明是李丕不能逞其憾。』又云：『惟務苟安、因循爲政。凡方鎮發兵，只合不出軍城，嚴兵自衛，於城門閱過部伍，更令軍將慰安。豈有自出送兵馬，又令家口縱觀！事同兒戲，實不足惜！』

『緣大兵之後，須有防虞，臣不敢隱默。』由是中詔處分，不復顧問。」按盧鈞還入潞州，諭戍兵使赴振武，尋遣兵追擊，盡殺之，非上不肯捨也。既云「不可便替」，又云「不如先除替」，語自相違。上云「勿惜盧鈞」，是上語，下云「臣不敢隱默」，乃是德裕語。獻替記至此差舛尤甚，不可復據。又處置澤潞五千餘人太多，必是「五十」字誤耳。具以狀聞，且請罷河東、河陽兵在境上者，從之。

19 九月，詔脩東都太廟。如李德裕所奏也。

20 李德裕請置備邊庫，令戶部歲入錢帛十二萬緡匹，度支鹽鐵歲入錢帛十二萬緡匹，明年減其三之一，凡諸道所進助軍財貨皆入焉，以度支郎中判之。

21 王才人寵冠後庭，冠，古玩翻。上欲立以爲后；李德裕以才人寒族，且無子，恐不厭天下之望，厭，益涉翻，伏也，合也。乃止。

22 上餌方士金丹，性加躁急，喜怒不常。冬，十月，上問李德裕以外事，對曰：「陛下威斷不測，斷，丁亂翻。外人頗驚懼。曏者寇逆暴橫，橫，戶孟翻。固宜以威制之；今天下既平，願陛下以寬理之，但使得罪者無怨，爲善者不驚，則爲寬矣。」

23 以衡山道士劉玄靜爲銀青光祿大夫、崇玄館學士，賜號廣成先生，爲之治崇玄館，置吏鑄印。唐有崇玄署令，掌僧道，屬宗正寺。又有崇玄學博士，掌教玄學生。玄宗天寶二年改崇玄學曰崇玄館，改博士曰學士。爲之，于僞翻。治，直之翻。玄靜固辭，乞還山，許之。

24 李德裕秉政日久，好徇愛憎，好，呼到翻。人多怨之。自杜悰、崔鉉罷相，宦官左右言其太專，上亦不悅。給事中韋弘質上疏，言宰相權重，不應更領三司錢穀。德裕奏稱：「制置職業，人主之柄。弘質受人教導，所謂賤人圖柄臣，傳曰：下輕其上爵，賤臣圖柄臣，則國家動搖，而人不靜。非所宜言。」十二月，弘質坐貶官，由是衆怒愈甚。史言李德裕以自專自用速禍。

25 上自秋冬以來，覺有疾，而道士以爲換骨。上祕其事，外人但怪上希復遊獵，復，扶又翻；下同。宰相奏事者亦不敢久留。詔罷來年正旦朝會。以有疾也。

26 吐蕃論恐熱復糾合諸部擊尚婢婢，婢婢遣厖結藏將兵五千拒之，恐熱大敗，與數十騎遁去。婢婢傳檄河、湟，數恐熱殘虐之罪，數恐，所具翻。曰：「汝輩本唐人，吐蕃無主，則相與歸唐，毋爲恐熱所獵如狐兔也！」於是諸部從恐熱者稍稍引去。

27 是歲，天下戶四百九十五萬五千一百五十一。

28 朝廷雖爲党項置使，帝以侍御史爲使，分三部招定党項，以邠、寧、延屬崔彥曾，鹽、夏、長澤屬李鄠，靈武、麟、勝屬鄭賀。党項侵盜不已，攻陷邠、寧、鹽州界城堡，屯叱利寨。宰相請遣使宣慰；上決意討之。

六年（丙寅、八四六）

1 春，二月，庚辰，以夏州節度使米暨爲東北道招討党項使。米姓出於西域，康居枝庶分爲米國，復入中國，子孫遂以爲姓。

2上疾久未平，以爲漢火德，改「洛」爲「雒」；漢光武改洛陽爲雒陽。唐土德，不可以王氣勝君名，三月，下詔改名炎。王，于況翻。唐以土德王，而帝名瀍，瀍旁從水，土勝水，故言以王氣勝君名。今改名炎，炎從火，火能生土，取以君名生王氣也。帝未幾而晏駕，厭勝果何益哉！

上自正月乙卯不視朝，考異曰：實錄作「十五日」。按獻替記：「自正月十三日後至三月二十日更不開延英，時見中詔處分，莫得預焉。」今從之。宰相請見，不許；見，賢遍翻。中外憂懼。

初，憲宗納李錡妾鄭氏，生光王怡。怡幼時，宮中皆以爲不慧，太和以後，益自韜匿，羣居遊處，處，昌呂翻。未嘗發言。文宗幸十六宅宴集，好誘其言以爲戲笑，【章：十二行本「笑」下有「號曰光叔」四字；乙十一行本同；孔本同；張校同；退齋校同。】好，呼到翻。上性豪邁，尤所不禮。考異曰：韋昭度續皇王寶運錄曰：「宣宗卽憲皇第四子。自憲皇崩，便合紹位，乃與姪文宗。文宗崩，武皇慮有他謀，乃密令中常侍四人擒宣宗於永巷，幽之數日，沉於宮廁。宦者仇公武愍之，乃奏武宗曰：『前者王子，不宜久於宮廁。誅之。』武宗曰：『唯唯。』仇公武取出，於車中以糞土雜物覆之，將別路歸家，密養之。三年後，武皇宮車晏駕，百官奉迎於玉宸殿立之。尋擢仇公武爲軍容使。」尉遲偓中朝故事曰：「敬宗、文宗、武宗相次卽位，宣皇皆叔父也。武宗初登極，深忌焉。一日，會鞠於禁苑間，武宗召上，遙覩瞬目於中官仇士良。士良躍馬向前曰：『適有旨，王可下馬！』士良命中官輿出軍中，奏云：『落馬，已不救矣！』尋請爲僧，遊行江表間。會昌末，中人請還京，遂卽位。」令狐澄貞陵遺事曰：「上在藩時，嘗從駕迴，而上誤墮馬，人不之覺。比二更，方能興。時天大雪，四顧悄無人聲。上寒甚，會巡警者至，大驚。上曰：『我光王也。不悟至此，方困且渴，若爲我求水！』警者卽於旁近得水以進，遂委而去。上良久起，舉甌將飲，顧甌中水盡爲芳醪矣。上獨喜自負，一舉盡甌。已而體微煖有力，遂步歸藩邸。」此三事皆鄙妄無稽，今不取。及上疾篤，旬日不能言。諸宦官密於禁中定策，辛酉，下詔稱：「皇子沖幼，須選賢德，光王怡可立爲皇太叔，考異曰：舊紀：「三月一日，立爲皇太叔。」武宗實錄云「壬戌」。宣宗實錄云「辛酉」。按獻替記云，「自正月十三日後至三月二十日更不開延英」，蓋二十一日則宣宗見百寮也。今從宣宗實錄。更名忱，更，工衡翻。忱，時壬翻。應軍國政事令權句當。」以武宗之英達，李德裕之得君，而不能定後嗣，卒制命於宦豎，北司掌兵，且專宮禁之權也。句，古候翻。當，丁浪翻；下咸當同。太叔見百官，哀戚滿容；裁決庶務，咸當於理，人始知有隱德焉。當，丁浪翻。

甲子，上崩。年三十三。以李德裕攝冢宰。丁卯，宣宗卽位。宣宗素惡李德裕之專，惡，烏路翻。卽位之日，德裕奉册；既罷，謂左右曰：「適近我者非太尉邪？每顧我，使我毛髮洒淅。」近，其靳翻。洒淅，肅然之意，言可畏憚也。夏，四月，辛未朔，上始聽政。

3 尊母鄭氏爲皇太后。

4 壬申，以門下侍郎、同平章政事【章：十二行本無「政」字；乙十一行本同。】李德裕同平章事，充荆南節度使。考異曰：實錄、新表、傳皆云：「德裕自守太尉檢校司徒爲荆南節度使。」按制辭皆無責降之語，豈可遽自守太尉檢校司徒！今從舊紀。又貞陵遺事曰：「上初卽位於太極殿，時宰相李德裕與行册禮。及退，上謂宦侍云云。聽政之二日，遂出爲荆門。」舊德裕傳曰：「五年，武宗上徽號，累表乞骸，不許。德裕病月餘，堅請解機務，乃以本官平章事兼江陵尹、荆南節度使。數月，追復知政事。宣宗卽位，罷相，出爲東都留守。」按舊紀、新表及諸書，武宗朝德裕未嘗罷免。此年九月，方自江陵除東都留守。舊傳謬誤，今從實錄。德裕秉權日久，位重有功，衆不謂其遽罷，聞之莫不驚駭。甲戌，貶工部尚書、判鹽鐵轉運使薛元賞爲忠州刺史，弟京兆少尹、權知府事元龜爲崖州司戶，皆德裕之黨也。

杖殺道士趙歸眞等數人，流羅浮山人軒轅集于嶺南。五月，乙巳，赦天下。上京兩街先聽留兩寺外，更各增置八寺；左街先留慈恩、薦福，今增置興唐、保壽二寺。寶應寺改爲資聖寺，青龍寺改爲護國寺，菩提寺改爲保唐寺，清禪寺改爲安國寺。尼寺二所，法雲寺改爲唐安寺，崇敬寺改爲唐昌寺。右街先留西明寺，改爲福壽寺，莊嚴寺改爲聖壽寺。添置僧寺一所，千福寺，尼寺一所，興聖寺依舊名。化度寺改爲崇福寺，永泰寺改爲萬壽寺，清國寺改爲崇聖寺，經行寺改爲龍興寺，奉恩寺改爲興福寺。尼寺一所，萬善寺改爲延唐寺。考異曰：杭州南亭記曰：「今天子卽位，天下州率與二寺，用齒衰男女爲其徒，各止三十人，兩京數倍其四五焉。」實錄：「準五日敕，兩街先留寺兩所外，更添置八所。」註：唐石刻云，「京師兩街各置十寺，寺僧五十人。」蓋謂二年正月赦後，非今赦也。僧、尼依前隸功德使，不隸主客，唐初，天下僧、尼、道士、女官皆隸鴻臚寺。武后延載元年，以僧、尼隸祠部。開元二十四年，道士、女官隸宗正寺。天寶二載，以道士隸司封。貞元四年，崇玄館罷大學士後，復置左・右街大功德使、東都功德使、脩功德使，總僧、尼之籍及功役。元和二年，以道士、女官隸左、右街功德使。會昌二年，以僧、尼隸主客。太清宮置玄元館，亦有學士，至六年廢，而僧、尼復隸兩街功德使，卽是年也。所度僧、尼仍令祠部給牒。改武宗之政也。牒，卽今祠部所給僧、道度牒也。

6 以翰林學士、兵部侍郎白敏中同平章事。

7 辛酉，立皇子溫爲鄆王，渼爲雍王，渼，音美。涇爲雅王，滋爲夔王，沂爲慶王。

8 六月，禮儀使奏「請復代宗神主於太廟，開成五年，文宗升祔，代宗神主以親盡祧遷，今請復之。以敬宗、文宗、武宗同爲一代，於廟東增置兩室，爲九代十一室。」從之。

9 秋，七月，壬寅，淮南節度使李紳薨。

10 回鶻烏介可汗之衆稍稍降散及凍餒死，所餘不及三千人；國相逸隱啜殺烏介於金山，烏介可汗自殺胡山之敗，竄於黑車子族，今爲其下所殺。立其弟特勒遏捻爲可汗。捻，奴協翻。

11 八月，壬申，葬至道昭肅孝皇帝于端陵，端陵，在京兆三原縣東十里。廟號武宗。

初，武宗疾困，顧王才人曰：「我死，汝當如何？」對曰：「願從陛下於九泉！」武宗以巾授之。武宗崩，才人卽縊。武宗之問，王才人之死，懲楊妃之禍也。上聞而矜之，贈貴妃，葬於端陵柏城之內。考異曰：蔡京王貴妃傳曰：「帝疾亟，才人久視帝而歸燕息處，濃粧袨服如常日，乃取所翫用物散與內家淨盡；持帝所授巾至帝前，已見升遐，容易自縊，而仆於御座下，以縊爲名而得卒。」舊紀：「武宗葬端陵，德妃王氏祔焉。」李德裕獻替記：「自上臨御，王妃有專房之寵。至是，以嬌妬忤旨，一夕而殞，羣情無不驚懼，以謂上功成之後喜怒不測。德裕因以進諫。」在五年十月，與王貴妃傳不同，恐獻替記誤。康軿劇談錄曰：「孟才人善歌，有寵於武宗。屬一旦聖體不豫，召而問之曰：『我或不諱，汝將何之？』對曰：『若陛下萬歲之後，無復生爲！』是日令於御前歌河滿子一曲，聲調悽咽，聞者涕零。及宮車晏駕，哀慟數日而殞，窆於端陵之側。」此事恐正是王才人，傳聞不同。

12 以循州司馬牛僧孺爲衡州長史，封州流人李宗閔爲郴州司馬，恩州司馬崔珙爲安州長史，安州，漢安陸縣地，京師東南二千五十一里。潮州刺史楊嗣復爲江州刺史，昭州刺史李珏爲郴州刺史。僧孺等五相皆武宗所貶逐，楊嗣復貶見二百四十六卷元年。三年，崔珙罷相，崔鉉代之，奏珙妄費宋滑院鹽鐵錢九十萬緡，又劾與劉從諫厚，數護其姦，貶澧州刺史，再斥恩州司馬。僧孺、宗閔貶見上四年。至是，同日北遷。宗閔未離封州而卒。離，力智翻。

13 九月，以荆南節度使李德裕爲東都留守，解平章事；以中書侍郎、同平章事鄭肅同平章事、充荆南節度使。

14 以兵部侍郎、判度支盧商爲中書侍郎、同平章事。商，翰之族孫也。盧翰相德宗於興元、貞元之間。

15 册黠戛斯可汗使者以國喪未行，或以爲僻遠小國，不足與之抗衡；回鶻未平，不應遽有建置。詔百官集議，事遂寢。

16 蠻寇安南，經略使裴元裕帥鄰道兵討之。帥，讀曰率。

17 以右常侍李景讓爲浙西觀察使。右常侍，右散騎常侍也。

初，景讓母鄭氏，性嚴明，早寡，家貧，居於東都。諸子皆幼，母自教之。宅後古牆因雨隤陷，隤，杜回翻，下墜也。得錢盈船，奴婢喜，走告母；母往，焚香祝之曰：「吾聞無勞而獲，身之災也。天必以先君餘慶，矜其貧而賜之，則願諸孤他日學問有成，乃其志也，此不敢取！」遽命掩而築之。三子景讓、景溫、景莊，皆舉進士及第。景讓官達，髮已斑白，小有過，不免捶楚。捶，止橤翻。

景讓在浙西，有左都押牙迕景讓意，迕，五故翻。景讓杖之而斃。軍中憤怒，將爲變。母聞之，景讓方視事，母出坐聽事，聽，讀曰廳。立景讓於庭而責之曰：「天子付汝以方面，國家刑法，豈得以爲汝喜怒之資，妄殺無罪之人乎！萬一致一方不寧，豈惟上負朝廷，使垂年之母銜羞入地，垂，末垂也；垂年，猶言末垂之年。何以見汝之先人乎！」命左右褫其衣坐之，褫，丑豸翻。將撻其背。將佐皆爲之請，爲，于僞翻。拜且泣，久乃釋之，軍中由是遂安。

景莊老於場屋，唐人謂貢院爲場屋，至今猶然。每被黜，母輒撻景讓。然景讓終不肯屬主司，屬，之欲翻。主司，校文主司也，禮部侍郎知貢舉者是也。曰：「朝廷取士自有公道，豈敢效人求關節乎！」久之，宰相謂主司曰：「李景莊今歲不可不收，可憐彼翁每歲受撻！」由是始及第。

18 冬，十月，禮院奏禘祭祝文於穆、敬、文、武四室，但稱「嗣皇帝臣某昭告」，從之。太常有禮院。帝於穆宗，弟也；於敬、文、武，叔也。

19 甲申，上受三洞法籙於衡山道士劉玄靜。既杖殺趙歸眞而復受法籙，所謂尤而效之。會昌五年劉玄靜還衡山。

20 十二月，戊辰朔，日有食之。

宣宗元聖至明成武獻文睿智章仁神聰懿道大孝皇帝上

諱怡，卽位改名忱，憲宗第十二子。按通鑑書唐諸帝號，自玄宗以後，皆以葬陵謚册爲正。宣宗謚聖武獻文孝皇帝，若元聖至明成武獻文睿智章仁神聰懿道大孝，則咸通十三年追崇之號也。

大中元年（丁卯、八四七）

1 春，正月，甲寅，上祀圜丘，赦天下，改元。

2 二月，加【章：十二行本「加」上有「庚午」二字；乙十一行本同；退齋校同；張校同，云無註本亦無。】盧龍節度使張仲武同平章事，賞其破回鶻也。石雄獨非破回鶻者乎！

3 癸未，上以旱故，減膳徹樂，出宮女，縱鷹隼，隼，聳尹翻。止營繕，命中書侍郎、同平章事盧商與御史中丞封敖疏理京城繫囚。大理卿馬植奏稱：「盧商等務行寬宥，凡抵極法，一切免死。彼官典犯贓及故殺人，平日大赦所不免，今因疏理而原之，使貪吏無所懲畏，死者銜冤無告，恐非所以消旱災、致和氣也。昔周饑，克殷而年豐；左傳甯莊子之言，爲討邢發也。

衞旱，討邢而雨降。是則誅罪戮姦，式合天意，雪冤決滯，乃副聖心也。乞再加裁定。」詔兩省五品以上議之。兩省五品以上官，自給事中、中書舍人以上也。

4 初，李德裕執政，引白敏中爲翰林學士；見二百四十六卷會昌二年。及武宗崩，德裕失勢，敏中乘上下之怒，竭力排之，使其黨李咸訟德裕罪，考異曰：實錄：「白敏中、令狐綯，在會昌中，德裕不以朋黨疑之，置之臺閣。及德裕失勢，抵掌戟手，同謀斥逐。而崔鉉亦以會昌末罷相怨德裕，大中初，敏中復薦鉉在中書，乃令其黨人李咸者訟德裕輔政時陰事，罷德裕留守，以太子少保分司東都。」按舊傳，綯以大中二年自湖州刺史入知制誥，鉉以三年自河中節度使入爲相，此時未也。實錄誤。今按通鑑所書令狐綯知制誥，在是年六七月之間。湖州刺史有「前」字。德裕由是自東都留守以太子少保、分司。分司東都也。

左諫議大夫張鷺等上言：「陛下以旱理繫囚，慮有冤滯。今所原死罪，無冤可雪，恐凶險僥倖之徒常思水旱爲災，宜如馬植所奏。」詔從之，皆論如法。以植爲刑部侍郎，充鹽鐵轉運使。

植素以文學政事有名於時，李德裕不之重。及白敏中秉政，凡德裕所薄者，皆不次用之。以盧商爲武昌節度使。以刑部尚書、判度支崔元式爲門下侍郎，翰林學士、戶部侍郎韋琮爲中書侍郎，並同平章事。

5 閏〔三〕月，敕：「應會昌五年所廢寺，有僧能營葺者，聽自居之，有司毋得禁止。」是時君、相務反會昌之政，相，息亮翻。故僧、尼之弊皆復其舊。觀通鑑所書，則會昌、大中之是非可見矣。

6 己酉，積慶太后蕭氏崩。蕭后，文宗之母也，武宗時徙居積慶殿，故以稱之。

7 五月，幽州節度使張仲武大破諸奚。

8 吐蕃論恐熱乘武宗之喪，誘党項及回鶻餘衆寇河西，誘，音酉。詔河東節度使王宰將代北諸軍擊之。代北諸軍，謂陘嶺以北諸軍也。宰以沙陀朱邪赤心爲前鋒，自麟州濟河，與恐熱戰於鹽州，破走之。

9 六月，以鴻臚卿李業爲册黠戛斯英武誠明可汗使。

10 上請白敏中曰：「朕昔從憲宗之喪，道遇風雨，百官、六宮四散避去，惟山陵使長而多髯，髯，如占翻。攀靈駕不去，誰也？」對曰：「令狐楚。」上曰：「有子乎？」對曰：「長子緒今爲隨州刺史。」上曰：「堪爲相乎？」對曰：「緒少病風痹。少，詩照翻。痹，必至翻，脚冷濕病也。次子綯，前湖州刺史，有才器。」上卽擢爲考功郎中、知制誥。綯入謝，上問以元和故事，綯條對甚悉。綯，徒刀翻。悉，詳也。上悅，遂有大用之意。爲令狐綯柄用張本。

11 秋，八月，丙申，以門下侍郎、同平章事李回同平章事、充西川節度使。

12 葬貞獻皇后于光陵之側。積慶蕭后，謚貞獻。

13 上敦睦兄弟，作雍和殿於十六宅，會要，是年敕，親親樓號雍和殿，別造屋宇廊舍七百間。宋白曰：

雍和殿在睦親院。數臨幸，置酒，作樂，擊毬盡歡。數，所角翻。諸王有疾，常親至臥內存問，憂形於色。

14 突厥掠漕米及行商，振武節度使史憲忠擊破之。考異曰：按突厥亡已久，蓋猶有餘種在振武之北者。余謂此突厥餘種保塞內屬者也。

15 九月，丁卯，以金吾大將軍鄭光爲平盧節度使。光，潤州人，太后之弟也。

16 乙酉，前永寧尉吳汝納，訟其弟湘罪不至死，「李紳與李德裕相表裏，欺罔武宗，枉殺臣弟，乞召江州司戶崔元藻等對辨。」吳湘死見上卷武宗會昌五年。丁亥，敕御史臺鞫實以聞。鞫實，窮治其實也。冬，十二月，庚戌，御史臺奏，據崔元藻所列吳湘冤狀，如吳汝納之言。戊午，貶太子少保、分司李德裕爲潮州司馬。

17 吏部奏，會昌四年所減州縣官內復增三百八十三員。讀者至此，以減者爲是邪？以於既減之後而復增者爲是邪？

二年（戊辰、八四八）

1 正月，甲子，羣臣上尊號曰聖敬文思和武光孝皇帝；思，相吏翻。赦天下。

2 初，李德裕執政，有薦丁柔立清直可任諫官者，德裕不能用。上卽位，柔立爲右補闕；德裕貶潮州，柔立上疏訟其冤。丙寅，坐阿附貶南陽尉。史言丁柔立有是非之心。南陽縣，漢南陽郡所治宛縣地也，隋改爲南陽縣，唐屬鄧州。九域志：在州東北一百二十里。

3 西川節度使李回、桂管觀察使鄭亞坐前不能直吳湘冤，乙酉，回左遷湖南觀察使，亞貶循州刺史，李紳追奪三任告身。李紳已薨，故追奪。中書舍人崔嘏坐草李德裕制不盡言其罪，己丑，貶端州刺史。

4 回鶻遏捻可汗仰給於奚王石舍朗；仰，牛向翻。及張仲武大破奚衆，見去年五月。回鶻無所得食，日益耗散，至是，所存貴人以下不滿五百人，依於室韋。使者入賀正，此回鶻使者也。過幽州，張仲武使歸取遏捻等；遏捻聞之，夜與妻葛祿、子特勒毒斯等九騎西走，餘衆追之不及，相與大哭。室韋分回鶻餘衆爲七，七姓共分之；室韋有嶺西部、山北部、黃頭部、如者部、婆萵部、訥北部、駱丹部，凡七姓，悉居柳城東北，近者三千里，遠者六千里而贏。居三日，黠戛斯遣其相阿播帥諸胡兵號七萬來取回鶻，帥，讀曰率。大破室韋，悉收回鶻餘衆歸磧北。猶有數帳，潛竄山林，鈔盜諸胡；鈔，楚交翻。其別部厖勒，先在安西，亦自稱可汗，居甘州，總磧西諸城，種落微弱，時入獻見。見，賢遍翻。回鶻至五季時入獻見者皆厖勒種類也。種，章勇翻。

5 二月，庚子，以知制誥令狐綯爲翰林學士。上嘗以太宗所撰金鏡金鏡書，太宗所著也。授綯，使讀之，「至亂未嘗不任不肖，至治未嘗不任忠賢，」治，直吏翻。上止之曰：「凡求致太平，當以此言爲首。」又書貞觀政要於屛風，每正色拱手而讀之。觀，古玩翻。上欲知百官名數，令狐綯曰：「六品已下，官卑數多，皆吏部注擬；五品以上，則政府制授，各有籍，命曰具員。」上命宰相作具員御覽五卷，上之，上之，時掌翻。常置於案上。

6立皇子澤爲濮王。上欲作五王院於大明宮，以處皇子之幼者，處，昌呂翻。召術士柴嶽明使相其地。嶽明對曰：「臣庶之家，遷徙不常，故有自陽宅入陰宅，陰宅入陽宅。刑克禍福，師有其說。陰陽家所謂三刑，謂寅刑巳，巳刑申，申刑寅，丑刑戌，戌刑未，未刑丑，子刑卯，卯刑子，辰刑辰，午刑午，酉刑酉，亥刑亥。克，謂金克木，木克土，土克水，水克火，火克金。今陛下深拱法宮，如淳曰：法宮，路寢正殿也。萬神擁衛，陰陽書本不言帝王家。」上善其言，賜束帛遣之。

7夏，五月，己未朔，日有食之。

8門下侍郎、同平章事崔元式罷爲戶部尚書；以兵部侍郎·判度支·戶部周墀、刑部侍郎·鹽鐵轉運使馬植幷同平章事。「幷」，當作「並」。

初，墀爲義成節度使，辟韋澳爲判官，及爲相，謂澳曰：「力小任重，何以相助？」澳曰：「願相公無權。」墀愕然，不知所謂。澳曰：「官賞刑罰，與天下共其可否，勿以己之愛憎喜怒移之，天下自理，何權之有！」墀深然之。澳，貫之之子也。澳，烏到翻。韋貫之，元和中爲相。

9己卯，太皇太后郭氏崩于興慶宮。

六月，禮院檢討官王皥貶句容令。唐太常寺有禮院脩撰、檢討官各一員。宋白曰：貞元九年四月，敕太常寺宜署禮院脩撰、檢討官各一員，使爲定額。句容縣，屬昇州。宋白曰：句容縣，本漢縣，以界內茅山本名句曲山，因立名。

初，憲宗之崩，上疑郭太后預其謀；又，鄭太后本郭太后侍兒，有宿怨，故上即位，待郭太后禮殊薄。郭太后意怏怏，一日，登勤政樓，即玄宗所起勤政務本之樓，在興慶宮。欲自隕；上聞之，大怒，是夕，崩，外人頗有異論。

上以鄭太后故，不欲以郭后祔憲宗，有司請葬景陵外園；皥奏宜合葬景陵，神主配憲宗室，奏入，上大怒。白敏中召皥詰之，皥曰：「太皇太后，汾陽王之孫，郭子儀封汾陽王。憲宗在東宮爲正妃，逮事順宗爲婦。憲宗厭代之夕，事出曖昧；太皇太后母天下，歷五朝，五朝，穆、敬、文、武、宣。豈得以曖昧之事遽廢正嫡之禮乎！」敏中怒甚，皥辭氣愈厲。諸相會食，周墀立於敏中之門以俟之，敏中使謝曰：「方爲一書生所苦，公弟先行。」弟，與第同。墀入，至敏中廳問其事，見皥爭辨方急，墀舉手加顙，歎皥孤直。明日，皥坐貶官。考異曰：實錄：「五月，戊寅，以太皇太后寢疾，權不聽政，宰臣帥百寮問太后起居。己卯，復問起居，下遺令。是日，太后崩。初，上篡位，以憲宗遇弑，頗疑后在黨中，至是，暴得疾崩，帝之志也。甲申，白敏中帥百寮上表請聽政，不許。乙酉，又上表，不許。丙戌，三上表，乃依。六月，貶禮院檢討官王皥爲潤州句容令。」舊傳曰：「宣宗繼統，即后之諸子也，恩禮愈異於前朝。大中年崩，祔景陵。后歷位七朝，五居太母之尊，人君行子孫之禮，福壽隆貴四十餘年，雖漢之馬、鄧無以加焉，識者以爲汾陽社稷之功未泯，復鍾慶於懿安焉。」裴延裕東觀奏記曰：「憲宗皇帝晏駕之夕，上雖幼，頗記其事，追恨光陵商臣之酷，即位後，誅鉏惡黨，無漏網者。郭太后以上英察孝果，且懷慚懼，時居興慶宮，一日，與一二侍兒同升勤政樓，倚衡而望，便欲殞於樓下，欲成上過；左右急持之，即聞於上。上大怒，其夕，太后暴崩，上志也。」又曰：「懿安郭太后既崩，喪服許如故事。禮院檢討官王皞抗疏，請后合葬景陵，配饗憲宗廟室。既入，上大怒。宰臣白敏中召皞詰其事。皞對云云。翌日，皞貶潤州句容縣令；周墀亦免相。」按實錄所言暴崩事，皆出於東觀奏記。若實有此事，則既云是夕暴崩，何得前一日先下詔云，以太后寢疾，權不聽政。若無此事，則廷裕豈敢輒誣宣宗！或者郭后實以病終，而宣宗以平日疑忿之心，欲黜其禮，故皞爭之。疑以傳疑，今參取之。東觀奏記又曰：「杜悰通貴日久，門下有術士姓李。悰任西川節度使，馬植罷黔中赴闕，至西川，李術士一見植，謂悰曰：『馬中丞非常人也，相公厚遇之。』悰未之信。術士一日密言於悰曰：『相公將有甚禍，非馬中丞不能救，乞厚結之。』悰始驚信。發日，厚幣贈之，仍令邸吏爲植於闕下買宅，生生之費無闕焉。植至門，方知感悰，不知其旨。尋除光祿卿，報狀至蜀，悰謂術士曰：『貴人到闕作光祿勳矣。』術士曰：『姑待之。』稍進大理卿，又遷刑部侍郎，充諸道鹽鐵使。悰始驚憂。俄而作相。懿安皇太后崩後，悰，懿安子壻也，忽一日，內榜子索檢責宰相元載故事。植諭旨。翌日延英，上前萬端營救。植素辯，能回上旨，事遂中寢。按植，會昌中已自黔中入爲大理卿。悰今年二月始爲西川節度。今不取。按裴延裕後作「廷裕」，必有一誤。

10 **秋，九月，甲子，再貶潮州司馬李德裕爲崖州司戶，湖南觀察使李回爲賀州刺史。**崖州去京師七千四百六十里。賀州，京師東南四千一百三十里。

11 **前鳳翔節度使石雄詣政府自陳黑山、烏嶺之功，**政府，即謂政事堂。黑山、烏嶺功並見上卷武宗會昌三年。考異曰：此出范攄雲谿友議。彼以烏嶺爲天井，誤也。求一鎮以終老。執政以雄李德裕所薦，曰：「曏日之功，朝廷以蒲、孟、岐三鎮酬之，足矣。」蒲，河中。孟，河陽。岐，鳳翔。除左龍武統軍。雄怏怏而薨。

12 十一月，庚午，萬壽公主適起居郎鄭顥。顥，絪之孫，鄭絪爲相於元和之初。登進士第，爲校書郎、右拾遺內供奉，以文雅著稱。公主，上之愛女，故選顥尚之。有司循舊制請用銀裝車，上曰：「吾欲以儉約化天下，當自親者始。」令依外命婦以銅裝車。唐制：公主乘厭翟車。外命婦一品，乘白銅厭犢車。詔公主執婦禮，皆如臣庶之法，戒以毋得輕夫族，毋得預時事。又申以手詔曰：「苟違吾戒，必有太平、安樂之禍。」樂，音洛。顥弟顗，嘗得危疾，上遣使視之，還，問「公主何在？」曰：「在慈恩寺觀戲場。」上怒，歎曰：「我怪士大夫家不欲與我家爲婚，良有以也！」亟命召公主入宮，立之階下，不之視。公主懼，涕泣謝罪。上責之曰：「豈有小郎病，不往省視，乃觀戲乎！」自晉以來，嫂謂叔爲小郎。省，悉景翻。遣歸鄭氏。由是終上之世，貴戚皆兢兢守禮法，如山東衣冠之族。

13 壬午，葬懿安皇后於景陵之側。非禮也。憲宗不爲正其始，以致宣宗不爲正其終。

14 以中書侍郎、同平章事韋琮爲太子賓客、分司。

15 十二月，鳳翔節度使崔珙奏破吐蕃，克清水。清水先隸秦州，宋白曰：清水，漢舊縣，其地即秦仲始所封。九域志：清水縣在秦州九十里。宋白曰：長興中，移清水縣於上邽鎮。九域志之清水，長興所移也。詔以本州未復，權隸鳳翔。

16 上見憲宗朝公卿子孫，多擢用之。刑部員外郎杜勝次對，上問其家世，對曰：「臣父黃裳，首請憲宗監國。」事見二百三十六卷永貞元年。朝，直遥翻。卽除給事中。翰林學士裴諗，度之子也，上幸翰林，面除承旨。諗，式荏翻。以裴度相元和之功，自足以賞延于世，但翰林學士承旨非賞功之官耳。

17 吐蕃論恐熱遣其將莽羅急藏將兵二萬略地西鄙，尚婢婢遣其將拓跋懷光擊之於南谷，大破之，急藏降。降，戶江翻。

三年（己巳、八四九）

1 春，正月，上與宰相論元和循吏孰爲第一，周墀曰：「臣嘗守土江西，聞觀察使韋丹功德被於八州，被，皮義翻。八州，洪、江、鄂、岳、虔、吉、袁、撫也。沒四十年，老稚歌思，稚，直利翻。如丹尚存。」乙亥，詔史館脩撰杜牧撰丹遺愛碑以紀之，仍擢其子河陽觀察判官宙爲御史。

2 二月，吐蕃論恐熱軍于河州，尚婢婢軍于河源軍。河源軍在鄯州東。宋白曰：河源軍置在湟〔湟〕州東西，本趙充國亭堠也。婢婢諸將欲擊恐熱，婢婢曰：「不可。我軍驟勝而輕敵，彼窮困而致死，戰必不利。」諸將不從。婢婢知其必敗，據河橋以待之，諸將果敗。婢婢收餘衆，焚橋，歸鄯州。據河橋，則兵敗而退者有歸路。敗兵既渡，焚橋阻河，則可以截論恐熱之追掩。史言尚婢婢善兵。

3吐蕃秦、原、安樂三州及石門等七關來降；高宗時，吐谷渾爲吐蕃所逼，徙于鄯州，不安其居，又徙于靈州之境。咸亨三年，以靈州故鳴沙縣地置安樂州以居之。安、史之亂，吐蕃取安樂州，吐谷渾又徙朔方、河東之境。原州界有石門、驛藏、制勝、石峽、木靖、木峽、六盤七關。考異曰：實錄：「涇原節度使康季榮奏吐蕃宰相論恐熱殺東道節度使，奉表以三州、七關來降。」獻祖紀年錄亦云「殺東道節度使，奉表。」按補國史敍論恐熱事甚詳。至五年五月始來降，此際未降也。又不云殺東道節度使。且恐熱若以三州、七關來降，朝廷必官賞之，何故但賞邊將而不及恐熱。蓋三州、七關，以吐蕃國亂，自來降唐，朝廷遣諸道應接撫納之，非恐熱帥以來。實錄誤耳。以太僕卿陸耽爲宣諭使，詔涇原、靈武、鳳翔、邠寧、振武皆出兵應接。

4河東節度使王宰入朝，以貨結權倖，求以使相領宣武；刑部尚書、同平章事周墀上疏論之，宰遂還鎮。駙馬都尉韋讓求爲京兆尹；墀言京兆尹非才望不可爲，讓議竟寢。墀又諫上開邊，開邊，謂經略河西也。由是忤旨。忤，五故翻。夏，四月，以墀爲東川節度使。以御史大夫崔鉉爲中書侍郎、同平章事，兵部侍郎、判戶部魏扶同平章事。

5癸巳，盧龍奏節度使張仲武薨，軍中立其子節度押牙直方。

6翰林學士鄭顥言於上曰：「周墀以直言入相，亦以直言罷相。」上深感悟，甲午，墀入謝，加檢校右僕射。

7戊戌，以張直方爲盧龍留後。

8 五月，徐州軍亂，逐節度使李廓。廓，程之子也，李程見二百四十三卷長慶四年。在鎮不治，治，直之翻。右補闕鄭魯上言其狀，且曰：「臣恐新麥未登，徐師必亂；速命良帥，救此一方。」帥，所類翻。上未之省。省，悉景翻。徐州果亂，上思魯言，擢爲起居舍人。以義成節度使盧弘止爲武寧節度使。武寧士卒素驕，有銀刀都尤甚，屢逐主帥。弘止至鎮，都虞候胡慶方復謀作亂；復，扶又翻。弘止誅之，撫循其餘，訓以忠義，軍府由是獲安。

9 六月，戊申，以張直方爲盧龍節度使。

10 涇原節度使康季榮取原州原州本治高平，安、史亂後沒於吐蕃。及石門、驛藏、木峽、制勝、六磐、石峽六關。秋，七月，丁巳，靈武節度使朱叔明取長樂州。「長樂」當作「安樂」。宋白曰：安樂州置於靈州鳴沙縣。樂，音洛；下同。甲子，邠寧節度使張君緒取蕭關。蕭關縣，舊志，屬原州。甲戌，鳳翔節度使李玭取秦州。玭，蒲蠲翻。凡取，言易也。秦州本治上邽。宋白曰：時治成紀，在舊州南一百里。詔邠寧節度權移軍於寧州以應接河西。

八月，乙酉，改長樂州爲威州。宋白曰：靈州鳴沙縣本漢富平縣地；後周立會州，隋立環州，以大河環曲爲名。唐神龍中，默啜寇掠，移縣於廢豐安城，咸通三年歸復，以舊縣基置安樂州，大中三年，改爲威州。河、隴老幼千餘人詣闕，考異曰：實錄云數千人。今從舊傳。己丑，上御延喜門樓見之，延喜門在皇城東北角。六典：皇城東面二門，北曰延喜，南曰景風。延喜門則承天門外橫街，東直通化門。歡呼舞躍，解胡服，襲冠帶，觀者皆呼萬歲。詔「募百姓墾闢三州、七關土田，五年不租稅；自今京城罪人應配流者皆配十處；十處，三州、七關也。四道將吏能於鎮戍之地營田者，官給牛及種糧。四道，涇原、邠寧、靈武、鳳翔。宋白曰：史臣曰：營田之名，蓋緣邊多隙地，蕃兵鎮戍，課其播殖以助軍須，謂之屯田。其後中原兵興，民戶減耗，野多閒田，而治財賦者如沿邊例開置，名曰營田。行之歲久，不以兵，乃招致農民強戶，謂之營田戶。復有主務敗闕犯法之家，沒納田宅，亦係於此。自此諸道皆有營田務。種，章勇翻。溫池鹽利可贍邊陲，委度支制置。神龍元年，置溫池縣，屬靈州，是年度屬威州，縣有鹽池。其三州、七關鎮戍之卒，皆倍給衣糧，言衣糧倍於其他戍卒。仍二年一代。道路建置堡柵，有商旅往來販易及戍卒子弟通傳家信，關鎮毋得留難。其山南、劍南邊境有沒蕃州縣，亦令量力收復。」廣德以來，西羌內侵山南巡內，階、成陷沒。文州移治劍南，西山諸州亦多有沒於吐蕃者。按階州時爲武州。宋白曰：階州，漢武都之地；後魏平武都，築城於仙陵山，置武都鎮，西魏始置武州。大曆初，與秦州俱沒於吐蕃，大中三年收復，復立武州，景曆元年改階州。

11 冬，十月，改備邊庫爲延資庫。備邊庫初置見上武宗會昌五年。

12 西川節度使杜悰奏取維州。

13 閏十一月，丁酉，宰相以克復河、湟請上尊號，上曰：「憲宗常有志復河、湟，見二百三十八卷元和五年。以中原方用兵，謂方用兵於兩河也。未遂而崩，今乃克成先志耳。其議加順、憲二廟尊謚以昭功烈。」

14 盧龍節度使張直方，暴忍，喜遊獵。喜，許記翻。軍中將作亂，直方知之，託言出獵，遂舉族逃歸京師；軍中推牙將周綝爲留後。綝，丑林翻。考異曰：舊紀：「十一月，幽州軍亂，逐張直方，軍人推周綝爲留後。四年，九月，周綝卒，軍人立張允伸爲留後。」直方傳曰：「直方多不法，慮爲將卒所圖；三年冬，託以遊獵，奔赴闕廷。」張允伸傳曰：「四年，戎帥周綝寢疾，表允伸爲留後。」新紀：「四年，八月，幽州軍亂，逐張直方，張允伸自稱留後。」傳亦言直方出奔，卽以允伸爲留後。實錄直方赴闕，亦在去年八月至九月。又云張允伸知留後。皆無周綝姓名。今從舊書。直方至京師，拜金吾大將軍。

15 甲戌，追上順宗謚曰至德弘道大聖大安孝皇帝；憲宗謚曰昭文章武大聖至神孝皇帝。仍改題神主。自天寶已來，加上諸帝謚號，陵中玉冊及神主未嘗改題。

16 己未，崖州司戶李德裕卒。

17 山南西道節度使鄭涯奏取扶州。劉昫曰：扶州，治同昌縣，歷代吐谷渾所據。西魏逐吐谷渾，於此置鄧州及鄧寧郡，蓋以平定鄧至羌爲名。隋初，改置扶州及同昌縣，在長安西南一千六百九十里。廣德後沒於吐蕃。

周一良容肇祖標點聶崇岐覆校

資治通鑑卷第二百四十九

端明殿學士兼翰林侍讀學士太中大夫提舉西京嵩山崇福宫上柱國河内郡開國公食邑二千二百戶食實封九百戶賜紫金魚袋臣　司馬光　奉敕編集
後　學　天　台　胡三省　音　註

唐紀六十五

起上章敦牂（庚午），盡屠維單閼（己卯），凡十年。

宣宗元聖至明成武獻文睿智章仁神聰懿道大孝皇帝下

大中四年（庚午、八五〇）

1 春，正月，庚辰朔，赦天下。

2 二月，以秦州隸鳳翔。秦州本屬隴右節度，是時新復，以屬鳳翔。

3 夏，四月，庚戌，以中書侍郎、同平章事馬植爲天平節度使。上之立也，左軍中尉馬元贄有力焉，武宗之大漸也，馬元贄爲左神策護軍中尉，立上爲皇太叔。由是恩遇冠諸宦者，冠，古玩翻。植與之敍宗姓。上賜元贄寶帶，元贄以遺植，遺，唯季翻。植服之以朝，朝，直遥翻。上見而識之，植變色，不敢隱。明日，罷相，收植親吏董侔，下御史臺鞫之，盡得植與元贄交通之狀，下，戶嫁翻。再貶常州刺史。常州，古延陵季子之邑，後爲毗陵，晉爲晉陵，唐爲常州，京師東南二千八百四十三里。

4 六月，戊申，兵部侍郎、同平章事魏扶薨。以戶部尚書、判度支崔龜從同平章事。

5 秋，八月，以白敏中判延資庫。去年改備邊庫爲延資庫。

6 盧龍節度使周綝薨，軍中表請以押牙兼馬步都知兵馬使張允伸爲留後，九月，丁酉，從之。考異曰：四年七月，周綝薨，張允伸爲留後。舊紀亦無朝廷命綝爲節度使年月。至此但云「幽州節度使周綝卒，軍人立張允伸爲留後。」實錄：「九月，幽州大將表請押衙張允伸知留後事。」舊允伸傳曰：「大中四年，戎帥周綝寢疾，表允伸爲留後，朝廷可其奏。」今參取之。註曰：今按通鑑書八月周綝薨。考異以爲七月。

7 党項爲邊患，發諸道兵討之，連年無功，戍饋不已；右補闕孔溫裕上疏切諫，上怒，貶柳州司馬。溫裕，戣之兄子也。孔戣見二百四十卷憲宗元和十二年。

8 吐蕃論恐熱遣僧莽羅藺眞將兵於雞項關南造橋，以擊尚婢婢，軍於白土嶺。水經註：左南津西六十里有白土城，城西北有白土川水。其地在唐河州鳳林縣西。以此推之，雞項關亦在河州界。其將尚鐸羅榻藏將兵據臨蕃軍以拒之，不利，復遣磨離羆子、燭盧鞏力復，扶又翻。將兵據氂牛峽以拒之。氂，力之翻。鞏力請「按兵拒險，勿與戰，以奇兵絕其糧道，使進不得戰，退不得還，不過旬月，其衆必潰。」羆子不從。鞏力曰：「吾寧爲不用之人，不爲敗軍之將。」稱疾，歸鄯州。羆子逆戰，敗死。婢婢糧乏，留拓跋懷光守鄯州，帥部落三千餘人就水草於甘州西。帥，讀曰率。宋白曰：甘州，西南至肅州福祿縣界赤柳澗三百三十里。肅州，南至吐蕃界四百里。恐熱聞婢婢棄鄯州，自將輕騎五千追之，至瓜州，宋白曰：瓜州，東南至肅州界三百四十里。聞懷光守鄯州，遂大掠河西鄯、廓等八州，宋白曰：廓州，北至鄯州百八十里，東南至河州鳳林縣二百八十里。殺其丁壯，劓刖其羸老劓，魚氣翻。刖，魚決翻。羸，倫爲翻。及婦人，以槊貫嬰兒爲戲，焚其室廬，五千里間，赤地殆盡。

9 冬，十月，辛未，以翰林學士承旨、兵部侍郎令狐綯同平章事。考異曰：舊紀在十一月。今從實錄、新紀。

10 十一月，壬寅，以翰林學士劉瑑爲京西招討党項行營宣慰使。瑑，持兗翻。

11 以盧龍留後張允伸爲節度使。

12 十二月，以鳳翔節度使李業、河東節度使李拭並兼招討党項使。

13 吏部侍郎孔溫業白執政求外官，白敏中謂同列曰：「我輩須自點檢，孔吏部不肯居朝廷矣。」溫業，戣之弟子也。孔溫業之操行不見於史，時人蓋以其家世而敬之。

五年（辛未、八五一）

1 春，正【章：十二行本「正」作「二」；乙十一行本同；退齋校同。】月，壬戌，天德軍奏攝沙州刺史張義潮遣使來降。降，戶江翻；下同。沙州，東南至長安三千八百五十九里。義潮，沙州人也，時吐蕃大亂，義潮陰結豪傑，謀自拔歸唐；一旦，帥衆被甲譟於州門，帥，讀曰率。被，皮義翻。唐人皆應之，吐蕃守將驚走，義潮遂攝州事，奉表來降。考異曰：補國史作「議潮」。今從實錄、新、舊紀、傳。以義潮爲沙州防禦使。

2 以兵部侍郎裴休爲鹽鐵轉運使。休，肅之子也。裴肅見二百三十五卷德宗貞元十二年。自太和以來，歲運江、淮米不過四十萬斛，吏卒侵盜、沈沒，舟達渭倉者什不三四，大墮劉晏之法，沈，持林翻。墮，讀曰隳。劉晏法見二百二十六卷德宗建中元年。休窮究其弊，立漕法十條，歲運米至渭倉者百二十萬斛。

3 上頗知党項之反由邊帥利其羊馬，數欺奪之，或妄誅殺，党項不勝憤怨，故反，帥，所類翻。數，所角翻。勝，音升。乃以右諫議大夫李福爲夏綏節度使。自是繼選儒臣以代邊帥之貪暴者，行日復面加戒勵，復，扶又翻。党項由是遂安。福，石之弟也。

4 上以南山、平夏党項久未平，党項居慶州者，號東山部；居夏州者，號平夏部；其竄居南山者，爲南山党項。趙珣聚米圖經：党項部落在銀、夏以北，居川澤者，謂之平夏党項；在安、鹽以南，居山谷者，謂之南山党項。考異曰：唐年補錄曰：「松州南有雪山，故曰南山。平夏，川名也。」余按唐年補錄，乃末學膚受者之爲耳。今不欲復言地理，姑以通鑑義例言之。考異者，考羣書之同異而審其是，訓釋其義，付之後學。南山之說，既無同異之可考，今而引之，疑非考異本指也。頗厭用兵。崔鉉建議，宜遣大臣鎮撫。三月，以白敏中爲司空、同平章事，充招討党項行營都統、制置等使，職源曰：制置使始此。南北兩路供軍使兼邠寧節度使。敏中請用裴度故事，擇廷臣爲將佐，許之。裴度故事見二百四十卷憲宗元和十二年。夏，四月，以左諫議大夫孫景商爲左庶子，充邠寧行軍司馬；知制誥蔣伸爲右庶子，充節度副使。伸，係之弟也。蔣係見二百四十四卷文宗太和五年。

初，上令白敏中爲萬壽公主選佳壻，爲，于僞翻。敏中薦鄭顥；時顥已婚盧氏，行至鄭州，堂帖追還，萬壽公主適鄭顥見上卷上年。鄭州去京師一千一百五里。顥甚銜之，由是數毀敏中於上。敏中將赴鎮，言於上曰：「鄭顥不樂尚主，數，所角翻。樂，音洛。怨臣入骨髓。臣在政府，無如臣何；今臣出外，顥必中傷，臣死無日矣！」中，竹仲翻。上曰：「朕知之久矣，卿何言之晚邪！」命左右於禁中取小檉函以授敏中曰：「此皆鄭郎譖卿之書也。朕若信之，豈任卿以至今日！」敏中歸，置檉函於佛前，焚香事之。檉，丑貞翻；說文曰：河柳也。

敏中軍於寧州，壬子，定遠城使史元破党項九千餘帳於三交谷，三交谷在夏州界。敏中奏党項平。辛未，詔：「平夏党項，已就安帖。平夏，地名，在夏州界。宋朝李繼遷之叛也，徙綏州吏民之半置平夏以爲巢穴，蓋銀、夏之要地也。南山党項，聞出山者迫於飢寒，猶行鈔掠，鈔，楚交翻。平夏不容，窮無所歸；宜委李福存諭，於銀、夏境內授以閒田。如能革心向化，則撫如赤子，從前爲惡，一切不問，或有抑屈，聽於本鎮投牒自訴。若再犯疆埸，或復入山林，復，扶又翻；下同。不受教令，則誅討無赦。將吏有功者甄奬，甄，稽延翻。死傷者優恤，靈、夏、邠、鄜四道百姓，給復三年，鄰道量免租稅。鄜，音膚。復，方目翻。量，音良。鄉由邊將貪鄙，致其怨叛，自今當更擇廉良撫之。若復致侵叛，當先罪邊將，後討寇虜。」

5 吐蕃論恐熱殘虐，所部多叛；拓跋懷光使人說誘之，說，式芮翻。誘，以久翻，導引也。其衆或散居【章：十二行本「居」作「歸」；乙十一行本同；孔本同；張校同。】部落，或降於懷光。恐熱勢孤，乃揚言於衆曰：「吾今入朝於唐，借兵五十萬來誅不服者，然後以渭州爲國城，請唐册我爲贊普，誰敢不從！」五月，恐熱入朝，上遣左丞李景讓就禮賓院問所欲。恐熱氣色驕倨，語言荒誕，誕，徒旱翻，誇大也。求爲河渭節度使；上不許，召對三殿，如常日胡客，勞賜遣還。勞，力到翻。還，從宣翻。恐熱怏怏而去，復歸落門川，聚其舊衆，恐熱本吐蕃落門討擊使。欲爲邊患。會久雨，乏食，衆稍散，纔有三百餘人，奔于廓州。

6 六月，立皇子潤爲鄂王。

7 進士孫樵上言：「百姓男耕女織，不自温飽，而羣僧安坐華屋，美衣精饌，饌，雛皖翻，又雛戀翻。率以十戶不能養一僧。武宗憤其然，憤其然，猶言憤其如此也。髪十七萬僧，言使僧長髪復爲齊民也。是天下一百七十萬戶始得蘇息也。陛下即位以來，修復廢寺，天下斧斤之聲至今不絕，度僧幾復其舊矣。幾，居依翻。陛下縱不能如武宗除積弊，柰何興之於已廢乎！日者陛下欲脩國東門，諫官上言，遽爲罷役。爲，于僞翻。今所復之寺，豈若東門之急乎？所役之功，豈若東門之勞乎？願早降明詔，僧未復者勿復，寺未脩者勿脩，庶幾百姓猶得以息肩也。」秋，七月，中書門下奏：「陛下崇奉釋氏，羣下莫不奔走，恐財力有所不逮，因之生事擾人，望委所在長吏量加撙節。撙，慈損翻。所度僧亦委選擇有行業者，行，下孟翻。若容凶粗之人，則更非敬道也。鄉村佛舍，請罷兵日脩。」時用兵以復河、湟。從之。

8 八月，白敏中奏南山党項亦請降。時用兵歲久，國用頗乏，詔并赦南山党項，使之安業。

9 冬，十月，乙卯，中書門下奏：「今邊事已息，而州府諸寺尚未畢功，望且令成之。其大縣遠於州府者，聽置一寺，其鄉村毋得更置佛舍。」從之。

10 戊辰，以戶部侍郎魏謩同平章事，仍判戶部。時上春秋已高，未立太子，羣臣莫敢言。謩入謝，因言：「今海內無事，惟未建儲副，使正人輔導，臣竊以爲憂。」且泣。時人重之。重之者，以其能言人所不敢言也。

11 蓬、果羣盜依阻雞山，寇掠三川；雞山在蓬、果二州之界，而羣盜依阻以寇掠三川，則其結根也廣矣。三川，謂東、西川及山南西道也。以果州刺史王贄弘充三川行營都知兵馬使以討之。

12 制以党項既平，罷白敏中都統，但以司空、平章事充邠寧節度使。

13 張義潮發兵略定其旁瓜、伊、西、甘、肅、蘭、鄯、河、岷、廓十州，遣其兄義澤奉十一州圖籍入見，十州并沙州爲十一州。見，賢遍翻。宋白曰：瓜州，西至沙州二百八十里，西北至伊州九百里。西州，東至伊州七百五十里。甘州，西至肅州四百二十里。肅州，西至瓜州五百二十六里。蘭州，西至鄯州四百九十里。鄯州，南至廓州二百八十里。河州，東北至蘭州三百里。岷州，北至蘭州狄道縣五百三十四里，西北至河州大夏縣三百六十三里。於是河、湟之地盡入于唐。十一月，置歸義軍於沙州，以義潮爲節度使、考異曰：唐年補錄、舊紀，義潮降在五年八月。獻祖紀年錄及新紀在十月。按實錄：「五年，二月，壬戌，天德軍奏沙州刺史張義潮、安景旻及部落使閻英達等差使上表，請以沙州降。十月，義潮遣兄義澤以本道瓜、沙、伊、肅等十一州地圖戶籍來獻。河、隴陷沒百餘年，至是悉復故地。十一月，建沙州爲歸義軍，以張義潮爲節度使，河、沙等十一州觀察、營田、處置等使。」新紀：「五年，十月，沙州人張義潮以瓜、沙、伊、肅、鄯、甘、河、西、蘭、岷、廓十一州歸于有司。」新傳：「三州、七關降之明年，沙州首領張義潮奉十一州地圖以獻，擢義潮沙州防禦使，俄號歸義軍，遂爲節度使。」參考諸書，蓋二月義潮使者始以得沙州來告，除防禦使，十月又遣義澤以十一州圖籍來上，除節度使也。今從實錄。新傳云三州降之明年，誤也。十一州觀察使；又以義潮判官曹義金爲歸義軍長史。按新書百官志：節度使有行軍司馬、節度副使、判官、支使等；其兼都督、都護，則有長史。

14 以中書侍郎、同平章事崔龜從同平章事，充宣武節度使。

15 右羽林統軍張直方坐出獵累日不還宿衛，貶左驍衛將軍。

六年（壬申、八五二）

1 春，二月，王贄弘討雞山賊，平之。

是時，山南西道節度使封敖奏巴南妖賊言辭悖慢，上怒甚。妖，於驕翻。悖，蒲妹翻，又蒲沒翻。崔鉉曰：「此皆陛下赤子，迫於飢寒，盜弄陛下兵於谿谷間，不足辱大軍，但遣一使者可平矣。」乃遣京兆少尹劉潼詣果州招諭之。潼上言請不發兵攻討，且曰：「今以日月之明燭愚迷之衆，使之稽顙歸命，其勢甚易。稽，音啓。易，以豉翻。所慮者，武臣恥不戰之功，議者責欲速之效耳。」潼至山中，盜彎弓待之，潼屏左右直前屏，必郢翻，又卑正翻。曰：「我面受詔赦汝罪，使汝復爲平人。聞汝木弓射二百步，今我去汝十步，汝眞欲反者，可射我！」射，而亦翻。賊皆投弓列拜，請降。降，戶江翻。潼歸館，而王贄弘與中使似先義逸引兵已至山下，竟擊滅之。

2 三月，敕先賜右衛大將軍鄭光鄠縣及雲陽莊並免稅役。中書門下奏，以爲：「稅役之法，天下皆同。陛下屢發德音，欲使中外畫一，漢書：蕭何爲法，講若畫一。師古註曰：畫一，言整齊也。今獨免鄭光，似稍乖前意。事雖至細，繫體則多。」敕曰：「朕以鄭光元舅之尊貴，欲優異令免征稅，初不細思。況親戚之間，人所難議，卿等苟非愛我，豈進嘉言！庶事能盡如斯，天下何憂不理！有始有卒，卒，子恤翻。當共守之。並依所奏。」

3 夏，四月，甲辰，以邠寧節度使白敏中爲西川節度使。

4 湖南奏，團練副使馮少端討衡州賊帥鄧裴，平之。帥，所類翻；下同。

5 党項復擾邊，上欲擇可爲邠寧帥者而難其人，從容與翰林學士、中書舍人須昌畢諴論邊事，諴援古據今，具陳方略。從，千容翻。諴，戶嵒翻。援，于元翻。上悅曰：「吾方擇帥，不意頗、牧近在禁廷。卿其爲朕行乎！」諴欣然奉命。上欲重其資履，爲，于僞翻。資，以序進。履，所歷之官也。六月，壬申，先以諴爲刑部侍郎，癸酉，乃除邠寧節度使。考異曰：舊傳，懿宗召問邊事。今從實錄。

6 雍王渼薨，追謚靖懷太子。渼，音美。

7 河東節度使李業縱吏民侵掠雜虜，又妄殺降者，由是北邊擾動。閏月，庚子，以太子少師盧鈞爲河東節度使。業內有所恃，人莫敢言，魏謩獨請貶黜；上不許，但徙義成節度使。盧鈞奏度支郎中韋宙爲副使。宙徧詣塞下，悉召酋長，諭以禍福，酋，慈由翻。長，知丈翻。禁唐民毋得入虜境侵掠，犯者必死，雜虜由是遂安。

掌書記李璋杖一牙職，明日，牙將百餘人訴於鈞，鈞杖其爲首者，謫戍外鎮，餘皆罰之，曰：「邊鎮百餘人，無故橫訴，橫，戶孟翻。不可不抑。」璋，絳之子也。李絳相憲宗，以直諒聞；帥梁，爲亂卒所殺。

8 八月，甲子，以禮部尚書裴休同平章事。

9 獠寇昌、資二州。獠，魯皓翻。資州，漢資中縣地，宋、齊爲資陽戍，西魏置資州，至京師三千五百六十里。

10 冬，十月，邠寧節度使畢諴奏招諭党項皆降。

11 驍衛將軍張直方坐以小過屢殺奴婢，貶恩州司戶。

12 十一月，立憲宗子惴爲棣王。惴，之捶翻。

13 十二月，中書門下奏：「度僧不精，則戒法墮壞；墮，讀曰隳。造寺無節，則損費過多。請自今諸州準元敕許置寺外，有勝地靈迹許脩復，繁會之縣許置一院。繁會，謂人物浩繁，舟車所會之地。嚴禁私度僧、尼；若官度僧、尼有闕，則擇人補之，仍申祠部給牒。此今所謂度牒者。其欲遠遊尋師者，須有本州公驗。」從之。公驗者，自本州給公文，所至以爲照驗。

七年（癸酉、八五三）

1 春，正月，戊申，上祀圜丘；赦天下。

2 夏，四月，丙寅，敕：「自今法司處罪，處，昌呂翻。用常行杖。杖脊一，折法杖十；法杖，謂常行臀杖也。脊，資昔翻。折，之截翻。杖臀一，折笞五。臀，徒渾翻。使吏用法有常準。」

3 冬，十二月，左補闕趙璘請罷來年元會，止御宣政。上以問宰相，對曰：「元會大禮，不可罷。況天下無事。」上曰：「近華州奏有賊光火劫下邽，明火行劫，言盜無所憚。華，戶化翻。關中少雪，少，詩沼翻。皆朕之憂，何謂無事！雖宣政亦不可御也。」

4 上事鄭太后甚謹，不居別宮，朝夕奉養。養，余亮翻。舅鄭光歷平盧、河中節度使，上【章：十二行本「上」上有「入朝」二字；乙十一行本同；孔本同；張校同；退齋校同。】與之論爲政，光應對鄙淺，上不悅，留爲右羽林統軍，使奉朝請。太后數言其貧，數，所角翻。上輒厚賜金帛，終不復任以民官。復，扶又翻。民官，謂治民之官。

5 度支奏：「自河、湟平，每歲天下所納錢九百二十五萬餘緡，內五百五十萬餘緡租稅，八十二萬餘緡榷酤，二百七十八萬餘緡鹽利。」榷，古岳翻。酤，工護翻。考異曰：續皇王寶運錄具載是歲度支支收之數，舛錯不可曉，今特存其可曉者。溫公拳拳於史之闕文，蓋其所重者，制國用也。

八年（甲戌、八五四）

1 春，正月，丙戌朔，日有食之。罷元會。

2 上自即位以來，治弒憲宗之黨，宦官、外戚乃至東宮官屬，誅竄甚衆。宣宗絕郭后景陵之合葬，誅元和東宮之官屬，則以爲穆宗母子誠預陳弘志之謀者。然文宗於穆宗，父子也。文宗憤元和逆黨，欲盡誅之而不克，以成甘露之禍。使父果爲商臣，則子必爲潘崇諱矣。慮人情不安，丙申，詔：「長慶之初，亂臣賊子，頃搜擿餘黨，流竄已盡，溫公於郭后之崩，王皞之貶，既詳書之矣；復書此詔。然王皞之議，卒伸於咸通之初，通鑑又書之。懿宗以子繼父，而天理所在者公議所在，不可得而違也，不可得而揜也。讀通鑑者宜以是觀之。其餘族從疏遠者，一切不問。」從，一從、再從、三從兄之親。族，祖免以外之親也。從，才用翻。

3 二月，中書門下奏，拾遺、補闕缺員，請更增補。上曰：「諫官要在舉職，不必人多，如張道符、牛叢、趙璘輩數人，使朕日聞所不聞足矣。」叢，僧孺之子也。李德裕排牛僧孺；上惡德裕，故親僧孺之子。

久之，叢自司勳員外郎出爲睦州刺史，睦州，吳置新都郡，隋置睦州，取俗阜人和、內外輯睦爲義，京師東南三千六百五十九里。入謝，上賜之紫。叢既謝，前言曰：謝恩之後，前進而言。「臣所服緋，刺史所借也。」上遽曰：「且賜緋。」上重惜服章，有司常具緋、紫衣數襲從行，以備賞賜，或半歲不用其一，故當時以緋、紫爲榮。上重翰林學士，至於遷官，必校歲月，以爲不可以官爵私近臣也。

4 秋，九月，丙戌，以右散騎常侍高少逸爲陝虢觀察使。有敕使過硤石，硤石，隋之崤縣，貞觀十四年移治硤石塢，改名硤石，屬陝州。陝，失冉翻。怒餅黑，鞭驛吏見血；少逸封其餅以進。敕使還，還，音旋，又如字。上責之曰：「深山中如此食豈易得！」易，以豉翻。謫配恭陵。

5 立皇子洽爲懷王，汭爲昭王，汶爲康王。汶，音問。考異曰：唐年補錄：「五年，正月，甲戌朔，封三王。」今從實錄、新紀。

6 上獵於苑北，此又出苑城而北獵。遇樵夫，問其縣，曰：「涇陽人也。」「令爲誰？」曰：「李行言。」「爲政何如？」曰：「性執。有強盜數人，軍家索之，軍家，謂北司諸軍也。唐人謂諸道節度及觀察爲使家，諸州爲州家，諸縣爲縣家。索，山客翻。竟不與，盡殺之。」上歸，帖其名於寢殿之柱。

冬，十月，行言除海州刺史，入謝，上賜之金紫。問曰：「卿知所以衣紫乎？」衣，於既翻；下至衣紫、衣黃並同。對曰：「不知。」上命取殿柱之帖示之。

7 上以甘露之變，見二百四十五卷文宗大和八年。惟李訓、鄭注當死，自餘王涯、賈餗等無罪，詔皆雪其冤。

上召翰林學士韋澳，託以論詩，屏左右與之語曰：「近日外間謂內侍權勢何如？」對曰：「陛下威斷，非前朝之比。」澳，音奧。屏，必郢翻，又卑正翻。斷，丁亂翻。朝，直遙翻。上閉目搖首曰：「全未，全未！尚畏之在。句斷。卿謂策將安出？」對曰：「若與外廷議之，恐有太和之變，不若就其中擇有才識者與之謀。」上曰：「此乃末策。【章：十二行本「策」下有「朕已試之矣」五字；乙十一行本同；孔本同；張校同。】自衣黃、衣綠至衣緋，皆感恩，纔衣紫則相與爲一矣！」唐自上元以後，三品已上服紫，四品服深緋，五品服淺緋，六品服深綠，七品服淺綠，八品服綠，九品深青，流外官及庶人服黃。太宗定制，內侍省不置三品官；內侍是長官，階四品，其職但在閤門守禦，黃衣廩食而已。至玄宗，宦官至三品將軍，門施棨戟，得衣紫矣。衣，於既翻。上又嘗與令狐綯謀盡誅宦官，綯恐濫及無辜，密奏曰：「但有罪勿捨，有闕勿補，自然漸耗，至於盡矣。」宦者竊見其奏，由是益與朝士相惡，南北司如水火矣。

九年（乙亥、八五五）

1 春，正月，甲申，成德軍奏節度使王元逵薨，軍中立其子節度副使紹鼎；癸卯，以紹鼎爲成德留後。

2 二月，以醴泉令李君奭爲懷州刺史。初，上校獵渭上，有父老以十數，聚於佛祠，上問之，對曰：「醴泉百姓也。縣令李君奭有異政，考滿當罷，詣府乞留，故此祈佛，冀諧所願耳。」及懷州刺史闕，上手筆除君奭，宰相莫之測。君奭入謝，上以此獎厲，以所得於父老之言獎厲。衆始知之。

3 三月，詔邠寧節度使畢諴還邠州。先是，以河、湟初附，党項未平，移邠寧軍於寧州，事見上卷三年。先，悉薦翻。至是，南山、平夏【章：十二行本「夏」下有「党項」二字；乙十一行本同；孔本同；張校同。】皆安，威、鹽、武三州軍食足，五年，以原州之蕭關置武州。故令還理所。理所，猶言治所。邠寧軍本理邠州，北至寧州一百二十五里。

4 夏，閏四月，詔以「州縣差役不均，自今每縣據人貧富及役輕重作差科簿，送刺史檢署訖，鏁於令廳，鏁，蘇果翻。令廳，縣令廳事也。每有役事委令，據簿定【章：十二行本「定」作「輪」；乙十一行本同；孔本同；張校同。】差。」今之差役簿始此。

5 五月，丙寅，以王紹鼎爲成德節度使。

6上聽察強記，宮中廝役給灑掃者，廝，音斯。灑，所買翻，又所賣翻。掃，蘇老翻，又素報翻。皆能識其姓名，識，職吏翻。才性所任，任，音壬。呼召使令，無差誤者。天下奏獄吏卒姓名，一覽皆記之。度支奏漬汚帛，汚，烏故翻。誤書漬爲淸，樞密承旨孫隱中謂上不之見，輒足成之。唐末，樞密承旨以院吏充，五代以諸衞將軍充，宋朝以士人充，遂爲淸選。及中書覆入，內出度支奏付中書，中書宣署申覆，還而奏之，謂之覆入。上怒，推按擅改章奏者罰謫之。

上密令翰林學士韋澳纂次諸州境土風物及諸利害爲一書，自寫而上之，而上，時掌翻；下上疏同。雖子弟不知也，號曰處分語。他日，鄧州刺史薛弘宗入謝，鄧州，京師東南九百三十里。出，謂澳曰：「上處分本州事驚人。」澳詢之，皆處分語中事也。處，昌呂翻。分，扶問翻。澳在翰林，上或遣中使宣旨草詔；事有不可者，澳輒曰：「茲事須降御札，方敢施行。」淹留至旦，上疏論之；上多從之。

7秋，七月，浙東軍亂，逐觀察使李訥。訥，遜之弟子也，李遜見二百三十九卷憲宗元和十年。性卞急，杜預曰：卞，躁疾也，音皮彥翻。遇將士不以禮，故亂作。

8淮南饑，民多流亡，節度使杜悰荒於遊宴，政事不治。上聞之，甲午，以門下侍郎、同平章事崔鉉同平章事，充淮南節度使；丁酉，以悰爲太子太傅、分司。

9九月，乙亥，貶李訥爲朗州刺史，監軍王宗景杖四十，配恭陵。仍詔「自今戎臣失律，幷坐監軍。」以禮部侍郎沈詢爲浙東觀察使。詢，傳師之子也。傳師者，沈既濟之子。

10 冬，十一月，以吏部侍郎柳仲郢爲兵部侍郎，充鹽鐵轉運使。有閭閻醫工劉集醫工無職於尚藥局，不待詔於翰林院，但以醫術自售於閭閻之間，故謂之閭閻醫工。因緣交通禁中，上敕鹽鐵補場官。凡銅鐵鹽場皆有官主之。仲郢上言：「醫工術精，宜補醫官；若委務銅鹽，何以課其殿最！殿，丁練翻。且場官賤品，非特敕所宜親，臣未敢奉詔。」上遽批：「劉集宜賜絹百匹，遣之。」他日，見仲郢，勞之曰：批，匹迷翻。勞，力到翻。「卿論劉集事甚佳。」

上嘗苦不能食，召醫工梁新診脈，診，止忍翻，切脈以候驗受病之原。治之數日，良已。治，直之翻。新因自陳求官，上不許，但敕鹽鐵使月給錢三千【章：十二行本「千」作「十」；乙十一行本同；孔本同；熊校同。】緡而已。

11 右威衛大將軍康季榮前爲涇原節度使，擅用官錢二百萬緡，事覺，季榮請以家財償之。上以季榮有開河、湟功，季榮有功見上卷三年。許之。給事中封還敕書，唐制：凡詔敕有不便者，給事中塗竄而奏還之，謂之塗歸。諫官亦上言，十二月，庚辰，貶季榮夔州長史。夔州，京師南二千二百四十三里。

12 江西觀察使鄭祇德以其子顥尚主通顯，固求散地，散，悉但翻。甲午，以祇德爲賓客、分司。太子賓客，分司東都。

十年（丙子、八五六）

1春，正月，丁巳，以御史大夫鄭朗爲工部尚書、同平章事。

2上命裴休極言時事，休請早建太子，上曰：「若建太子，則朕遂爲閑人。」孰謂唐宣宗明察，吾不信也。休不敢復言。復，扶又翻。二月，丙戌，休以疾辭位；不許。

3三月，辛亥，詔以「回鶻有功於國，世爲婚姻，有功於國，謂討安、史。世爲婚姻，謂世尚公主。稱臣奉貢，北邊無警。會昌中虜廷喪亂，喪，息浪翻。可汗奔亡，屬姦臣當軸，屬，之欲翻。姦臣，謂李德裕。此大中君臣愛憎之論也。遽加殄滅。近有降者云，已厖歷今爲可汗，尚寓安西，已厖歷，卽厖勒，以華言譯夷言，語轉耳。厖勒立見上卷二年。俟其歸復牙帳，當加册命。」

4上以京兆久不理，夏，五月，丁卯，以翰林學士、工部侍郎韋澳爲京兆尹。考異曰：貞陵遺事、東觀奏記皆曰：「帝以崔罕、崔郢併敗官，面除澳京兆尹。」按大中制集，澳代罕，郢代澳，云罕、郢併敗官，誤也。今從實錄、新紀、舊紀、新傳。澳爲人公直，既視事，豪貴斂手。鄭光莊吏恣横，【章：十二行本「横」下有「爲閭里患」四字；乙十一行本同；孔本同；張校同；退齋校同。】莊吏，掌主家田租者也。横，戶孟翻。積年租稅不入，澳執而械之。上於延英問澳，澳具奏其狀，上曰：「卿何以處之？」處，昌呂翻。澳曰：「欲置於法。」上曰：「鄭光甚愛之，何如？」對曰：「陛下自內庭用臣爲京兆，翰林學士院在內庭。欲以清畿甸之積弊；若鄭光莊吏積年爲蠹，得寬重辟，辟，毗亦翻。是陛下之法獨行於貧戶，臣未敢奉詔。」上曰：「誠如此。言韋澳所奏誠合於理。但鄭光殢我不置；此實言牽於母黨之愛。殢，他計翻。卿與痛杖，貸其死，可乎？」對曰：「臣不敢不奉詔，願聽臣且繫之，俟徵足乃釋之。」上曰：「灼然可。言韋澳之言，灼然可行也。朕爲鄭光故橈卿法，爲，于僞翻。橈，奴巧翻，又奴教翻。殊以爲愧。」澳歸府，府，謂京兆府。卽杖之；督租數百斛足，乃以吏歸光。考異曰：東觀奏記曰：「太后爲上言之，上於延英問澳。澳具奏本末。上曰：『今日納租足，放否？』澳曰：『尚在限內。明日則不得矣。』上入奏太后曰：『韋澳不可犯。且與送錢納卻。』頃刻而租入。」今從柳玭續貞陵遺事。

5 六月，戊寅，以中書侍郎、同平章事裴休同平章事，充宣武節度使。

6 司農卿韋廑欲求夏州節度使，廑，渠遴翻。夏，戶雅翻。有術士知之，詣廑門曰：「吾善醮星辰，求官無不如意。」廑信之，夜，設醮具於庭。術士曰：「請公自書官階一通。」既得之，仰天大呼曰：呼，火故翻。「韋廑有異志，令我祭天。」廑舉家拜泣曰：「願山人賜百口之命！」家之貨財珍玩盡與之。邏者怪術士服鮮衣，邏，郎佐翻。執以爲盜；術士急，乃曰：「韋廑令我祭天，我欲告之，彼以家財求我耳。」事上聞。上，時掌翻。秋，九月，上召廑面詰之，具知其冤，謂宰相曰：「韋廑城南甲族，京城之南，韋、杜二族居之，謂之韋曲、杜曲。語云：「城南韋、杜，去天尺五。」爲姦人所誣，勿使獄吏辱之。」立以術士付京兆，杖死，貶廑永州司馬。考異曰：東觀奏記、實錄，貶司農卿韋廑爲永州司馬；廑夜令術士爲厭勝之術，御史臺劾奏故也。范攄雲谿友議曰：太僕卿韋廑欲求夏州節度使云云，貶潘州司馬。今官名從東觀奏記及實錄，事采雲谿友議。

7 戶部侍郎、判戶部、駙馬都尉鄭顥唐自中世以後，天下財賦皆屬戶部、度支、鹽鐵，率以他官分判。戶部侍郎判戶部，乃得知戶部一司錢貨、穀帛出入之事。駙馬都尉，尚主者爲之。營求作相甚切。其父祗德【章：十二行本「德」下有「聞之」二字；乙十一行本同；孔本同。】與書曰：「聞汝已判戶部，是吾必死之年；又聞欲求宰相，是吾必死之日也！」考異曰：劉崇遠金華子雜編：「顥既判戶部，馳逐台司甚切。時家君猶鎮山東，聞之，遺書謂顥」云云。按實錄，九年十二月，顥父祗德以賓客、分司。金華子云鎮山東，誤也。顥懼，累表辭劇務。戶部之務繁劇。冬，十月，乙酉，以顥爲祕書監。

8 上遣使詣安西鎮撫回鶻，使者至靈武，會回鶻可汗遣使入貢，十一月，辛亥，册拜爲嗢祿登里羅汩沒密施合俱錄毗伽懷建可汗，以衞尉少卿王端章充使。

9 吏部尚書李景讓上言：「穆宗乃陛下兄，敬宗、文宗、武宗乃兄之子，陛下拜兄尚可，拜姪可乎！是使陛下不得親事七廟也，宜遷四主出太廟，四主，謂穆、敬、文、武四宗神主。還代宗以下入廟。」詔百官議其事，不決而止。時人以是薄景讓。薄其逢君之惡也。

10 敕「於靈感、會善二寺置戒壇，僧、【章：十二行本「僧」上有「諸道」二字；乙十一行本同；孔本同；張校同。】尼應塡闕者委長老僧選擇，給公憑，赴兩壇受戒，兩京各選大德十人主其事。僧之能持戒行者謂之大德。宋白曰：唐制：諸寺有綱維，有大德；大德主教授。有不堪者罷之，堪者給牒，遣歸本州。不見戒壇公牒，毋得私容。仍先選舊僧、尼，舊僧、尼無堪者，乃選外人。」

11 壬辰，以戶部侍郎、判戶部崔慎由爲工部尚書、同平章事。上每命相，左右無知者。前此一日，令樞密宣旨於學士院，以兵部侍郎、判度支蕭鄴同平章事。樞密使王歸長、馬公儒覆奏：「鄴所判度支應罷否？」上以爲歸長等佑之，佑，助也。即手書慎由名及新命付學士院，仍云「落判戶部事」。鄴，明之八世孫也。明，梁貞陽侯蕭淵明也，唐諱淵，故止曰明。

12 內園使李敬寔內園使，亦內諸司之一。五代時，有內園栽接使。遇鄭朗不避馬，朗奏之，上責敬寔，對曰：「供奉官例不避。」上曰：「汝銜敕命，橫絕可也；橫度曰絕。豈得私出而不避宰相乎！」命剝色，配南牙。褫其本色，使配役南牙也。

十一年（丁丑、八五七）

1 春，正月，丙午，以御史中丞兼尚書右丞夏侯孜爲戶部侍郎、判戶部事。先是，判戶部有缺，先，悉薦翻。京兆尹韋澳奏事，上欲以澳補之。辭曰：「臣比年心力衰耗，難以處繁劇，比，毗至翻。處，昌呂翻。屢就陛下乞小鎮，聖恩未許。」上不悅。及歸，其甥柳玭尤之，玭，蒲蠲翻，又蒲賓翻。澳曰：「主上不與宰輔僉議，私欲用我，人必謂我以他岐得之，岐，路也。何以自明！且爾知時事浸不佳乎？由吾曹貪名位所致耳。」丙辰，以澳爲河陽節度使。考異曰：舊傳云「十二年」，誤也。今從實錄。玭，仲郢之子也。柳仲郢見上卷武宗會昌五年。

2上欲幸華清宮，諫官論之甚切，上爲之止。爲，于僞翻。上樂聞規諫，樂，音洛。凡諫官論事、門下封駮，苟合於理，多屈意從之；得大臣章疏，必焚香盥手而讀之。史炤曰：盥手，澡手也。

3二月，辛巳，以門下侍郎、同平章事魏謩同平章事，充西川節度使。謩爲相，議事於上前，他相或委曲規諷，謩獨正言無所避，上每歎曰：「謩綽有祖風，謂有魏徵之風。我心重之。」然竟以剛直爲令狐綯所忌而出之。

4嶺南溪洞蠻屢爲侵盜；夏，四月，壬申，以右千牛大將軍宋涯爲安南、邕管宣慰使。五月，乙巳，以涯爲安南經略使。容州軍亂，逐經略使王球。六月，癸巳，以涯爲容管經略使。

5甲午，立皇子灌爲衛王，灉爲廣王。灉，紆容翻，又紆用翻。

6秋，七月，庚子，以兵部侍郎、判度支蕭鄴同平章事，仍判度支。

7教坊祝漢貞，滑稽敏給，史記索隱曰：滑，謂亂也。稽，同也。以言辯捷之人，言非若是，說是若非，能亂同異也。崔浩云：滑，音骨。稽，流酒器也。轉注吐酒，終日不已，言出口成章，辭不窮竭，若滑稽之吐酒。故揚雄酒賦云：「鴟夷滑稽，腹大如壺，盡日盛酒，人復借沽。」是也。又姚察曰：滑稽，俳諧也。滑，讀如字。稽，音計。以言諧語滑利，其智計捷出，故云滑稽也。上或指物使之口占，摹詠有如宿構，由是寵冠諸優。冠，古玩翻。一日，在上前抵掌詼諧，頗及外事，上正色謂曰：「我畜養爾曹，正供戲笑耳，畜，吁玉翻。豈得輒預朝政邪！」自是疏之。會其子坐贓，杖死，流漢貞於天德軍。考異曰：實錄：「大中十一年，七月，貶嗣韓王乾裕於嶺外。初，伶人祝漢貞寵冠諸優，復出入宮邸，乾裕以金帛結之，求刺史，雖已納賂而未敢言。至是，爲御史臺劾奏，故貶；杖漢貞，流天德軍。」今從貞陵遺事。

樂工羅程，善琵琶，自武宗朝已得幸；上素曉音律，尤有寵。程恃恩暴橫，以睚眦殺人，橫，戶孟翻。睚，五懈翻。眦，士懈翻。睚眦，恨視也，又瞋目貌。顏師古曰：睚，舉眼也。眦，卽眥字，謂目匡睚眦，言舉目相斥也。繫京兆獄。諸樂工欲爲之請，因上幸後苑奏樂，爲，于僞翻。乃設虛坐，坐，徂臥翻。置琵琶，而羅拜於庭，且泣。上問其故，對曰：「羅程負陛下，萬死，然臣等惜其天下絕藝，不復得奉宴遊矣！」復，扶又翻。上曰：「汝曹所惜者羅程藝，朕所惜者高祖、太宗法。」竟杖殺之。

8 八月，成德節度使王紹鼎薨。紹鼎沈湎無度，沈，持林翻。湎，面善翻。飲酒齊色曰湎。韓詩云：飲酒閉門不出客曰湎。好登樓彈射人以爲樂，好，呼到翻。彈，徒案翻，又徒丹翻。射，而亦翻。樂，音洛。衆欲逐之；會病薨，軍中立其弟節度副使紹懿。戊寅，以紹懿爲成德留後。

9 九月，辛酉，以太子太師盧鈞同平章事，充山南西道節度使。

10 冬，十月，己巳，以秦成防禦使李承勛爲涇原節度使。承勛，光弼之孫也。勛，與勳同。先是，吐蕃酋長尚延心以河、渭二州部落來降，拜武衞將軍；先，悉薦翻。酋，慈由翻。長，知丈翻。承勛利其羊馬之富，誘之入鳳林關，河州鳳林縣北有鳳林關。鳳林，漢之白石縣地，天寶元年以關名縣。

誘，音酉。居秦州之西。承勛與諸將謀執延心，誣云謀叛，盡掠其財，徙其衆於荒遠；延心知之，因承勛軍宴，坐中謂承勛曰：宴於軍中曰軍宴。坐，徂臥翻。「河、渭二州，土曠人稀，因以饑疫。唐人多內徙三川，三川，平涼川、蔚茹川、落門川也。吐蕃皆遠遁於疊宕之西，宕，徒浪翻。二千里間，寂無人煙。延心欲入見天子，見，賢遍翻。請盡帥部衆分徙內地，爲唐百姓，帥，讀曰率。使西邊永無揚塵之警，其功亦不愧於張義潮矣。」張義潮以沙、瓜等州歸唐。承勛欲自有其功，猶豫未許，延心復曰：「延心既入朝，部落內徙，但惜秦州無所復恃耳。」復，扶又翻；下同。承勛與諸將相顧默然。明日，諸將言於承勛曰：「明公首開營田，置使府，擁萬兵，仰給度支，使府，謂秦、成防禦使府。仰，牛向翻。將士無戰守之勞，有耕市之利。耕，謂營田之利。市，謂互市之利。若從延心之謀，則西陲無事，朝廷必罷使府，省戍兵，還以秦州隸鳳翔，吾屬無所復望矣。」承勛以爲然，卽奏延心爲河、渭都遊弈使，使統其衆居之。史言唐之邊鎮，自將帥至於偏裨，詳於身謀，略於國事，故夷人窺見其肺肝，亦得行其自全之謀。考異曰：此事出補國史。按張義潮以十一州降，河、渭已在其間。今延心復以河、渭降者，義潮所帥者漢民，延心所帥者蕃族也。又補國史不云延心以何年月降。新傳但云張義潮降，其後河、渭州虜將尚延心以國破亡，亦獻款。秦州刺史高駢誘降延心及渾末部萬帳，遂收二州，拜延心武衞將軍。駢收鳳林關，以延心爲河、渭等州都遊弈使。按舊傳，高駢懿宗時始爲秦州刺史。新傳誤也。今從補國史。因承勛移鎮涇原，并延心事置於此。

11 中書侍郎、同平章事鄭朗以疾辭位；壬申，以朗爲太子太師。

12 上晚節頗好神仙，遣中使迎道士軒轅集於羅浮山。流軒轅集見上卷會昌六年。羅浮山在循州博羅縣西北三十里。漢志曰：浮山自會稽浮來，傅於羅山，故曰博羅山，亦曰羅浮山。

13 王端章册立回鶻可汗，道爲黑車子所塞，不至而還。王端章去年十一月使回鶻。還，從宣翻，又如字。辛卯，貶端章賀州司馬。

14 十一月，壬寅，以成德軍留後王紹懿爲節度使。

15 十二月，蕭鄴罷判度支。

十二年（戊寅、八五八）

1 春，正月，以康王傅、分司王式爲安南都護、經略使。康王汶，上子也。考異曰：舊紀：式爲安南在二月。今從實錄。式有才略，至交趾，樹艻木爲栅，可支數十年。史炤曰：艻，都聊切，又音調。余按廣韻，艻，都聊切。又音調者，葦華也，其字從艸、從刀。又類篇有從艸、從力者，香菜也，歷得切。昔嘗見一書從艸從力者，讀與棘同。棘，羊矢棗也，此木可以支久。深塹其外，泄城中水，塹外植竹，寇不能冒。范成大桂海虞衡志：竻竹，刺竹也，芒刺森然。廣東新州素無城，桂林人黄齊守郡，始以此竹植之，羌豚不能徑，號竹城，至今以爲利。傳聞交趾外城亦是此竹，正王式所植者也。竻，盧得翻。選教士卒甚鋭。頃之，南蠻大至，【章：十二行本「至」下有「屯錦田步」四字；乙十一行本同；孔本同；張校同；退齋校同。】南蠻，謂南詔蠻也。去交趾半日程；唐制：凡陸行之程，馬日七十里，步及驢日五十里，車三十里。水行之程，舟之重者泝河日三十里，江四十里，餘水四十五里。空舟泝河四十里，江五十里，餘水六十里。沿流之舟，則輕重同制，河日一百五十里，江一百里，餘水七十里。式意思安間，思，相吏翻。遣譯諭之，中其要害，中，竹仲翻。要害，謂諭之以守禦之事，於我爲要，於彼爲害者。蠻一夕引去，遣人謝曰：「我自執叛獠耳，非爲寇也。」安南都校羅行恭，久專府政，都校，猶言都將也。獠，魯皓翻。校，戶教翻。麾下精兵二千，都護中軍纔羸兵數百；式至，杖其背，黜於邊徼。羸，倫爲翻。徼，吉弔翻。

2 初，戶部侍郎、判度支劉瑑瑑，柱兗翻。爲翰林學士，上器重之。時爲河東節度使，手詔徵入朝，瑑奏發河東，外人始知之。戊午，以瑑同平章事。考異曰：東觀奏記曰：「十一年，上手詔追之，既至，拜戶部侍郎、判度支。十二月十七日，次對，上以御案曆日付瑑，令於下旬擇一吉日。瑑不諭上旨，上曰：『但擇一拜官日卽得。』瑑跪奏：『二十五日甚佳。』上笑曰：『此日命卿爲相。』祕，世無知者。高湜爲鳳翔從事，湜卽瑑舊僚也。二十四日，辭瑑於宣平里私第。湜曰：『竊度旬時，必副具瞻之望。』瑑笑曰：『來日具瞻，何旬時也！』湜不敢發。詰旦，果爰立矣，始以此事洩於湜。」實錄，瑑傳曰：「明年正月十七日，次對，帝以曆日付瑑，令擇吉日。瑑跪奏：二十五日。」今從之。瑑，仁軌之五世孫也。劉仁軌事高宗、武后，出入將相。

瑑與崔愼由議政於上前，愼由曰：「惟當甄別品流，甄，稽延翻。別，彼列翻。上酬萬一。」瑑曰：「昔王夷甫祖尚浮華，晉王衍字夷甫。妄分流品，致中原丘墟。今盛明之朝，當循名責實，使百官各稱其職；朝，直遙翻。稱，尺證翻。而遽以品流爲先，臣未知致理之日！」愼由無以對。

3 軒轅集至長安，上召入禁中，問曰：「長生可學乎？」對曰：「王者屏欲而崇德，屏，必郢翻。**則自然受大**【章：孔本「大」作「天」；張校同。】**遐福，何處更求長生！」留數月，堅求還山，乃遣之。**軒轅集之求還，懲會昌末年之事也。

4 **二月，甲子朔，罷公卿朝拜光陵及忌日行香，悉移宮人於諸陵。**以陳弘志弑逆之罪歸穆宗也。唐初，皇帝有謁陵之禮，天子不躬謁，則以太常卿行陵。高宗顯慶五年，詔歲春秋季一巡，宜以三公行陵，太常少卿貳之。太常給鹵簿，仍著於令。始，貞觀禮歲以春秋仲月巡陵，至武后時，乃以四季月、生日、忌日遣使詣陵起居。貞元四年，國子祭酒包佶言：「歲二月、八月，公卿朝拜諸陵，陵臺所由，導至陵下，禮略，無以盡恭。」於是太常約舊禮草定其儀，公卿衆官以次奉行，朝拜而還。忌日行香，即詣陵起居之禮也。又有忌日詣僧寺行香之禮。宋白曰：唐制：國忌行香，初只行於京城寺觀。貞元五年，八月，敕天下諸上州並宜國忌日准式行香之禮。凡諸帝升遐，宮人無子者悉遣詣山陵供奉朝夕，具盥櫛，治衾枕，事死如事生。朝，直遙翻。

5 **戊辰，以中書侍郎、同平章事崔愼由爲東川節度使。**考異曰：唐闕史曰：「丞相太保崔公一日備顧問於便殿，上欲御樓肆赦。太保奏云云。後旬日，罷知政事。」舊傳：「初，愼由與蕭鄴同在翰林，情不相洽，及愼由作相，罷鄴學士。俄而鄴自度支，平章事，恩顧甚隆，鄴引瑑同知政事，遂出愼由東川。」東觀奏記：「劉瑑既入相，與愼由議政於上前。愼由曰：『唯當甄別品流。』瑑云云。愼由不能對。因此恩澤浸衰，尋罷相爲東川節度使，削平章事。」今從唐闕史。

上欲御樓肆赦，唐初，天子居西內，肆赦率御承天門樓。自高宗以後，天子居東內，肆赦率御丹鳳門樓。**令狐綯曰：「御樓所費甚廣，事須有名；且赦不可數。」**唐制：凡御樓肆赦，六軍十二衞皆有恩賚，故云所費甚廣。劉溫叟曰：故事，非肆大眚不御樓，軍庶皆有恩給。數，所角翻。上不悅，曰：「遣朕於何得名！」愼由曰：「陛下未建儲宮，四海屬望。屬，之欲翻。若舉此禮，雖郊祀亦可，況於御樓！」時上餌方士藥，已覺躁渴，而外人未知，疑忌方深，聞之，俛首不復言。史言宣宗不早定國本，使王宗實得以立長而竊定策之功。復，扶又翻。旬日，愼由罷相。

6 勃海王彝震卒。癸未，立其弟虔晃爲勃海王。

7 夏，四月，以右街使、駙馬都尉劉異爲邠寧節度使。左、右街使與左、右金吾將軍，掌分察六街徼巡。異尚安平公主，上妹也。

8 庚子，嶺南都將王令寰作亂，囚節度使楊發。發，蘇州人也。

9 戊申，以兵部侍郎、鹽鐵轉運使夏侯孜同平章事。

10 五月，丙寅，工部尚書、同平章事劉瑑薨。瑑病篤，猶手疏論事，上甚惜之。

11 以右金吾大將軍李燧爲嶺南節度使，已命中使賜之節，給事中蕭倣封還制書；上方奏樂，不暇別召中使，使優人追之，節及燧門而返。考異曰：此出東觀奏記，而燧不知以何時除嶺南。按實錄，大中九年，韋曙除嶺南節度使。今年正月薨，楊發代之。三月，蕭倣言柳珪。四月，燧自司農卿爲右金吾大將軍。五月，聞嶺南亂。蓋於此除燧嶺南；而倣封還，以燧爲非定亂之才故也。今置於此。倣，俛之從父弟也。蕭俛，穆宗長慶初爲相。辛巳，以涇原節度使李承勛爲嶺南節度使，發鄰道兵討亂者，平之。

12 是日，湖南軍亂，都將石載順等逐觀察使韓悰，殺都押牙王桂直。悰待將士不以禮，故及於難。難，乃旦翻。

13 六月，丙申，江西軍亂，都將毛鶴逐觀察使鄭憲。

14 初，安南都護李涿考異曰：實錄，或作「琢」，或作「涿」。樊綽蠻書亦作「涿」。實錄及新書皆有李琢傳，聽之子也。大中三年，自洺州刺史除義昌節度使。九年，九月，自金吾將軍除平盧節度使，不云曾爲安南都護。按都護位卑，琢既爲義昌節度使，不應爲都護。疑作都護者別一李涿，非聽子也。爲政貪暴，強市蠻中馬牛，一頭止與鹽一斗；又殺蠻酋杜存誠。羣蠻怨怒，導南詔侵盜邊境。考異曰：舊紀：「琢侵刻獠民，羣獠引林邑蠻攻安南府。」按蠻書，寇安南者南詔，非林邑也。峯州有林西原，峯州在安南西北，林西原當又在峯州西。舊有防冬兵六千，南方炎瘴，至冬，瘴輕。蠻乘此時爲寇，故置防冬兵。其旁七綰洞蠻，其酋長曰李由獨，常助中國戍守，輸租賦。酋，慈由翻。長，知丈翻。知峯州者言於涿，請罷戍兵，專委由獨防遏；於是由獨勢孤，不能自立，南詔拓東節度使以書誘之，以甥妻其子，補拓東押牙，妻，七細翻。交趾在南詔東，南詔於東境置拓東節度，言將開拓東境也。又新志，自戎州開邊縣七十里，至曲州，又一千九百七十五里，至柘東城。柘，從木。又曰：柘東城有諸葛亮石刻，文曰：「碑卽仆，蠻爲漢奴。」夷畏誓，常以石榰梧。由獨遂帥其衆臣於南詔。帥，讀曰率。自是安南始有蠻患；是月，蠻寇安南。考異曰：實錄無涿除安南年月。蠻書云：「大中八年，安南都護擅罷林西原防冬戍卒，洞主李由獨等七綰首領被蠻誘引，復爲親情，日往月來，漸遭侵軼。」又曰：「桃花蠻本屬由獨管轄，亦爲界上戍卒，自大中八年，被峯州知州官申文狀與李涿，請罷防冬將健六千人，不要味、眞、登等州界上防遏。其由獨兄弟力不禁，被蠻柘東節度使與書信，將外甥嫁與由獨小男，補柘東押衙，自此後七綰洞悉爲蠻收管。」舊紀：「咸通四年，十一月，劉蜕等言：令狐綯受李涿賄，除安南，生蠻寇。」實錄：「咸通二年六月，詔：『如聞李琢在安南日，殺害杜存誠，貪殘頗甚，致令溪洞懷怨。』」據此，則本因李涿貪暴無謀以致蠻寇，明矣。然則大中八年至十一年，舊紀、實錄不言蠻爲邊患，蓋但時於邊境小有鈔盜，未敢犯州縣；至此寇安南，而舊紀、實錄始載之。又不知此寇安南，卽鄭言平剡錄所謂至錦田步時非也。

15 秋，七月，丙寅，宣州都將康全泰作亂，逐觀察使鄭薰；薰奔揚州。

16 丁卯，右補闕內供奉張潛上疏，以爲：「藩府代移之際，皆奏倉庫蓄積之數，以羨餘多爲課績，羨，弋線翻。朝廷亦因而甄奬。甄，稽延翻。竊惟藩府財賦，所出有常，苟非賦斂過差，及停廢將士，減削衣糧，則羨餘何從而致！比來南方諸鎭數有不寧，皆此故也。一朝有變，所蓄之財悉遭剽掠；比，毗至翻。數，所角翻。剽，匹妙翻。又發兵致討，費用百倍，然則朝廷竟有何利！乞自今藩府長吏，不增賦斂，不減糧賜，獨節遊宴，省浮費，能致羨餘者，然後賞之。」上嘉納之。

17 容管奏都虞候來正謀叛，經略使宋涯捕斬之。

初，忠武軍精兵皆以黃冒首，號黃頭軍。李承勛以百人定嶺南，宋涯使麾下效其服裝，亦定容州。

安南有惡民，屢爲亂，聞之，驚曰：「黄頭軍渡海求襲我矣！」「求」，當作「來」。【章：乙十一行本正作「來」。】相與夜圍交趾城，鼓譟：「願送都護北歸，我須此城禦黄頭軍。」王式方食，或勸出避之。式曰：「吾足一動，則城潰矣。」徐食畢，擐甲，擐，音宦。率左右登城，建大將旗，坐而責之，亂者反走。明日，悉捕誅之。有杜守澄者，自齊、梁以來擁衆據溪洞，不可制。言杜守澄之先，自齊、梁以來不可制也。式離間其親黨，守澄走死。間，古莧翻。參考本末，則杜守澄，杜存誠之子也。存誠後爲安南都護李鄠所殺。前又云李涿所殺。未知孰是。安南饑亂相繼，六年無上供，上供者，錢帛之輸京師以供上用者也。軍中無犒賞，式始脩貢賦，饗將士。占城、眞臘皆復通使。占城在大海中，西直三佛齊，南與崖州對岸。眞臘，一名吉蔑，本扶南屬國，去長安二萬八百里，東距車渠，西屬驃，南濱海，北與道明接，東北抵驩州。

18 淮南節度使崔鉉奏已出兵討宣州賊；八月，甲午，以鉉兼宣歙觀察使。己亥，以宋州刺史溫璋爲宣州團練使。璋，造之子也。溫造見二百四十四卷文宗太和四年。

19 河南、北、淮南大水，徐、泗水深五丈，深，式禁翻。漂沒數萬家。

20 冬，十月，建州刺史于延陵入辭，上曰：「建州去京師幾何？」對曰：「八千里。」舊志：建州在長安東南四千九百三十五里。上曰：「卿到彼爲政善惡，朕皆知之，勿謂其遠！此階前則萬里也，遠，于願翻。卿知之乎？」延陵悸懾失緒，悸，其季翻。懾，之涉翻。絲端曰緒。言延陵悸懾，應對錯亂，失其端緒。上撫而遣之。到官，竟以不職貶復州司馬。復州，京師東南一千八百里。

令狐綯擬李遠杭州刺史，吳分餘杭立臨水縣，晉改臨水爲臨安，陳爲錢塘郡。隋置杭州，自臨安移居錢塘，尋移州於柳浦西，依山築城。京師東南三千五百五十六里。上曰：「吾聞遠詩云：『長日惟消一局棊，』安能理人！」綯曰：「詩人託此爲高興耳，興，許應翻。未必實然。」上曰：「且令往試觀之。」

上詔刺史毋得外徙，必令至京師，面察其能否，然後除之。令狐綯嘗徙其故人爲鄰州刺史，便道之官。上見其謝上表，謝上，時掌翻。今諸州守臣有謝到任表。以問綯，對曰：「以其道近，省送迎耳。」上曰：「朕以刺史多非其人，爲百姓害，故欲一一見之，訪問其所施設，知其優劣以行黜陟。而詔命既行，直廢格不用，格，音閣。宰相可畏【嚴：「畏」改「謂」。】有權！」如令狐綯之欺蔽，罷其相而罪之可也。若任之爲相而畏其有權，則宰相取充位而已。時方寒，綯汗透重裘。重，直龍翻。

上臨朝，接對羣臣如賓客，朝，直遙翻。雖左右近習，未嘗見其有惰容。每宰相奏事，旁無一人立者，威嚴不可仰視。奏事畢，忽怡然曰：「可以閒語矣！」因問閭閻細事，或談宮中遊宴，無所不至。一刻許，漏上一刻許也。復整容曰：「卿輩善爲之，朕常恐卿輩負朕，後日不復得相見。」復，扶又翻。乃起入宮。令狐綯謂人曰：「吾十年秉政，大中四年，令狐綯爲相，至懿宗卽位方罷。最承恩遇；然每延英奏事，未嘗不汗霑衣也！」

21 初，山南東道節度使徐商，以封疆險闊，素多盜賊，選精兵數百人別置營訓練，號捕盜將。及湖南逐帥，事見上五月。將，即亮翻。帥，所類翻。詔商討之。商遣捕盜將二百人討平之。

22 崔鉉奏克宣州，斬康全泰及其黨四百餘人。

23 上以光祿卿韋宙父丹有惠政於江西，事見上卷三年。以宙爲江西觀察使，發鄰道兵以討毛鶴。

24 崔鉉以宣州已平，辭宣歙觀察使。十一月，戊寅，以溫璋爲宣歙觀察使。

25 兵部侍郎、判戶部蔣伸從容言於上曰：「近日官頗易得，人思徼幸。」從，千容翻。易，以豉翻。徼，堅堯翻。上驚曰：「如此，則亂矣！」對曰：「亂則未亂；但徼幸者多，亂亦非難。」上稱歎再三。伸【章：十二行本「伸」下有「三」字；乙十一行本同；孔本同。】起，上三留之，曰：「異日不復得獨對卿矣。」次對官獨坐，宰相皆同入對。復，扶又翻。伸不諭。不諭者，不解上旨。十二月，甲寅，以伸同平章事。

26 韋宙奏克洪州，斬毛鶴及其黨五百餘人。宙過襄州，徐商遣都將韓季友帥捕盜將從行。宙至江州，季友請夜帥其衆自陸道間行，比明，至洪州，帥，讀曰率。間，古莧翻。比，必利翻，及也。江州西南至洪州一百九十五里。州人不知，即日討平之。宙奏留捕盜將二百人於江西，以季友爲都虞候。

十三年（己卯、八五九）

1春，正月，戊午朔，赦天下。

2三月，割河東雲、蔚、朔三州隸大同軍。時置大同軍節度，治雲州。宋白曰：朔州東至蔚州四百六十里，東北至故雲州二百六十里。今雲州治雲中，本古平城地。

3夏，四月，辛卯，以校書郎于琮爲左拾遺內供奉。初，上欲以琮尙永福公主，既而中寢，宰相請其故，上曰：「朕近與此女子會食，對朕輒折匕筯。性情如是，豈可爲士大夫妻！」乃更命琮尙廣德公主。折，而設翻。更，工衡翻。二公主皆上女。琮，敖之子也。

4武寧節度使康季榮不卹士卒，士卒譟而逐之。上以左金吾大將軍田牟嘗鎭徐州，有能名，新書曰：牟三爲武寧帥，皆有能名。按武宗會昌四年，田牟方爲天德軍使，則其初除武寧必在會昌之間，而史不記其歲月。復以爲武寧節度使，一方遂安。貶季榮於嶺南。

5六月，癸巳，封憲宗子惕爲彭王。惕，他歷翻。

6初，上長子鄆王溫，無寵，居十六宅，餘子皆居禁中。夔王滋，第三子也，上愛之，欲以爲嗣，爲其非次，爲其，于僞翻。故久不建東宮。

上餌醫官李玄伯、道士虞紫芝、山人王樂藥，疽發於背。八月，疽甚，宰相及朝士皆不得見。見，賢遍翻。上密以夔王屬樞密使王歸長、馬公儒、宣徽南院使王居方，使立之。屬，之欲翻。三人及右軍中尉王茂玄，皆上平日所厚也。獨左軍中尉王宗實素不同心，三人相與謀，出宗實爲淮南監軍；宗實已受敕於宣化門外，將自銀臺門出，左軍副使亓元實考異曰：或作「邢元實」。今從東觀奏記、懿宗實錄。亓，苦堅翻。海陵本作「亓」，渠之切，姓也。謂宗實曰：「聖人不豫踰月，中尉止隔門起居；中尉，謂王宗實。今日除改，未可辨也。何不見聖人而出？」宗實感寤，復入，諸門已踵故事增人守捉矣。亓元實翼導宗實直至寢殿，上已崩，年五十。東首環泣矣。首，式又翻。環，音宦。宗實叱歸長等，責以矯詔；皆捧足乞命。乃遣宣徽北院使齊元簡迎鄆王。壬辰，下詔立鄆王爲皇太子，權句當軍國政事，仍更名漼。句，古候翻。當，丁浪翻。鄆，音運。更，工衡翻。漼，七罪翻。收歸長、公儒、居方，皆殺之。癸巳，宣遺制，以令狐綯攝冢宰。

宣宗性明察沈斷，沈，持林翻。斷，丁管翻。考異曰：續貞陵遺事曰：「越守嘗進女樂，有絕色者，上初悅之，數月，錫賚盈積。一旦晨興，忽不樂，曰：『玄宗只一楊妃，天下至今未平，我豈敢忘！』乃召美人曰：『應留汝不得。』左右或奏『可以放還。』上曰：『放還我必思之，可命賜酒一盃。』」此太不近人情，恐譽之太過。今不取。用法無私，從諫如流，重惜官賞，恭謹節儉，惠愛民物，故大中之政，訖於唐亡，人思詠之，謂之小太宗。衞嗣君之聰察，不足以延衞；唐宣宗之聰察，不足以延唐。

丙申，懿宗即位。癸卯，尊皇太后爲太皇太后。以王宗實爲驃騎上將軍。李玄伯、虞紫芝、王樂皆伏誅。考異曰：東觀奏記：「畢諴在翰林，上恩顧特異，許用爲相，深爲丞相令狐綯緩其入相之謀。諴思有以結綯，在北門求得絕色，非人世所有，盛飾珠翠，專使獻綯。綯一見之心動，謂其子曰：『畢太原於吾無分，今以是餌吾，將傾吾家族也！』一見立返之。諴又瀝血輸啓事於綯，綯終不納，乃命邸貨之。東頭醫官李玄伯，上所狎昵者，以錢七十萬致於家，乃舍正堂坐之，玄伯夫妻執賤役以事焉。踰月，盡得其歡心矣，乃進于上。上一見惑之，寵冠六宮。玄伯燒伏火丹砂連進，以市恩澤，致上瘡疾，皆玄伯之罪也。懿宗即位，玄伯與山人王岳、道士虞紫芝俱棄市。」今從實錄。

7 九月，追尊上母晁昭容爲元昭皇太后。

8 加魏博節度使何弘敬兼中書令，考異曰：東觀奏記：「大中十三年，三月，魏博何弘敬就加中書令。」據實錄，二月弘敬加太傅，此月乃加中書令，在懿宗即位後。東觀奏記誤也。幽州節度使張允伸同平章事。

9 冬，十月，辛卯，赦天下。

10 十一月，戊午，以門下侍郎、同平章事蕭鄴同平章事，充荆南節度使。

11 十二月，甲申，以翰林學士承旨、兵部侍郎杜審權同平章事。審權，元穎之弟子也。杜元穎，穆宗長慶初爲相，後以帥西川致寇，貶。

12 浙東賊帥裘甫攻陷象山，孫愐曰：裘，本仇氏，避仇改作「裘」。或曰：衞大夫柳莊邑於裘氏。神龍元年，分寧海及鄮置象山縣，屬台州，廣德二年，度屬明州。帥，所類翻。考異曰：實錄作「仇甫」。按平剡錄作「裘甫」，今從之。官軍屢敗，明州城門晝閉，進逼剡縣，剡，漢古縣，唐屬越州。九域志：在州東南一百八十里。有衆百人，浙東騷動。觀察使鄭祗德遣討擊副使劉勍、勍，渠京翻。副將范居植將兵三百，合台州軍共討之。

13 司空、門下侍郎、同平章事令狐綯執政歲久，忌勝己者，中外側目，其子滈頗招權受賄。滈，湖老翻。宣宗既崩，言事者競攻其短，丁酉，以綯同平章事，充河中節度使。以前荆南節度使、同平章事白敏中守司徒、兼門下侍郎、同平章事。

14 初，韋皋在西川，開青溪道以通羣蠻，青溪道即清溪關路。使由蜀入貢。又選羣蠻子弟聚之成都，教以書數，欲以慰悅羈縻之，業成則去，復以他子弟繼之。復，扶又翻。如是五十年，羣蠻子弟學於成都者殆以千數，軍府頗厭於稟給。又，蠻使入貢，利於賜與，所從傔人浸多，傔，苦念翻。杜悰爲西川節度使，奏請節減其數，詔從之。南詔豐祐怒，其賀冬使者留表付巂州而還。又索習學子弟，移牒不遜，還，從宣翻，又如字；下同。索，山客翻。自是入貢不時，頗擾邊境。

會宣宗崩，遣中使告哀，時南詔豐祐適卒，子酋龍立，酋，慈秋翻。怒曰：「我國亦有喪，朝廷不弔祭。又詔書乃賜故王。」遂置使者於外館，禮遇甚薄。使者還，具以狀聞。上以酋龍不遣使來告喪，又名近玄宗諱，龍字近玄宗諱。遂不行册禮。酋龍乃自稱皇帝，國號大禮，至今雲南國號大理。改元建極，遣兵陷播州。爲南詔攻蜀、攻交趾張本。考異曰：舊紀、實錄今年皆無陷播州事，惟新紀有之。實錄：「咸通六年三月，盧潘奏云：大中十三年，南蠻陷播州。」補國史曰：「雲南自大中初朝貢使及西川質子人數漸多，節度使奏請釐革減省，有詔許之，錄詔報雲南，雲南回牒不遜。」新南詔傳曰：「朝貢歲至，從者多，杜悰自西川入朝，表無多內蠻傔。豐祐怒，卽慢言索質子。」蓋謂蠻子弟學成都者也。按杜悰以咸通二年十月入朝，而豐祐大中十三年已死，則建議減蠻傔者，必非悰入朝後事。新傳誤也。

容肇祖標點聶崇岐覆校

資治通鑑卷第二百五十

端明殿學士兼翰林侍讀學士太中大夫提舉西京嵩山崇福宮上柱國河内郡開國公食邑二千二百户食實封九百户賜紫金魚袋臣　司馬光　奉敕編集
後　學　天　台　胡三省　音　註

唐紀六十六
起上章執徐（庚辰），盡強圉大淵獻（丁亥），凡八年。

懿宗昭聖恭惠孝皇帝上
諱漼，宣宗長子也。初諱溫，嗣位更名。

咸通元年（庚辰、八六〇）是年十一月，始改元咸通。

1 春，正月，乙卯，浙東軍與裘甫戰於桐柏觀前，桐柏觀在台州唐興縣天台山，宋改唐興縣爲天台縣，桐柏觀賜額崇道觀。觀，古玩翻。范居植死，劉勍僅以身免。乙丑，甫帥其徒千餘人陷剡縣，帥，讀曰率。開府庫，募壯士，衆至數千人；越州大恐。

時二浙久安，人不習戰，甲兵朽鈍，見卒不滿三百；見，賢遍翻。鄭祇德更募新卒以益之，軍吏受賂，率皆得孱弱者。孱，鉏山翻。祇德遣子將沈君縱、副將張公署、望海鎮將李珪子將，小將也。望海鎮在明州界，今定海縣即其地。元和十四年，浙東觀察使薛戎奏望海鎮去明州七十餘里，俯臨大海，與新羅、日本諸蕃接界。將，卽亮翻；下同。將新卒五百擊裘甫。二月，辛卯，與甫戰於剡西，賊設伏於三溪之南，而陳於三溪之北，三溪，在今嵊縣西南，一溪自新昌縣東來，一溪自磕下山南來，與新昌溪會於湖塍，屈而西北流，溪流若三派然，故謂之三溪。壅溪上流，使可涉。既戰，陽敗走，官軍追之，半涉，決壅，水大至，官軍大敗，三將皆死，官軍幾盡。幾，居依翻。

於是山海諸盜及他道無賴亡命之徒，四面雲集，衆至三萬，分爲三十二隊。其小帥有謀略者推劉暀，帥，所類翻。暀，于放翻，又乎曠翻。勇力推劉慶、劉從簡。羣盜皆遙通書幣，求屬麾下。甫自稱天下都知兵馬使，改元曰羅平，鑄印曰天平。大聚資糧，購良工，治器械，聲震中原。治，直之翻。

2 丙申，葬聖武獻文孝皇帝于貞陵，此謚，正葬貞陵陵中册謚也。貞陵在京兆雲陽縣西北四十里。廟號宣宗。

3 丙午，白敏中入朝，墜陛，傷腰，肩輿以歸。

4 鄭祗德累表告急，且求救於鄰道；浙西遣牙將淩茂貞將四百人、宣歙遣牙將白琮將三百人赴之。歙，書涉翻。祗德始令屯郭門及東小江，越州有東小江、西小江。東小江出剡溪，至曹娥百官渡而東入海。西小江出諸暨，至錢清渡而東入于海。皆曰小江者，以浙江爲大江也。尋復召還府中以自衞。復，扶又翻。祗德饋之，比度支常饋多十三倍，而宣、潤將士猶以爲不足。史言元帥威令不振，則惠褻而將士不以爲德。度，徒洛翻。宣、潤將士請土軍爲導，以與賊戰；諸將或稱病，或陽墜馬，其肯行者必先邀職級，職者，軍職。級者，勳級。竟不果遣。賊遊騎至平水東小江，越州，會稽縣東南有平水鎭，又東踰山，卽小江也。北又一小江，源出大木山，南流合于剡江，故係平水東，以別東小江。城中士民儲舟裹糧，夜坐待旦，各謀逃潰。

朝廷知祗德懦怯，議選武將代之。夏侯孜曰：「浙東山海幽阻，可以計取，難以力攻。西班中無可語者。唐凡朝會，文官班於東，武官班於西，故謂武臣爲西班。前安南都護王式，雖儒家子，王式，王播弟起之子也，舊史以爲播子。在安南威服華夷，名聞遠近，聞，音問。可任也。」諸相皆以爲然。相，息亮翻。遂以式爲【章：十二行本「爲」下有「浙東」二字；乙十一行本同；孔本同；張校同。】觀察使，徵祗德爲賓客。太子賓客，閒慢局員也。

三月，辛亥朔，式入對，上問以討賊方略。對曰：「但得兵，賊必可破。」有宦官侍側，曰：「發兵，所費甚大。」式曰：「臣爲國家惜費則不然。爲，于僞翻。兵多賊速破，其費省矣。若兵少不能勝賊，延引歲月，賊勢益張，張，知亮翻。則江、淮羣盜將蜂起應之。國家用度盡仰江、淮，仰，牛向翻。若阻絶不通，則上自九廟，下及十軍，肅宗以後，羽林、龍武、神武、神威、神策皆分左右，號北門十軍。元和二年，省神武軍，明年，又省神威軍，以其兵騎分隸左右神策，而猶存十軍之名。皆無以供給，其費豈可勝計哉！」勝，音升。上顧宦官曰：「當與之兵。」乃詔發忠武、義成、淮南等諸道兵授之。

裘甫分兵掠衢、婺州。婺州押牙房郅、散將樓曾、散將者，牙將之散員也。散，悉但翻。將，卽亮翻；下同。衢州十將方景深將兵拒險，賊不得入。又分兵掠明州，明州之民相與謀曰：「賊若入城，妻子皆爲葅醢，況貨財，能保之乎！」乃自相帥出財募勇士，帥，讀曰率。治器械，樹柵，浚溝，斷橋，爲固守之備。治，直之翻。斷，丁管翻。賊又遣兵掠台州，破唐興。吳分章安之西界置始平縣，晉改爲始豐縣，宋廢。唐武德初，分臨海置唐興縣，宋改曰天台。九域志：在台州西一百一十里。己巳，甫自將萬餘人掠上虞，焚之。上虞，漢古縣，唐屬越州。九域志：在州東一百一十里。癸酉，入餘姚，殺丞、尉；餘姚，漢古縣，唐屬越州。九域志：在州東一百四十七里。宋白曰：餘姚舊縣在餘姚山西。風土記云：舜支庶所封。舜姓姚，故曰餘姚。東破慈溪，入奉化，抵寧海，殺其令而據之；開元二十六年，分明州之鄮縣置慈溪縣，在州西三十七里；又分鄮縣置奉化縣，在州南八十里。武德四年，分臨海縣置寧海縣，屬台州。九域志：在州東北一百七十里。分兵圍象山。所過俘其少壯，少，詩照翻。餘老弱者蹂踐殺之。蹂，忍久翻。踐，慈演翻。

及王式除書下，浙東人心稍安。下，遐稼翻。裘甫方與其徒飲酒，聞之不樂。聞王式來，心有所憚。樂，音洛。劉暀歎曰：「有如此之衆而策畫未定，良可惜也！今朝廷遣王中丞將兵來，王式蓋檢校御史中丞。聞其人智勇無敵，不四十日必至。兵馬使宜急引兵取越州，憑城郭，據府庫，遣兵五千守西陵，循浙江築壘以拒之，西陵渡在越州西一百二十二里，今西興渡是也。吳越王錢鏐惡西陵之名，改曰西興。大集舟艦。得間，則長驅進取浙西，間，古莧翻。過大江，掠揚州貨財以自實，揚州，江、淮之都會也，轉運鹽鐵使及度支之貨財聚焉，故劉晊朵頤。還，脩石頭城而守之，宣歙、江西必有響應者。遣劉從簡以萬人循海而南，襲取福建。如此，則國家貢賦之地盡入於我矣；唐自中世以後，貢賦皆仰東南，故云然。但恐子孫不能守耳，終吾身保無憂也。」觀劉晊策畫，豈可以小盜待之乎！甫曰：「醉矣，明日議之！」晊以甫不用其言，怒，陽醉而出。有進士王輅在賊中，賊客之。輅說甫曰：「如劉副使之謀，乃孫權所爲也。彼乘天下大亂，故能據有江東；今中國無事，此功未易成也。說，式芮翻。易，以豉翻。不如擁衆據險自守，陸耕海漁，急則逃入海島，此萬全策也。」甫畏式，猶豫未決。

夏，四月，式行至柿口，義成軍不整，式欲斬其將，久乃釋之，將，卽亮翻。自是軍所過若無人。至西陵，裘甫遣使請降，式曰：「是必無降心，直欲窺吾所爲，且欲使吾驕怠耳。」乃謂使者曰：「甫面縛以來，當免而死。」而，汝也。

乙未，式入越州，既交政，爲鄭祗德置酒，爲，于僞翻。曰：「式主軍政，不可以飲，監軍但與衆賓盡醉。」迨夜，繼以燭，曰：「式在此，賊安能妨人樂飲！」樂，音洛；下同。丙申，餞祗德于遠郊，復樂飲而歸。杜子春周禮註曰：五十里爲近郊，百里爲遠郊。以今地里考之，越州百里至蕭山縣，王式豈能送鄭祇德至此邪！記事者華言耳。復，扶又翻。於是始脩軍令，告饋餉不足者息矣，稱疾臥家者起矣，先求遷職者默矣。

賊別帥洪師簡、許會能帥所部降，別帥，所類翻。能帥，讀曰率。降，戶江翻。式曰：「汝降是也，當立效以自異。」立效，謂立功也。使帥其徒爲前鋒，帥，讀曰率。與賊戰有功，乃奏以官。

先是，賊諜入越州，軍吏匿而飲食之。先，悉薦翻。諜，徒協翻。飲，於禁翻。食，祥吏翻。文武將吏往往潛與賊通，求城破之日免死及全妻子；或詐引賊將來降，實窺虛實；城中密謀屏語，屏，必郢翻。賊皆知之。式陰察知，悉捕索，斬之；刑將吏尤橫猾者；索，山客翻。橫，戶孟翻。嚴門禁，無驗者不得出入，警夜周密，賊始不知我所爲矣。

式命諸縣開倉廩以賑貧乏，或曰：「賊未滅，軍食方急，不可散也。」式曰：「非汝所知。」

官軍少騎卒，少，詩沼翻。式曰：「吐蕃、回鶻比配江、淮者，比，毗至翻。其人習險阻，便鞍馬，可用也。」舉籍府中，得驍健者百餘人。凡吐蕃、回鶻之配隸浙東觀察府者，舉其籍而取之。虜久羈旅，所部遇之無狀，無善狀也。困餧甚；餧，與餒同。式既犒飲，又賙其父母妻子，皆泣拜讙呼，讙，與喧同。願效死，悉以爲騎卒，使騎將石宗本將之。凡在管內者，皆視此籍之，又奏得龍陂監馬二百匹，龍陂，漢潁川郟縣之摩陂也。唐在汝州界置馬監。宋白曰：元和十三年，十一月，賜蔡州羣牧號龍陂牧。於是騎兵足矣。

或請爲烽燧以詗賊遠近衆寡，詗，翾正翻，又火迥翻。式笑而不應；選懦卒，使乘健馬，少與之兵，以爲候騎；少，詩沼翻。衆怪之，不敢問。

於是閱諸營見卒見，賢遍翻。及土團子弟，得四千人，使導軍分路討賊；府下無守兵，更籍土團千人以補之。乃命宣歙將白琮、浙西將淩茂貞帥本軍，北來將韓宗政等帥土團，合千人，石宗本帥騎兵爲前鋒，自上虞趨奉化，解象山之圍，號東路軍。將，卽亮翻。帥，讀曰率。趨，七喻翻。又以義成將白宗建、忠【張：「忠」下脫「武」字。】將游君楚、唐無建忠軍，按此時發忠武軍從王式，史逸「武」字也。白宗建，人姓名。淮南將萬璘帥本軍與台州唐興軍合，號南路軍。令之曰：「毋爭險易，易，以豉翻。毋焚廬舍，毋殺平民以增首級！平民脅從者，募降之。降，戶江翻。得賊金帛，官無所問。俘獲者，皆越人也，釋之。」

癸卯，南路軍拔賊沃州寨，沃洲，在今越州新昌縣東南。甲辰，拔新昌寨，新昌，時屬剡縣界，今置新昌縣，在越州東南二百二十里。破賊將毛應天，進拔【章：十二行本「拔」作「抵」；乙十一行本同；孔本同。】唐興。

5 白敏中三表辭位，上不許。右補闕王譜上疏，以爲：「陛下致理之初，乃宰相盡心之日，不可暫闕。敏中自正月臥疾，今四月矣，陛下雖與他相坐語，未嘗三刻，天下之事，陛下嘗暇與之講論乎！相，息亮翻。願聽敏中罷去，延訪碩德，以資聰明。」己酉，貶譜爲陽翟令。

譜，珪之六世孫也。王珪事太宗，以直聞。譜，博古翻。五月，庚戌朔，給事中鄭公輿封還貶譜敕書。上令宰相議之，宰相以爲譜侵敏中，竟貶之。

6 辛亥，浙東東路軍破賊將孫馬騎於寧海。戊午，南路軍大破賊將劉晊、毛應天於唐興南谷，斬應天。

先是，王式以兵少，奏更發忠武、義成軍及請昭義軍，詔從之。先，悉薦翻。三道兵至越州，式命忠武將張茵將三百人屯唐興，斷賊南出之道；斷，音短；下同。義成將高羅鋭將三百人，益以台州土軍，徑趨寧海，趨，七喻翻。攻賊巢穴；昭義將趹跌戣將四百人，趹，奚結翻。跌，徒結翻。戣，渠龜翻。益東路軍，斷賊入明州之道。庚申，南路軍大破賊於海遊鎮，海遊鎮，在寧海南九十里。賊入甬溪洞。甬溪洞，在寧海西南百餘里，屬唐興縣界，又西則楢溪，產鐵。戊辰，官軍屯於洞口，賊出洞戰，又破之。己巳，高羅鋭襲賊別帥劉平天寨，破之。帥，所類翻。自是諸軍與賊十九戰，賊連敗。劉晊謂裘甫曰：「曏從吾謀入越州，寧有此困邪！」王輅等進士數人在賊中，皆衣綠，衣，於旣翻。晊悉斬之，曰：「亂我謀者，此青蟲也！」

高羅鋭克寧海，收其逃散之民，得七千餘人。王式曰：「賊窘且飢，必逃入海，入海則歲月間未可擒也。」命羅鋭軍海口以拒之。海口在寧海東北四十餘里。又命望海鎮將雲思益、浙西將王克容將水軍巡海澨。澨，市制翻。水際曰澨。思益等遇賊將劉【章：孔本「劉」下有「從」字；張校同。】簡於寧海東，賊不虞水軍遽至，虞，度也。皆棄船走山谷，走，音奏。得其船十七，盡焚之。式曰：「賊無所逃矣，惟黃罕嶺可入剡，黃罕嶺，在奉化縣西北，剡縣之東，其路深險。度黃罕嶺，則平川四十里至剡。恨無兵以守之。雖然，亦成擒矣！」裘甫既失寧海，乃帥其徒屯南陳館下，南陳館在寧海西南六十餘里。帥，讀曰率。衆尚萬餘人。辛未，東路軍破賊將孫馬騎於上嵺村，上嵺村在寧海西北四十餘里。嵺，力留翻。今謂之上寮山。賊將王皐懼，請降。

7 壬申，右拾遺內供奉薛調上言，以爲：「兵興以來，賦斂無度，上，時掌翻。斂，力贍翻。所在羣盜，半是逃戶，固須翦滅，亦可閔傷。望敕州縣稅外毋得科率，仍敕長吏嚴加糾察。」從之。

8 袁王紳薨。紳，順宗子。

9 戊寅，浙東東路軍大破裘甫於南陳館，斬首數千級，賊委棄繒帛盈路，繒，慈陵翻。以緩追者。⿰足夾跌戣令士卒：「敢顧者斬！」毋敢犯者。賊果自黃罕嶺遁去，六月，甲申，復入剡。復，扶又翻；下同。諸軍失甫，不知所在，義成將張茵在唐興獲俘，將苦之，俘曰：「賊入剡矣。苟捨我，我請爲軍導。」從之。茵後甫一日至剡，壁其東南。府中聞甫入剡，復大恐，王式曰：「賊來就擒耳！」命趣東、南兩路軍會於剡，趣，讀曰促。辛卯，圍之。賊城守甚堅，攻之，不能拔；諸將議絕溪水以渴之，剡城東南臨溪，西北負山，城中多鑿井以引山泉，非絕溪水所能渴，作史者乃北人臆說耳。今浙東諸縣皆無城，獨剡縣有城，猶爲完壯。賊知之，乃出戰。三日，凡八十三戰，賊雖敗，官軍亦疲。賊請降，諸將出【章：十二行本「出」作「以」；乙十一行本同；孔本同；熊校同。】白式，式曰：「賊欲少休耳，少，詩沼翻。益謹備之，功垂成矣。」賊果復出，又三戰。庚子夜，裘甫、劉晆、劉慶從百餘人出降，遙與諸將語，離城數十步，官軍疾趨，斷其後，離，力智翻。斷，音短。遂擒之。壬寅，甫等至越州，式腰斬晆、慶等二十餘人，械甫送京師。考異曰：平剡錄曰：「諸軍圍賊於剡；賊悍甚，其所謂女軍者，亦乘城擿礫以中人。三日，凡八十三戰，賊雖衄，官軍亦疲。裘甫佯言乞降，諸將使騎來白。公曰：『賊憊蹔休耳，謹備之。』仍遣押牙薛敬義謂諸將曰：『功成矣，勉之，勿怠也。』果復三戰，二十一日夜，甫與劉晆、劉慶十餘輩又從百餘人出，遙與諸將語，伺我軍之懈，將使勇者潰圍焉。諸將得公誡，夜皆設伏於營前。甫輩離城數十步，伏兵疾走以間之，銳師數百復繼之，城中賊不出。甫遽甚不知所爲，遂成擒焉。至是，用兵六十六日矣。二十三日，縛致府城，公於衙門陳兵以見，執其徒劉晆、劉慶二十餘輩，三斬之，械裘甫獻闕下。」玉泉子見聞錄曰：「王式討裘甫。甫始起於剡，既爲官軍所敗，復入于剡，城堅卒銳，不可遽拔。式乃約降，許奏以金吾將軍，甫許焉，其將劉晆獨以爲不可。比及越城，左右則械手以木，曳頸以組。甫曰：『吾既已降，何用是爲？』左右曰：『法也。到越則釋去，公且行，有命矣。』既至，式登南樓俟之，曰：『裘甫何罪，罪皆劉晆輩。』命三斬之。晆顧謂甫曰：『君竟拜金吾乎！』斬甫于長安東市。初，甫之入剡也，雖已累敗，向使城守，朞歲未可平也。玉泉子曰：古人有言，殺降不祥。李廣所以不侯，良有以也！王公亦不聞大貴。鄭公述平剡錄一何曲筆哉！雖驟歷清顯，而卒以喪明不復起，可不慎哉！」按二書所言，莫知孰是。然裘甫在剡城，窮困已極，勢不能久，式不必更以詐誘之，或者諸將爲之，不可知也。甫之出降也，或欲突走，或被誘而來，皆不可知，要之爲出城乞降，官軍因邀斷其後擒之耳。

剡城猶未下，諸將已擒甫，不復設備。劉從簡帥壯士五百突圍走；諸將追至大蘭山，今明州奉化縣西北有大蘭山，山在越州分界。復，扶又翻。帥，讀曰率。從簡據險自守，秋，七月，丁巳，諸將共攻克之。台州刺史李師望募賊相捕斬之以自贖，所降數百人，得從簡首，獻之。大蘭既破，劉從簡走入台州界，方爲其黨所殺。

諸將還越，式大置酒。諸將乃請曰：「某等生長軍中，久更行陳，長，知兩翻。更，工衡翻。行，戶剛翻。今年得從公破賊，然私有所不諭者，敢問：公之始至，軍食方急，而遽散以賑貧乏，何也？」式曰：「此易知耳。易，以豉翻。賊聚穀以誘飢人，吾給之食，則彼不爲盜矣。且諸縣無守兵，賊至，則倉穀適足資之耳。」又問：「不置烽燧，何也？」式曰：「烽燧所以趣救兵也，趣，讀曰促。兵盡行，城中無兵以繼之，徒驚士民，使自潰亂耳。」又問：「使懦卒爲候騎而少給兵，何也？」式曰：「彼勇卒操利兵，操，七高翻。遇敵且不量力而鬭；鬭死，則賊至不知矣。」皆曰：「非所及也！」自至德以來，浙東盜起者再，袁晁、裘甫是也。裘甫之禍不烈於袁晁。袁晁之難，張伯儀平之，通鑑所書，數語而已。今王式之平裘甫，通鑑書之，視張伯儀平袁晁事爲詳。蓋唐中世之後，家有私史。王式，儒家子也，成功之後，紀事者不無張大。通鑑因其文而序之，弗覺其煩耳。容齋隨筆曰：通鑑書討裘甫事用平剡錄，蓋亦有見於此。考異三十卷，辯訂唐事者居太半焉，亦以唐私史之多也。

10 封憲宗子惼爲信王。惼，彌遺翻。

11 八月，裘甫至京師，斬于東市。加王式檢校右散騎常侍，諸將官賞各有差。先是，上每以越盜爲憂，先，悉薦翻。夏侯孜曰：「王式才有餘，不日告捷矣。」孜與式書曰：「公專以執裘甫爲事，軍須細大，此期悉力。」軍須，謂行軍所須糧仗衣物。悉力，謂盡力應辦也。故式所奏求無不從，由是能成其功。

12 衞王灌薨。灌，上弟也。

13 九月，白敏中五上表辭位；辛亥，以敏中爲司徒、中書令。

14 右【章：十二行本「右」上有「癸酉」二字；乙十一行本同；孔本同；張校同；退齋校同。】拾遺句容劉鄴上言：「李德裕父子爲相，有聲迹功效，李德裕父吉甫，相憲宗，德裕相武宗，皆有勳勞在於王室，備著前紀。竄逐以來，血屬將盡，生涯已空，宜賜哀閔，贈以一官。」冬，十月，丁亥，敕復李德裕太子少保、衞國公，贈左僕射。德裕貶見二百四十八卷宣宗大中元年。考異曰：裴旦李太尉南行錄，載咸通二年九月二十六日右拾遺內供奉劉鄴表，略云：「子曄，貶立山尉，去年獲遇陛下惟新之命，覃作解之恩，移授郴縣尉，今已沒於貶所。」又曰：「血屬已盡，生涯悉空。」又曰：「枯骨未歸於塋域，一男又殞於江、湘。」又曰：「其李德裕，請特賜贈官。」敕依奏。實錄註引東觀奏記云：「令狐相綯夢德裕曰：『某已謝明時，幸相公哀之，許歸葬故里。』綯具爲其子滈言之。滈曰：『李衞公犯衆怒，又崔相鉉、魏相謩皆敵人也，見持政，必將上前異同，未可言也。』後數日，上將坐延英，綯又夢德裕曰：『某委骨海上，思還故里，與相公有舊，幸憫而許之。』既寤，復謂滈曰：『向見衞公精爽尚可畏，吾不言，必掇禍。明日入中書，且爲同列言之。』既而於帝前論奏，許其子蒙州立山尉曄護喪歸葬。」又，是時柳仲郢鎮東蜀，設奠於荆南，命從事李商隱爲文曰：「恭承新渥，言還舊止。」又云：「身留蜀郡，路隔伊川。」鄴奏乃云：「孤骨未歸塋域。」曄，懿宗初纔徙郴縣尉，未詳，或者後人僞作之，非鄴本奏也。實錄註又云：「白敏中爲中書令，時與右庶子段全緯書云：『故衞公、太尉，災興鵩鳥，怨結江魚，親交雨散於西園，子弟蓬飄於南土。嘗蒙一顧，繼履三台，保持獲盡於天年，論請爰加於寵贈。』全緯嘗爲德裕西川從軍，故敏中語及云。」按此似繇敏中開發，而數本追復贈官，多連鄴奏。德裕素有恩於敏中，敏中前作相，既遠貶之，至此又掠其美，鄙哉！按劉鄴表云：「去年獲遇陛下惟新之命，覃作解之恩。」則上此表在咸通元年，非二年也。舊傳：「鄴爲翰林學士承旨，以李德裕貶死朱崖，大中朝，令狐綯當權，累有赦宥，不蒙恩列。懿宗卽位，綯在方鎮，屬郊天大赦，鄴奏論之。」李太尉南行錄，鄴此時未爲翰林學士，因上此表，敕批「便令內養宣喚入翰林充學士，餘依奏。」金華子雜編曰：「宣宗嘗私行經延資庫，見廣廈連綿，錢帛山積，問左右曰：『誰爲此庫？』侍臣對曰：『宰相李德裕執政日，以天下每歲備用之餘盡實此，自是已來，邊庭有急，支備無乏者，茲實有賴。』上曰：『今何在？』曰：『頃以坐吳湘獄貶于崖州。』上曰：『如有此功於國，微罪豈合深譴！』由是劉公鄴得以進表乞追雪之。上一覽表，遂許其加贈、歸葬焉。」按宣宗素惡德裕，故始卽位卽逐之，豈有不知其在崖州而云「豈合深譴」！又劉鄴追雪在懿宗時，此說殊爲淺陋，今不取。

15 **己亥，以門下侍郎、同平章事夏侯孜同平章事，充西川節度使。以戶部尚書、判度支畢諴爲禮部尙書、同平章事。**

16 **安南都護李鄠復取播州。**播州屬黔中道，大中十三年，爲雲南所陷。此非安南巡屬也。李鄠越境收復，欲以爲功，而不知蠻兵乘虛已陷安南也。鄠，音戶。復，扶又翻。

17 **十一月，丁丑，上祀圜丘；赦，改元。**

18 十二月，戊申，安南土蠻引南詔兵合三萬餘人乘虛攻交趾，陷之。考異曰：新南詔傳：「大中時，李琢爲安南經略使，苛墨自私，以斗鹽易一牛。夷人不堪，結南詔將段酋遷陷安南都護府，號白衣沒命軍。懿宗絕其朝貢，乃陷播州。安南都護李鄠屯武州，咸通元年，爲蠻所攻，棄州走，天子斥鄠，以王寬代之。」按宣宗時，南詔未嘗陷安南。據新傳，則似大中時已陷安南，咸通元年又陷武州也。且李鄠安南失守，然後奔武州，非在武州而棄之。新傳誤也，今從實錄。都護李鄠與監軍奔武州。新志：邕管所領，又有顯州、武州、沈州，後皆廢省。據此，則武州當在宜州界。

二年（辛巳、八六一）

1 春，正月，詔發邕管及鄰道兵救安南，擊南蠻。

2 二月，以中書令白敏中兼中書令、充鳳翔節度使；以左僕射、判度支杜悰兼門下侍郎同平章事。

一日，兩樞密使詣中書，宣徽使楊公慶繼至，獨揖悰受宣，受宣，受宣命也。三相起，避之西軒。三相，畢諴、杜審權、蔣伸也。公慶出斜封文書以授悰，發之，乃宣宗大漸時【章：十二行本「時」下有「宦官」二字；乙十一行本同；孔本同；張校同；退齋校同。】請鄆王監國奏也。且曰：「當時宰相無名者，當以反法處之。」悰反復讀處，昌呂翻。復，音覆，又如字。良久，曰：「聖主登極，萬方欣戴。今日此文書，非臣下所宜窺。」復封以授公慶，曰：「主上欲罪宰相，當於延英面示聖旨，明行誅譴。」公慶去，悰復與兩樞密坐，謂曰：「內外之臣，事猶一體，宰相、樞密共參國政。今主上新踐阼，未熟萬機，資內外裨補，固當以仁愛爲先，刑殺爲後，豈得遽贊成殺宰相事！若主上習以性成，則中尉、樞密權重禁闈，時以兩中尉、兩樞密爲四貴。豈得不自憂乎！言殺宰相，則上手滑矣，中尉、樞密亦將及禍，豈得不自以爲憂！悰受恩六朝，六朝，謂憲、穆、敬、文、武、宣。所望致君堯、舜，不欲朝廷以愛憎行法。」兩樞密相顧默然，徐曰：「當具以公言白至尊，非公重德，無人及此。」慚悚而退。三相復來見悰，微請宣意，悰無言。三相惶怖，乞存家族，悰曰：「勿爲他慮。」既而寂然，無復宣命。及延英開，上色甚悅。意此亦是據杜悰家傳書之，其辭旨抑揚容有過其實者。洪邁隨筆曰：按懿宗卽位之日，宰相四人：曰令狐綯，曰蕭鄴，曰夏侯孜，曰蔣伸。至是惟有伸在，三人者罷去矣。誠及審權乃懿宗自用者，無有斯事，蓋野史之妄。溫公以唐事屬之范祖禹，其審取可謂詳盡，尚如此。信乎修史之難哉！考異曰：新傳云：「宣宗大漸，樞密使王歸長等矯詔迎鄆王立之。懿宗卽位，欲罪大臣，悰解之。」按立鄆王者王宗實。新傳云歸長，誤也。今從補國史。

是時士大夫深疾宦官，事有小相涉，則衆共棄之。建州進士葉京嘗預宣武軍宴，識監軍之面。既而及第，在長安與同年出遊，遇之於塗，馬上相揖；因之謗議諠然，遂沈廢終身。其不相悅如此。東漢黨錮之禍蓋亦如此。但李、杜諸公風節凜凜，千載之下，讀其事者猶使人心神肅然。晚唐詩人不能企其萬一也，而亦以胎清流之禍，哀哉！沈，持林翻。

3 福王綰薨。綰，順宗子。

4夏，六月，癸丑，以鹽州防禦使王寬爲安南經略使。時李鄠自武州收集土軍，攻羣蠻，復取安南；朝廷責其失守，貶儋州司戶。鄠初至安南，殺蠻酋杜守澄，其宗黨遂誘道羣蠻陷交趾。道，讀曰導。朝廷以杜氏強盛，務在姑息，冀收其力用，乃贈守澄父存誠金吾將軍，再舉鄠殺守澄之罪，長流崖州。劉昫曰：唐武德四年，以隋朱崖郡爲崖州。自雷州徐聞縣南，舟行四百三十里，渡大海，達崖州。宋白曰：宋開寶六年，割舊崖州之地屬瓊州，卻改振州爲崖州。考異曰：實錄：「又賜寬手詔云云，『如聞李琢在安南日，殺害杜存誠，李鄠又處置其子守澄，使誘導羣蠻，陷沒城邑。卿到鎮日，於李鄠處索取前後敕詔，一一參詳。』初，李琢在鎮，蠻首領愛州刺史兼土軍兵馬使杜存誠密誘溪洞夷、獠爲之鄉導，琢察其不忠，戮死焉。及李鄠至鎮，蠻陷安南，鄠走武州，召土軍收復城邑，而存誠家兵甚衆，朝廷務姑息，乃贈存誠金吾將軍。鄠以失備貶儋州。」補國史：「蠻陷安南，李鄠投武州，召土軍收復，頗有功績，殺首領杜存誠，以捍禦盤桓，不戮力盡敵，兼洞夷獠爲鄉導之罪也。鄠貶儋州後，以存誠谿洞強獷，家兵數多，子弟繼總軍旅，皆輸忠勇，軍府倚賴方甚，朝廷亦加姑息，乃再舉憲章，長流鄠崖州，贈存誠金吾將軍，以誘其竭力。命前鹽州刺史王宙爲都護。」按鄠所殺存誠之子守澄，已爲王式所逐，鄠至旬日殺之，非因扞禦不戮力也。代鄠者乃王寬，非王宙。補國史誤也。今獨取鄠克復安南一事，餘皆從平剡錄、實錄。按唐朝若以杜守澄之戮爲李鄠罪，則當贈守澄官，不當贈其父官，此余所以致疑於前也。

5秋，七月，南詔【章：十二行本「詔」作「蠻」；乙十一行本同；孔本同。】攻邕州，陷之。先是，廣、桂、容三道共發兵三千人戍邕州，三年一代。先，悉薦翻。經略使段文楚請以三道衣糧自募土軍以代之，朝廷許之，所募纔得五百許人。文楚入爲金吾將軍，經略使李蒙利其闕額衣糧以自入，悉罷遣三道戍卒，止以所募兵守左、右江，比舊什減七八，故蠻人乘虛入寇。時蒙已卒，經略使李弘源至鎮纔十日，無兵以禦之，城陷，弘源與監軍脫身奔巒州，宋白曰：邕州，古南越城，晉置晉興郡，隋廢郡爲宣化縣，唐武德四年，於此置南晉州，貞觀六年，改邕州，至長安五千六百里。巒州，秦桂林郡地，唐置淳州，後改巒州，至京師五千三百里，西至邕州三百里。二十餘日，蠻去，乃還。還，從宣翻，又如字。弘源坐貶建州司戶。文楚時爲殿中監，復以爲邕管經略使，至鎮，城邑居人什不存一。文楚，秀實之孫也。段秀實死於朱泚之難。

6杜悰上言：「南詔向化七十年，貞元間，南詔復向化。蜀中寢兵無事，羣蠻率服。率服，謂相率而服從也。今西川兵食單寡，未可輕與之絕，且應遣使弔祭，曉諭淸平官等以新王名犯廟諱，故未行册命，事始見上卷大中十三年。待其更名謝恩，更，工衡翻。然後遣使册命，庶全大體。」上從之。命左司郎中孟穆爲弔祭使；未發，會南詔寇巂州，攻邛崍關，穆遂不行。考異曰：實錄在此年十二月。按補國史：「杜邠公再入輔，建議遣使弔祭，令其改名。纔命使臣，已破越巂城池，攻邛崍關鎮，使臣逗留數月不發。」然則命穆充使當在寇巂州前，實錄書於十二月，誤也。按南詔已稱帝，陷安南，豈可彌縫！悰但欲姑息，故陽不知其僭號及以陷安南者爲土蠻耳。

7冬，十月，以御史大夫鄭涯爲山南東道節度使；十一月，加同平章事。

三年（壬午、八六二）

1春，正月，庚寅朔，羣臣上尊號曰睿文明聖孝德皇帝；赦天下。

2以中書侍郎、同平章事蔣伸同平章事，充河中節度使。

3二月，棣王惴薨。

4南詔復寇安南，經略使王寬數來告急，復，扶又翻。數，所角翻。朝廷以前湖南觀察使蔡襲代之，考異曰：補國史：「王宙有緝理撫衆才，遠人懷惠。纔未周歲，南蠻復侵封部，請兵設備，累以危急上聞。乃命桂管都防禦使蔡襲代之。」實錄：「以前湖南觀察使蔡襲爲安南經略等使。王寬亦制置失宜，諸部蠻相帥內寇，故命襲往代焉。」今從之。仍發許、滑、徐、汴、荊、襄、潭、鄂等道兵各三萬人各三萬人，則八道之兵爲二十四萬，不既多乎！疑「各」字誤，否則「萬」字誤。蜀本作「合三萬人」，良是。【章：十二行本正作「合」；孔本同。】授襲以禦之。兵勢既盛，蠻遂引去。考異曰：實錄：「咸通三年，二月，以蔡襲爲安南經略、招討、處置等使。三月，以蔡京充荊襄以南宣慰安撫使。五月，以京爲嶺南西道節度使。」舊紀：「三年，十一月，遣蔡襲帥禁軍三千赴援安南。」按補國史云：「咸通三年，使左庶子蔡京制置嶺南事。」又云：「命桂管都防禦使蔡襲代王宙。其明年，使蔡京制置嶺南事。」然則襲除安南，似在咸通二年也。又按樊綽蠻書云：「臣咸通三年三月四日奉本使尚書蔡襲手示，密委臣深入賊帥朱道古營寨。三月八日，入賊重圍之中，臣卻回，一一白於都護王寬，領得臣書牒，全無指揮，擅放軍回，苟求朝奬，致襲枉傷矢石，陷失城池，徵之其由，莫非蔡京、王寬之過。」綽既謂襲爲本使，爲之入蠻，則是襲已到官。又云回白都護王寬，則是寬猶未去任也。不知綽不白襲而白寬何故也。又，襲將兵代寬，寬爲已替之人，安能擅放軍回，令襲陷沒！疑蠻書「擅放軍回」字上少「蔡京」二字。襲除安南，不知的在何年月。今從實錄。

邕管經略使段文楚坐變更舊制，謂募土軍以代廣、桂、容戍軍。更，工衡翻。左遷威衞將軍、分司。考異曰：補國史：「文楚到後，城邑牢落，人戶彫殘。纔得數月，朝廷責其更改舊制，降授威衞分司。」蓋文楚旣之官，而朝議責邕州陷沒由文楚請罷三道戍兵自募土軍，故云更改舊制。而實錄云：「及文楚再至，城池圮廢，人戶殘耗，由是頗更舊制，未數月，朝廷慮致煩擾，復改命懷玉焉。」新傳：「文楚數改條約，衆不悅，以胡懷玉代之。」蓋因補國史改更舊制之語，相承致誤也。

5 左庶子蔡京，性貪虐多詐，時相以爲有吏才，相，息亮翻。奏遣制置嶺南事。三月，京還，奏事稱旨，稱，尺證翻。復以京權知太僕卿，充荊襄以南宣慰安撫使。爲蔡京奔敗張本。復，扶又翻。

6 夏，四月，己亥朔，敕於兩街四寺各置戒壇，度人三七日。兩街四寺，謂慈恩、薦福、西明、莊嚴也。三七，二十一日。上奉佛太過，怠於政事，嘗於咸泰殿築壇爲內寺尼受戒，內寺尼，蓋宮人捨俗者；就禁中爲寺以處之，非敎也。兩街僧、尼皆入預；又於禁中設講席，自唱經，手錄梵夾；梵夾者，貝葉經也；以板夾之，謂之梵夾。段成式曰：貝多葉出摩伽陀西國土，用以寫經，其樹長六七丈，經冬不凋。又數幸諸寺，施與無度。數，所角翻。施，式豉翻。吏部侍郎蕭倣上疏，以爲：「玄祖之道，慈儉爲先，素王之風，仁義爲首，玄祖，謂唐祖老子，尊爲玄元皇帝也。素王，謂孔子也。垂範百代，必不可加。佛者，棄位出家，割愛中之至難，取滅後之殊勝，人情莫不愛其親，莫不愛富貴；佛者棄父母之親，捨王子之貴而出家，是割愛中之至難。又釋氏爲宏闊勝大之言，以爲佛滅度後，諸天神王，供養莊嚴，皆人世所希有。後人又奉其法而尊事之，是取滅後之殊勝也。非帝王所宜慕也。願陛下時開延英，接對四輔，力求人瘼，瘼，音莫，病也。虔奉宗祧；思繆賞與濫刑，其殃必至，知勝殘而去殺，得福甚多。罷去講筵，繆，靡幼翻。勝，音升。去，羌呂翻。講筵，與僧、尼講經之筵。躬勤政事。」上雖嘉奬，竟不能從。

7 嶺南舊分五管，廣、桂、邕、容、安南，皆隸嶺南節度使，蔡京奏請分嶺南爲兩道節度；從之。五月，敕以廣州爲東道，邕州爲西道，又割桂管龔、象二州，容管藤、巖二州隸邕管。尋以嶺南節度使韋宙爲東道節度使，以蔡京爲西道節度使。

蔡襲將諸道兵在安南，蔡京忌之，恐其立功，奏稱：「南蠻遠遁，邊徼無虞，徼，吉弔翻。武夫邀功，妄占戍兵，占，之贍翻。虛費餽運。蓋以荒陬路遠，陬，將侯翻。難於覆驗，故得肆其姦詐。請罷戍兵，各還本道。」朝廷從之。襲累奏羣蠻伺隙日久，不可無備，伺，相吏翻。乞留戍兵五千人；不聽。襲以蠻寇必至，交趾兵食皆闕，謀力兩窮，作十必死狀申中書；時相信京之言，終不之省。時相苟求省餽運之費，故京之言易入，襲之請不行。省，悉景翻。

8 秋，七月，徐州軍亂，逐節度使溫璋。考異曰：舊傳曰：「璋，咸通末爲徐泗節度使。徐州牙卒曰銀刀軍，頗驕橫。璋至，誅其凶惡者五百餘人，自是軍中畏法。」按誅銀刀軍者，王式也。舊傳誤。

初，王智興既得徐州，募勇悍之士二千人，號銀刀、彫旗、門槍、挾馬等七軍，常以三百餘人自衞，露刃坐於兩廡夾幕之下，每月一更。更，工衡翻。其後節度使多儒臣，其兵浸驕，小不如意，一夫大呼，呼，火故翻。其衆皆和之，和，戶臥翻。節度使輒自後門逃去。前節度使田牟至與之雜坐飲酒，把臂拊背，或爲之執板唱歌；爲，于僞翻。犒賜之費，日以萬計，風雨寒暑，復加勞來，復，扶又翻。勞，力到翻。來，力代翻。猶時喧譁，邀求不已。牟薨，璋代之，驕兵素聞璋性嚴，憚之。璋開懷慰撫，而驕兵終懷猜忌，賜酒食皆不歷口，一旦，竟聚譟而逐之。朝廷知璋無辜，乙亥，以璋爲邠寧節度使，以浙東觀察使王式爲武寧節度使。

9 以前西川節度使、同平章事夏侯孜爲左僕射、同平章事。

10 忠武、義成兩軍從王式討裘甫者猶在浙東，詔式帥以赴徐州，帥，讀曰率。驕兵聞之，甚懼。八月，式至大彭館，大彭館在徐州城外。大彭，卽彭祖，所謂「商有大彭霸諸侯」者也。一曰：彭祖姓籛，名鏗，事帝堯，歷虞、夏至商，年八百歲，封於彭城，故彭城人以名館。始出迎謁。式視事三日，饗兩鎮將士，遣還鎮，【章：十二行本「鎮」作「旣」；乙十一行本同；孔本同；張校云：「還」下衍「鎮」字，脫「旣」字。】擐甲執兵，命圍驕兵，盡殺之，銀刀都將邵澤等數千人皆死。考異曰：舊傳曰：「式至鎮，盡誅銀刀等七軍，徐方平定。」金華子雜編曰：「溫璋失律於徐州，自河陽移式往鎮之，式領河陽全軍赴任。徐州將士聞式到近境，先遣衙隊三百人遠接。式衩衣坐胡床受參，既畢，乃問其逐帥之罪，命皆斬於帳前，不留一人。既而相次繼來，莫知前死者音耗，至則又斬之，亦無脫者。如是數日，銀刀都數千人垂盡。虎狼之衆，居常咸謂能吞噬於人，及于斯際，式衣襖子、半臂，曳屐危坐，逐人皆拱手就戮，無一敢旅拒者。其後親戚相訝，不能自會焉。」按若頓殺數千人，豈有人不知者。又式自浙東除武寧，非河陽也。今從實錄。甲子，敕以徐州先隸淄青道，李洧自歸，始置徐海使額。見二百二十七卷德宗建中三年。及張建封以威名寵任，特帖濠、泗二州。見二百三十三卷貞元四年。當時本以控扼淄青、光蔡。自寇孽消弭，而武寧一道職爲亂階。今改爲徐州團練使，隸兗海節度；復以濠州歸淮南道，更於宿州置宿泗都團練觀察使；憲宗元和四年，析徐州之符離、蘄，泗州之虹，置宿州，治埇橋，在徐州南界汴水上，當舟車之會。宋白曰：宿州，取古宿國爲名。留將士三【章：十二行本「三」作「二」；乙十一行本同；孔本同；張校同。】千人守徐州，餘皆分隸兗、宿。且以王式爲武寧節度使，兼徐、泗、濠、宿制置使。委式與監軍楊玄質分配將士赴諸道訖，然後將忠武、義成兩道兵至汴滑，各遣歸本道，身詣京師。其銀刀等軍逃匿將士，聽一月內自首，首，手又翻。一切勿問。

11 嶺南西道節度使蔡京爲政苛慘，設炮烙之刑，闔境怨之，遂爲邕州軍士所逐，嶺南分二節鎭，西道治邕州。奔藤州，藤州，漢猛陵縣地，唐置藤州，至京師五千六百里。詐爲敕書及攻討使印，募鄉丁及旁側土軍以攻邕州。衆既烏合，動輒潰敗，往依桂州，桂州人怨其分裂，不納。以其割桂管巡屬隸西道節度也。京無所自容，敕貶崖州司戶，不肯之官；還，至零陵，敕賜自盡。以桂管觀察使鄭愚爲嶺南西道節度使。

12 冬，十月，丙申朔，立皇子佾爲魏王，侹爲涼王，佶爲蜀王。侹，他鼎翻。佶，其吉翻。

13 十一月，立順宗子緝爲蘄王，憲宗子憒爲榮王。

14 南詔帥羣蠻五萬寇安南，帥，讀曰率。考異曰：補國史云：「四年，春，南蠻帥衆五萬攻安南。」按蠻書，「咸通三年，十二月二十一日，桃花人安南城西南角下營，茫蠻於蘇歷江岸屯聚，裸形蠻亦當陳面，二十七日，蠻賊逼交州城。」則是今年冬末，蠻已圍交州也。今從實錄。都護蔡襲告急，敕發荊南、湖南兩道兵二千，桂管義征子弟三千，詣邕州。義征子弟，因其應募從軍名之。受鄭愚節度。

15 嶺南東道節度使韋宙奏：「蠻寇必向邕州，若不先保護，遽欲遠征，恐蠻於後乘虛扼絕餉道。」乃敕蔡襲屯海門，考異曰：實錄：「詔襲且住海門」。是令棄交趾，退屯海門也。按襲死時猶在交趾。蓋詔書到時，襲已被圍，不得通也。鄭愚分兵備禦。十二月，襲又求益兵，敕山南東道發弩手千人赴之。時南詔已圍交趾，襲嬰城固守，救兵不得至。

16 冀王繟薨。繟，順宗子；音齒善翻。

17 是歲，嗢末始入貢。嗢末者，吐蕃之奴號也。嗢，烏沒翻。吐蕃每發兵，其富室多以奴從，從，才用翻。往往一家至十數人，由是吐蕃之衆多。及論恐熱作亂，奴多無主，遂相糾合爲部落，散在甘、肅、瓜、沙、河、渭、岷、廓、疊、宕之間，宕，徒浪翻。吐蕃微弱者反依附之。

四年（癸未、八六三）

1 春，正月，庚午，上祀圜丘；赦天下。

2 是日，南詔陷交趾，蔡襲左右皆盡，徒步力戰，身集十矢，欲趣監軍船，趣，七喻翻。船已離岸，遂溺海死；離，力智翻。蔡襲死矣，而十必死之狀，曾無朝臣一人爲之申理。自是之後，唐之紀綱大壞，凡藩鎮有片言隻字，則朝廷聳動，惟恐拂其意，朝臣反與之關通，依以爲外主矣。幕僚樊綽攜其印浮渡江。自白州博白縣西南百里下北戍灘，出馬門江，渡海，抵安南界。樊綽攜印渡處，即此江。荆南、江西、鄂岳、襄州將士四百餘人，走至城東水際，荆南虞候元惟德等謂衆曰：「吾輩無船，入水則死，不若還向城與蠻鬭，人以一身易二蠻，亦爲有利。」遂還向城，入東羅門；東羅門，安南羅城東門也。蠻不爲備，惟德等縱兵殺蠻二千餘人，考異曰：實録：「二月，安南經略使蔡襲奏：『蠻賊楊思僭、羅伏州扶耶縣令麻光高部領其衆五六千人，於城西角下營。』嶺南東道節度使韋宙奏：『蠻賊去十二月二十七日，逼安南城池，經略使檢校工部尚書蔡襲出兵格鬭，殺傷相當。正月三日，賊衆圍城，進攻甚急，襲城上以車弩射之，至七日，城陷，襲右膊中弩箭死，家口并元從七十餘人悉隕於賊，從事樊綽攜印渡江。其荆南、江西、鄂岳、襄州兵突到城東水際，無船卻回，相率入東羅門，殺蠻僅一二千人，至夜，賊救兵至，遂屠其城。』」按此二奏似後人采集蠻書爲之，其中又多差舛。如楊思僭，蠻書中兩處有之，皆作「楊思縉」，蓋草書誤爲「僭」耳。彼雖蠻夷，豈肯名「思僭」也！張彭錦里耆舊傳載高駢與雲南牒，亦云楊思縉，善闡節度使。新書亦承此誤爲「僭」。又蠻書所云思縉、光高部領者，桃花蠻五六千人耳，非謂盡將羣蠻也。補國史云蠻衆五萬攻安南，非止五六千人也。又十二月二十一日，裸形蠻、茫蠻、桃花人已在城下，豈至二十七日始逼安南也！蠻書言二十七日逼城者，但記見河蠻、尋傳蠻之日耳；又言正月二日、三日者，但記以車弩射得苴子之日耳，非其日始圍城也。且城陷奔迸之際，非樊綽身在其間，豈知其詳！四道兵入城所殺人數，猶因僧無旱說始知之。韋宙身在廣州，何得所奏一如樊綽之書，其僞明矣。新傳曰：「是夜，蠻遂屠城」，亦承實錄而誤。逮夜，蠻將楊思縉始自子城出救之，子城，城内小城也。惟德等皆死。南詔兩陷交趾，所殺虜且十五萬人。留兵二萬，使思縉據交趾城，谿洞夷獠無遠近皆降之。獠，魯皓翻。降，戶江翻。詔諸道兵赴安南者悉召還，分保嶺南【章：十二行本「南」下有「東」字；乙十一行本同；張校同，云無註本「南東」二字誤倒。】西道。

3 上遊宴無節，左拾遺劉蛻上疏曰：蛻，輸芮翻。「今西涼築城，應接未決於與奪；西涼，卽涼州，蓋此時謀進築也。南蠻侵軼，軼，徒結翻，突也。干戈悉在於道塗。旬月以來，不爲無事。陛下不形憂閔以示遠近，則何以責其死力！望節娛遊，以待遠人乂安，未晚。」言待遠人乂安之後，然後娛遊，尚未爲晚。弗聽。

4 二月，甲午朔，上歷拜十六陵。十六陵，謂獻陵、昭陵、乾陵、定陵、橋陵、泰陵、建陵、元陵、崇陵、豐陵、景陵、光陵、莊陵、章陵、端陵、貞陵。考異曰：拜十六陵，非一日可了，而舊史無還宮之日。唐年補錄云：二月，庚子，一日拜十六陵，尤難信也。

5 置天雄軍於秦州，代宗姑息田承嗣，以天雄軍號寵魏博，尋以其悖傲，削之。今復於秦州置天雄軍，至於唐末，魏博復天雄軍號，秦州不復號天雄矣。以成、河、渭三州隸焉；以前左金吾將軍王晏實爲天雄觀察使。晏實，宰之子。宰父智興子之，見二百四十七卷會昌四年。

6 三月，歸義節度使張義潮奏自將蕃、漢兵七千克復涼州。將，卽亮翻；下同。

7 南蠻寇左、右江，浸逼邕州。鄭愚懼，自言儒臣無將略，請任武臣。朝廷召義武節度使康承訓詣闕，欲使之代愚，仍詔選軍校數人、士卒數百人自隨。就義武軍中選之也。校，戶教翻。

8 中書侍郎、同平章事畢諴以同列多徇私不法，稱疾辭位；夏，四月，罷爲兵部尚書。

9 庚戌，羣盜入徐州，殺官吏；刺史曹慶討平之。

10 康承訓至京師，以爲嶺南西道節度使，發荆、襄、洪、鄂四道兵萬人與之俱。

11 五月，戊辰，以翰學士承旨、兵部侍郎楊收同平章事。收，發之弟也。宣宗以開河、湟，追加順、憲二宗尊號，有司議改造廟主，署新謚；發以爲作主，求古無其文，執不可。知禮者韙之，由是知名。與左軍中尉楊玄价敍同宗相結，故得爲相。价，音介。爲楊收與玄价交惡張本。

12 乙亥，廢容管，隸嶺南西道，【章：十二行本「道」下有「以供軍食」四字；乙十一行本同；孔本同；張校同；退齋校同。】復以龔、象二州隸桂管。去年以龔、象隸嶺南西道。

13 戊子，以門下侍郎、同平章事杜審權同平章事，充鎮海節度使。

14 六月，廢安南都護府，置行交州於海門鎮；以右監門將軍宋戎爲行交州刺史，以康承訓兼領安南及諸軍行營。

15 閏月，以門下侍郎同平章事杜悰同平章事，充鳳翔節度使；以兵部侍郎、判度支河南曹確同平章事。

16 秋，七月，辛卯朔，日有食之。

17 復置安南都護府於行交州，考異曰：實錄以郡州爲交州。補國史亦同。又云，夏侯貞孝公請用高駢爲郡州進討使。按地理志，無郡州。補國史又云：海門，今晏州。地理志，晏州乃屬瀘州都督府，嶺南亦無之。以宋戎爲經略使，發山東兵萬人鎮之。時諸道兵援安南者屯聚嶺南，句斷。江西、湖南、此四字衍。江西、湖南餽運者皆泝湘江入澪渠、灕水，酈道元曰：湘、灕同源，分爲二水，南則灕水，北則湘川。湘、灕之間，陸地廣百餘步，謂之始安嶠。漢伐南越，出零陵，下灕水，即此路也。湘水出零陵始安縣陽朔山，自零陵西南，謂之澪渠。新書曰：桂州有灕水，出海陽山。世言秦命史祿伐越，鑿爲漕。馬援討徵側，復治以通餽。後爲江水潰毀，渠遂廞淺。唐李渤復浚之。范成大桂海虞衡志曰：湘、灕二水，皆出靈川之海陽，行百里，分南北下，北下曰湘，稠灘急瀧，又二千里至長沙，水始緩。南下曰灕，名灘三百六十，又千二百里至番禺以入海。又曰：靈渠在桂之興安縣，秦始皇戍嶺時，史祿鑿此以運之遺迹。湘水源於雲泉之陽海山，在此下。灕江，牂柯下流，本南下廣西興安，水行其間，地勢最高。二水遠不相謀，祿始作此渠，派湘之流而注之灕，使北水南合，北舟踰嶺。其作渠之法，於湘流沙磧中壘石作鏵觜，銳其前，逆分湘流爲兩，激之，六十里行渠中，以入灕江，與俱南。渠繞興安界，深不數尺，廣丈餘，六十里間，置斗門三十六，土人但謂之斗。舟入一斗則復閘斗，伺水積漸進，故能循崖而上，建瓴而下，千斛之舟，亦可往來。治水巧妙，無如靈渠者。澪，音零。灕，音离。勞費艱澁，諸軍乏食。潤州人陳磻石上言，磻，薄官翻。請造千斛大舟，自福建運米泛海，不一月至廣州，從之，軍食以足。然有司以和雇爲名，奪商人舟，委其貨於岸側，舟入海或遇風濤沒溺，有司囚繫綱吏、舟人，使償其米，人頗苦之。

18 八月，嶺南東道節度使韋宙奏，蠻必向邕州，請分兵屯容、藤州。容、藤二州相去二百七十里。

19 夔王滋薨。滋，上弟也。

20 敕以閤門使吳德應等爲館驛使。臺諫上言：故事，御史巡驛，唐中世置閤門使，以宦者爲之，掌供奉朝會，贊引親王、宰相、百官、蕃客朝見、辭；唐初，中書通事舍人之職也。玄宗開元中，以監察御史兼巡傳驛，至二十五年，以監察御史檢校兩京館驛。大曆十四年，兩京以御史一人知館驛，號館驛使。宋白曰：元和初，征劉闢，郵傳多事，憲宗命中人爲館驛使；監察御史薛存誠及諫官相繼論奏，罷之。不應忽以內人【章：十二行本「人」作「臣」；乙十一行本同。】代之。上諭以敕命已行，不可復改。左拾遺劉蛻上言：「昔楚子縣陳，得申叔一言而復封之；左傳：楚子爲陳夏氏亂，故伐陳，遂入陳，殺夏徵舒，因縣陳。申叔時不賀。楚子問其故，對曰：「夏徵舒弑其君，其罪大矣，討而戮之，君之義也。今縣陳，貪其富也，無乃不可乎！」王曰：「善哉！」乃復封陳。太宗發卒脩乾元殿，聞張玄素諫，卽日罷之。見一百九十三卷貞觀四年。自古明君所尚者，從諫如流，豈有已行而不改！且敕自陛下出之，自陛下改之，何爲不可！」弗聽。

21 黠戛斯遣其臣合伊難支表求經籍及每年遣使走馬請曆，又欲討回鶻，使安西以來悉歸唐，不許。

22 冬，十月，甲戌，以長安尉、集賢校理令狐滈爲左拾遺。乙亥，左拾遺劉蛻上言：「滈專家無子弟之法，布衣行公相之權。」相，息亮翻。起居郎張雲言：「滈父綯用李涿爲安南，見上卷宣宗大中十二年。致南蠻至今爲梗，由滈納賄，陷父於惡。」十一月，丁酉，雲復上言：「滈，父綯執政之時，復，扶又翻。人號『白衣宰相』。」滈亦上表引避，乃改詹事府司直。唐太子詹事府有司直二人，正七品上，掌糾劾宮寮及率府之兵。

23 辛巳，廢宿泗觀察使，復以徐州爲觀察府，以濠、泗隸焉。去年八月，廢徐州軍額。

24 十二月，南詔寇西川。

25 昭義節度使沈詢奴歸秦，與詢侍婢通，詢欲殺之，未果；乙酉，歸秦結牙將作亂，攻府第，殺詢。

五年（甲申、八六四）

1 春，正月，以京兆尹李蠙爲昭義節度使，蠙，部田翻。取歸秦心肝以祭沈詢。

2 淮南節度使令狐綯爲其子滈訟冤。爲，于僞翻。貶張雲興元少尹，劉蛻華陰令，華，戶化翻。敕曰：「雖嘉蹇諤之忠，難逃疏易之責。」易，以豉翻。

3 丙午，西川奏，南詔寇巂州，刺史喻士珍破之，獲千餘人。觀明年喻士珍以貪獪而失守，則此捷虛張功狀也。詔發右神策兵五千及諸道兵戍之。忠武大將顏慶復請築新安、遏戎二城，從之。二城，蓋築於巂州界。

4 以容管經略使張茵兼句當交州事；句，古候翻。當，丁浪翻。時交州寄治海門，欲使張茵進取。益海門鎮兵滿二萬五千人，令茵進取安南。

5 二月，己巳，以刑部尚書、鹽鐵轉運使李福同平章事、充西川節度使。

6 甲申，前西川節度使蕭鄴左遷山南西道觀察使。

7 三月，丁酉，彗星出於婁，長三尺。彗，祥歲翻，又徐醉翻，又音歲。長，直亮翻。己亥，司天監奏：「按星經，是名含譽，瑞星也。」上大喜。唐司天監，正三品，掌察天文、稽曆數。史言唐末司天官昏迷天象，以妖爲祥。「請宣示中外，編諸史策。」從之。

8 康承訓至邕州，蠻寇益熾，詔發許、滑、青、汴、兗、鄆、宣、潤八道兵以授之。承訓不設斥候，南詔帥羣蠻近六萬寇邕州，帥，讀曰率。近，其靳翻。將入境，承訓乃遣六道兵凡萬人拒之，以獠爲導，紿之。熾，昌志翻。獠，音老。紿，徒亥翻。敵至，不設備，五道兵八千人皆沒，惟天平軍後一日至，得免。天平軍，鄆兵也。承訓聞之，惶怖不知所爲。怖，普布翻。節度副使李行素帥衆治壕柵，甫畢，蠻軍已合圍。留四日，治攻具，將就，諸將請夜分道斫蠻營，承訓不許；有天平小校再三力爭，乃許之。小校將勇士三百，夜，縋而出，將，卽亮翻。校，戶教翻。縋，馳僞翻。散燒蠻營，斬首五百餘級。蠻大驚，間一日，解圍去。承訓乃遣諸軍數千追之，所殺虜不滿三百級，皆溪獠脅從者。承訓騰奏告捷，云大破蠻賊，中外皆賀。

9 夏，四月，以兵部侍郎、判戶部蕭寘同平章事。寘，復之孫也。蕭復相德宗。

10加康承訓檢校右僕射，賞破蠻之功也。自餘奏功受賞者，皆承訓子弟親昵；昵，尼質翻。燒營將校不遷一級，由是軍中怨怒，聲流道路。

11五月，敕：「徐州土風雄勁，甲士精強，比因罷節，比，毗至翻。四年，罷徐州武寧節度。頗多逃匿，宜令徐泗團練使選募軍士三千人赴邕州防戍，待嶺外事寧，卽與代歸。」

12秋，七月，西川奏兩林鬼主邀南詔蠻，敗之，史炤曰：兩林部落，東蠻國也，去勿鄧國七十里，地雖狹而諸部推爲長，號大鬼主。敗，補邁翻。殺獲甚衆；保塞城使杜守連不從南詔，帥衆詣黎州降。帥，讀曰率。降，戶江翻。

13嶺南東道節度使韋宙具知康承訓所爲，以書白宰相；承訓亦自疑懼，累表辭疾，乃以承訓爲右武衛大將軍、分司，考異曰：補國史：「嶺南東道節度使韋宙兼領供軍使，將吏在邕州者，潛令申報，事無巨細，莫不知之；復究尋克捷事多虛妄，具所聞啓於丞相。承訓已自懷疑懼，辭疾免，責授右武衛大將軍、分司東都。」僖宗實錄承訓傳曰：「南蠻陷交趾，以承訓爲嶺南西道節度使，踰歲，討平之，加檢校右僕射。與鄭帥不叶，以右武衛大將軍罷歸。」蓋其家行狀云爾。今從補國史、懿宗實錄、新傳。以容管經略使張茵爲嶺南西道節度使，復以容管四州別爲經略使。新書方鎭表，咸通元年，罷容管，以所管州隸邕管。

時南詔知邕州空竭，不復入寇，茵久之不敢進軍取安南；夏侯孜薦驍衛將軍高駢代之，考異曰：補國史：「茵驍將，無遠略，經年不敢進軍。丞相夏侯貞孝公獨獻密疏，請用驍衛將軍高駢；有制，以本官充郡州進討使，旋拜安南節度使。其茵所領兵並付高公指揮。」按今年正月，詔茵進軍收復安南，若經年，則孜已罷相。今從實錄附於此。實錄，駢官爲右領軍上將軍，太高。今從補國史。舊紀：「五年四月，南蠻寇邕管，以秦州經略使高駢率禁軍五千，會諸道之師禦之。」今不取。乃以駢爲安南都護、本管經略招討使，茵所將兵悉以授之。駢，崇文之孫也，憲宗朝，高崇文有定蜀之功。世在禁軍。駢頗讀書，好談今古，好，呼到翻。兩軍宦官多譽之，兩軍，謂左、右神策兩軍也。譽，音余。累遷右神策都虞候；党項叛，將禁兵萬人戍長武，屢有功，遷秦州防禦使，復有功，故委以安南。復，扶又翻。

14 冬，十一月，以門下侍郎、同平章事夏侯孜同平章事，充河東節度使。

15 壬寅，以翰林學士承旨、兵部侍郎路巖同平章事；時年三十六。爲路巖以高位疾僨張本。

六年（乙酉、八六五）

1 春，正月，丁巳，始以懿安皇后配饗憲宗室。時王皞復爲禮院檢討官，更申前議，朝廷竟從之。王皞議見二百四十八卷宣宗大中二年。

2 諸道進私白者，唐時諸道歲進閹兒，號曰私白。閩中爲多，故宦官多閩人。福建觀察使杜宣猷每寒食遣吏分祭其先壠，宦官德之，庚申，以宣猷爲宣歙觀察使，時人謂之「敕使墓戶」。

3 三月，中書侍郎、同平章事蕭寘薨。

4 夏，四月，以前東川節度使高璩爲兵部侍郎、同平章事。璩，元裕之子也。璩，其於翻。

元裕見二百四十五卷文宗太和八年。

5 楊收建議，以「蠻寇積年未平，兩河兵戍嶺南冒瘴霧物故者什六七，請於江西積粟，募強弩三萬人，以應接嶺南，道近便，仍建節以重其權。」從之。五月，辛丑，置鎮南軍於洪州。

6 巂州刺史喻士珍貪獪，獪，古外翻。掠兩林蠻以易金；南詔復寇巂州，復，扶又翻。兩林蠻開門納之，南詔盡殺戍卒，士珍降之。降，戶江翻。

7 壬寅，以桂管觀察使嚴譔爲鎮南節度使。譔，震之從孫也。譔，雛免翻。嚴震鎮興元，德宗播遷，震有迎奉之功。從，才用翻。

8 六月，高璩薨。

9 以御史大夫徐商爲兵部侍郎、同平章事。

10 秋，七月，立皇子侃爲郢王，儼爲普王。

11 高駢治兵於海門，未進；監軍李維周惡駢，欲去之，屢趣駢使進軍。治，直之翻。惡，烏路翻。去，羌呂翻。趣，讀曰促。駢以五千人先濟，約維周發兵應援；駢既行，維周擁餘衆，不發一卒以繼之。九月，駢至南定，高祖武德四年，分交趾所管宋平縣置南定縣，時屬安南府。安南府，卽交趾。宋白曰：南定縣，漢日南郡西捲縣地。峯州蠻衆近五萬，方穫田，近，其靳翻。劉昫曰：峯州，隋交趾郡之嘉寧縣，唐武德四年置峯州嘉寧，漢麊泠縣地。駢掩擊，大破之，考異曰：舊紀、實錄皆云五月駢奏於邕管大敗林邑蠻。按林邑在海南，自至德後號環王，與中國久絕。劉昫但見南蠻則謂之林邑，誤也。新南詔傳亦云駢以選士五千渡江，敗林邑兵於邕州，亦承此而誤也。舊紀又云：「是歲秋，高駢自海門進軍，破蠻軍，收復安南府。」蓋因駢今秋發海門，遂云復安南耳。復安南實在明年也。補國史云：「五年，九月，高公力戰，破峯州蠻於南定縣。」按張茵以五年正月句當交州，受詔收復安南。補國史云經年不進軍，乃以駢代之。則駢豈得以其年九月已破峯州蠻乎！補國史又云：「駢破峯州蠻後，近四月餘日，表報不至，朝廷以王晏權代之。六月，高公進軍收復安南。」亦不云幾年六月。蓋駢以六年九月破峯州蠻。七年六月破安南耳。實錄又云：「九月，駢奏破蠻龍州營寨，并燒食糧等事。詔駢今於當界守備，緣近有赦文已許恩宥，伺其悛改，亦未要更深加討逐。」按赦在明年十一月，此詔必在駢已平安南後，實錄誤也。新傳又云駢擊南詔龍州屯，蠻酋燒貲畜走。龍州，卽安南所管龍編縣也。收其所穫以食軍。穫，戶郭翻，刈稻也。食，祥吏翻。

12 冬，十二月，壬子，太皇太后鄭氏崩。考異曰：舊傳，大中末崩，誤也。今從實錄。

七年（丙戌、八六六）

1 春，二月，歸義節度使張義潮奏北庭回鶻固俊克西州、北庭、輪臺、淸鎭等城。北庭，本貞觀所置之庭州，長安二年，置北庭都護府，西七百里有淸海鎭，又西延城，西行三百二十里至輪臺縣。「回鶻固俊」，新書及考異正文皆作「僕固俊」。考異曰：實錄：「義潮奏俊收西河及部落胡、漢皆歸伏，并表賀收西州等城事。」新吐蕃傳曰：「七年，俊擊取西州，收諸部。」按大中五年，義潮以十一州圖籍來上，西州已在其中。今始云收西州者，蓋當時雖得其圖籍，其地猶爲吐蕃所據耳。

論恐熱寓居廓州，糾合旁側諸部，欲爲邊患，皆不從；所向盡爲仇敵，無所容。仇人以告拓跋懷光於鄯州，懷光引兵擊破之。宋白曰：鄯州南至廓州一百八十里。考異曰：實錄：「義潮又奏鄯州城使張季顒押領拓跋懷光下使送到尚恐熱將，并隨身器甲等，並以進奉。」新吐蕃傳曰：「鄯州城使張季顒與尚恐熱戰，破之，收器鎧以獻。」今從補國史、實錄。

2三月，戊寅，以河東節度使劉潼爲西川節度使。初，南詔圍嶲州，東蠻浪稽部竭力助之，遂屠其城，謂去年陷嶲州也。卑籠部怨南詔殺其父兄，導忠武戍兵襲浪稽，滅之。南詔由是怨唐。

南詔遣清平官董成等詣成都，節度使李福盛儀衛以見之。故事，南詔使見節度使，拜伏於庭，成等曰：「驃信已應天順人，南詔自尋夢湊以來，自稱驃信，夷語君也，因僭號，自謂應天順人。我見節度使當抗禮。」傳言往返，自旦至日中不決；將士皆憤怒，福乃命捽而毆之，捽，昨沒翻。毆，烏口翻。因械繫於獄。劉潼至鎮，釋之，奏遣還國。詔召成等至京師，見於別殿，厚賜，勞而遣之。見，賢遍翻。勞，力到翻。

3成德節度使王紹懿，在鎮十年，大中十一年，紹懿襲鎮。爲政寬簡，軍民便之。疾病，召兄紹鼎之子都知兵馬使景崇而告之曰：「吾兄以汝之幼，以軍政授我。汝今長矣，長，知兩翻。我復以軍政歸汝。努力爲之，上忠朝廷，下和鄰藩，勿墜吾兄之業，汝之功也。」言竟而薨。史言王紹懿垂沒，精神不亂。

4 閏月，吐蕃寇邠寧，節度使薛弘宗拒卻之。

5 夏，四月，【章：十二行本「月」下有「辛巳」二字；乙十一行本同；孔本同；張校同。】貶前西川節度使李福爲蘄王傅。以毆繫南詔使者也。蘄王緝，順宗子。

6 五月，葬孝明皇后於景陵之側，主祔別廟。孝明皇后，宣宗母鄭太后也，懿安郭后，憲宗之元妃也，配食于太廟。鄭后，側室也，祔別廟，禮也。

7 六月，魏博節度使何弘敬薨，軍中立其子左司馬全皞爲留後。

8 以王景崇爲成德留後。

9 南詔酋龍遣善闡節度使楊緝【章：十二行本「緝」下有「思」字；乙十一行本同；孔本同；張校同。】助安南節度使段酋遷守交趾，善闡府，南詔別都也，在交趾西北。以范昵些爲安南都統，昵，尼質翻。些，蘇个翻，又音細。趙諾眉爲扶邪都統。按實錄，扶邪縣屬羅伏州，蓋南詔所置也。監陳敕使韋仲宰將七千人至峯州，監，古銜翻。陳，讀曰陣。高駢得以益其軍，進擊南詔，屢破之。捷奏至海門，李維周皆匿之，數月無聲問。上怪之，以問維周，維周奏駢駐軍峯州，玩寇不進。上怒，以右武衞將軍王晏權代駢鎮安南，考異曰：補國史謂駢及晏權皆云安南節度使。按時安南止有都護、經略、招討使耳，無節度使也。舊王智興傳，九子，無晏權名。實錄亦云命晏權代駢爲節度而無月日，蓋闕漏也。召駢詣闕，欲重貶之。晏權，智興之從子也。王智興歷德、順、憲、穆四朝，後爲武寧帥，尤貪橫。是月，駢大破南詔蠻於交趾，殺獲甚衆，遂圍交趾城。

10 秋，七月，以何全皞爲魏博留後。

11 冬，十月，甲申，以門下侍郎、同平章事楊收爲宣歙觀察使。收性侈靡，門吏僮奴多倚爲姦利。楊玄价兄弟受方鎮之賂，屢有請託，收不能盡從；玄价怒，以爲叛己，故出之。

12 拓跋懷光以五百騎入廓州，生擒論恐熱，先刖其足，數而斬之，數，所具翻。傳首京師。其部衆東奔秦州，尚延心邀擊，破之，悉奏遷於嶺南。吐蕃自是衰絕，乞離胡君臣不知所終。乞離胡事始見二百四十六卷武宗會昌二年。

13 高駢圍交趾十餘日，蠻困蹙甚，城且下，會得王晏權牒，已與李維周將大軍發海門，駢卽以軍事授韋仲宰，與麾下百餘人北歸。先是，仲宰遣小使王惠贊，駢遣小校曾衮入告交趾之捷，先，悉薦翻。至海中，望見旌旗東來，問遊船，遊船，遊奕之船。云新經略使與監軍也。二人謀曰：「維周必奪表留我，」乃匿於島間，維周過，卽馳詣京師。上得奏，大喜，卽加駢檢校工部尚書，復鎮安南。駢至海門而還。

王晏權闇懦，動稟李維周之命；維周凶貪，諸將不爲之用，遂解重圍，重，直龍翻。蠻遁去者太半。駢至，復督勵將士攻城，復，扶又翻。遂克之，殺段酋遷及土蠻爲南詔鄉導者朱道古，鄉，讀曰嚮。蠻居安南界內者爲土蠻。斬首三萬餘級，考異曰：舊紀：十月，駢奏蠻寇悉平。實錄：「九月，駢奏殺戮蠻都統皈首遷、朱道古及斬首三千餘級。」十月丙申日下，又云「駢奏收復安南，蠻寇遁散。」又云「敗楊緝思、段酋遷、朱道古，殺戮三萬餘級。」新紀：「十月，高駢克安南。」按皈首遷，卽段酋遷字之誤也。補國史收城與敗緝思等共是一事。實錄分在兩月，不知其何所據也。新南詔傳曰：「七年，六月，駢次交州，戰數勝，士酣鬭，斬其將張詮，李溠龍舉衆萬人降，拔波風三壁。緝思出戰敗，還走城，士乘之，超堞入，斬酋遷、昵些、諾眉，上首三萬級，安南平。」蓋因駢以六月至安南，終言之耳，安南實不以六月平也。今從新、舊紀。南詔遁去。駢又破土蠻附南詔者二洞，誅其酋長，土蠻帥衆歸附者萬七千人。酋，慈由翻。長，知兩翻。帥，讀曰率。

14 十一月，壬子，赦天下。詔安南、邕州、西川諸軍各保疆域，勿復進攻南詔；委劉潼曉諭，如能更脩舊好，復，扶又翻。好，呼到翻；下同。一切不問。

15 置靜海軍於安南，以高駢爲節度使。自此迄宋朝，安南遂爲靜海軍節鎮。自李涿侵擾安南，【章：十二行本「安南」作「羣蠻」；乙十一行本同；孔本同；張校同；退齋校同。】事見上卷宣宗大中十二年。爲安南患殆將十年，至是始平。駢築安南城，周三千步，造屋四十餘萬間。

16 十二月，黠戛斯遣將軍乙支連幾入貢，奏遣鞍馬迎册立使及請亥年曆日。是年丙戌；亥，明年也。

17 以成德留後王景崇爲節度使。

18 上好音樂宴遊，殿前供奉樂工常近五百人，近，其靳翻。每月宴設不減十餘，宴設，謂宮中置宴也。宋朝內臣謂之排當。水陸皆備，言殺膳備水陸之品。聽樂觀優，不知厭倦，賜與動及千緡。曲江、昆明、灞滻、南宮、北苑、南宮，卽興慶宮。禁苑，在皇城之北。昭應、咸陽，昭應有華清宮。咸陽有望賢樓。所欲遊幸卽行，不待供置，有司常具音樂、飲食、幄帟，帟，羊益翻。小幕曰帟。諸王立馬以備陪從。從，才用翻；下同。每行幸，內外諸司扈從者十餘萬人，所費不可勝紀。勝，音升。

八年（丁亥、八六七）

1 春，正月，以魏博留後何全皡爲節度使。

2 二月，歸義節度使張義潮入朝，宣宗大中五年，張義潮以沙州降，尋授以歸義節，至是入朝。以爲右神武統軍，命其族子淮深守歸義。

3 自安南至邕、廣，海路多潛石覆舟，靜海節度使高駢募工鑿之，漕運無滯。

4 西川近邊六姓蠻，六姓蠻：一曰蒙蠻，二曰夷蠻，三曰訛蠻，四曰狼蠻，五曰勿鄧蠻，六曰白蠻。近，其靳翻。常持兩端，無寇則稱效順，有寇必爲前鋒；卑籠部獨盡心於唐，與羣蠻爲讎，朝廷賜姓李，除爲刺史。節度使劉潼遣將將兵助之，將，卽亮翻。討六姓蠻，焚其部落，斬首五千餘級。

5 樂工李可及善爲新聲，三月，上以可及爲左威衛將軍，曹確諫曰：「太宗定文武官六百餘員，謂房玄齡曰：『朕以待天下賢士，工商雜流，不可處也。』處，昌呂翻。大和中，文宗欲以樂工尉遲璋爲王府率，尉，紆勿翻。東宮有十率，諸王有府率。拾遺竇洵直諫，卽改光州長史。乞以兩朝故事，別除可及官。」不從。

6 夏，四月，上不豫，羣臣希進見。見，賢遍翻。

7 五月，丙辰，疏理天下繫囚，非巨蠹不可赦者，皆遞降一等。

8 秋，七月，壬寅，蘄王緝薨。緝，順宗子。

9 懷州民訴旱，刺史劉仁規揭牓禁之，揭，其列翻。民怒，相與作亂，逐仁規，仁規逃匿村舍。民入州宅，掠其家貲，登樓擊鼓，久之乃定。

10 甲子，以兵部侍郎、充諸道鹽鐵轉運等使、駙馬都尉于琮同平章事。

11 宣歙觀察使楊收過華嶽廟，華嶽廟在華州華陰縣。華，戶化翻。施衣物，施，式豉翻。使巫祈禱；縣令誣以爲收罪。右拾遺韋保衡復言，收前爲相，除嚴譔江西節度使，受錢百萬，又置造船務，人訟其侵隱。復，扶又翻。八月，庚寅，貶收端州司馬。考異曰：舊傳曰：「韋保衡作相，又發收陰事，言前用嚴譔爲江西節度，納賂百萬。明年，貶爲端州司馬。」按是時保衡未作相，舊傳誤。今從實錄。

12 九月，上疾瘳。

13 冬，十二月，信王憪薨。憪，憲宗子，音彌兗翻。

14 加嶺南東道節度使韋宙同平章事。

容肇祖標點聶崇岐覆校

資治通鑑卷第二百五十一

端明殿學士兼翰林侍讀學士太中大夫提舉西京嵩山崇福宮上柱國河內郡開國公食邑二千二百戶食實封九百戶賜紫金魚袋臣　司馬光　奉敕編集

後學天台　胡三省　音註

唐紀六十七起著雍困敦（戊子），盡屠維赤奮若（己丑），凡二年。

懿宗昭聖恭惠孝皇帝中

咸通九年（戊子、八六八）

1 夏，六月，鳳翔少尹李師望上言：「巂州控扼南詔，爲其要衝，成都道遠，難以節制，請建定邊軍，屯重兵於巂州，以邛州爲理所。」理所，猶言治所也。上，時掌翻。巂，音髓。邛，渠容翻。朝廷以爲信然，以師望爲巂州刺史，充定邊軍節度，眉、蜀、邛、雅、嘉、黎等州觀察，統押諸蠻幷統領諸道行營、制置等使。師望利於專制方面，故建此策；其實邛距成都纔百六十里，巂距邛千里，其欺罔如此。爲李師望以定邊軍致寇張本。

2 初，南詔陷安南，見上卷四年。敕徐泗募兵二千赴援，分八百人別戍桂州，初約三年一代。徐泗觀察使崔彥曾，愼由之從子也，崔愼由始見上卷宣宗大中十一年。從，才用翻；下從孫同。性嚴刻；朝廷以徐兵驕，命鎭之。都押牙尹戡、教練使杜璋、大中六年五月，敕天下軍府有兵馬處，宜選會兵法、能弓馬等人充教練使，每年合教習時，常令教習。兵馬使徐行儉用事，軍中怨之。戍桂州者已六年，屢求代還，戡言於彥曾，以軍帑空虛，帑，他朗翻。發兵所費頗多，請更留戍卒一年；彥曾從之。戍卒聞之，怒。

都虞候許佶、佶，其吉翻。軍校趙可立、姚周、張行實皆故徐州羣盜，州縣不能討，招出之，補牙職。會桂管觀察使李叢移湖南，新使未至，校，戶教翻。使，疏吏翻。秋，七月，佶等作亂，殺都將王仲甫，將，卽亮翻。推糧料判官龐勛爲主，唐制，凡行軍，置隨軍糧料使，兵少者置糧料判官。勛，許云翻。劫庫兵北還，所過剽掠，劫桂州庫兵北歸徐州。還，音旋，又如字。剽，匹妙翻。州縣莫能禦。朝廷聞之，八月，遣高品張敬思赦其罪，新書百官志：內侍省有高品一千六百九十六人。部送歸徐州，戍卒乃止剽掠。

3 以前靜海節度使高駢爲右金吾大將軍。駢請以從孫潯代鎭交趾，從之。潯，徐林翻。考異曰：補國史曰：「高公姪孫潯將先鋒軍，每遇陳敵，身當矢石。及高公內舉交代，朝廷命潯節制交趾。」實錄但云高潯以下勒姓名於碑陰，不云潯爲節度使。新傳曰：「駢之戰，其從孫潯常爲先鋒，冒矢石以勸士。駢徙天平，薦潯自代；詔拜交州節度使。」按駢爲金吾半歲始除天平。今從補國史。

4 九月，戊戌，以山南東道節度使盧耽爲西川節度使；以有定邊軍之故，不領統押諸蠻安撫等使。既分西川置定邊軍，則諸蠻皆在定邊軍巡內。

5 龐勛等至湖南，湖南觀察治潭州。監軍以計誘之，使悉輸其甲兵。誘，音酉。山南東道節度使崔鉉嚴兵守要害，徐卒不敢入境，泛舟沿江東下。許佶等相與謀曰：「吾輩罪大於銀刀，銀刀見上卷三年。朝廷所以赦之者，慮緣道攻劫，或潰散爲患耳，若至徐州，必葅醢矣！」乃各以私財造甲兵旗幟。幟，昌志翻。過浙西，入淮南，淮南節度使令狐綯遣使慰勞，給芻米。勞，力到翻。芻，以飼馬；米，以給軍。

都押牙李湘言於綯曰：「徐卒擅歸，勢必爲亂；雖無敕令誅討，藩鎮大臣當臨事制宜。高郵岸峽【章：十二行本「峽」作「峻」；乙十一行本同；張校同，云無註本作「峽」。】而水深狹，請將奇兵伏於其側，焚荻舟以塞其前，塞，悉則翻。以勁兵躡其後，可盡擒也。不然，縱之使得渡淮，至徐州，與怨憤之衆合，爲患必大。」綯素懦怯，且以無敕書，乃曰：「彼在淮南不爲暴，聽其自過，餘非吾事也。」

勛招集銀刀等都竄匿及諸亡命匿於舟中，衆至千人。丁巳，至泗州。泗州，晉、宋宿豫之地，後魏置南徐州，又置宿豫郡，又改東徐州，又改東楚州，周大象三年改泗州，開元二十四年，移州治臨淮縣。臨淮本漢徐城縣地，當泗水口，南北衝要之所。刺史杜慆饗之於毬場，慆，他刀翻。優人致辭；致辭者，今諸藩府有大宴，則樂部頭當筵致辭，稱頌賓主之美，所謂致語者是也。徐卒以爲玩己，擒優人，欲斬之，坐者驚散。愔素爲之備，徐卒不敢爲亂而止。愔，悰之弟也。杜悰，歷事穆、文、武、宣，屢入相位，咸通初，又爲相。

先是，朝廷屢敕崔彥曾慰撫戍卒擅歸者，勿使憂疑。先，悉薦翻。彥曾遣使以敕意諭之，道路相望。勛亦申狀相繼，辭禮甚恭。戊午，行及徐城，徐城縣，屬泗州，宋朝省徐城爲鎮，入臨淮縣，在泗州北百餘里，自此而西北，則入徐州界。然其道里迂遠，故龐勛等西入宿州，至苻離，則距徐州纔一百四十里耳。勛與許佶等乃言於衆曰：「吾輩擅歸，思見妻子耳。今聞已有密敕下本軍，至則支分滅族矣！下，戶嫁翻。支分，謂被支解，而支體異處也，卽冎刑。丈夫與其自投網羅，爲天下笑，曷若相與戮力同心，赴蹈湯火，豈徒脫禍，兼富貴可求！況城中將士皆吾輩父兄子弟，吾輩一唱於外，彼必響應於內矣。然後遵王侍中故事，王侍中，謂王智興也，事見二百四十二卷穆宗長慶二年。五十萬賞錢，可翹足待也！」衆皆呼躍稱善。將士趙武等十二人獨憂懼，欲逃去，悉【章：十二行本「悉」上有「勛」字；乙十一行本同；張校同。】斬之，遣使致其首於彥曾，且爲申狀，稱：「勛等遠戍六年，實懷鄉里；而武等因衆心不安，輒萌姦計。將士誠知詿誤，詿，古賣翻。敢避誅夷！今既蒙恩全宥，輒共誅首惡以補愆尤。」冬，十月，甲子，使者至彭城，彥曾執而訊之，具得其情，乃囚之。丁卯，勛復於遞中申狀，復，扶又翻。遞中，謂入郵筒遞送使府。稱：「將士自負罪戾，各懷憂疑，今已及苻離，尚未釋甲。苻離，漢古縣，時屬宿州。九域志：宿州北至徐州一百二十里。宋白曰：爾雅：莞，苻離。此地尤多此草，故名。蓋以軍將尹戡、杜璋、徐行儉等狡詐多疑，必生釁隙，乞且停此三人職任，以安衆心，仍乞戍還將士別置二營，共爲一將。」將，並即亮翻。

時戍卒拒彭城止四驛，唐制：三十里一驛。四驛，百二十里。闔城恟懼。彥曾召諸將謀之，皆泣曰：「比以銀刀兇悍，比，毗至翻。悍，侯旰翻，又下罕翻。使一軍皆蒙惡名，殲夷流竄，不無枉濫。今冤痛之聲未已，而桂州戍卒復爾猖狂，復，扶又翻；下同。若縱使入城，必爲逆亂，如此，則闔境塗地矣！不若乘其遠來疲弊，發兵擊之，我逸彼勞，往無不捷。」彥曾猶豫未決。團練判官溫廷【章：十二行本「廷」作「庭」；乙十一行本同；孔本同。】皓復言於彥曾曰：「安危之兆，已在目前，得失之機，決於今日。今擊之有三難，而捨之有五害：詔釋其罪而擅誅之，一難也。帥其父兄，討其子弟，二難也。帥，讀曰率。枝黨鉤連，刑戮必多，三難也。然當道戍卒擅歸，不誅則諸道戍邊者皆效之，無以制禦，一害也。將者一軍之首，而輒敢害之，謂戍卒殺都將王仲甫也。則凡爲將者何以號令士卒！二害也。所過剽掠，剽，匹妙翻。自爲甲兵，招納亡命，此而不討，何以懲惡！三害也。軍中將士，皆其親屬，銀刀餘黨，潛匿山澤，一旦內外俱發，何以支梧！四害也。如淳曰：枝梧，猶枝扞也。薛瓚曰：小柱爲枝，邪柱爲梧，今屋梧邪柱是也。逼脅軍府，誅所忌三將，又欲自爲一營，三將，謂尹戡、杜璋、徐行儉。及乞別營，事並見上。從之則銀刀之患復起，違之則託此爲作亂之端，五害也。惟明公去其三難，去，羌呂翻。絕其五害，早定大計，以副衆望。」

時城中有兵四千三百，彥曾乃命都虞候元密等將兵三千人討勛，數勛之罪以令士衆，數，所具翻。且曰：「非惟塗炭平人，實亦汙染將士。汙，烏故翻。染，如豔翻，又如險翻。儻國家發兵誅討，則玉石俱焚矣！」書曰：火炎崑岡，玉石俱焚。天吏逸德，烈于猛火。又曰：「凡彼親屬，無用憂疑，罪止一身，必無連坐。」仍命宿州出兵苻離，泗州出兵於虹以邀之，虹，漢古縣，宋、魏廢省，古城在夏丘縣界；武德置虹縣於古虹城，貞觀八年移治夏丘，故城時屬宿州。九域志：在州東一百八十里。顏師古曰：虹，音貢，今音絳。且奏其狀。彥曾戒元密無傷敕使。時張敬思尙在勛等軍中。

戊辰，元密發彭城，軍容甚盛。諸將至任山北數里，任山在彭城西南三十里。頓兵不進，共思所以奪敕使之計，欲俟賊入館，乃縱兵擊之，遣人變服負薪以詗賊。詗，翾正翻，又火迥翻。日暮，賊至任山，館中空無人，又無供給，疑之，見負薪者，執而榜之，榜，音彭。果得其情。乃爲偶人【章：十二行本「人」下有「執旗幟」三字；乙十一行本同；孔本同；張校同。】列於山下而潛遁。比夜，官軍始覺之，比，必利翻，及也；下比官軍、比追及，皆同音。恐賊潛伏山谷及間道來襲，間，古莧翻。復引兵退宿於城南，明旦，乃進追之。

時賊已至苻離，宿州戍卒五百人出戰於濉水上，濉水，在虹縣靈壁東。望風奔潰，賊遂抵宿州。時宿州闕刺史，觀察副使焦璐攝州事，城中無復餘兵，庚午，賊攻陷之，璐走免。璐，音路。考異曰：舊紀：「九月，甲午，勛陷宿州。」今從鄭樵彭門紀亂及新紀。賊悉聚城中貨財，令百姓來取之，一日之中，四遠雲集，然後選募爲兵，有不願者立斬之，自旦至暮，得數千人。於是勒兵乘城，龐勛自稱兵馬留後。

再宿，官軍始至，賊守備已嚴，不可復攻。先是，焦璐聞苻離敗，先，悉薦翻。決汴水以斷北路，斷，音短。賊至，水尚淺可涉，比官軍至，已深矣。壬申，元密引兵渡水，將圍城，會大風，賊以火箭射城外茅屋，射，而亦翻。延及官軍營，士卒進則冒矢石，退則限水火，賊急擊之，死者近三百人。近，其靳翻。元密等以爲賊必固守，但爲攻取之計。

賊夜使婦人持更，夜有五更，使人各直一更，擊鼓以警衆，謂之持更。顏之推曰：一更、二更、三更、四更、皆以五爲節。西都賦云：「衛以嚴更之署。」所以爾者，假令正月建寅，斗柄夕則指寅，晝則指午，自寅至午，凡歷五辰。冬、夏之月，雖復長短，然辰間遼闊，盈不至六，縮不至四，進退常在五者之間。更，歷也，經也，故曰五更。更，工衡翻。掠城中大船三百艘，備載資糧，順流而下，欲入江湖爲盜；宿州，古汴河之會，漕運及商旅所經，故城中有大船沿汴而下，入淮，則可以入江湖矣。艘，蘇遭翻。以千縑贈張敬思，遣騎送至汴之東境，此謂汴州東境也。縱使西歸。謂西歸長安。

明旦，官軍知賊已去，狼狽追之，士卒皆未食，比追及，已飢乏。賊艤舟隄下而陳於隄外，陳，讀曰陣；下同。伏千人於舟中，檥，魚豈翻。官軍將至，陳者皆走入陂中。密以爲畏己，縱兵追之；賊自舟中出，夾攻之，自午及申，官軍大敗。密引兵走，陷於荷涫，涫，古丸翻。賊追及之，密等諸將及監陳敕使皆死，士卒死者殆千人，其餘皆降於賊，無一人還徐者。賊問降卒以彭城人情計謀，知其無備，始有攻彭城之志。

乙亥，龐勛引兵北渡濉水，踰山趣彭城。趣，七喻翻。其夕，崔彥曾始知元密敗，移牒鄰道求救；明日，塞門，塞，悉則翻。選城中丁壯爲守備，內外震恐，無復固志。或勸彥曾奔兗州，九域志：徐州北至兗州三百六十里。彥曾怒曰：「吾爲元帥，城陷而死，職也！」立斬言者。

丁丑，賊至城下，衆六七千人，鼓譟動地，民居在城外者，賊皆慰撫，無所侵擾，由是人爭歸之，不移時，克羅城。彥曾退保子城，羅城，外大城也。子城，內小城也。民助賊攻之，推草車塞門而焚之，推，吐雷翻。塞，悉則翻。城陷。考異曰：舊紀：「九月，乙未，龐勛陷徐州，殺節度使崔彥曾、判官焦璐等。賊令別將梁丕守宿州，又遣劉行及、丁景琮、吳迥攻圍泗州。」今從彭門紀亂及新紀。舊彥曾傳曰：「九年九月十四日，賊逼徐州。十五日後，每旦大霧。十六日，彥曾並誅逆卒家口。十七日，昏霧尤甚，賊四面斬關而入。」實錄，自勛知徐州出兵退至苻離已後，皆置於十一月。今從彭門紀亂。賊囚彥曾於大彭館，執尹戡、杜璋、徐行儉，刳而剉之，刳其腹而寸剉之。盡滅其族。勛坐聽事，徐州觀察廳事也。聽，讀曰廳。盛陳兵衞，文武將吏伏謁，莫敢仰視。即日，城中願附從者萬餘人。

戊寅，勛召溫庭皓，使草表求節鉞，庭皓曰：「此事甚大，非頃刻可成，請還家徐草之。」勛許之。明旦，勛使趣之，趣，讀曰促。庭皓來見勛曰：「昨日所以不即拒者，欲一見妻子耳。今已與妻子別，謹來就死。」勛熟視，笑曰：「書生敢爾，不畏死邪！龐勛能取徐州，何患無人草表！」遂釋之。

有周重者，每以才略自負，勛迎爲上客，重爲勛草表，重爲，于僞翻。稱：「臣之一軍，乃漢室興王之地。漢高帝起於沛。唐沛縣屬徐州，故稱之以自夸大。頃因節度使刻削軍府，刑賞失中，遂致迫逐。言士卒所以迫逐主帥者，皆其所自致。陛下奪其節制，翦滅一軍，見上卷三年。或死或流，冤橫無數。橫，戶孟翻。今聞本道復欲誅夷，將士不勝痛憤，推臣權兵馬留後，彈壓十萬之師，撫有四州之地。勝，音升。四州，謂徐、宿、濠、泗。臣聞見利乘時，帝王之資也。臣見利不失，遇時不疑；伏乞聖慈，復賜旌節。不然，揮戈曳戟，詣闕非遲！」庚辰，遣押牙張琯奉表詣京師。

勛以許佶爲都虞候，趙可立爲都遊弈使，黨與各補牙職，分將諸軍。又遣舊將劉行及將千五百人屯濠州，李圓將二千人屯泗州，梁丕將千人屯宿州，自餘要害縣鎮，悉繕完戍守。徐人謂旌節之至不過旬月，願效力獻策者遠近輻湊，乃至光、蔡、淮、浙、兗、鄆、沂、密羣盜，皆倍道歸之，闐溢郛郭，闐，停年翻。郛，芳無翻。旬日間，米斗直錢二百。人來從亂者多，故米踊貴。勛詐爲崔彥曾請翦滅徐州表，其略曰：「一軍暴卒，盡可翦除；五縣愚民，各宜配隸。」五縣，彭城、蕭、豐、沛、滕也。又作詔書，依其所請，傳布境内。徐人信之，皆歸怨朝廷，曰：「微桂州將士回戈，吾徒悉爲魚肉矣！」

劉行及引兵至渦口，渦口至濠州，僅隔淮水耳。渦，音戈。道路附從者增倍，濠州兵纔數百，刺史盧望回素不設備，不知所爲，乃開門具牛酒迎之。行及入城，囚望回，自行刺史事。考異曰：舊紀、實錄、新紀，濠州陷在十一月。按濠本徐之屬郡，勛始得徐州，則遣行及取之，望回猶未及爲備，豈得至十一月！今從彭門紀亂。泗州刺史杜慆聞勛作亂，完守備以待之，且求救於江、淮。李圓遣精卒百人先入泗州，封府庫，慆遣人迎勞，勞，力到翻。誘之入城，悉誅之。誘，音酉。明日，圓至，卽引兵圍城，城上矢石雨下，賊死者數百，乃斂兵屯城西。勛以泗州當江、淮之衝，益發兵助圓攻之，衆至萬餘，終不能克。史於此略言其終，下文始詳言其事。

初，朝廷聞龐勛自任山還趣宿州，趣，七喻翻。遣高品康道偉齎敕書撫慰之。十一月，道偉至彭城。勛出郊迎，自任山至子城三十里，大陳甲兵，號令金鼓響震山谷，城中丁壯，悉驅使乘城。宴道偉於毬場，使人詐爲羣盜降者數千人，諸寨告捷者數十輩；復作求節鉞表，復，扶又翻。附道偉以聞。

初，辛雲京之孫讜，辛雲京見二百二十二卷肅宗寶應二年。讜，多曩翻。寓居廣陵，喜任俠，喜，許記翻。如淳曰：相與信爲任，同是非爲俠，所謂權行州里，力折公侯者也。或曰：俠之爲言挾也，以權力俠輔人也。年五十不仕；與杜慆有舊，聞龐勛作亂，詣泗州，勸慆挈家避之，慆曰：「安平享其祿位，危難棄其城池，難，乃旦翻。吾不爲也！且人各有家，誰不愛之？我獨求生，何以安衆！誓與將士共死此城耳！」讜曰：「公能如是，僕與公同死！」乃還廣陵，與其家訣，壬辰，復如泗州。復，扶又翻。時民避亂，扶老攜幼，塞塗而來，塞，悉則翻。見讜，皆止之曰：「人皆南走，子獨北行，取死何爲！」讜不應。至泗州，賊已至城下，讜急棹小舟得入，慆卽署團練判官。城中危懼，都押牙李雅有勇略，爲慆設守備，帥衆鼓譟，四出擊賊，賊退屯徐城，衆心稍安。

龐勛募人爲兵，人利於剽掠，爭赴之，帥，讀曰率。剽，匹妙翻。至父遣其子，妻勉其夫，皆斷鉏首而銳之，據陸德明春秋左氏傳釋文：斷，音丁管翻，讀如短。齊景公使王黑以靈姑鉟率，請斷三尺而用之。楚令尹圍爲王旌以田，芈尹無宇斷之，是也。執以應募。

鄰道聞勛據徐州，各遣兵據要害，而官軍尚少，賊衆日滋，官軍數不利。少，詩沼翻。數，所角翻。賊遂破魚臺近十縣。近，其靳翻。宋州東有磨山，民逃匿其上，勛遣其將張玄稔圍之。會旱，山泉竭，數萬口皆渴死。

或說勛曰：說，式芮翻；下同。「留後止欲求節鉞，當恭順盡禮以事天子，外戢士卒，內撫百姓，庶幾可得。」勛雖不能用，然國忌猶行香，唐自中世以後，每國忌日，令天下州府悉於寺觀設齋焚香。開成初，禮部侍郎崔蠡以其事無經，據奏罷之，尋而復舊。畢仲荀幕府燕閒錄曰：國忌行香，起於後魏。唐會要曰：天寶七年，敕華、同等州僧、尼、道士，國忌日各就龍興寺行道散齋。至貞元五年，處州奏，「當州不在行香之數，乞同衢、婺等州行香。」有旨「依」。註又見前。饗士卒必先西向拜謝。凡方鎮大饗將士，必朝服，帥將佐西向望闕謝恩，言皆出於君賜也。癸卯，勛聞敕使入境，以爲必賜旌節，衆皆賀。明日，敕使至，但責崔彥曾及監軍張道謹，貶其官。勛大失望，遂囚敕使，不聽歸。

詔以右金吾大將軍康承訓爲義成節度使、徐州行營都招討使，神武大將軍王晏權爲徐州北面行營招討使，羽林將軍戴可師爲徐州南面行營招討使，考異曰：舊紀：「十年正月，以神武大將軍王晏權爲武寧節度使。晏權，智興之從子也。以右神策大將軍康承訓充徐泗行營都招討使，凡十八將，分董諸道之兵七萬三千一十五人。正月一日，進軍攻徐州。」又曰：「承訓大軍攻宿州，賊將梁伾出戰，屢敗，乃授承訓義成節度使。」實錄：「九年十二月，以右金吾大將軍康承訓爲義成軍節度使、充徐泗行營兵馬都招討使。承訓不赴鎮，以節度副使陳魴句當留後，以王晏權爲徐、泗、濠、宿等州觀察使、充徐州北面行營招討等使，羽林將軍戴可師爲徐州南面行營招討等使。」彭門紀亂、新紀，承訓等除招討使皆在十一月。唐年補錄：「十一月庚申，以太原節度使康承訓爲都統，討徐州。」按庚申乃十二月一日，承訓舊官亦非太原節度使。補錄誤也。今從彭門紀亂、新紀。大發諸道兵以隸三帥。帥，所類翻。承訓奏乞沙陀三部落使朱邪赤心沙陀、薩葛、安慶分爲三部。及吐谷渾、達靼、契苾酋長各帥其衆以自隨；靼，當葛翻。帥，讀曰率。詔許之。

龐勛以李圓攻泗州久不克，遣其將吳迥代之。丙午，復進攻泗州，晝夜不息。時敕使郭厚本考異曰：舊紀、實錄作「郗厚本」，今從彭門紀亂及舊傳。將淮南兵千五百人救泗州，至洪澤，九域志：楚州淮陰縣有洪澤鎮。畏賊強，不敢進。辛讜請往求救，杜慆許之。丁未夜，乘小舟潛渡淮，至洪澤，說厚本，厚本不聽，比明，復還。己酉，賊攻城益急，欲焚水門，城中幾不能禦；說，式芮翻。比，必利翻。幾，居依翻。讜請復往求救。慆曰：「前往徒還，今往何益？」讜曰：「此行得兵則生返，不得則死之。」慆與之泣別。讜復乘小舟負戶突圍出，見厚本，爲陳利害。爲，于僞翻；下皆爲同。厚本將從之，淮南都將袁公弁曰：「賊勢如此，自保恐不足，何暇救人！」讜拔劍瞋目謂公弁曰：瞋，昌眞翻。「賊百道攻城，陷在朝夕；公受詔救援而逗留不進，豈惟上負國恩！若泗州不守，則淮南遂爲寇場，公詎能獨存邪！我當殺公而後止【章：十二行本「止」作「死」；乙十一行本同；退齋校同；張校同，云無註本作「止」。】耳！」起，欲擊之，厚本起，抱止之，公弁僅免。讜乃回望泗州，慟哭終日，士卒皆爲之流涕。爲，于僞翻。厚本乃許分五百人與之，仍問將士，將士皆願行。讜舉身【章：十二行本「身」下有「自擲」二字；乙十一行本同；孔本同；張校同。】叩頭以謝將士，遂帥之抵淮南岸，帥，讀曰率。望賊方攻城，有軍吏言曰：「賊勢已似入城，還去則便。」憚賊不敢進兵，言還軍而去，則於事爲便也。讜逐之，攬得其髻，攬，撮持也。舉劍擊之，士卒共救之，曰：「千五百人判官，不可殺也。」讜曰：「臨陳妄言惑衆，陳，讀曰陣。必不可捨！」衆請不能得，乃共奪之。讜素多力，衆不能奪。讜曰：「將士但登舟，我則捨此人。」衆競登舟，乃捨之。士卒有回顧者，則斫之。驅至淮北，勒兵擊賊。慆於城上布兵與之相應，賊遂敗走，鼓譟逐之，至晡而還。還，從宣翻，又如字。

龐勛遣其將劉【張：「劉」作「許」。】佶將精兵數千助吳迥攻泗州，劉行及自濠州遣其將王弘立引兵會之。戊午，鎮海節度使杜審權鎮海軍治潤州。遣都頭翟行約將四千人救泗州，翟，直格翻。己未，行約引兵至泗州，賊逆擊於淮南，圍之，城中兵少，不能救，行約及士卒盡死。先是，令狐綯遣李湘將兵數千救泗州，先，悉薦翻。與郭厚本、袁公弁合兵屯都梁城，都梁城，在泗州盱眙縣北都梁山。項安世曰：都梁縣有小山，山上水極清淺，其山中悉產蘭草，綠葉紫莖，俗謂蘭爲都梁，因以名縣。與泗州隔淮相望。賊既破翟行約，乘勝圍之。十二月，甲子，李湘等引兵出戰，大敗，賊遂陷都梁城，執湘及郭厚本送徐州；考異曰：舊紀：「十月，賊攻泗州勢急，令狐綯慮失泗口，乃令大將李湘赴援，舉軍皆沒。湘與都監郭厚本俱爲賊所執，送徐州。」令狐綯傳曰：「賊聞湘來援，遣人致書于綯，辭情遜順，言『朝廷累有詔赦宥，但抗拒者三兩人耳，旦夕圖去之，卽束身請命，願相公保任之。』綯卽奏聞，請賜勛節鉞，仍誡李湘但戍淮口，賊已招降，不得立異。繇是湘軍解甲安寢，去警徹備，日與賊軍相對，歡笑交言。一日，賊軍乘間步騎徑入湘壘，淮卒五千人皆被生縶，送徐州，爲賊烝而食之。湘與監軍郭厚本爲龐勛斷手足，以徇於康承訓軍。時浙西杜審權發軍千人，與李湘約會兵，大將翟行約勇敢知名，浙軍未至而湘軍敗。賊乃分兵，立淮南旗幟，爲交鬬之狀，行約軍望見，急趣之，千人並爲賊所縛，送徐州。綯既喪師，朝廷以馬舉代綯爲淮南節度使。」辛讜傳曰：「湘率五千來援，賊詐降，敗于淮口，湘與郭厚本皆爲賊所執。」彭門紀亂曰：「勛以泗州堅守，遣劉佶共謀攻取。時淮南、宣、潤三道發兵戍都梁山舊城，與泗州隔淮而已，賊衆乃夜濳師渡淮，及明而逼城，濠州賊帥劉行及亦遣王弘立侵掠淮南，於是合衆急攻，官軍遂棄城出戰。十一月三十日，賊乃大敗官軍，殺害二千人，生降七八百人，并虜其將李湘等，咸送於徐州，賊遂據有淮口，斷絕驛路。」又曰：「賊既破戴可師，令狐綯懼，乃遣使誘諭，約爲奏請節旄。」續皇王寶運錄曰：「十一月二十九日，浙西節度使杜審權差都頭翟行約將兵二千來救。三十日，行約領兵方欲入泗州，又被賊奔來，行約占山，尋被圍合，城中兵士無可出救。賊又開圍，行約不知是計，便走欲去，而築著山下伏兵，須臾被殺，匹馬不餘，賊遂圍淮口鎮。有淮南都押衙李湘、鎮將袁公弁領馬步三千人被圍，從十一月三十日至十二月五日，李湘束甲出軍，被襲逐殺盡，卻入鎮者，使豎降旗，鎮內兵士老小一萬餘人，被劫驅送濠州。郭厚本此時遇害。」今從續寶運錄。據淮口，泗水入淮之口。漕驛路絕。謂東南漕驛入上都之路絕也。

康承訓軍於新興，九域志：宋州寧陵縣有新興鎮。賊將姚周屯柳子，九域志：宿州臨渙縣有柳子鎮，在今宿州北九十里。范成大北使錄曰：自臨渙縣北行四十五里，至柳子鎮。張舜民郴行錄曰：柳子鎮在永城縣南。九域志：永城屬亳州，在州東北一百一十五里。出兵拒之。時諸道兵集者纔萬人，承訓以衆寡不敵，退屯宋州。龐勛以爲官軍不足畏，乃分遣其將丁從實等各將數千人南寇舒、廬，北侵沂、海，破沭陽、下蔡、烏江、巢縣，沭陽，漢廩丘縣，後魏改曰沭陽，唐屬海州。九域志：在州西南一百八十里。下蔡，漢古縣，唐屬潁州。烏江，漢東城縣之烏江亭也，隋置烏江縣，唐屬和州。九域志：在州東北三十五里。巢，漢居巢縣，隋爲襄安縣，武德七年，改襄安爲巢縣，屬廬州。沭，食聿翻。攻陷滁州，殺刺史高錫望。又寇和州，滁州南至和州百五十里。刺史崔雍遣人以牛酒犒之，引賊登樓共飲，命軍士皆釋甲，指所愛二人爲子弟，乞全之，其餘惟賊所處。處，昌呂翻。賊遂大掠城中，殺士卒八百餘人。考異曰：彭門紀亂：「光、蔡山中草賊數百，攻破滁州，殺刺史高錫望，歸附龐勛。」舊紀：「十一月，吳迥既執李湘，乃令小將張行簡、吳約攻滁州，執刺史高錫望，手刃之，屠其城而去。行簡又進攻和州，刺史崔雍登城樓，謂吳約云云，遂剽城中居民，殺判官張涿，以涿浚城濠故也。勛又令劉贇攻濠州，陷之，囚刺史盧望回於迴車館，望回鬱憤而死。」實錄：「閏月，賊陷和州、濠州。」明年二月又云：「勛遣張行簡攻滁州，入城，害刺史高錫望。」新紀：「十二月，賊陷滁、和。」今陷濠州從彭門紀亂，陷滁、和置執李湘下。

泗州援兵既絕，糧且盡，人食薄粥。閏月，己亥，辛讜言於杜慆，請出求救於淮、浙，夜，帥敢死士十人，執長柯斧，柯，斧柄也。帥，讀曰率。乘小舟，潛往斫賊水寨而出。明旦，賊乃覺之，以五舟遮其前，以五千人夾岸追之。賊舟重行遲，讜舟輕行疾，力鬭三十餘里，乃得免。癸卯，至揚州，見令狐綯；甲辰，至潤州，見杜審權。揚州南至潤州五十餘里。時泗州久無聲問，或傳已陷，讜既至，審權乃遣押牙趙翼將甲士二千人，與淮南共輸米五千斛、鹽五百斛以救泗州。

戴可師將兵三萬渡淮，轉戰而前，賊盡棄淮南之守。可師欲先奪淮口，後救泗州，壬申，圍都梁城；城中賊少，少，詩沼翻。拜於城上曰：「方與都頭議出降。」可師爲之退五里。爲，于僞翻。賊夜遁，明旦，惟空城。可師恃勝不設備，是日大霧，賊【章：十二行本「賊」上有「濠州」二字；退齋校同。】將王弘立引兵數萬疾徑奄至，疾徑，猶言捷徑也。不由正路，直徑而行，取其便疾。縱擊官軍，官軍不及成列，遂大敗，將士觸兵及溺淮死，得免者纔數百人，亡器械、資糧、車馬以萬計，賊傳可師及監軍、將校首於彭城。考異曰：續寶運錄曰：「正月十八日，戴可師陷失，賊遂凶狂。」彭門紀亂曰：「可師引兵三萬欲先奪淮口，遂救泗州。十二月十三日，遲明，圍賊於都梁山下，賊已就降，而可師自恃兵強，不爲備，賊將王弘立者，將兵數萬人，捷徑赴救，奔突而前，官軍潰亂，遂爲所敗，可師并監使、將校已下咸沒於陣。於是龐勛自謂前無強敵矣。」舊紀：「十二月，可師與賊轉戰，賊黨屢敗，盡棄淮南之守。十年正月，以可師充曹州行營招討使。時賊將劉行及、吳迥攻圍泗州，可師乘勝救之，屯於石梁驛。賊退去，可師追擊，生擒行及。賊保都梁城，登城拜曰：『見與都頭謀歸降。』可師既知其詐，乃退軍五里。其城西面有水，三面大軍，賊乃夜中涉水而遁。明早，開城門，惟病嫗數人而已。王師入壘未整，翌日，詰旦，重霧，賊軍大至，可師方大醉，單馬奔出，爲虹縣人郭眞所殺，一軍盡沒。賊將吳迥進軍復圍泗州。」又曰：「龐勛奏：『當道先發戍嶺南兵士三千人春冬衣，今欲差人送赴邕管。』鄂岳觀察使劉允章上書言：『龐勛聚徒十萬，今若遣人達嶺表，如戍卒與勛合勢，則禍難非細。』尋詔龐勛止絕，兼令江、淮諸道紀綱捕之。」實錄，可師敗繫於閏月下，而亦云十二月十三日。新紀，十二月壬申，亦用紀亂之日也。按紀亂上有臘月，又云，十二月十三日，其下無閏月，疑謂閏月十三日也。然據續寶運錄，閏月十一日，辛讜離泗州，十四日，至揚州乞兵糧。若於時可師在都梁，則讜必不舍可師而詣揚、潤也。若讜出在可師敗後，則令狐綯方自救不暇，何暇救泗州！若可師敗在正月，則新紀十二月已除馬舉南面招討使。要之，必在辛讜適揚、潤之後，故置於此。

龐勛自謂無敵於天下，作露布，散示諸寨及鄉村，於是淮南士民震恐，往往避地江左。

令狐綯畏其侵軼，軼，徒結翻。遣使詣勛說諭，說，式芮翻。許爲奏請節鉞，爲，于僞翻。勛乃息兵俟命。由是淮南稍得收散卒，脩守備。

時汴路既絕，江、淮往來皆出壽州，自壽州泝淮卽入潁、汴路。賊既破戴可師，乘勝圍壽州，掠諸道貢獻及商人貨，其路復絕。復，扶又翻；下同。勛益自驕，日事遊宴，周重諫曰：「自古驕滿奢逸，得而復失，成而復敗，多矣，況未得未成而爲之者乎！」

諸道兵大集於宋州，徐州始懼，應募者益少，而諸寨求益兵者相繼。勛乃使其黨散入鄉村，驅人爲兵。又見兵已及數萬人，見，賢遍翻。資糧匱竭，乃斂富室及商旅財，什取其七八，坐匿財夷宗者數百家。又與勛同舉兵於桂州者尤驕暴，奪人資財，掠人婦女，勛不能制，由是境內之民皆厭苦之，不聊生矣！

王晏權兵數退衄，數，所角翻。朝廷命泰寧節度使曹翔代晏權爲徐州北面招討使。兗海，號泰寧軍。考異正文曰：曹翔、馬舉爲徐州南、北招討使。註曰：彭門紀亂作「馬士舉」，今從新紀。紀亂曰：「王晏權數爲賊所攻，雖不敗傷，亦時退縮。朝廷復除隴州牧曹翔領兗海節度使，充北面都統招討等使。又魏博元帥何公遣行軍薛尤將兵三萬人掎角破賊，曹翔軍於滕、沛，魏博軍於豐、蕭，其衆都六七萬人。」又言賊寇海州、壽州，皆敗。又言辛讜救泗州，雖繫正月之下，蓋追敍以前之事。實錄：「二月，以馬舉爲淮南節度使，充南面招討使。初，康承訓率諸將正月一日進軍攻徐州，不克，賊圍壽州。王晏權數爲賊所攻，退縮不敢出戰，乃以曹翔爲兗海等州節度使，充北面招討使。魏博遣薛尤將兵三千，掎角討賊，賊衆攻海州，戍兵擊之，大敗。康承訓率衆屯於柳子之西。」皆承此而誤也。新紀，翔、舉除南、北招討，在十二月而無閏。今因翔與魏博同討徐州而見之，置於歲末。據考異，及明年馬舉解泗州圍事，則通鑑正文，「曹翔爲徐州北面招討使」之下，當有以「馬舉爲淮南節度使、充南面招討使」十四字。傳寫逸之也。前天雄節度使何全皡按何全皡爲魏博節度使。魏博本號天雄軍，未嘗徙他鎮，疑史衍「前」字。或曰：是時秦州號天雄軍，罷魏博軍號，故加「前」字。遣其將薛尤將兵萬三千人討龐勛，考異曰：彭門紀亂曰：「尤將三萬人，并曹翔軍，都六七萬人。」實錄：「魏博奏請出兵三千人助討徐、泗。」舊紀：「魏博何弘敬奏：當道點檢兵馬一萬三千赴行營。」姓名雖誤，今取其人數。翔軍於滕、沛，尤軍於豐、蕭。四縣皆屬徐州。滕，春秋滕子之國，隋置滕縣。宋白曰：以縣西南四十里有滕城也。豐，漢古縣。九域志：滕在州北一百九十五里。沛在西北一百四十里。豐在西北一百四十里。蕭在西五十里。蕭縣亦以古蕭國爲名。

6 是歲，江、淮旱，蝗。

十年（己丑、八六九）

1 春，正月，康承訓將諸道軍七萬餘人屯柳子之西，自新興至鹿塘三十里，壁壘相屬。屬，之欲翻。徐兵分戍四境，城中不及數千人，龐勛始懼。民多穴地匿其中，勛遣人搜掘爲兵，日不過得三二十人。

勛將孟敬文守豐縣，狡悍而兵多，謀貳於勛，自爲符讖。勛聞之，會魏博攻豐，勛遣腹心將將三千助敬文守豐；敬文與之約共擊魏博軍，且譽其勇，「三千」之下，當有「人」字。將將，並即亮翻。譽，音余。使爲前鋒。新軍既與魏博戰，新軍，謂龐勛新附之軍。敬文引兵退走，新軍盡沒。勛乃遣使紿之曰：紿，徒亥翻。「王弘立已克淮南，留後欲自往鎮之；悉召諸將，欲選一人可守徐州者。」敬文喜，即馳詣彭城。未至城數里，勛伏兵擒之，辛酉，殺之。

2 丁卯，同昌公主適右拾遺韋保衡，以保衡爲起居郎、駙馬都尉。同昌，隋郡名，唐爲疊州常芬縣。公主，郭淑妃之女，上特愛之，傾宮中珍玩以爲資送，賜第於廣化里，窗戶皆飾以雜寶，井欄、藥臼、槽匱亦以金銀爲之，編金縷以爲箕筐，賜錢五百萬緡，他物稱是。稱，尺證翻。

3 徐賊寇海州。徐賊者，龐勛所遣兵也。九域志：徐州東至海州四百八十里。時諸道兵戍海州者已數千人，斷賊所過橋柱而弗殊，殊，絕也。斷橋柱而不使絕，待賊過踐踏而自陷。斷，音短；下鎖斷、斧斷同。仍伏兵要害以待之。賊過，橋崩，蒼黃散亂，伏兵發，盡殪之。殪，壹計翻。其攻壽州者復爲南道軍所破，斬獲數千人。南道軍，淮、浙之兵也。復，扶又翻。

辛讜以浙西之軍至楚州，敕使張存誠以舟助之。徐賊水陸布兵，鎖斷淮流，浙西軍憚其強，不敢進，讜曰：「我請爲前鋒，勝則繼之，敗則汝走。」猶不可；讜乃募選軍中敢死士數十人，牒補職名，先以米舟三艘、鹽舟一艘乘風逆流直進，賊夾攻之，矢著舟板如急雨，夾攻者，兩岸賊兵也。艘，蘇遭翻。著，直略翻。及鎖，讜帥衆死戰，斧斷其鎖，乃得過。城上人喧呼動地，帥，讀曰率。呼，火故翻。杜慆及將佐皆泣迎之。乙酉，城上望見舟師張帆自東來，識其旗浙西軍也；去城十餘里，賊列火船拒之，帆止不進。慆令讜帥死士出迎之，乘戰艦衝賊陳而過，陳，讀曰陣。見張存誠帥米舟九艘，曰：「將士在道前卻，存誠屢欲自殺，憚敵而不敢進，故爲之一前一卻。僅得至此，今又不進。」讜揚言：「賊不多，甚易與耳。」所以作衆氣而使之進。易，以豉翻。帥衆揚旗鼓譟而前，帥，讀曰率；下同。賊見其勢猛鋭，避之，遂得入城。

4 二月，端州司馬楊收長流驩州，尋賜死，其僚屬黨友坐長流嶺表者十餘人。初，尚書右丞裴坦子娶收女，資送甚盛，器用飾以犀玉；坦見之，怒曰：「破我家矣！」立命壞之。壞，音怪。已而收竟以賄敗。

5 康承訓使朱邪赤心將沙陀三千騎爲前鋒，陷陳卻敵，陳，讀曰陣。十鎮之兵伏其驍勇。十鎮，謂義成、魏博、鄜延、義武、鳳翔、横海、泰寧、宣武、忠武、天平也。承訓嘗引麾下千人渡渙水，宿州臨渙縣，以臨渙水得名。南北對境圖：渙水出亳州，南流入淮，正直五河口。賊伏兵圍之，赤心帥五百騎奮檛衝圍，拔出承訓，賊勢披靡，檛，則瓜翻。披，普彼翻。因合擊，敗之。敗，補邁翻。承訓數與賊戰，數，所角翻。賊軍屢敗。

王弘立自矜淮口之捷，謂破戴可師也。請獨將所部三萬人破承訓，龐勛許之。己亥，弘立引兵渡濉水，夜，襲鹿塘寨，黎明，圍之。弘立與諸將臨望，自謂功在漏刻。沙陀左右突圍，出入如飛，賊紛擾移避，沙陀縱騎蹂之，蹂，人九翻。寨中諸軍爭出奮擊，賊大敗。官軍蹙之於濉水，溺死者不可勝紀，勝，音升。自鹿塘至襄城，此襄城非汝州之襄城，蓋徐、宿間別自有襄城也。

伏尸五十里，斬首二萬餘級。弘立單騎走免，所驅掠平民皆散走山谷，不復還營。復，扶又翻。委棄資糧、器械山積。時有敕，諸軍破賊，得農民，皆釋之，自是賊每與官軍遇，其驅掠之民先自潰。龐勛、許佶以弘立驕惰致敗，欲斬之，周重爲之說勛曰：爲，于僞翻；下爲敵同。說，式芮翻。「弘立再勝未賞，再勝，謂取濠州，破戴可師。一敗而誅之，棄功錄過，爲敵報讎，諸將咸懼矣；不若赦之，責其後效。」勛乃釋之。弘立收散卒纔數百人，請取泗州以補過，勛益其兵而遣之。

6 三月，辛未，以起居郎韋保衡爲左諫議大夫，充翰林學士。

7 徙郢王侃爲威王。侃，皇子也。

8 康承訓既破王弘立，進逼柳子，與姚周一月之間數十戰。丁亥，周引兵渡水，謂渡渙水也。官軍急擊之，周退走，官軍逐之，遂圍柳子。會大風，四面縱火，賊棄寨走，沙陀以精騎邀之，屠殺殆盡，自柳子至芳城，芳城，新書作「芳亭」。死者相枕，枕，職任翻。斬其將劉豐。周將麾下數十人奔宿州，宿州守將梁丕素與之有隙，開城聽入，執而斬之。

龐勛聞之大懼，與許佶議自將出戰。將，卽亮翻。周重泣言於勛曰：「柳子地要兵精，姚周勇敢有謀，今一旦覆沒，危如累卵，不若遂建大號，悉兵四出，決力死戰。」又勸殺崔彥曾以絕人望。術士曹君長亦言：「徐州山川不容兩帥，帥，所類翻。今觀察使尚在，故留後未興。」賊黨皆以爲然。夏，四月，壬辰，勛殺彥曾及監軍張道謹、宣慰使仇大夫，僚佐焦璐、溫庭皓，并其親屬、賓客、僕妾皆死；斷淮南監軍郭厚本、都押衙李湘手足，斷，丁管翻。以示康承訓軍。勛乃集衆揚言曰：「勛始望國恩，大言以播告曰揚言。望國恩，謂望旌節也。庶全臣節；今日之事，前志已乖。自此，勛與諸君眞反者也，當掃境內之兵，戮力同心，轉敗爲功耳。」衆皆稱善。於是命城中男子悉集毬場，仍分遣諸將比屋大索，比，毗必翻。索，山客翻。敢匿一男子者族其家。選丁壯，得三萬人，更造旗幟，更，工衡翻。幟，昌志翻。給以精兵。許佶等共推勛爲天册將軍、大會明王。勛辭王爵。

先是，辛讜復自泗州引驍勇四百人迎糧於揚、潤，先，悉薦翻。復，扶又翻。賊夾岸攻之，轉戰百里，乃得出。至廣陵，止于公館，不敢歸家，舟載鹽米二萬石，錢萬三千緡，乙未，還至斗山。斗山，在今盱眙縣，亦曰陡山，臨淮流；斗山之東，則古盱眙。賊將王弘芝帥衆萬餘，拒之於盱眙，密布戰艦百五十艘以塞淮流，帥，讀曰率。塞，悉則翻。又縱火船逆之。讜命以長叉托過，自卯戰及未，衆寡不敵，官軍不利。賊縛木於戰艦，艦，戶黯翻。旁出四五尺爲戰棚，棚，蒲庚翻。讜命勇士乘小舟入其下，矢刃所不能及，以槍揭火牛焚之，揭，其謁翻。火牛，縛草爲之，爇以燒敵。今沿邊州郡防城庫積草，謂之火牛草。戰艦既然，然，謂火燃也。賊皆潰走，官軍乃得過入城。考異曰：續寶運錄曰：「二月七日，辛讜揀點驍勇，領空船十二隻般糧，二十日，卻到楚州，四月六日，離楚，八日，至斗山下，是日二更後，入泗州。」按正月二十七日，讒迎米船九隻入泗州，二月六日，未應食盡復出。又二十日卻到楚州，不應住四十五日然後離彼。又上有二月十日授讒御史，不應下云二月七日讒出般糧。疑是「三月」字也。

龐勛以父舉直爲大司馬，與許佶等留守徐州。或曰：「將軍方耀兵威，不可以父子之親，失上下之節。」乃令舉直趨拜於庭，勛據桉而受之。時魏博屢圍豐縣，龐勛欲先擊之，丙申，引兵發徐州。

9 戊戌，以前淮南節度使、同平章事令狐綯爲太保、分司。以綯在淮南喪師，命馬舉代之。

10 龐勛夜至豐縣，潛入城，魏博軍皆不之知。魏博分爲五寨，其近城者屯數千人，近，其靳翻。勛縱兵圍之，諸寨救之，勛伏兵要路，殺官軍二千人，餘皆返走。賊攻寨不克，至夜，解圍去。官軍畏其衆，且聞勛自來，諸寨皆宵潰。曹翔方圍滕縣，聞魏博敗，引兵退保兖州。曹翔，泰寧帥，本治兖州，故退保之。賊悉毀其城柵，運其資糧，傳檄徐州，盛自誇大，謂官軍爲國賊云。

馬舉將精兵三萬救泗州，乙巳，分軍三道渡淮，至中流，大譟，聲聞數里。聞，音問。賊大驚，不測衆寡，斂兵屯城西寨。舉就圍之，縱火焚柵，賊衆大敗，斬首數千級；王弘立死，吳迥退保徐城，泗州之圍始解。泗州被圍凡七月，泗州自去年九月末受圍。守城者不得寐，面目皆生瘡。

龐勛留豐縣數日，欲引兵西擊康承訓，或曰：「天時向暑，蠶麥方急，不若且休兵聚食，然後圖之。」或曰：「將軍出師數日，摧七萬之衆，謂破魏博之兵也。西軍震恐，西軍，謂康承訓之軍也，時屯柳子，其地在豐縣之西。乘此聲勢，彼破走必矣，時不可失。」龐舉直以書勸勛乘勝進軍，勛意遂決。丁未，發豐縣，庚戌，至蕭，約襄城、留武、小睢諸寨兵合五六萬人，以二十九日遲明攻柳子。遲，直利翻，待也。淮南敗卒在賊中者，李湘、袁公弁之兵也。逃詣康承訓，告以其期，承訓得先爲之備，秣馬整衆，設伏以待之。丙辰，襄城等兵先至柳子，遇伏，敗走。龐勛既自失期，遽引兵自三十里外赴之，比至，比，必利翻。諸寨已敗，勛所將皆市井白徒，覩官軍勢盛，皆不戰而潰。承訓命諸將急追之，以騎兵邀其前，步卒躡其後，賊狼狽不知所之，自相蹈藉，僵尸數十里，藉，慈夜翻。僵，居良翻。死者數萬人。勛解甲服布襦而遁，襦，汝朱翻，短衣也。收散卒，纔及三千人，歸彭城，考異曰：實錄，勛敗於柳子在五月。蓋約奏到書之，其他皆如此，雖有月日，不可用。今從彭門紀亂。使其將張實分諸寨兵屯第城驛。第城驛在宿州西。

勛初起，下邳土豪鄭鎰鎰，音逸。聚衆三千，自備資糧器械以應之，勛以爲將，謂之義軍。五月，沂州遣軍圍下邳，下邳縣，屬徐州。九域志：在州東一百八十里。勛命鎰救之，鎰帥所部來降。帥，讀曰率。

11 六月，陝民作亂，逐觀察使崔蕘。陝，失冉翻。蕘，如招翻。蕘以器韻自矜，不親政事，民訴旱，蕘指庭樹曰：「此尚有葉，何旱之有！」杖之。民怒，故逐之。蕘逃於民舍，渴求飲，民以溺飲之。溺，奴弔翻。飲之，於鴆翻。坐貶昭州司馬。

12以中書侍郎、同平章事徐商同平章事，充荆南節度使。癸卯，以翰林學士承旨、戶部侍郎劉瞻同平章事。考異曰：玉泉子聞見錄曰：「徐公商判鹺，以瞻爲從事。商拜相，命官曾不及瞻。瞻出於羈旅，以楊玄翼樞密權重，可倚以圖事，而密啗閽者謁焉。瞻有儀表，加之詞辯俊利，玄翼一見悅之。每玄翼歸第，瞻輒候之，由是日加親熟，遂許以內廷之拜。既有日矣，瞻卽復謁徐公曰：『相公過聽，以某辱在門館，幸遇相公登庸，四海之人孰不受相公之惠！某故相公從事，窮飢日加，且環歲矣；相公曾不以下位處之，某雖不佞，亦相公之恩不終也。今已別有計矣，請從此辭。』卽下拜焉。商初聞瞻言，徒唯唯而已。迨聞別有計，不覺愕然，方欲遜謝，瞻已疾趨出矣。明日，內牓子出，以瞻爲翰林學士。」舊瞻傳：「劉瑑作相，以宗人遇之，薦爲翰林學士。」按瞻素有清節，必不至如玉泉子所云，恐出於愛憎之說。聞見錄又云：「玄翼爲鳳翔監軍，瞻卽出爲太原亞尹，鄭從讜爲節度使，殊不禮焉。洎復入翰林而作相也，常謂人曰：『吾在北門，爲鄭尚書冷將息，不復病熱矣。』從讜南海之命，瞻所致也。」按舊傳，瞻自戶部侍郎承旨出爲太原尹、河東節度使，瞻爲學士，若非以罪謫，恐不爲少尹。又舊紀，咸通十二年十二月，鄭從讜自宣武節度使爲廣州，在瞻驩州後，故知玉泉子所記皆虛。今不取。瞻，桂州人也。

13馬舉自泗州引兵攻濠州，拔招義、鍾離、定遠。招義，漢睢陵縣地，宋置濟陰郡，隋廢郡爲化明縣，武德七年，改爲招義。鍾離，漢古縣；定遠，漢曲陽縣地，梁改爲定遠；唐皆屬濠州。九域志：招義在州東一百二十四里。定遠在州南八十里。劉行及設寨於城外以拒守，舉先遣輕騎挑戰，挑，徒了翻。賊見其衆少，爭出寨西擊之，舉引大軍數萬自他道擊其東南，遂焚其寨。賊入固守，舉塹其三面而圍之，北面臨淮，賊猶得與徐州通。龐勛遣吳迥助行及守濠州，屯兵北津以相應，北津，淮水之北岸也。凡臨水濟渡之處謂之津。舉遣別將渡淮擊之，斬獲數千，平其寨。

14 曹翔之退屯兗州也，留滄州卒四千人戍魯橋，滄州卒，橫海之兵也。九域志：濟州任城縣有魯橋鎮。卒擅還，翔曰：「以龐勛作亂，故討之。今滄卒不從約束，是自亂也！」勒兵迎之，圍於兗州城外，擇違命者二千人，悉誅之。朝廷聞魏博軍敗，以將軍宋威爲徐州西北面招討使，將兵三萬屯於豐、蕭之間，翔復引兵會之。復，扶又翻。

秋，七月，康承訓克臨渙，殺獲萬人，遂拔襄城、留武、小睢等寨。曹翔拔滕縣，進擊豐、沛。賊諸寨戍兵多相帥逃匿，保據山林，帥，讀曰率。賊抄掠者過之，抄，楚交翻。輒爲所殺，而五八村尤甚。有陳全裕者爲之帥，帥，所類翻。凡叛勛者皆歸之，衆至數千人，戰守之具皆備，環地數千【章：十二行本「千」作「十」；乙十一行本同；退齋校同；張校同，云無註本作「千」。】里，環，音宦。賊莫敢近。近，其靳翻。康承訓遣人招之，遂舉衆來降，賊黨益離。蘄縣土豪李兗殺賊守將，舉城降於承訓。蘄，漢古縣，唐屬宿州。九域志：在州南三十六里。沛縣守將李直詣彭城計事，裨將朱玫舉城降於曹翔。玫，莫杯翻。直自彭城還，玫逆擊，走之，翔發兵戍沛。玫，邠州人也。勛遣其將孫章、許佶各將數千人攻陳全裕、朱玫，皆不克而還。還，從宣翻。康承訓乘勝長驅，拔第城，進抵宿州之西，築城而守之。龐勛憂懣不知所爲，但禱神飯僧而已。懣，莫困翻，心煩也。飯，扶晚翻。

15初，龐勛怒梁丕專殺姚周，黜之，使徐州舊將張玄稔代之治州事，治，直之翻。以其黨張儒、張實等將城中兵數萬拒官軍。儒等列寨數重於城外，環水自固；重，直龍翻。環，音宦。康承訓圍之。張實夜遣人潛出，以書白勛曰：「今國兵盡在城下，國兵，謂官軍也。西方必虛，將軍宜引兵出其不意，掠宋、亳之郊，彼必解圍而西，將軍設伏要害，迎擊其前，實等出城中兵躡其後，破之必矣！」時曹翔使朱玫擊豐，破之，乘勝攻徐城、下邳，皆拔之，斬獲萬計。勛方憂懼欲走，得實書，即從其策，使龐舉直、許佶守徐州，引兵而西。

八月，壬子，康承訓焚外寨，張儒等入保羅城，外寨，宿州城外之寨。羅城，宿州羅城也。官軍攻之，死者數千人，不能克，考異曰：舊紀、實錄皆云，八月，康承訓攻柳子寨，垂克，而賊將王弘立救至，王師大敗，承訓退保宋州。龐勛乘勝自帥徐州勁卒併攻泗州，留其都將許佶守徐州。詔馬舉援泗州。按弘立救柳子，爲承訓所敗。兼於時弘立已死於泗州，勛亦未嘗親攻泗州。舊紀、實錄誤也。承訓患之，遣辯士於城下招諭之。張玄稔嘗戍邊有功，雖脅從於賊，心嘗憂憤，心「嘗」，當作「常」。時將所部兵守子城，夜，召所親數十人謀歸國，因稍令布諭，協同者衆，乃遣腹心張皋夜出，以狀白承訓，約期殺賊將，舉城降，至日，請立青旗爲應，使衆心無疑。木行色青，木主生，使立青旗以示不殺。承訓大喜，從之。九月，丁巳，張儒等飲酒於柳溪亭，玄稔使部將董厚【嚴：「厚」改「原」。】等勒兵於亭西，玄稔先躍馬而前，大呼曰：「龐勛已梟首於僕射寨中，呼，火故翻。僕射，謂承訓也。此輩何得尚存！」士卒競進，遂斬張儒等數十人。城中大擾，玄稔諭以歸國之計，及暮而定。戊午，開門出降。玄稔見承訓，肉袒膝行，涕泣謝罪。承訓慰勞，勞，力到翻；下賞勞同。即宣敕，拜御史中丞，賜遺甚厚。遺，唯季翻。

玄稔復進言：復，扶又翻。「今舉城歸國，四遠未知，請詐爲城陷，引衆趨苻離及徐州，趨，七喻翻；下同。賊黨不疑，可盡擒也！」承訓許之。宿州舊兵三萬，承訓益以數百騎，皆賞勞而遣之。玄稔復入城，暮發平安火如常日。己未向晨，玄稔積薪數千束，縱火焚之，如城陷軍潰之狀，直趨苻離，苻離納之，既入，斬其守將，號令城中，皆聽命，收其兵，復得萬人，復，扶又翻。北趨徐州。龐舉直、許佶聞之，嬰城拒守。

辛酉，玄稔至彭城，引兵圍之，按兵未攻，先諭城上人曰：「朝廷唯誅逆黨，不傷良人；汝曹柰何爲賊城守？爲，于僞翻。若尚狐疑，須臾之間，同爲魚肉矣！」於是守城者稍稍棄甲投兵而下。崔彥曾故吏路審中開門納官軍，龐舉直、許佶帥其黨保子城，帥，讀曰率。日昃，賊黨自北門出，玄稔遣兵追之，斬舉直、佶首，餘黨多赴水死，悉捕戍桂州者親族，斬之，死者數千人，徐州遂平。

龐勛將兵二萬自石山西出，所過焚掠無遺。庚申，承訓始知，引步騎八萬西擊之，使朱邪赤心將數千騎爲前鋒。考異曰：彭門紀亂云「沙陀都頭朱邪赤衷」，按獻祖紀年錄當作「赤心」，紀亂誤也。勛襲宋州，陷其南城，刺史鄭處沖守其北城，處，昌呂翻。賊知有備，捨去，渡汴，南掠亳州，九域志：宋州南至亳州一百二十里。沙陀追及之。勛引兵循渙水而東，將歸彭城，爲沙陀所逼，不暇飲食，至蘄，蘄，秦、漢古縣，宋置譙郡，齊爲北譙郡；時爲縣，屬宿州。九域志：在州南三十六里。將濟水，李袞發橋，勒兵拒之。賊惶惑不知所之，至縣西，官軍大集，縱擊，殺賊近萬人，近，其靳翻。餘皆溺死，降者纔及千人，勛亦死而人莫之識，數日，乃獲其尸。考異曰：彭門紀亂曰：「初，龐勛之求節也，必希歲內得之，於是閭里小兒競歌之曰：『得節不得節，不過十二月。』卽龐勛九年十月十七日作亂，十年九月十九日就戮，通其閏月計之，正一歲而滅。」按六日，承訓知勛掠亳、宋，卽追之，至蘄縣，得之。恐未至十九日，疑是九日也。新紀，九月癸酉，龐勛伏誅。用彭門紀亂也。賊宿遷等諸寨皆殺其守將而降。宿遷，晉宿豫縣也，唐避代宗諱，改曰宿遷，屬徐州，在下邳東南一百八十里。宋威亦取蕭縣，吳迥獨守濠州不下。

冬，十月，以張玄稔爲右驍衛大將軍、御史大夫。

馬舉攻濠州，自夏及冬不克，城中糧盡，殺人而食之，官軍深塹重圍以守之。重，直龍翻。辛丑夜，吳迥突圍走，舉勒兵追之，殺獲殆盡，迥死於招義。

以康承訓爲河東節度使、同平章事，以杜慆爲義成節度使。上嘉朱邪赤心之功，置大同軍於雲州，以赤心爲節度使，會昌中，已置大同軍團練使於雲州，尋爲防禦，今陞爲節鎮。召見，留爲左金吾上將軍，賜姓名李國昌，其後李國昌父子卒以雲州起兵，蓋尋遣之還鎮也。薛史曰：赤心賜姓名，系鄭王房。見，賢遍翻。賞賚甚厚。以辛讜爲亳州刺史。讜在泗州，犯圍出迎兵糧，往返凡十二，及除亳州，上表言：「臣之功，非杜慆不能成也！」賜和州刺史崔雍自盡，以其開門延賊也。考異曰：舊紀：「八月，和州防虞行官石侔等訟雍罪，其月，賜自盡。」實錄訟在八月，賜自盡在十月。今從之。家屬流康州，兄弟五人皆遠貶。

16 上荒宴，不親庶政，委任路巖；巖奢靡，頗通賂遺，遺，唯季翻。左右用事。至德令陳蟠叟因上書召對，肅宗至德元載，分鄱陽秋浦置至德縣，屬饒州。言：「請破邊咸一家，可贍軍二年。」上問：「咸爲誰？」對曰：「路巖親吏。」上怒，流蟠叟於愛州，自是無敢言者。

17 初，南詔遣使者楊酋慶來謝釋董成之囚，釋董成見上卷七年。定邊節度使李師望欲激怒南詔以求功，遂殺酋慶。西川大將恨師望分裂巡屬，謂分西川巡屬邛、巂等州別立定邊軍也，事見上九年六月。陰遣人致意南詔，使入寇。師望貪殘，聚私貨以百萬計，戍卒怨怒，欲生食之，師望以計免。朝廷徵還，以太府少卿竇滂代之。滂貪殘又甚於師望，故蠻寇未至，而定邊固已困矣。

是月，南詔驃信酋龍傾國入寇，引數萬衆擊董舂烏部，破之。董舂烏部，西川附塞蠻也。十一月，蠻進寇嶲州，定邊都頭安再榮守清溪關，蠻攻之，再榮退屯大渡河北，與之隔水相射射，而亦翻。九日八夜。蠻密分軍開【章：十二行本「開」上有「伐木」二字；乙十一行本同；張校同；退齋校同。】道，逾雪坡，奄至沐源川，雪坡，雪嶺之坡也。沐源川在嘉州羅目縣界，麟德二年，開生獠，置羅目縣及沐州；後廢沐州，以羅目屬嘉州；宋朝又廢羅目爲鎮，屬峨眉縣。又今嘉州犍爲縣有沐川鎮。滂遣兗海將黃卓帥五百人拒之，舉軍覆沒。帥，讀曰率。十二月，丁酉，蠻衣兗海之衣，詐爲敗卒，至江岸呼船，蠻衣，於旣翻。此江，青衣江也。已濟，衆乃覺之，遂陷犍爲，縱兵焚掠陵、榮二州之境。犍爲，漢郡名，後周置武陽縣，隋開皇初，改名犍爲，因山爲名也，唐屬嘉州。九域志：在州東南一百二十里。犍，居言翻。後數日，蠻軍大集於陵雲寺，與嘉州對岸，嘉州，漢犍爲郡南安縣地。梁武帝開通外徼，立青州，取青衣以爲名。西魏改青州爲眉州，取峨眉山以爲名。後周復曰青州，又改曰嘉州，取漢嘉郡以爲名。隋又改曰眉州，唐復曰嘉州，別置眉州於漢武陽縣地。陵雲寺在嘉州南山，開元中，僧海通於瀆江、沫水、濛水三江之會，悍流怒浪之濱，鑿山爲彌勒大像，高踰三百六十尺，建七層閣以覆之。刺史楊忞忞，莫巾翻。與定邊監軍張允瓊勒兵拒之。蠻潛遣奇兵自東津濟，夾擊官軍，殺忠武都將顏慶師，餘衆皆潰，忞、允瓊脫身走。壬子，陷嘉州。慶師，慶復之弟也。

竇滂自將兵拒蠻於大渡河，驃信詐遣清平官數人詣滂結和，滂與語未畢，蠻乘船栰爭渡，忠武、徐宿兩軍結陳抗之。徐宿，舊武寧軍，以其軍數亂逆，罷節鎮。陳，讀曰陣。滂懼，自經於帳中。徐州將苗全緒解之，曰：「都統何至於是！」全緒與安再榮及忠武將勒兵出戰，滂遂單騎宵遁。三將謀曰：「今衆寡不敵，明旦復戰，吾屬盡矣；復，扶又翻。不若乘夜攻之，使之驚亂，然後解去。」於是夜入蠻軍，弓弩亂發，蠻大驚，三將乃全軍引去。蠻進陷黎、雅，民竄匿山谷，敗軍所在焚掠。滂奔導江。導江，本劉蜀所置都安縣，後周改爲汶山，唐改曰導江，屬彭州。九域志：在州西九十里。邛州軍資儲偫皆散於亂兵之手，偫，丈里翻。蠻至，城已空，通行無礙矣。考異曰：張雲咸通解圍錄曰：「十年，十月，南蠻衆擊董舂烏部落，傾其巢窟，舂烏以其衆保北栅。俄而蠻掩至沐源川，遂逼嘉州，南自清溪關寇黎、雅。」張彭錦里耆舊傳曰：「十一年，庚寅，節度使盧僕射耽。冬，雲南蠻數萬寇邊，突破清溪關，犯大渡河，遂進陷沈黎，突邛崍，直過雅、邛。」按解圍錄、新、舊紀，蠻入寇皆在十年冬，而彭獨以爲十一年冬，誤也。新傳曰：「十年，乃入寇，以兵綴清溪關，密引衆伐木開道，徑雪坡，盛夏，卒凍死者二千人，出沐源，闚嘉州。」按蠻以十一月至沐源川，非盛夏，新傳誤也。實錄又曰：「驃信以十月三日離善闡，每人止將米炒一斗隨身。乃詔高駢乘其國內無兵備，進攻善闡，以解衡突。」按駢時爲鄆州節度使，不在安南，恐實錄誤也。

詔左神武將軍顏慶復將兵赴援。

資治通鑑卷第二百五十二

端明殿學士兼翰林侍讀學士太中大夫提舉西京嵩山崇福宮上柱國河內郡開國公食邑二千二百戶食實封九百戶賜紫金魚袋臣司馬光　奉敕編集

後學天台胡三省　音註

唐紀六十八　起上章攝提格（庚寅），盡柔兆涒灘（丙申），凡七年。

懿宗昭聖恭惠孝皇帝下

咸通十一年（庚寅、八七〇）

1 春，正月，甲寅朔，羣臣上尊號曰睿文英武明德至仁大聖廣孝皇帝；赦天下。

2 西川之民聞蠻寇將至，爭走入成都。時成都但有子城，亦無壕，人所占地占，之贍翻。各不過一席許，雨則戴箕盎以自庇；又乏水，取摩訶池泥汁，澄而飲之。成都記：摩訶池在張儀子城內。隋蜀王秀取土築廣子城，因爲池。有胡僧見之曰：「摩訶宮毗羅。」蓋胡僧謂「摩訶」爲大，「宮毗羅」爲龍，謂此池廣大有龍耳。因名摩訶池。或曰蕭摩訶所開，非也。池今在成都縣東南十二里。將士不習武備，節度使盧耽召彭州刺史吳行魯使攝參謀，與前瀘州刺史楊慶復考異曰：新傳云「瀘州刺史楊慶」。錦里耆舊傳云「嘉州」，誤也。今從解圍錄。共脩守備，選將校，分職事，將，即亮翻；下同。校，戶教翻。立戰棚，具礮檑，棚，蒲庚翻。礮，普教翻。檑，盧對翻，檑木也；自城上下之以壓敵。造器備，嚴警邏。先是，西川將士多虛職名，亦無稟給。先，悉薦翻。至是，揭牓募驍勇之士，邏，郎佐翻。揭，丘傑翻。補以實職，厚給糧賜，應募者雲集。慶復乃諭之曰：「汝曹皆軍中子弟，年少材勇，少，詩照翻。平居無由自進，今蠻寇憑陵，乃汝曹取富貴之秋也，可不勉乎！」皆歡呼踴躍。於是列兵械於庭，使之各試所能，兩兩角勝，察其勇怯而進退之，得選兵三千人，號曰「突將」。行魯，彭州人也。

戊午，蠻至眉州，耽遣同節度副使王偃等齎書見其用事之臣杜元忠，與之約和。蠻報曰：「我輩行止，只繫雅懷。」

3 路巖、韋保衡上言：「康承訓討龐勛時，逗橈不進，上，時掌翻。逗，音豆。橈，奴教翻。又不能盡其餘黨，又貪虜獲，不時上功。」上，時掌翻。辛酉，貶蜀王傅、分司；蜀王佶，皇子也。考異曰：新傳曰：「宰相路巖、韋保衡劾承訓討賊逗橈，貪虜獲，不時上功，貶蜀王傅、分司東都。」按此時保衡未爲相，蓋以尚主之故，上用其言，故得擠承訓也。尋再貶恩州司馬。

4 南詔進軍新津，新津，漢武陽縣，後周改爲新津，唐屬蜀州。九域志：在州東南七十里。定邊之北境也。盧耽遣同節度副使譚奉祀致書于杜元忠，問其所以來之意；蠻留之不還。耽遣使告急于朝，朝，直遙翻。且請遣使與和，以紓一時之患。朝廷命知四方館事、太僕卿支詳爲宣諭通和使。晏公類要曰：舊儀，於通事舍人中，以宿長一人總知館事，謂之館主，凡四方貢納及章表皆受而進之。唐自中世以後，始以他官判四方館事。蠻以耽待之恭，亦爲之盤桓，爲，于僞翻。而成都守備由是粗完。粗，坐五翻。

甲子，蠻長驅而北，陷雙流。雙流，漢廣都縣地，隋置雙流縣，唐屬成都府。九域志：在府南四十里。庚午，耽遣節度副使柳槃往見之，杜元忠授槃書一通，曰：「此通和之後，驃信與軍府相見之儀也。」其儀以王者自處，處，昌呂翻。語極驕慢。又遣人負綵幕至城南，云欲張陳蜀王廳以居驃信。隋蜀王秀鎮蜀，起聽事，極爲宏壯。廳，他經翻。

癸酉，廢定邊軍，復以七州歸西川。七州，邛、眉、蜀、雅、嘉、黎、嶲也。

是日，蠻軍抵成都城下。前一日，盧耽遣先鋒遊弈使王晝至漢州詷援軍，且趣之。詷，翾正翻，又火迥翻。趣，讀曰促。時興元六千人、鳳翔四千人已至漢州，會竇滂以忠武、義成、徐宿四千人自導江奔漢州，就援軍以自存。丁丑，王晝以興元、資、簡兵三千餘人軍於毗橋，毗橋，在漢州南界。遇蠻前鋒，與戰不利，退保漢州。時成都日望援軍之至，而竇滂自以失地，謂失定邊軍也。欲西川相繼陷沒以分其責，每援軍自北至，輒說之曰：「蠻衆多於官軍數十倍，官軍遠來疲弊，未易遽前。」說，式芮翻。易，以豉翻。諸將信之，皆狐疑不進。成都十將李自孝陰與蠻通，欲焚城東倉爲內應，城中執而殺之。後數日，蠻果攻城，久之，城中無應而止。

二月，癸未朔，蠻合梯衝四面攻成都，城上以鉤繯挽之使近，梯，雲梯；衝，衝車也。繯，于善翻，屈轉其索如環鉤，施於其端。投火沃油焚之，攻者皆死。盧耽以楊慶復、攝左都押牙李驤各帥突將出戰，帥，讀曰率。殺傷蠻二千餘人，會暮，焚其攻具三千餘物而還。蜀人素怯，其突將新爲慶復所獎拔，且利於厚賞，勇氣自倍，其不得出者，皆憤鬱求奮。後數日，賊取民籬，重沓濕而屈之，以爲蓬，重，直龍翻。「蓬」，當作「篷」。編竹以覆舟曰篷。言濕籬而屈之，狀如舟之眠篷也。置人其下，舉以抵城而斸之，斸，陟玉翻，斫也，掘也。矢石不能入，火不能然，然，與燃同，燒也。慶復鎔鐵汁以灌之，攻者又死。

乙酉，支詳遣使與蠻約和。丁亥，蠻斂兵請和。戊子，遣使迎支詳。時顔慶復以援軍將至，詳謂蠻使曰：「受詔詣定邊約和，今雲南乃圍成都，則與曏日詔旨異矣。且朝廷所以和者，冀其不犯成都也。今矢石晝夜相交，何謂和乎！」蠻見和使不至，使，竝疏吏翻。庚寅，復進攻城。復，扶又翻。辛卯，城中出兵擊之，乃退。

初，韋皋招南詔以破吐蕃，既而蠻訴以無甲弩，皋使匠教之，數歲，蠻中甲弩皆精利。又，東蠻苴那時、勿鄧、夢衝三部助皋破吐蕃有功，事見二百三十三卷德宗興元五年。其後邊吏遇之無狀，東蠻怨唐深，自附於南詔，每從南詔入寇，爲之盡力，爲，于僞翻。得唐人，皆虐殺之。

朝廷貶竇滂爲康州司戶，以顔慶復爲東川節度使，凡援蜀諸軍，皆受慶復節制。癸巳，慶復至新都，九域志：新都縣在成都府北四十五里。蠻分兵往拒之。甲午，與慶復遇，慶復大破蠻軍，殺二千餘人，蜀民數千人爭操芟刀、白棓以助官軍，操，七刀翻。芟刀，農家所以芟草。棓，蒲項翻。呼聲震野。呼，火故翻。乙未，蠻步騎數萬復至，復，扶又翻。會右武衛上將軍宋威以忠武【章：十二行本「武」下有「軍」字；乙十一行本同；孔本同。】二千人至，即與諸軍會戰，蠻軍大敗，死者五千餘人，退保星宿山。宿，音秀。威進軍沱江驛，沱江驛，在成都府新繁縣。禹貢，岷山導江，別爲沱。沱，徒河翻。距成都三十里。蠻遣其臣楊定保詣支詳請和，詳曰：「宜先解圍退軍。」定保還，蠻圍城如故。城中不知援軍之至，但見其數來請和，數，所角翻。知援軍必勝矣。戊戌，蠻復請和，使者十返，城中亦依違答之。蠻以援軍在近，攻城尤急，驃信以下親立矢石之間。庚子，官軍至城下與蠻戰，奪其升遷橋，升遷橋，即升僊橋。秦時李冰所起，舊名七星橋。是夕，蠻自燒攻具遁去，比明，官軍乃覺之。比，必利翻，及也。

初，朝廷使顏慶復救成都，命宋威屯綿、漢爲後繼。綿、漢，二州名。威乘勝先至城下，破蠻軍功居多，慶復疾之。威飯士欲追蠻軍，飯，扶晚翻。城中戰士亦欲與北軍合勢俱進，慶復牒威，奪其軍，勒歸漢州。蠻至雙流，阻新穿水，九域志：蜀州新津縣有新穿鎮。造橋未成，狼狽失度。失度者，失其常度也。三日，橋成，乃得過，斷橋而去，斷，丁管翻。甲兵服物遺棄於路，蜀人甚恨之。黎州刺史嚴師本收散卒數千保邛州，蠻圍之，二日，不克，亦捨去。

顏慶復始教蜀人築壅門城，城門之外，別築垣牆以遮城門，謂之壅門，今人謂之八卦牆者是也。穿塹引水滿之，植鹿角，分營鋪，斬木爲鹿角，植之城外，以限衝突，今人謂之排杈者是。分立寨屋，謂之營，以居士卒。城上分立小屋，使守卒居之以候望，謂之鋪。鋪，普故翻。蠻知有備，自是不復犯成都矣。復，扶又翻。

先是，西川牙將有職無官，先，悉薦翻。及拒卻南詔，四人以功授監察御史，此所謂官也。堂帖，人輸堂例錢三百緡；貧者苦之。有功授官而徵其輸錢；史言唐之紀綱大壞。

5 三月，左僕射、同平章事曹確同平章事，充鎮海節度使。

6 夏，四月，丙午，以翰林學士承旨、兵部侍郎韋保衡同平章事。

7 徐賊餘黨猶相聚閭里爲羣盜，散居兗、鄆、青、齊之間，詔徐州觀察使夏侯瞳招諭之。瞳，徒紅翻。

8 五月，丁丑，以邛州刺史吳行魯爲西川留後。

9 光州民逐刺史李弱翁，弱翁奔新息。新息，漢古縣，唐屬蔡州。九域志：在州東南一百五十五里，去光州九十里。左補闕楊堪等上言：「刺史不道，百姓負冤，當訴於朝廷，置諸典刑，豈得羣黨相聚，擅自斥逐，亂上下之分！分，扶問翻。此風殆不可長，長，知兩翻。宜加嚴誅以懲來者。」

10 上令百官議處置徐州之宜。處，昌呂翻。六月，丙午，太子少傅李膠等狀，以爲：「徐州雖屢搆禍亂，謂銀刀及桂州戍卒也。未必比屋頑凶；比，毗必翻。蓋由統御失人，是致姦回乘釁。

今使名雖降，謂降節度爲觀察。使，疏吏翻。兵額尚存，以爲支郡則糧餉不給，分隸別藩則人心未服；或舊惡相濟，更成披猖。惟泗州向因攻守，結釁已深，事見上卷九年、十年。宜有更張，庶爲兩便。」更，工衡翻。詔從之，徐州依舊爲觀察使，統徐、濠、宿三州，泗州爲團練使，割隸淮南。

11 加幽州節度使張允伸兼侍中。

12 秋，八月，乙未，同昌公主薨。上痛悼不已，殺翰林醫官韓宗劭等二十餘人，悉收捕其親族三百餘人繫京兆獄。中書侍郎、同平章事劉瞻召諫官使言之，諫官莫敢言者，乃自上言，上，時掌翻。以爲：「脩短之期，人之定分。昨公主有疾，深軫聖慈。宗劭等診療之時，診，止忍翻，候脈也。療，力照翻，治疾也。惟求疾愈，備施方術，非不盡心，而禍福難移，竟成差跌，跌，徒結翻。原其情狀，亦可哀矜。而械繫老幼三百餘人，物議沸騰，道路嗟歎。奈何以達理知命之君，涉肆暴不明之謗！蓋由安不慮危，忿不思難之故也。伏願少回聖慮，寬釋繫者。」上覽疏，不悅。瞻又與京兆尹溫璋力諫於上前；上大怒，叱出之。

13 魏博節度使何全皞年少，驕暴好殺，少，詩照翻。好，呼到翻。又減將士衣糧。將士作亂，全皞單騎走，追殺之，何進滔得魏博，傳三世，四十二年而滅。推大將韓君雄爲留後。成德節度使王景崇爲之請旌節；爲之，于僞翻。九月，庚戌，以君雄爲魏博留後。

14 丙辰，以劉瞻同平章事，充荊南節度使，貶溫璋振州司馬。璋歎曰：「生不逢時，死何足惜！」是夕，仰藥卒。仰，牛向翻。敕【章：十二行本「敕」上有「庚申」二字；乙十一行本同；孔本同；退齋校同。】曰：「苟無蠹害，何至於斯！惡實貫盈，死有餘責。宜令三日內且於城外權瘞，瘞，於計翻。俟經恩宥，方許歸葬，使中外快心，姦邪知懼。」己巳，貶右諫議大夫高湘、比部郎中知制誥楊知至、禮部郎中魏簹等於嶺南，比，音毗。簹，都郎翻。皆坐與劉瞻親善，爲韋保衡所逐也。知至，汝士之子；汝士，虞卿從兄也，見二百四十一卷穆宗長慶元年。簹，扶之子也。魏扶見二百四十八卷宣宗大中三年。保衡又與路巖共奏劉瞻，云與醫官通謀，誤投毒藥；譖言誤投毒藥，以致同昌公主於死。然既言誤矣，又安可以爲通謀邪！丙子，貶瞻康州刺史。康州去京師五千七百五十里。翰林學士承旨鄭畋草瞻罷相制辭曰：「安數畝之居，仍非己有；卻四方之賂，惟畏人知。」巖謂畋曰：「侍郎乃表薦劉相也！」坐貶梧州刺史。梧州，漢蒼梧郡所治廣信縣地，唐置梧州，去京師五千五百里。御史中丞孫瑝坐爲瞻所引用，亦貶汀州刺史。瑝，戶盲翻，又音皇。路巖素與劉瞻論議多不叶，瞻既貶康州，巖猶不快，閱十道圖，以驩州去長安萬里，再貶驩州司戶。驩州，陸路至長安一萬二千四百五十二里，水路一萬七千里。考異曰：實錄、新傳皆云「巖志欲殺之，賴幽州節度使張公素表論瞻冤，乃止。」按是時張允伸鎮幽州，云公素，恐誤也。

15 冬，十月，癸卯，以西川留後吳行魯爲節度使。

16 十一月，辛亥，以兵部尚書、鹽鐵轉運使王鐸爲禮部尚書、同平章事。鐸，起之兄子也。王起見二百四十一卷長慶元年。鐸，起兄炎之子。

17 丁卯，復以徐州爲感化軍節度。徐州本武寧軍，中有銀刀之亂，罷節鎮爲觀察，今復爲感化軍。

18 十二月，加成德節度使王景崇同平章事。以左金吾上將軍李國昌爲振武節度使。

十二年（辛卯、八七一）

1 春，正月，辛酉，葬文懿公主。同昌公主謚文懿。韋氏之人爭取庭祭之灰，汰其金銀。敕祭之於韋氏之庭，故曰庭祭。汰，淘也。凡服玩，每物皆百二十輿，以錦繡、珠玉爲儀衞、明器，輝煥三十餘里；記檀弓：孔子謂爲明器者，知喪道矣，備物而不可用也。其曰明器，神明之也，何取於輝煥乎！賜酒百斛，餅餤四十橐駝，以飼体夫。餤，于廉翻，又徒甘翻。飼，祥吏翻。体，蒲本翻。体夫，舁柩之夫也。上與郭淑妃思公主不已，樂工李可及作歎百年曲，其聲悽惋，歎百年曲，歷敍人自少而壯，自壯而老，少時娟好，壯時追歡極樂，老時衰颯之狀；其聲悽切，感動人心。惋，烏貫翻。舞者數百人，發內庫雜寶爲其首飾，以絁八百匹爲地衣，舞罷，珠璣覆地。絁，式支翻。覆，敷救翻。

2 以魏博留後韓君雄爲節度使。

3 門下侍郎、同平章事路巖與韋保衡素相表裏，勢傾天下。既而爭權，浸有隙，保衡遂短巖於上。夏，四月，癸卯，以巖同平章事，充西川節度使。巖出城，路人以瓦礫擲之。礫，郎狄翻。權京兆尹薛能，巖所擢也，巖謂能曰：「臨行，煩以瓦礫相餞！」能徐舉笏對曰：「歸來宰相出，府司無例發人防衛。」府司，謂京兆府所司。巖甚慚。能，汾州人也。能，音囊來切。

4 五月，上幸安國寺，賜僧重謙、僧澈沈檀講座二，各高二丈。以沈香、檀香爲講座也。沈，持林翻。高，古號翻。設萬人齋。

5 秋，七月，以兵部尚書盧耽同平章事，充山南東道節度使。

6 冬，十月，以兵部侍郎、鹽鐵轉運使劉鄴爲禮部尚書、同平章事。

十三年（壬辰、八七二）

1 春，正月，幽州節度使張允伸得風疾，請委軍政就醫；許之，以其子簡會知留後。疾甚，遣使上表納旌節；丙申，薨。允伸鎮幽州二十三年，宣宗大中四年，張允伸代周綝鎮幽州。勤儉恭謹，邊鄙無警，上下安之。

2 二月，丁巳，以兵部侍郎、同平章事于琮爲山南東道節度使，以刑部侍郎、判戶部奉天趙隱爲戶部侍郎、同平章事。

3 平州刺史張公素，素有威望，爲幽人所服。張允伸薨，公素帥州兵來奔喪。帥，讀曰率。張簡會懼，三月，奔京師，以爲諸衛將軍。汎言諸衛將軍，不言何衛，史略之也。

4 夏，四月，立皇子保爲吉王，傑爲壽王，倚爲睦王。

5 以張公素爲平盧留後。「平盧」，當作「盧龍」。

6 五月，國子司業韋殷裕詣閤門告郭淑妃弟內作坊使敬述陰事；內作坊使，內諸司使之一，掌造內庫軍器。上大怒，杖殺殷裕，籍沒其家。考異曰：續寶運錄曰：「內作使郭敬述與宰臣韋保衡、張能順頻於內宅飲酒，潛通郭妃，荒穢頗甚。每封進文書於金合內，詐稱果子，內連郭妃、郭敬述，外結張能順、國子司業韋殷裕，擬傾皇祚，別立太子，事泄，遽加貶降。五月十四日，內牓子，貶工部尚書嚴祈郴州刺史，給事中李貺勤州刺史，給事中張鐸滕州刺史，左金吾大將軍李敬仲儋州司戶。國子司業韋殷裕，敕京兆府決痛杖一頓，處死，家資、妻女沒官。又貶敍州刺史韋君卿愛州崇平縣尉，右僕射、右羽林統軍張直方康州司馬。續又貶駙馬于琮並扶會與韋保衡等同謀不軌事，其月十七日，又貶尚書左丞李當道州刺史，吏部侍郎王諷建州刺史，左常侍李都賀州刺史，翰林承旨張裼封州司馬，中書舍人封彥卿潮州司戶，諫議大夫楊塾新州司戶。駙馬韋保衡雷州刺史，又貶儋州澄邁縣尉，又貶驩州長流百姓，又賜自盡，家貲沒官，仍三族不許朝廷錄用。」其語雜亂無稽。今從實錄。乙亥，閤門使田獻銛奪紫，改橋陵使，銛，思廉翻。以其受殷裕狀故也。殷裕妻父太府【章：十二行本「府」作「僕」；乙十一行本同。】少卿崔元應、妻從兄中書舍人崔沆、從，才用翻。沆，下黨翻。季父君卿皆貶嶺南官；給事中杜裔休坐與殷裕善，亦貶端州司戶。沆，鉉之子也。崔鉉見二百四十七卷武宗會昌三年。裔休，悰之子也。

7 丙子，貶山南東道節度使于琮爲普王傅、分司，普王儼，皇子也，後踐阼，是爲僖宗。韋保衡譖之也。辛巳，貶尚書左丞李當、吏部侍郎王渢、渢，房戎翻。左散騎常侍李都、翰林學士承旨兵部侍郎張裼、裼，他計翻，又先擊翻。前中書舍人封彥卿、左諫議大夫楊塾，癸未，貶工部尚書嚴祁、給事中李貺、給事中張鐸、左金吾大將軍李敬仲、起居舍人蕭遘、李瀆、鄭彥特、李藻，皆處之湖、嶺之南，處，昌呂翻。不詳言各人所貶之地，以其無罪，故略之也。坐與琮厚善故也。貺，漢之子；遘，寘之子也。李漢見二百四十五卷文宗大和九年。蕭寘見二百五十卷五年。甲申，貶前平盧節度使于瑂爲涼王府長史、分司，瑂，胡犬翻。涼王侹，皇子也。前湖南觀察使于瓌爲袁州刺史。瓌、瑂，皆琮之兄也。尋再貶琮韶州刺史。隋於曲江縣置韶州，以縣北八十里韶石爲名，至京師四千九百三十二里。

琮妻廣德公主，上之妹也，廣德縣，屬宣州。與琮偕之韶州，行則肩輿門相對，坐則執琮之帶，琮由是獲全。時諸公主多驕縱，惟廣德動遵法度，事于氏宗親尊卑無不如禮，內外稱之。

8 六月，以盧龍留後張公素爲節度使。

9 韋保衡欲以其黨裴條爲郎官，憚左丞李璋方嚴，恐其不放上，尚書左、右丞，分總六曹、二十四司。郎官，凡除授非其人，左右丞得以糾劾之，不令赴省供職。上，時掌翻。先遣人達意。璋曰：「朝廷遷除，不應見問。」秋，七月，乙未，以璋爲宣歙觀察使。歙，書涉翻。

10 八月，歸義節度使張義潮薨，沙州長史曹義金代領軍府；制以義金爲歸義節度使。是後中原多故，朝命不及，回鶻陷甘州，自餘諸州隸歸義者多爲羌、胡所據。自唐末迄于宋朝，河、湟之地遂悉爲戎，中國不能復取。朝，直遥翻。

11 冬，十二月，追上宣宗謚曰元聖至明成武獻文睿智章仁神聰懿道大孝皇帝。上，時掌翻。

12 振武節度使李國昌，恃功恣横，横，戶孟翻。專殺長吏。長，知丈翻。朝廷不能平，徙國昌爲大同軍防禦使，國昌稱疾不赴。史言沙陀跋扈，不待殺段文楚而後動於惡。

十四年（癸巳、八七三）

1 春，三月，癸巳，上遣敕使詣法門寺迎佛骨，羣臣諫者甚衆，至有言憲宗迎佛骨尋晏駕者。事見憲宗紀元和十四年。死者，人所甚諱也，況言之於人主之前乎！言之至此，人所難也。上曰：「朕生得見之，死亦無恨！」廣造浮圖、寶帳、香轝、幡花、幢蓋以迎之，幡，孚袁翻。幢，傳江翻。史炤曰：幢，童也，其狀童童然。皆飾以金玉、錦繡、珠翠。自京城至寺三百里間，道路車馬，晝夜不絕。夏，四月，壬寅，佛骨至京師，導以禁軍兵仗、公私音樂，沸天燭地，綿亙數十里；儀衛之盛，過於郊祀，元和之時不及遠矣。富室夾道爲綵樓及無遮會，競爲侈靡。上御安福門，降樓膜拜，膜拜，胡禮拜也。膜，莫乎翻。流涕霑臆，賜僧及京城耆老嘗見元和事者金帛。迎佛骨入禁中，三日，出置安國崇化寺。宰相已下競施金帛，不可勝紀。施，式豉翻。勝，音升。因下德音，降中外繫囚。

2 五月，丁亥，以西川節度使路巖兼中書令。考異曰：錦里耆舊傳：「十二年八月，路公用邊咸、郭籌策，奏於邛州置定邊軍節度使，復制扼大渡河，脩邛崍關南路，米點檀丁子弟，教之斫刺刀，補義軍將，主管教練兵士。」新傳：「巖至西川，承蠻盜邊後，巖力拊循，置定邊軍於邛州，扼大渡，治故關，取檀丁子弟教擊刺，補屯籍，由是西山八國來朝；以勞，遷兼中書令。」按置定邊軍乃李師望。耆舊傳、新傳皆誤也。

3南詔寇西川，又寇黔南，黔中經略使秦匡謀兵少不敵，棄城奔荆南；黔，渠今翻。少，詩沼翻。荆南節度使杜悰囚而奏之。六月，乙未，敕斬匡謀，籍沒其家貲，親族應緣坐者，令有司搜捕以聞。匡謀，鳳翔人也。

4以中書侍郎、同平章事王鐸同平章事，充宣武節度使。時韋保衡挾恩弄權，以劉瞻、于琮先在相位，不禮於己，譖而逐之。王鐸，保衡及第時主文也，唐禮部校文主司謂之主文。蕭遘，同年進士也，二人素薄保衡之爲人，保衡皆擯斥之。考異曰：舊傳曰：「保衡以楊收、路巖在中書，不加禮接，媒孽逐之。」按收獲罪時，保衡未爲相。蓋保衡雖爲學士，懿宗寵任之，故能譖收也。又曰：「公主薨，自後恩禮漸薄。」按路巖、于琮、王鐸、蕭遘被擯，皆在公主薨後。今從實錄。

5秋，七月，戊寅，上疾大漸，左軍中尉劉行深、右軍中尉韓文約立少子普王儼。考異曰：范質五代通錄：「梁李振謂陝州護軍韓彝範曰：『懿皇初升遐，韓中尉殺長立幼以利其權，遂亂天下。今將軍復欲爾邪！』彝範，卽文約孫也。」按懿宗八子，僖宗第五，餘子新、舊書不載長幼，又不言所終，不言所殺者果何王也。庚辰，制：「立儼爲皇太子，考異曰：續寶運錄曰：「其日，宰臣蕭鄴等直至寢幄問疾，上微道『朕』三字而止，羣臣不覺號哭失聲，中外悉皆垂泣。」按是時宰相韋保衡最在上，蕭鄴不爲相。今不取。權句當軍國政事。」句，古候翻。當，丁浪翻。辛巳，上崩于咸寧殿。年四十一。遺詔以韋保衡攝冢宰。僖宗即位。八月，丁未，追尊母王貴妃爲皇太后，劉行深、韓文約皆封國公。

6 關東、河南大水。

7 九月，有司上先太后謚曰惠安。先太后，謂上母王貴妃也。上，時掌翻。

8 司徒、門下侍郎、同平章事韋保衡，怨家告其陰事，貶保衡賀州刺史。樂工李可及流嶺南。可及有寵於懿宗，嘗爲子娶婦，爲，于僞翻。懿宗賜之酒二銀壺，啓之無酒而中實。右軍中尉西門季玄屢以爲言，懿宗不聽。可及嘗大受賜物，載以官車；季玄謂曰：「汝他日破家，此物復應以官車載還；非爲受賜，徒煩牛足耳！」及流嶺南，籍沒其家，果如季玄言。史言小人寵過而禍及。

9 以西川節度使路巖兼侍中，加成德節度使王景崇中書令，魏博節度使韓君雄、盧龍節度使張公素、天平節度使高駢並同平章事。君雄仍賜名允中。考異曰：舊傳作「允忠」。實錄、新傳皆作「允中」。今從之。

10 冬，十月，乙未，以左僕射蕭倣爲門下侍郎、同平章事。

11 韋保衡再貶崖州澄邁令，澄邁，隋縣，唐屬瓊州。九域志：在州西五十五里。尋賜自盡。又貶其弟翰林學士、兵部侍郎保乂爲賓州司戶，所親翰林學士、戶部侍郎劉承雍爲涪州司馬。涪，音浮。承雍，禹錫之子也。劉禹錫見二百三十六卷順宗永貞元年。

12 癸卯，赦天下。

13 西川節度使路巖，喜聲色遊宴，喜，許記翻。委軍府政事於親吏邊咸、郭籌，皆先行後申，上下畏之。嘗大閱，二人議事，默書紙相示而焚之，軍中以爲有異圖，驚懼不安。朝廷聞之，十一月，戊辰，徙巖荊南節度使。咸、籌潛知其故，遂亡命。

14 以右僕射蕭鄴同平章事，充河東節度使。

15 十二月，己亥，詔送佛骨還法門寺。

16 再貶路巖爲新州刺史。

僖宗惠聖恭定孝皇帝上之上初名儼，改名儇，懿宗第五子。

乾符元年（甲午、八七四）是年十一月方改元。

1 春，正月，丁亥，翰林學士盧攜上言，上，時掌翻。以爲：「陛下初臨大寶，宜深念黎元。國家之有百姓，如草木之有根柢，柢，典禮翻，又丁計翻。若秋冬培溉，則春夏滋榮。臣竊見關東去年旱災，自虢至海，自虢州東至于海也。麥纔半收，秋稼幾無，冬菜至少，貧者磑蓬實爲麪，蓄槐葉爲齏；或更衰羸，亦難收【章：十二行本「收」作「采」；乙十一行本同；退齋校同。】拾。幾，居依翻。少，詩沼翻。磑，五對翻，磨也。麪，眠見翻。齏，牋西翻。羸，倫爲翻。常年不稔，則散之鄰境；之，往也。今所在皆饑，無所依投，坐守鄉閭，待盡溝壑。其蠲免餘稅，實無可徵；而州縣以有上供及三司錢，戶部、轉運、鹽鐵爲三司。督趣甚急，趣，讀曰促。動加捶撻，雖撤屋伐木，雇妻鬻子，止可供所由酒食之費，所由，謂催督租稅之吏卒。未得至於府庫也。或租稅之外，更有他徭；朝廷儻不撫存，百姓實無生計。乞敕州縣，應所欠殘稅，並一切停徵，以俟蠶麥；仍發所在義倉，亟加賑給。太宗置義倉及常平倉以備凶荒，高宗以後，稍假義倉以給他費，至神龍中略盡。玄宗即位復置之，安、史之亂復廢。至文宗大和九年，以天下回殘錢置常平義倉本錢，歲增市之以備賑給。至深春之後，有菜葉木牙，繼以桑椹，漸有可食；在今數月之間，尤爲窘急，行之不可稽緩。」敕從其言，而有司竟不能行，徒爲空文而已。

2 路巖行至江陵，敕削官爵，長流儋州。儋，都甘翻。巖美姿儀，囚於江陵獄再宿，須髮皆白。尋賜自盡，籍沒其家。巖之爲相也，密奏，「三品以上賜死，皆令使者剔取結喉三寸以進，結喉，喉嚨上下相接之處。驗其必死。」至是，自罹其禍，所死之處乃楊收賜死之榻也。史言天之報應不爽。楊收賜死見上卷咸通十年。邊咸、郭籌捕得，皆伏誅。

初，巖佐崔鉉於淮南，爲支使，唐制，節度使幕屬有掌書記；觀察有支使，以掌表牋書翰，亦書記之任也。鉉知其必貴，曰：「路十終須作彼一官。」巖，第十。作彼一官，謂作相也。既而入爲監察御史，不出長安城，十年至宰相。其自監察入翰林也，鉉猶在淮南，聞之，曰：「路十今已入翰林，如何得老！」皆如鉉言。

3以太子少傅于琮同平章事，充山南東道節度使。

4二月，甲午，葬昭聖恭惠孝皇帝于簡陵，簡陵在京兆富平縣西北四十五里。廟號懿宗。

5以中書侍郎、同平章事趙隱同平章事，充鎮海節度使；以華州刺史裴坦爲中書侍郎、同平章事。華，戶化翻。

6以虢州刺史劉瞻爲刑部尙書。瞻之貶也，懿宗咸通十二年瞻貶。人無賢愚，莫不痛惜。及其還也，長安兩市人率錢雇百戲迎之。長安城中分東、西兩市。瞻聞之，改期，由他道而入。考異曰：玉泉子見聞錄曰：「初，瞻南遷，無問賢不肖，一口皆爲之痛惜。殆將至京，東西市豪俠共率泉帛，募集百戲，將逆於城外。瞻知之，差其期而易路焉。瞻爲相，亦無他才能，徒以路巖遭時嫉怒，瞻爲所排，而人心歸向耳，其實未足譚也。」按瞻以清愼著聞，及懿宗暴怒，瞻獨能不顧其身，救數百人之死，而玉泉子以爲未足談，不亦誣乎！

7夏，五月，乙未，裴坦薨。以劉瞻爲中書侍郎、同平章事。

初，瞻南遷，劉鄴附於韋、路，共短之。韋、路，謂韋保衡、路巖。及瞻還爲相，鄴內懼。秋，八月，丁巳朔，鄴延瞻，置酒於鹽鐵院，劉鄴以鹽鐵轉運使爲相，故延劉瞻宴於鹽鐵院。瞻歸而遇疾，辛未，薨；時人皆以爲鄴鴆之也。

8以兵部侍郎、判度支崔彥昭爲中書侍郎、同平章事。彥昭，羣之從子也。崔羣相憲、穆。從，才用翻。兵部侍郎王凝，正雅之從孫也，王正雅見二百四十四卷文宗大和五年。其母，彥昭之從母。母之姊妹謂之從母。凝、彥昭同舉進士，凝先及第，嘗衩衣見彥昭，衩，差賣翻。衩衣，便服不具禮也。且戲之曰：「君不若舉明經。」彥昭怒，遂爲深仇。唐世重進士而輕明經，故當時有「焚香禮進士，設幕試明經」之語。崔彥昭之仇怒王凝，蓋以此也。及彥昭爲相，其母謂侍婢曰：「爲我多作襪履，爲我，于僞翻。王侍郎母子必將竄逐，吾當與妹偕行。」彥昭拜且泣，謝曰：「必不敢。」凝由是獲免。考異曰：此出中朝故事，曰：「彥昭代凝判鹽鐵，半載而入相。」按實錄，彥昭不代凝爲鹽鐵。其餘則取之。

冬，十月，以門下侍郎、同平章事劉鄴同平章事，充淮南節度使。以吏部侍郎鄭畋爲兵部侍郎，翰林學士承旨、戶部侍郎盧攜守本官，並同平章事。考異曰：舊畋傳曰：「乾符四年，遷吏部侍郎；尋降制，可本官同平章事。」今從實錄此年爲相。

9十一月，庚寅，日南至，冬至，日南至。夏至，日北至。羣臣上尊號曰聖神聰睿仁哲孝皇帝；改元。改元乾符。上，時掌翻。

10魏博節度使韓允中薨，軍中立其子節度副使簡爲留後。

11南詔寇西川，作浮梁，濟大渡河。防河都知兵馬使、黎州刺史黃景復俟其半濟，擊之，蠻敗走，斷其浮梁。斷，丁管翻。蠻以中軍多張旗幟當其前，而分兵潛出上、下流各二十里，夜，作浮梁，詰朝，俱濟，詰，其吉翻。朝，陟遙翻，旦也。襲破諸城柵，夾攻景復。力戰三日，景復陽敗走，蠻盡鋭追之，景復設三伏以待之，蠻過三分之二，乃發伏擊之，蠻兵大敗，殺二千餘人，追至大渡河南而還。還，從宣翻，又如字。復脩完城柵而守之。蠻歸，至之羅谷，遇國中發兵繼至，新舊相合，新者，繼至之兵。舊者，敗歸之兵。鉦鼓聲聞數十里。聞，音問。復寇大渡河，復，扶又翻。與唐夾水而軍，詐云求和，又自上下流潛濟，與景復戰連日。西川援軍不至，而蠻衆日益，景復不能支，軍遂潰。

12 十二月，党項、回鶻寇天德軍。

13 感化軍奏羣盜寇掠，感化軍治徐州。羣盜，龐勛餘黨也。州縣不能禁；敕兗、鄆等道出兵討之。

14 南詔乘勝陷黎州，入邛崍關，攻雅州。大渡河潰兵奔入邛州，九域志：雅州，東北至邛州一百六十里。大渡河潰兵，黃景復之軍也。成都驚擾，民爭入城，或北奔他州。城中大爲守備，而塹壘比歲時嚴固。驃信使其坦綽遺節度使牛叢書云：坦綽，南詔清平官之首也。遺，唯季翻。「非敢爲寇也，欲入見天子，面訴數十年爲讒人離間寃抑之事。見，賢遍翻。間，古莧翻。儻蒙聖恩矜恤，當還與尚書永敦鄰好。今假道貴府，欲借蜀王廳留止數日，即東上。」好，呼到翻。上，時掌翻。詐言將自成都而東上長安。叢素懦怯，欲許之，楊慶復以爲不可；斬其使者，留二人，授以書，遣還，書辭極數其罪，詈辱之，數，所具翻。蠻兵及新津而還。宋白曰：新津縣，本漢犍爲郡武陽縣地。李膺益州記云：皂里江津之所，曰新津。市周北圖記云：閔帝元年，於此立新津縣。九域志：縣在蜀州東南七十里。**叢恐蠻至，豫焚城外，民居蕩盡，**考異曰：錦里耆舊傳：「咸通十四年，十一月五日，雲南蠻寇再犯大渡河，黃景復擊敗之。十一月二十五日，復攻大渡河，三十日，蠻乘勝進攻黎州。十二月二十八日，蠻來，只到新津前後蜀州界左右便退，竟不到城下。」按咸通十四年南詔寇西川事，舊紀、南詔傳、唐年補錄、唐錄備闕、續寶運圖皆無之，獨耆舊傳載之甚詳，新書取之作南詔傳。而實錄但云，「十二月，西川奏南蠻入寇，黎州刺史黃景復擊退之。」新紀但云，「十二月，雲南蠻寇黎州。」蓋亦出於耆舊傳耳。舊紀：「乾符元年冬，南詔蠻寇西蜀，詔河西、河東、山南西道、東川徵兵赴援。」實錄：「乾符元年，十月，西川奏雲南蠻入寇。十二月，雲南蠻寇西川。坦綽致書於牛叢，欲求入覲，河東、山南西道及東川兵援之。」月末，又云：「南蠻侵犯黎州，而成都守禦無備，殊不拒敵，踰河越嶺，洞無籬障，賴積雪丈餘，遂阻隔奔衝之勢。又邛、雅二州刺史望風奔遁，蠻燒劫一空。牛叢不曉兵，失於探候，而奏報差戾；詔切責之。蠻劫略黎、雅間，破黎州，入邛崍關，成都閉三日，蠻乃去。」新紀：「乾符元年，十二月，雲南蠻寇黎、雅二州，河西、河東、山南東道、東川兵伐雲南。」按實錄，咸通十四年，十一月七日，路巖始移荆南，八日，牛叢始除西川。而耆舊傳，蠻入寇皆叢任內事，恐誤先一年也。實錄、新紀因此於十四年十二月添雲南寇黎州事，實皆在乾符元年冬也。**蜀人尤之。詔發河東、山南西道、東川兵援之，仍命天平節度使高駢詣西川制置蠻事。**

15 **以韓簡爲魏博留後。**

16 **商州刺史王樞以軍州空窘，減折糴錢，**窘，巨隕翻。德宗時，度支以稅物頒諸司，皆增本價爲虛估給之，而繆以濫惡督州縣剝價，謂之折納。其後又以稅物折錢，使輸米粟，謂之折糴。折，音之舌翻。民相帥以白梃毆之，帥，讀曰率。梃，徒鼎翻，白棓也。毆，烏口翻。又毆殺官吏二人。朝廷更除刺史李詣到官，收捕民李叔汶等三十餘人，斬之。汶，音問。

17 初，回鶻屢求册命，詔遣册立使郗宗莒詣其國。會回鶻爲吐谷渾、嗢末所破，嗢末者，吐蕃奴部也。虜法，出師必發豪室，皆以奴從，平居散處田牧。及論恐熱亂，無所歸，共相嘯合數千人，以嗢末自號，居甘、肅、河、沙、瓜、渭、岷、廓、疊、宕間，其近蕃牙者最勇而馬尤良。嗢，烏沒翻。逃遁不知所之，詔宗莒以玉册、國信授靈鹽節度使唐弘夫掌之，還京師。

18 上年少，少，詩沼翻。政在臣下，南牙、北司互相矛楯。自懿宗以來，奢侈日甚，用兵不息，賦斂愈急。斂，九贍翻。關東連年水旱，州縣不以實聞，上下相蒙，百姓流殍，流，散也。殍，餓殍。殍，音被表翻。無所控訴，相聚爲盜，所在蜂起。州縣兵少，加以承平日久，人不習戰，每與盜遇，官軍多敗。是後王仙芝、黄巢遂爲大盜。史先言唐末所以致盜之由。是歲，濮州人王仙芝始聚衆數千，起於長垣。滑州匡城縣，本後齊之長垣縣，開皇十六年改曰長城，是年又分韋城縣置長垣縣。新志：匡城有長垣縣。宋朝以長垣縣屬開封府。九域志：在府東北一百五里。考異曰：實錄：「二年，五月，仙芝反於長垣。」按續寶運錄：「濮州賊王仙芝自稱天補平均大將軍、兼海內諸豪都統，傳檄諸道，」檄末稱「乾符二年正月三日」。則仙芝起必在二年前，今置於歲末。

二年（乙未、八七五）

1春，正月，丙戌，以高駢爲西川節度使。

2辛巳，【嚴：「巳」改「卯」。】上祀圜丘；赦天下。

3高駢至劍州，先遣使走馬開成都門。開成都城諸門也。考異曰：錦里耆舊傳：「鄆州節度使高相公駢，乘急詔，除劍南西川節度副大使。乾符元年，正月二十一日，行李到劍州，先遣使走馬開城門，並令放出百姓。二月十六日，至府，豁開城門，並放人出。」今從實錄置今年。又劍州至成都止十二程，駢正月二十一日，自劍州遣使走馬開城門，二月十六日始至府下。又云：駢三十日到上。按長曆二月小，無三十日。蓋二十六日誤爲二月十六日也。或曰：「蠻寇逼近成都，相公尚遠，萬一豨突，柰何？」近，其靳翻。豨，香衣翻，又許豈翻。豨，豕也，豕健於突。駢曰：「吾在交趾破蠻二十萬衆，事見二百五十卷懿宗咸通七年。蠻聞我來，逃竄不暇，何敢輒犯成都！今春氣向暖，數十萬人蘊積城中，生死共處，汚穢鬱蒸，將成癘疫，不可緩也！」使者至成都，開城縱民出，各復常業，乘城者皆下城解甲；民大悅。蠻方攻雅州，聞之，遣使請和，引兵去。駢又奏：「南蠻小醜，易以枝梧。易，以豉翻。今西川新舊兵已多，所發長武、鄜坊、河東兵，徒有勞費，並乞勒還。」敕止河東兵而已。考異曰：舊紀，此奏在元年十二月，實錄在二月，今因駢開成都門言之。

4上之爲普王也，小馬坊使田令孜有寵，小馬坊使，亦內諸司使之一，後梁改爲天驥使，後唐復舊。長興元年，改飛龍院爲左飛龍院，小馬坊爲右飛龍院，宋太平興國三年，改左右天廐坊，至雍熙二年，又改左右騏驥院使。及即位，使知樞密，遂擢爲中尉。考異曰：舊本紀，此年正月，「令孜爲右軍中尉。」新傳云：「帝即位，擢爲左神策中尉。」舊傳但云「神策中尉」。今從之。上時年十四，專事遊戲，考異曰：續寶運錄曰：「上是年十五歲。」中朝故事曰：「僖宗皇帝以咸通三年降誕，十四年七月十九日即位，年十二。」按舊紀亦云：「僖宗，咸通三年五月八日生於東內，即位年十二。」今從之。據考異，「四」，當作「二」。政事一委令孜，呼爲「阿父」。阿，烏葛翻，一讀如字。阿，保也。令孜頗讀書，多巧數，招權納賄，除官及賜緋紫皆不關白於上。每見，常自備果食兩盤，與上相對飲啗，從容良久而退。見，賢遍翻。從，千容翻。上與內園小兒狎昵，賞賜樂工、伎兒，所費動以萬計，府藏空竭。昵，尼質翻。伎，渠綺翻。藏，徂浪翻。令孜說上籍兩市商旅寶貨悉輸內庫，說，式芮翻。有陳訴者，付京兆杖殺之；宰相以下，鉗口莫敢言。鉗，其廉翻。

5 高駢至成都，明日，發步騎五千追南詔，至大渡河，殺獲甚衆，擒其酋長數十人，至成都，斬之。酋，慈由翻。長，知丈翻。脩復邛崍關、大渡河諸城柵，又築城於戎州馬湖鎮，號平夷軍，馬湖鎮，當馬湖江之要。又築城於沐源川，皆蠻入蜀之要路也，各置兵數千戍之。自是蠻不復入寇。復，扶又翻。駢召黃景復，責以大渡河失守，腰斬之。考異曰：耆舊傳曰：「乾符元年，三月十五日，處置前黎州刺史、充大渡河把截制置土軍都知兵馬使黃景復。」實錄：「乾符二年，三月，駢奏斬景復。」今事從耆舊傳，年從實錄。駢又奏請自將本管本管，謂西川兵。及天平、昭義、義成等軍共六萬人擊南詔，詔不許。

先是，南詔督爽屢牒中書，南詔清平官，坦綽、布燮、久贊之下，有幕爽，主兵；琮爽，主戶籍；慈爽，主禮；罰爽，主刑；勸爽，主官人；厥爽，主工作；萬爽，主財用；引爽，主客；禾爽，主商賈：亦皆清平官。爽，猶言省也。督爽，總三省也。先，悉薦翻。辭語怨望，中書不答。盧攜奏稱：「如此，則蠻益驕，謂唐無以答，宜數其十代受恩以責之。南詔之先曰細奴邏，高宗朝，遣使入朝，生邏盛炎，邏盛炎生炎閤，炎閤死，弟盛邏皮立。盛邏皮生皮邏閣，玄宗賜名歸義，於開元間合六詔爲一，而國始強。歸義子曰閣羅鳳，閣羅鳳子曰鳳迦異，鳳迦異子曰異牟尋，異牟尋子曰尋閣勸，尋閣勸子曰勸龍晟，勸龍晟弟曰勸利，勸利弟曰豐祐，豐祐死而酋龍立。自細奴邏至酋龍十三代，中間鳳迦異未立而死，而豐祐、酋龍與唐爲敵，是受恩十代也。數，所具翻。然自中書發牒，則嫌於體敵，請賜高駢及嶺南西道節度使辛讜詔，使錄詔白，牒與之。」錄詔白，今謂之「錄白」是也。從之。

6 三月，以魏博留後韓簡爲節度使。

7 去歲，感化軍發兵詣靈武防秋，會南詔寇西川，敕往救援。【章：十二行本「援」下有「未至成都」四字；乙十一行本同；退齋校同。】蠻退，遣還；至鳳翔，不肯詣靈武，欲擅歸徐州。內養王裕本、都將劉逢搜擒唱帥者胡雄等八人，斬之，內養，亦宦者也。帥，讀曰率；下同。衆然後定。

8 初，南詔圍成都，楊慶復以右職優給募突將以禦之，事見上懿宗咸通十一年。將，卽亮翻；下同。成都由是獲全。及高駢至，悉令納牒。牒，職牒也。又託以蜀中屢遭蠻寇，人未復業，停其稟給，既奪其職牒，又停其優給。突將皆忿怨。駢好妖術，每發兵追蠻，皆夜張旗立隊，對將士焚紙畫人馬，好，呼到翻。妖，於遙翻。畫，讀曰畫。散小豆，曰：「蜀兵懦怯，今遣玄女神兵前行。」軍中壯士皆恥之。高駢之好妖術，終以此敗。又索闔境官有出於胥吏者，皆停之。索，山客翻；下索之同。令民間皆用足陌錢，陌不足者皆執之，劾以行賂，取與皆死。劾，舊音戶概翻，今紇得翻。刑罰嚴酷，由是蜀人皆不悅。

夏，四月，突將作亂，大譟突入府廷；駢走匿於廁間，廁，初利翻，圊也，溷也。突將索之，不獲。索，山客翻。天平都將張傑帥所部數百人被甲入府擊突將，高駢自天平徙西川，張傑蓋元從部曲將。被，皮義翻。突將撤牙前儀注兵仗，節度使牙前，列兵仗以壯威容。無者奮梃揮拳，乘怒氣力鬭，天平軍不能敵，走歸營。突將追之，營門閉，不得入。監軍使人招諭，許以復職名稟給，久之，乃肯還營。天平軍復開門出，爲追逐之勢；至城北，時方脩毬場，役者數百人，天平軍悉取其首，還，詣府，云「已誅亂者」。駢出見之，厚以金帛賞之。明日，牓謝突將，悉還其職名、衣糧。自是日令諸道將士從己來者更直府中，嚴兵自衞。備突將復爲亂也。更，工衡翻。

9 加成德節度使王景崇兼侍中。

10 浙西狼山鎮遏使王郢等六十九人有戰功，今通州靜海縣南有狼山，五山相連，上接大江，下達巨海，絕江南渡，抵蘇州常熟縣福山鎮，順江東至崇明沙，揚帆乘順，南抵明州定海縣，陶隱居所謂「狼五山對句章岸」者也。節度使趙隱賞以職名而不給衣糧，郢等論訴不獲，論，盧昆翻。遂劫庫兵作亂，行收黨衆近萬人，攻陷蘇、常，蘇、常，二州名，相去一百八十里。乘舟往來，泛江入海，轉掠二浙，南及福建，大爲人患。考異曰：新紀：「浙西突陳將王郢反。五月，遣右龍武大將軍宋皓討之。」按四年二月，郢執魯寔，始命皓討之。置此，誤也。程匡柔唐補紀曰：「六月，浙西突將王郢反，聚黨萬衆，燒劫蘇、常。三年，正月，貶蘇州刺史李繪，以郢亂棄城故也。」舊紀：「二年，四月，海賊王郢攻剽浙西郡邑。」實錄：「乾符三年，二月，浙西奏突陳將王郢等六十九人劫庫兵爲亂。三月，浙西奏王郢聚衆萬人，攻陷州縣。」續寶運錄：「元年，王郢於兩浙叛，敕差山北兵士討之，不逾月而尅，乃組頸于闕下。」今從舊紀。

11 五月，以太傅、分司令狐綯同平章事，充鳳翔節度使。

12 司空、同平章事蕭倣薨。考異曰：舊傳曰：「俄而盜起河南，內官握兵，王室濁亂。倣氣勁論直，同列忌之，罷知政事，出爲廣州刺史、嶺南節度使，遇亂，不至京師而卒。」舊紀：「三年，春，正月，己卯朔，倣以病免，罷爲太子太傅。」新紀，此月，蕭倣薨，新傳亦云卒于位，爲嶺南節度在前，舊紀、傳皆誤。今從實錄。

13 六月，以御史大夫李蔚爲中書侍郎、同平章事。蔚，紆勿翻。

14 辛未，高駢陰籍突將之名，使人夜掩捕之，圍其家，挑牆壞戶而入，挑，他凋翻；蜀本作「排」，讀如字。壞，音怪。老幼孕病，悉驅去殺之，嬰兒或撲於階，撲，弼角翻。或擊於柱，流血成渠，號哭震天，號，戶高翻。死者數千人，夜，以車載尸投之於江。有一婦人，臨刑，戟手大罵曰：「高駢！汝無故奪有功將士職名、衣糧，激成衆怒；幸而得免，不省己自咎，省，悉景翻。乃更以詐殺無辜近萬人，近，其靳翻。天地鬼神，豈容汝如此！我必訴汝於上帝，使汝他日舉家屠滅如我今日，冤抑汙辱如我今日，驚憂惴恐如我今日！」言畢，拜天，怫然就戮。惴，之睡翻。怫，扶弗翻。覩異日高駢之禍，則信如婦人之言矣。天地鬼神，臨之在上，質之在旁，豈可多殺無辜以逞私忿！久之，突將有自戍役歸者，駢復欲盡族之，復，扶又翻；下同。有元從親吏王殷諫曰：「相公奉道，宜好生惡殺，元從，言從高駢歲久，非隸新也。從，才用翻。好，呼到翻。惡，烏路翻。此屬在外，初不同謀，若復誅之，則自危者多矣！」駢乃止。

15 王仙芝及其黨尚君長攻陷濮州、曹州，濮，博木翻。衆至數萬；天平節度使薛崇出兵擊之，爲仙芝所敗。敗，補邁翻。

冤句人黃巢亦聚衆數千人應仙芝。冤句，漢縣，唐屬曹州。九域志：在州西四十五里。顏師古曰：句，音朐。黃巢始此。巢少與仙芝皆以販私鹽爲事，少，詩照翻。巢善騎射，喜任俠，粗涉書傳，喜，許紀翻。粗，坐五翻。傳，柱戀翻。屢舉進士不第，遂爲盜，與仙芝攻剽州縣，剽，匹妙翻。橫行山東，民之困於重斂者爭歸之，斂，力贍翻。數月之間，衆至數萬。

16 盧龍節度使張公素，性暴戾，不爲軍士所附。大將李茂勳，本回鶻阿布思之族，回鶻敗，降於張仲武；李茂勳之降，蓋在會昌間也。仲武使戍邊，屢有功，賜姓名。納降軍使陳貢言者，幽之宿將，爲軍士所信服，納降軍，在幽州丁零川。茂勳潛殺貢言，聲云貢言，舉兵向薊；公素出戰而敗，奔京師。茂勳入城，衆乃知非貢言也，不得已，推而立之，朝廷因以【章：十二行本「以」下有「茂勳」二字；乙十一行本同。】爲留後。

17 秋，七月，蝗自東而西，蔽日，所過赤地。言蝗之多，所過食草木葉及五穀皆盡。京兆尹楊知至奏「蝗入京畿，不食稼，皆抱荆棘而死。」宰相皆賀。楊國忠以霖雨不害稼，韓晃以霖雨不敗鹽，今楊知至以蝗不食稼抱荆棘而死，唐之臣以蒙蔽人主而成習，其來久矣。

18 八月，李茂勳爲盧龍節度使。「八月」之下，當有「以」字。

19 九月，右補闕董禹諫上遊畋、乘驢擊毬；上賜金帛以褒之。邠寧節度使李侃奏爲假父華清宮使道雅求贈官，李侃爲宦者假子。爲，于僞翻。禹上疏論之，語頗侵宦官。樞密使楊復恭等列訴於上，冬，十月，禹坐貶郴州司馬。谷永專攻上身，不失爲九卿。王章斥言王鳳，則死于牢獄。嗚呼，有以也哉！復恭，欽義之養孫也。楊欽義見二百四十六卷文宗開成五年。

20 昭義軍亂，大將劉廣逐節度使高湜，湜，承職翻。自爲留後。以左金吾大將軍曹翔爲昭義節度使。

21 回鶻還至羅川，唐寧州眞寧縣，隋羅川縣也，其地卽漢上郡陽周縣地。宣宗大中二年，回鶻西奔，至是方還。十一月，遣使者同羅榆祿入貢；賜拯接絹萬匹。

22 羣盜侵淫，侵，當作浸。剽掠十餘州，至于淮南，多者千餘人，少者數百人；詔淮南、忠武、宣武、義成、天平五軍節度使、監軍亟加討捕及招懷。十二月，王仙芝寇沂州，平盧節度使宋威表請以步騎五千別爲一使，兼帥本道兵所在討賊。帥，讀曰率。仍【章：十二行本「仍」作「乃」；乙十一行本同；張校同，云無註本作「仍」。】以威爲諸道行營招討草賊使，仍給禁兵三千、甲騎五百。騎，奇寄翻。因詔河南方鎭所遣討賊都頭並取威處分。處，昌呂翻。分，扶問翻。

三年（丙申、八七六）

1 春，正月，天平軍奏遣將士張晏等救沂州，還，至義橋，聞北境復有盜起，復，扶又翻。留使扞禦；晏等不從，喧譟趣鄆州。趣，七喻翻。都將張思泰、李承祐走馬出城，裂袖與盟，以俸錢備酒殽慰諭，然後定。詔本軍宣慰一切，無得窮詰。詰，區吉翻。唐自中世以來，姑息藩鎭，至其末也，姑息亂軍，遂陵夷以至於亡。

2 敕【章：十二行本「敕」上有「二月」二字；乙十一行本同；孔本同；張校同。】福建、江西、湖南諸道觀察、刺史，皆訓練士卒；又令天下鄉村各置弓刀鼓板以備羣盜。

3 賜兗海節度號泰寧軍。

4 三月，盧龍節度使李茂勳請以其子幽州左司馬可舉知留後，自求致仕。詔茂勳以左僕射致仕，以可舉爲盧龍留後。

5 門下侍郎、同平章事崔彥昭罷爲太子太傅；以左僕射王鐸兼門下侍郎、同平章事。

6 南詔遣使者詣高駢求和而盜邊不息，駢斬其使者。蠻之陷交趾也，事見二百五十卷懿宗咸通六年。虜安南經略判官杜驤妻李瑤。瑤，宗室之疏屬也。蠻遣瑤還，遞木夾以遺駢，遞牒，以木夾之，故云木夾。范成大桂海虞衡志曰：紹興元年，安南與廣西帥司及邕通信問，用兩漆板夾繫文書，刻字其上，謂之木夾。按宋白續通典，諸道州府巡院傳遞敕書，皆有木夾。是中國亦用木夾也。遺，唯季翻。稱「督爽牒西川節度使」，辭極驕慢。駢送瑤京師。甲辰，復牒南詔，數其負累聖恩德、暴犯邊境、殘賊欺詐之罪，安南、大渡覆敗之狀，折辱之。數，所具翻。懿宗咸通七年，高駢破蠻於安南。上乾符二年，駢破蠻於大渡河。折，之舌翻。

7 原州刺史史懷操貪暴；夏，四月，軍亂，逐之。

8 賜宣武、感化節度、泗州防禦使密詔，選精兵數百人於巡內遊弈，防衞綱船，五日一具上供錢米平安狀聞奏。汴、徐、泗三鎭，汴水所經，東南綱運輸上都者，皆由此道。羣盜從橫，恐爲所掠，故密詔選兵遊弈防衞。

9 五月，昭王汭薨。汭，宣宗子。

10 以盧龍留後李可舉爲節度使。

11 六月，撫王紘薨。紘，順宗子。

12 雄州地震裂，水涌，壞州城及公私廬舍俱盡。雄州，在靈州西南百八十里。壞，音怪。

13 秋，七月，以前巖州刺史高傑爲左驍衛將軍，充沿海水軍都知兵馬使，新志：調露二年，析横、貴二州，置巖州，因巖岡之北以爲名。以討王郢。

14 鄂王潤薨。潤，宣宗子。

15 加魏博節度使韓簡同平章事。

16 宋威擊王仙芝於沂州城下，大破之，考異曰：實錄，去年十二月，「宋威自青州與副使曹全晸進軍擊王仙芝，仙芝敗走。」按仙芝若以去年十二月敗走，中間半年，豈能靜處，蓋實因威除招討使連言之。其實仙芝敗在此月，不在十二月也。仙芝亡去。威奏仙芝已死，縱遣諸道兵，身還青州；百官皆入賀。居三日，州縣奏仙芝尚在，攻剽如故。剽，匹妙翻。時兵始休，詔復發之，復，扶又翻。士皆忿怨思亂。八月，仙芝陷陽翟、郟城，郟，訖洽翻。詔忠武節度使崔安潛發兵擊之。安潛，慎由之弟也。崔慎由，相宣宗。又昭【章：十二行本「昭」上有「命」字；乙十一行本同；孔本同；張校同。】義節度使曹翔將步騎五千及義成兵衛東都宮，以左散騎常侍曾元裕爲招討副使，守東都，又詔山南東道節度使李福選步騎二千守汝、鄧要路。仙芝進逼汝州，詔邠寧節度使李侃、鳳翔節度使令狐綯選步兵一千、騎兵五百守陝州、潼關。陝，失冉翻。

17 加成德節度使王景崇兼中書令。

18 九月，乙亥朔，日有食之。

19 丙子，王仙芝陷汝州，執刺史王鐐。鐐，鐸之從父兄弟也。鐐，力彫翻，又力弔翻。從，才用翻。東都大震，九域志：汝州北至東都一百六十里。士民挈家逃出城。乙酉，敕赦王仙芝、尚君長罪，除官，以招諭之。仙芝陷陽武，攻鄭州，昭義監軍判官雷殷符屯中牟，中牟，漢古縣，隋曰郲城，大業元年，改曰圃田，唐武德三年，改曰中牟，屬鄭州。九域志：在汴州西七十里。擊仙芝，破走之。冬，十月，仙芝南攻唐、鄧。

20 西川節度使高駢築成都羅城，使僧景仙規度，度，徒洛翻。周二十五里，悉召縣令庀徒賦役，成都府領成都、華陽、新都、犀浦、新繁、雙流、廣都、郫、溫江、靈池十縣。庀，匹婢翻，具也。賦，布也；分布使之就役也。吏受百錢以上皆死。蜀土疏惡，以甓甃之，環城十里內取土，皆剗丘垤平之，甓，蒲力翻，甎也。甃，則救翻。環，音宦。剗，初限翻，削也。垤，徒結翻。無得爲坎埳以害耕種；埳，徒感翻。坎，旁入也。役者不過十日而代，衆樂其均，樂，音洛。不費扑撻而功辦。扑，普卜翻。自八月癸丑築之，至十一月戊子畢功。

役之始作也，駢恐南詔揚聲入寇，雖不敢決來，役者必驚擾，乃奏遣景仙託遊行入南詔，說諭驃信使歸附中國，仍許妻以公主，新書曰「浮屠景仙」，如此，則文意明。說，輸芮翻。妻，七細翻。因與議二國禮儀，久之不決。駢又聲言欲巡邊，朝夕通烽火，至大渡河，而實不行，蠻中惴恐。惴，之睡翻。由是訖於城成，邊候無風塵之警。先是，西川將吏入南詔，先，悉薦翻。將，卽亮翻。驃信皆坐受其拜，驃以其俗尚浮屠，故遣景仙往，驃信果帥其大臣迎拜，帥，讀曰率。信用其言。

21 王仙芝攻郢、復二州，陷之。

22 王郢因溫州刺史魯寔請降，寔屢爲之論奏，爲，于僞翻。敕郢詣闕。郢擁兵遷延，半年不至，固求望海鎮使；朝廷不許，以郢爲右率府率，唐有十率府率，右率府率其一也。仍令左神策軍補以重職，其先所掠之財，並令給與。

23 十二月，王仙芝攻申、光、廬、壽、舒、通等州。按唐書地理志，通州屬山南東道，宋之達州是也。周世宗以南唐靜海軍置通州，今淮東之通州是也，其地在唐則爲揚州海陵縣之東境。唐時淮南道未有通州，此必誤。參考下文，「通」當作「蘄」。淮南節度使劉鄴奏求益兵，敕感化節度使薛能選精兵數千助之。

鄭畋以言計不行，稱疾遜位，不許；乃上言：「自沂州奏捷之後，謂宋威奏破王仙芝於沂州城下。上，時掌翻。仙芝愈肆猖狂，屠陷五六州，瘡痍數千里。宋威衰老多病，自妄奏以來，諸道尤所不服，妄奏，謂奏仙芝已死。今淹留亳州，殊無進討之意。曾元裕擁兵蘄、黃，專欲望風退縮。若使賊陷揚州，則江南亦非國有。崔安潛威望過人，張自勉驍雄良將，宮苑使李瑑，西平王晟之孫，瑑，柱兗翻。言瑑奕世將家。嚴而有勇。請以安潛爲行營都統，瑑爲招討使代威，自勉爲副使代元裕。」考異曰：實錄雖於此月載畋所上書，亦不言行與不行。新紀遂於此言「安潛爲諸道行營都統，李瑑爲招討草賊使，張自勉副之。」按明年，威、元裕爲使，副猶如故。新紀誤也。上頗采其言。

24 青、滄軍士戍安南，青州，平盧軍；滄州，義昌軍。還，至桂州，逐觀察使李瓚。瓚，才但翻。考異曰：新紀在四年十二月，今從實錄。瓚，宗閔之子也。李宗閔，大和中爲相。以右諫議大夫張禹謨爲桂州觀察使。

桂管監軍李維周驕横，横，戶孟翻。瓚曲奉之，浸不能制。桂管有兵八百人，防禦使纔得百人，餘皆屬監軍；又預於逐帥之謀，強取兩使印，兩使印，謂觀察使及防禦使印也。帥，所類翻。使，疏吏翻；下同。擅補知州官，奪昭州送使錢。唐制，諸州之稅分爲三：一曰上供，以輸京師；二曰送使，以輸本道；三曰留州，留充本州經費。詔禹謨幷按之。禹謨，徹之子也。張徹見二百四十二卷穆宗長慶元年。

25 招討副使、都監楊復光奏尚君長弟讓據查牙山，查，鋤加翻。官軍退保鄧州。復光，玄价之養子也。揚玄价見二百五十卷懿宗咸通四年。

26 王仙芝攻蘄州。蘄州刺史裴偓，【章：十二行本「偓」作「渥」；下同；乙十一行本同；孔本同。】王鐸知舉時所擢進士也。王鐐在賊中，爲仙芝以書說偓。爲，于僞翻；下同。偓與仙芝約，斂兵不戰，許爲之奏官；鐐亦說仙芝許以如約。偓乃開城延仙芝及黃巢輩三十餘人入城，置酒，大陳貨賄以贈之，表陳其狀。諸宰相多言：「先帝不赦龐勛，期年卒誅之。事見上卷咸通九年、十年。卒，子恤翻。今仙芝小賊，非龐勛之比，赦罪除官，益長姦宄。」長，知兩翻。王鐸固請，許之；乃以仙芝爲左神策軍押牙兼監察御史，遣中使以告身即蘄州授之。

仙芝得之甚喜，鐐、偓【嚴：「偓」改「渥」。】皆賀。未退，黃巢以官不及己，大怒曰：「始者共立大誓，橫行天下，今獨取官赴左軍，使此五千餘衆安所歸乎！」考異曰：仙芝、巢初起時，云數月間衆至數萬。至此纔有五千者，蓋烏合之衆，聚散無常耳。因毆仙芝，傷其首，毆，烏口翻。其衆諠譟不已。仙芝畏衆怒，遂不受命，大掠蘄州，城中之人，半驅半殺，焚其廬舍。偓奔鄂州，敕使奔襄州，敕使，授告身之中使也。鐐爲賊所拘。賊乃分其軍三千餘人從仙芝及尚君長，二千餘人從巢，各分道而去。考異曰：王坤驚聽錄曰：「乾符四年，丁酉，仲夏，天示彗星。草寇黃巢、尚君長奔突，即五年戊戌之歲。狂寇王仙芝起自鄆、封，而侵汝、鄭，即大寇黃巢、尚君長並賊帥之徒黨，僅一千餘人，攻陷汝州」云云。又曰：「黃巢望闕、廣而去，仙芝指鄆州南行，尚君長期陳、蔡間。取羣凶之願，三千餘寇屬仙芝、君長，二千餘人屬黃巢所管。」明年，二月，仙芝陷鄂州，巢陷鄆州，則非巢趣闕、廣，仙芝趣鄆也。王坤此書，年月事迹差舛尤多，但擇其可信者取之。

容肇祖標點聶崇岐覆校

資治通鑑卷第二百五十三

端明殿學士兼翰林侍讀學士太中大夫提舉西京嵩山崇福宮上柱國河内郡開國公食邑二千二百户食實封九百户賜紫金魚袋臣　司馬光　奉敕編集

後　學　天　台　胡三省　音　註

唐紀六十九

起強圉作噩（丁酉），盡上章困敦（庚子）十月，凡三年有奇。

僖宗惠聖恭定孝皇帝上之下

乾符四年（丁酉、八七七）

1 春，正月，王郢誘魯寔入舟中，執之，王郢因魯寔請降，事見上卷上年。將士從寔者皆奔潰。朝廷聞之，以右龍武大將軍宋皓爲江南諸道招討使，先徵諸道兵外，更發忠武、宣武、感化三道、陳許，忠武軍；汴宋，宣武軍；徐州，感化軍。宣、泗二州兵，新舊合萬五千餘人，並受皓節度。二月，郢攻陷望海鎮，掠明州，又攻台州，陷之；刺史王葆退守唐興。唐興，卽今天台縣，在台州西一百一十里。詔二浙、福建各出舟師以討之。

2 王仙芝陷鄂州。

3 黄巢陷鄆州，殺節度使薛崇。

4 南詔酋龍嗣立以來，爲邊患殆二十年，宣宗大中十三年，酋龍立。酋，慈由翻。中國爲之虚耗，爲，于僞翻。而其國中亦疲弊。酋龍卒，謚曰景莊皇帝；子法立，改元貞明承智大同，國號鶴拓，亦號大封人。考異曰：徐雲虔南詔録曰：「南詔別名鶴拓，其後亦自稱大封人」，是以封爲國號也。法好畋獵酣飲，好，呼到翻。委國事於大臣。閏月，嶺南西道節度使辛讜奏南詔遣陁西段瑳寶等來請和，南詔官有陁西，猶中國判官也。瑳，七何翻，又七可翻。且言「諸道兵戍邕州歲久，餽餉之費，疲弊中國，請許其和，使羸瘵息肩。」羸，倫爲翻。瘵，側介翻。詔許之。讜遣大將杜弘等齎書幣，送瑳寶還南詔，但留荆南、宣歙數軍戍邕州，歙，書涉翻。自餘諸道兵什減其七。

5 王郢横行浙西，鎮海節度使裴璩嚴兵設備，璩，求於翻。不與之戰，密招其黨朱實降之，降，戶江翻。散其徒六七千人，輸器械二十餘萬，舟航、粟帛稱是。稱，尺證翻。敕以實爲金吾將軍。於是郢黨離散；郢收餘衆，東至明州，甬橋鎮遏使劉巨容以筒箭射殺之，劉巨容以宿州甬橋鎮遏使將兵討王郢。筒箭，長纔尺餘，内之竹筒，注之弦上，繫竹筒於手腕，彀弓既發，豁筒向後，激矢射敵，皆洞貫。詳見辯誤。乾符二年，王郢反，至是而平。射，而亦翻。餘黨皆平。璩，諝之從曾孫也。裴諝見二百六卷代宗大曆十四年。從，才用翻。

6 三月，黄巢陷沂州。

7 夏，四月，壬申朔，日有食之。

8 賊帥柳彥璋剽掠江西。帥，所類翻。剽，匹妙翻。

9 陝州軍亂，逐觀察使崔碣；貶碣懷州司馬。陝，失冉翻。碣，其謁翻。

10 黃巢與尚讓合兵保查牙山。考異曰：舊紀：「四年三月，巢陷鄆州。七月，入查牙山，與王仙芝合。五年二月，君長、仙芝皆死。尚讓以兄遇害，大掠淮南。」舊傳：「五年八月，王鐸斬王仙芝。先是，尚君長弟讓以兄奉使見誅，帥部衆入查牙山。黃巢、黃揆昆仲八人率盜數千依讓。」按實錄，乾符二年，仙芝陷曹、濮，巢已起兵應之。三年十二月，招討副都監楊復光奏：「草賊尚讓據查牙山，官軍退保鄧州。」四年四月，黃巢引其衆保查牙山。其年冬，君長乃死。驚聽錄：「巢與仙芝俱入蘄州，以仙芝獨受官而怒，毆仙芝傷面，由是分隊。」時君長亦在座，非仙芝死後，巢方依讓也。又按舊紀，仙芝死後，王鐸始爲都統討賊。而舊傳云「王鐸斬仙芝」，又先云「殺張璘，乃陷廣州」，先云「陷華州，方攻潼關」，敘事顛錯不倫。今從實錄。

11 五月，甲子，以給事中楊損爲陝虢觀察使。損至官，誅首亂者。損，嗣復之子也。楊嗣復事文宗。

12 初，桂管觀察使李瓚失政，支使薛堅石屢規正之，瓚不能從。及瓚被逐，李瓚被逐見上卷上年。被，皮義翻。堅石攝留務，移牒鄰道，禁遏亂兵，一方以安。詔擢堅石爲國子博士。

13 六月，柳彥璋襲陷江州，執刺史陶祥，使祥上表，彥璋亦自附降狀。上，時掌翻。降，戶江翻。敕以彥璋爲右監門將軍，令散衆赴京師；以左武衞將軍劉秉仁爲江州刺史。彥璋不從，以戰艦百餘固湓江爲水寨，湓江在江州城外，接于大江，故謂之湓江。湓，蒲奔翻。剽掠如故。剽，匹妙翻。

14 忠武都將李可封戍邊還，至邠州，迫脅主帥，索舊欠糧鹽，帥，所類翻。索，山客翻。留止四日，闔境震驚。秋，七月，還至許州，節度使崔安潛悉按誅之。

15 庚申，王仙芝、黃巢攻宋州，三道兵與戰，不利，三道兵，平盧、宣武、忠武也。賊遂圍宋威於宋州。甲寅，左威衞上將軍張自勉將忠武兵七千救宋州，殺賊二千餘人，賊解圍遁去。

王鐸、盧攜欲使張自勉以所將兵受宋威節度，鄭畋以爲威與自勉已有疑忿，若在麾下，必爲所殺，不肯署奏。八月，辛未，鐸、攜訴於上，求罷免；庚辰，畋請歸滻川養疾；滻川在長安東。滻，音產。上皆不許。史言僖宗不能定國是。

16 王仙芝陷安州。

17 鹽州軍亂，逐刺史王承顏，詔高品牛從珪往慰諭之；貶承顏象州司戶。承顏及崔碣素有政聲，以嚴肅爲驕卒所逐，朝廷與貪暴致亂者同貶，時人惜之。史言唐末賞罰失當，且言主昏政亂，能吏不惟不得展其才，亦不免於罪。從珪自鹽州還，軍中請以大將王宗誠爲刺史。詔宗誠詣闕，將士皆釋罪，仍加優給。

18 乙卯，王仙芝陷隨州，執刺史崔休徵。山南東道節度使李福遣其子將兵救隨州，戰死。福奏求援兵，遣左武衞大將軍李昌言將鳳翔五百騎赴之，仙芝遂轉掠復、郢。忠武大將張貫等四千人與宣武兵援襄州，自申、蔡間道逃歸；間，古莧翻。詔忠武節度使崔安潛、宣武節度使穆仁裕遣人約還。約還者，戒約將士，使還赴援也。

19 冬，十月，邠寧節度使李侃奏遣兵討王宗誠，斬之，餘黨悉平。逐王承顏之黨也。

20 鄭畋與王鐸、盧攜爭論用兵於上前，畋不勝，退，復上奏，復，扶又翻；下同。以爲：「自王仙芝俶擾，按孔安國尚書註：俶，始也。擾，亂也。俶，尺六翻。崔安潛首請會兵討之，繼發士卒，罄竭資糧；言竭本道所有以供征行士卒資糧。賊往來千里，塗炭諸州，獨不敢犯其境。又以本道兵授張自勉，解宋州圍，使江、淮漕運流通，不輸寇手。今蒙盡以自勉所將七千兵令張貫將之，將，卽亮翻；下同。隸宋威。句斷。自勉獨歸許州，威復奏加誣毀。因功受辱，臣竊痛之。安潛出師，前後克捷非一，一旦強兵盡付他人，良將空還，若勍敵忽至，勍，渠京翻。何以枝梧！臣請以忠武四千人授威，餘三千人使自勉將之，守衞其境，既不侵宋威之功，又免使安潛愧恥。」時盧攜不以爲然，上不能決。畋復上言：「宋威欺罔朝廷，敗衄狼藉。衄，女六翻。藉，秦昔翻。又聞王仙芝七狀請降，威不爲聞奏。爲，于僞翻。朝野切齒，以爲宜正軍法。迹狀如此，不應復典兵權，願與內大臣參酌，內大臣，謂兩中尉、兩樞密也。早行罷黜。」不從。

21 河中軍亂，逐節度使劉侔，縱兵焚掠。以京兆尹竇璟爲河中宣慰制置使。璟，俱永翻。

22 黃巢寇掠蘄、黃，蘄、黃相去一百六十五里。曾元裕擊破之，斬首四千級。巢遁去。

23 十一月，己酉，以竇璟爲河中節度使。

24 招討副使、都監楊復光遣人說諭王仙芝，仙芝遣尚君長等請降於復光，監，古銜翻。說，輸芮翻。降，戶江翻。楊復光時屯鄧州。宋威遣兵於道中劫取君長等。十二月，威奏與君長等戰於潁州西南，生擒以獻；復光奏君長等實降，非威所擒。詔侍御史歸仁紹等鞫之，姓譜曰：左傳，胡，子國，姓歸，爲楚所滅，子孫或以國爲氏，或以姓爲氏。竟不能明；斬君長等於狗脊嶺。

25 黄巢陷匡城，遂陷濮州。匡城縣，屬滑州，本漢長垣縣。宋白曰：隋開皇於婦姑城置匡城縣，以縣南有故匡城爲名，即孔子所畏之所。濮，博木翻。詔潁州刺史張自勉將諸道兵擊之。

26 江州刺史劉秉仁乘驛之官，單舟入柳彦璋水寨，賊出不意，即迎拜，秉仁斬彦璋，散其衆。柳彦璋爲盜九月而敗。

27 王仙芝寇荆南。節度使楊知溫，知至之兄也，楊知至見上卷懿宗咸通十一年。以文學進，不知兵，或告賊至，知溫以爲妄，不設備。時漢水淺狹，賊自賈塹渡。九域志：郢州長壽縣有賈塹鎮。塹，七豔翻。

五年（戊戌、八七八）

1 春，正月，丁酉朔，大雪，知溫方受賀，凡元旦、冬至，諸州鎮皆受將吏牙賀，下至縣邑亦然。賊已至城下，遂陷羅城。將佐共治子城而守之，治，直之翻。及暮，知溫猶不出。將佐請知溫出撫士卒，知溫紗帽皁裘而行，將佐請知溫擐甲以備流矢。皁，才早翻。擐，音宦。知溫見士卒拒戰，猶賦詩示幕僚，遣使告急於山南東道節度使李福，福悉其衆自將救之。時有沙陀五百在襄陽，福與之俱，至荆門，遇賊，晉分編縣，置長林縣。德宗貞元二十一年又分長林置荆門縣，屬江陵府。九域志：在府北一百六十許里。沙陀縱騎奮擊，破之。仙芝聞之，焚掠江陵而去。江陵城下舊三十萬戶，至是死者什三四。

2 壬寅，招討副使曾元裕大破王仙芝於申州東，所殺萬人，招降散遣者亦萬人。敕以宋威久病，罷招討使，還青州；宋威本平盧帥，罷招討使還鎮。以曾元裕爲招討使，潁州刺史張自勉爲副使。

3 庚戌，以西川節度使高駢爲荆南節度使兼鹽鐵轉運使。

4 振武節度使李國昌之子克用爲沙陀副兵馬使，戍蔚州。宋白曰：蔚州，秦、趙間亦爲代郡之地，後魏置懷荒、禦夷二鎮於此。東魏於此置北靈丘郡，後周大象二年，置蔚州，唐開元初，移郡治於靈丘西南一百三十里，西至朔州三百八十里。時河南盜賊蠭起，謂王仙芝、黄巢等也。雲州沙陀兵馬使李盡忠與牙將康君立、薛志勤、程懷信、李存璋等謀曰：「今天下大亂，朝廷號令不復行於四方，復，扶又翻。此乃英雄立功名富貴之秋也。吾屬雖各擁兵衆，然李振武功大官高，名聞天下，言李國昌討平龐勛，於當時功爲大；帥振武，於諸將官爲高。聞，音問。其子勇冠諸軍，冠，古玩翻。若輔以舉事，代北不足平也。」衆以爲然。君立，興唐人；隋分靈丘縣置安邊縣，中廢；唐開元十二年，復置，治橫野軍，至德二載，更名興唐縣，屬蔚州。存璋，雲州人；志勤，奉誠人也。貞觀二十二年，以內屬奚可度者部落置饒樂都督府，開元二十三年更名奉誠都督府。薛志勤，其府人也。

會大同防禦使段文楚兼水陸發運使，宋白曰：朔州馬邑縣，貞觀已來已爲大同軍職，開元五年，分鄯陽縣之東三十里，置大同軍以戍邊，後於軍內置馬邑，徵漢舊名也。建中間，馬燧自鄯陽移朔州於馬邑縣。代北荐饑，荐，才甸翻，再也。再歲五穀不熟曰荐饑。漕運不繼，文楚頗減軍士衣米；又用法稍峻，軍士怨怒。盡忠遣君立潛詣蔚州說克用起兵，除文楚而代之。說，式芮翻。克用曰：「吾父在振武，俟我稟之。」君立曰：「今機事已泄，緩則生變，何暇千里稟命乎！」言道里遼遠，使命往返，則事必泄而害成。於是盡忠夜帥牙兵攻牙城，攻雲州牙城也。帥，讀曰率；下同。執文楚及判官柳漢璋繫獄，自知軍州事，遣召克用。克用帥其衆趣雲州，趣，七喻翻。行收兵，二月，庚午，至城下，衆且萬人，屯於鬬雞臺下。壬申，盡忠遣使送符印，請克用爲防禦留後。癸酉，盡忠械文楚等五人送鬬雞臺下，克用令軍士冎而食之，以騎踐其骸。冎，古瓦翻。踐，慈演翻。甲戌，克用入府舍視事。考異曰：趙鳳後唐太祖紀年錄曰：「乾符三年，河南水災，盜寇蜂起，朝廷以段文楚爲代北水陸發運、雲州防禦使，以代支謨。時歲荐饑，文楚削軍人衣米，諸軍咸怨。太祖爲雲中防邊督將，部下爭訴以軍食不充，請具聞奏。邊校程懷信、康君立等十餘帳，日譁於太祖之門，請共除虐帥以謝邊人。衆因大譟，擁太祖上馬，比及雲中，衆且萬人，城中械文楚出以應太祖。」後唐閔帝時，史官張昭遠撰莊宗功臣列傳曰：「康君立爲雲中牙校，事防禦使段文楚。時天下將亂，代北仍歲阻饑，諸部豪傑咸有嘯聚邀功之志。文楚法令稍峻，軍食轉餉不給，戍兵咨怨。雲州沙陀兵馬使李盡忠私謂君立等曰：『段公儒者，難與共事。方今四方雲擾，皇威不振，丈夫不能於此時立功立事，非人豪也。吾等雖擁部衆，然以雄勁聞於時者，莫若李振武父子，官高功大，勇冠諸軍，吾等合勢推之，則代北之地，旬月可定，功名富貴，事無不濟也。』時武皇爲沙陀三部落副兵馬使，在蔚州，盡忠令君立私往圖之，曰：『方今天下大亂，天子付將臣以邊事，歲偶饑荒，便削儲給，我等邊人，焉能守死！公家父子素以威惠及五部，當共除虐帥以謝邊人。』武皇曰：『予家尊在振武，萬一相逼，俟予稟命。』君立曰：『事機已泄，遲則變生。』咸通十三年十二月，盡忠夜帥牙兵攻牙城，執文楚及判官柳漢璋、陳韜等，繫之於獄，遂自知軍州事，遣君立召太祖於蔚州。是月，太祖與退渾、突厥三部落衆萬人趨雲中，十四年正月六日，至鬭雞臺，盡忠遣監軍判官符印請太祖知留後事。七日，盡忠械文楚、漢璋等五人送鬭雞臺，軍人亂食其肉。九日，太祖權知留後。府牙受上三軍表，請授太祖大同防禦使，懿宗不悅。時已除盧簡方代文楚，未至而文楚被害。」實錄：「乾符元年，十二月，李克用殺大同軍防禦使段文楚，自稱防禦留後，塞下之亂自茲始矣。」薛居正五代史君立傳皆與莊宗列傳同，惟削去李盡忠名，但云君立與薛鐵山、程懷信、王行審、李存璋等謀，悉以盡忠語爲君立之語，云「君立等乃夜謁武皇，言曰：『方今天下大亂』云云。衆因聚譟，擁武皇，比及雲州，衆且萬人，師營鬭雞臺，城中械文楚以應。武皇之軍既收城，推武皇爲大同軍防禦留後，衆狀以聞。」舊紀：「咸通十三年十二月，李國昌小男克用，殺雲州防禦使段文楚，據雲州，自稱防禦留後。乾符五年，正月，沙陀首領李盡忠陷遮虜軍，竇澣遣康傳圭率土團二千屯代州，將發，求賞呼譟，殺馬步軍使鄧虔。」有唐末三朝見聞錄者，不著撰人姓名，專記晉陽事，其書云：「乾符五年戊戌，竇澣自前守京兆尹拜河東節度使，在任，便值大同軍變，殺防禦使段文楚。正月二十六日，軍於石窯。二十七日，到白泊。二十九日，至靜邊軍。三十日，築卻四面城門。二月一日，在城將士三人共賞絹一匹，監軍使差仇判官聞奏，李盡忠等准詔各賞馬一匹，銀鞍轡一副，銀三鋌，銀椀一枚，絹一束，錦二匹，紫羅三匹，諸軍將銀椀絹等。三日，李盡忠卻入。四日，兩面馬步五萬餘人，城四面下營。五日，又賞土團牛酒。六日，監軍使送牌印與李九郎。七日，城南門樓上繫縛下段尙書、柳漢璋、雍侍御、陳韜等四人。尋分付軍兵於鬬雞臺西剮卻，又令馬軍踐踏卻骸骨。八日，李九郎被土團馬步軍約一千人持弓刀送上。」與舊紀五年事微合。實錄亦頗采之，云：「五年正月，壬戌，竇澣奏沙陀首領李盡忠寇石窯、白泊，至靜邊軍。二月，奏李盡忠求賞，詔賞馬一匹，銀鞍勒、綿絹等。」按莊宗列傳、舊紀，克用殺文楚在咸通十三年十二月，歐陽修五代史記取之；太祖紀年錄在乾符三年，薛居正五代史、新沙陀傳取之；見聞錄在乾符五年二月，新紀取之；惟實錄在乾符元年，不知其所據何書也。克用既殺文楚，豈肯晏然安處，必更侵擾邊陲，朝廷亦須發兵征討，而自乾符四年以前皆不見其事。唐末見聞錄敍月日，今從之。令將士表求敕命；朝廷不許。

李國昌上言：「乞朝廷速除大同防禦使；若克用違命，臣請帥本道兵討之，終不愛一子以負國家。」朝廷方欲使國昌諭克用，會得其奏，乃以司農卿支詳爲大同軍宣慰使，詔國昌語克用，令迎候如常儀，除克用官，必令稱愜。李克用始此。語，牛倨翻。稱，尺證翻。愜，詰叶翻。又以太僕卿盧簡方爲大同防禦使。考異曰：舊紀：「咸通十三年七月，以前義昌節度使盧簡方爲太僕卿。十二月，以振武節度使李國昌爲雲州刺史、大同軍防禦等使。國昌稱病，辭軍務，乃以太僕卿盧簡方爲雲州刺史，充大同軍防禦等使。上召簡方於思政殿，謂之曰：『卿以滄州節制，屈居大同。然朕以沙陀、退渾撓亂邊鄙，以卿曾在雲中，惠及部落，且忍屈爲朕此行，具達朕旨，安慰國昌，勿令有所猜嫌也。』十四年正月，辛未，以雲、朔暴亂，代北騷動，賜盧簡方詔曰：『近知大同軍不安，殺害段文楚。李國昌小男克用主領兵權。』又曰：『若克用暫勿主兵務，束手待朝廷除人，則事出權宜，不足猜慮。若便圖軍柄，欲奄大同，則患繫久長，故難依允。料國昌輸忠效節，必當已有指揮。』簡方準詔諭之，國昌不奉詔。乃詔太原節度使崔彥昭、幽州節度使張公素出師討之。三月，以簡方爲振武節度使，至嵐州卒。」實錄乾符元年十二月簡方除大同。二年正月賜詔，亦不云使彥昭、公素討之。蓋舊紀、實錄各隨段文楚死之後，載除簡方及詔書，使事相接續耳，恐皆未足據也。舊紀所云太原、幽州討之，蓋因敍後來事。實錄所以不取者，方加招諭，未必攻討也。唐末見聞錄又云：「五年四月，敕除簡方振武節度使；五月，卒。」實錄亦在五年，而云六月卒。蓋約奏到之月耳。今從三朝見聞錄。

5 **貶楊知溫爲郴州司馬。**以王仙芝犯江陵，城幾失守，士民多爲所殺略也。

6 **曾元裕奏大破王仙芝於黃梅，**黃梅縣，屬蘄州。宋白曰：宋分江夏郡置南新蔡郡；隋開皇十八年，改爲黃梅縣，界內有黃梅山，因名。**殺五萬餘人，追斬仙芝，傳首，餘黨散去。**

黃巢方攻亳州未下，尚讓帥仙芝餘衆歸之，帥，讀曰率。考異曰：實錄：「元裕奏大破仙芝於黃梅縣，殺戮五萬餘人；追至曹州南華縣，斬仙芝，傳首京師。」舊紀：「二月，王仙芝餘黨攻江西，招討使宋威出軍，屢敗之，仍宣詔書諭仙芝。仙芝致書於威，求節鉞，威僞許之。仙芝令其大將尚君長、蔡溫玉奉表入朝，威乃斬君長、溫玉以徇。仙芝怒，急攻洪州，陷其郛。宋威赴援，與賊戰，大敗之，殺仙芝，傳首京師。君長弟讓與黃巢大掠淮南。」舊傳曰：「齊克讓爲兗州節度使，以本軍討仙芝，仙芝懼，引衆歷陳、許、襄、鄧，無少長，皆虜之，衆號三十萬。三年七月，陷江陵。十月，又遣將徐唐莒陷洪州。時仙芝表請符節，不允，以宋威爲荆南節度招討使，楊復光爲監軍。復光遣判官吳彥宏諭以朝旨，釋罪，別加官爵。仙芝乃令尚君長、蔡溫玉、楚彥威相次詣闕請罪，且求恩命。時宋威害復光之功，並擒送闕，敕於狗脊嶺斬之。賊怒，悉精鋭擊官軍，威軍大敗。復光收其餘衆以統之，朝廷以王鐸代爲招討。五年八月，收復荆州，斬仙芝首，獻于闕下。」新傳：「黄巢自蘄州與王仙芝分其衆，尚君長入陳、蔡，巢北掠齊、魯，衆萬人，入鄆州，殺節度使薛崇，進陷沂州，由潁、蔡保查岈山，引兵復與仙芝合，圍宋州。會自勉救兵至，仙芝解而南渡漢，攻荆南，陷之，賊不能守。巢攻和州未克。仙芝自圍洪州，取之，使徐唐莒守，進破朗、岳，遂圍潭州，觀察使崔瑾拒卻之。乃向浙西，擾宣、潤，不能得所欲，身留江西，趣別部還入河南。帝詔崔安潛歸忠武，復起宋威、曾元裕，以招討使還之，而楊復光監軍。復光以詔諭賊。仙芝遣尚君長等詣闕請罪，又遣威書求節度。威陽許之，上言與君長戰，擒之。復光固言其降。命侍御史與中人卽訊，不能明，卒斬之。仙芝怒，還攻洪州，入其郛。威自將往救，敗仙芝於黄梅，斬五萬級，獲仙芝，傳首京師。當此時，巢方圍亳州未下，君長弟讓帥仙芝潰黨歸巢。」新、舊傳敍賊所經歷皆不同，又云「宋威殺仙芝」。今皆從實錄。**推巢爲主，號衝天大將軍，改元王霸，**考異曰：續寶運錄：「乾符元年，黄巢聚衆於會稽反，建元曰王霸元年。」舊傳：「先是，尚君長弟讓以兄見誅，率衆入查牙山，黄巢、黄揆昆仲八人率盜數千依讓，月餘，衆至數萬，陷汝州，虜刺史王鐐，大掠關東，官軍加討，屢爲所敗，其衆十餘萬。尚讓乃與羣盜推巢爲王，曰衝天大將軍，仍署官屬，藩鎮不能制。」新傳曰：「尚君長弟讓率仙芝潰黨歸巢，推巢爲王，號衝天大將軍，署拜官屬，驅河南、山南之民十餘萬，掠淮南，建元王霸。」今從之。**署官屬。巢襲陷沂州、濮州。既而屢爲官軍所敗，乃遺天平節度使張楊**【章：十二行本「楊」作「裼」；乙十一行本同；孔本同；熊校同。】**書，**敗，補邁翻。遺，于季翻。裼，先擊翻，又徒計翻。**請奏之。詔以巢爲右衛將軍，令就鄆州解甲；巢竟不至。**考異曰：舊傳：「及王仙芝敗，巢東攻亳州不下，乃襲破沂州據之，仙芝餘黨悉附焉。」實錄：「巢自稱黄王，建元王霸，連爲王師所敗，詣天平乞降，除右衛將軍，復叛去，自是兵不能制。」新傳曰：「曾元裕敗賊於申州，死者萬人。帝以宋威殺尚君長非是，且討賊無功，詔還青州，以元裕爲招討使，張自勉爲副。巢破考城，取濮州，元裕軍荆、襄，援兵阻，更拜自勉東北面行營招討使，督諸軍急捕巢。巢方掠襄邑、雍丘，詔滑州節度使李嶧壁原武。巢寇葉、陽翟，欲窺東都。會左神武大將軍劉景仁以兵五千援東都，河陽節度使鄭延休兵三千壁河陰。巢兵在江西者爲鎮海節度使高駢所破；寇新鄭、郟、襄城、陽翟者爲崔安潛逐走；在浙西者爲節度使裴璩斬二長，死者甚衆。巢大沮畏，乃詣天平軍乞降。詔授巢右衛將軍。巢度藩鎮不一，未足制己，即叛去，轉寇浙東，執觀察使崔璆。」與實錄先後不同。今從實錄。

7 加山南東道節度使李福同平章事，賞救荆南之功也。

8 三月，羣盜陷朗州、岳州。朗、岳相去五百五十里。曾【章：十二行本「曾」上有「招討使」三字；乙十一行本同；孔本同；張校同；退齋校同。】元裕屯荆、襄，荆、襄相去三百四十里。黃巢自滑【章：十二行本「滑」作「濮」；乙十一行本同；孔本同；張校同。】州略宋、汴，滑州南至汴州二百一十里，汴州東至宋州三百五十里。乃以副使張自勉充東南面行營招討使。黃巢攻衛南，隋置楚丘縣於古楚丘城，以曹有楚丘，改曰衛南，唐時屬滑州。遂攻葉、陽翟。詔發河陽兵千人赴東都，與宣武、昭義兵二千人共衛宮闕；衛東都宮闕也。以左神武大將軍劉景仁充東都應援防遏使，并將三鎮兵，三鎮，河陽、宣武、昭義。仍聽於東都募兵二千人。景仁，昌之孫也。劉昌見德宗紀。又詔曾元裕將兵徑還東都，發義成兵三千守轘轅、伊闕、河陰、武牢。河南緱氏縣，北有轘轅故關。伊闕縣北有伊闕故關。孟州汜水縣有虎牢關。唐避先諱，以「虎」爲「武」。

9 王仙芝餘黨王重隱陷洪州，江西觀察使高湘奔湖口。江州東北六十里有湖口鎮，當彭蠡湖入江之口，宋朝置湖口縣。賊轉掠湖南，別將曹師雄掠宣、潤。詔曾元裕、楊復光引兵救宣、潤。

10 湖南軍亂，都將高傑逐觀察使崔瑾。瑾，郾之子也。崔郾見二百四十四卷文宗太和五年。郾，音偃。

11 黃巢引兵渡江，攻陷虔、吉、饒、信等州。

12 朝廷以李克用據雲中，夏，四月，以前大同軍防禦使盧簡方爲振武節度使，以振武節度使李國昌爲大同節度使，以爲克用必無以拒也。是時朝議謂使李國昌以父臨子，子必無以拒，豈知李國昌父子欲兼據兩鎮。考異曰：唐末見聞錄：「遮虜軍及代州告急，賓尚書差回鶻五百騎邊界巡檢，至四月三日，進發至五里堠北，副將康叔譚恃酒叛逆，射損都將趙歸義、斫損將判官閻建弘擒縛入府。尚書令下於衙南門全家處斬，使司差副兵馬使趙元掠領馬軍進發，閻建弘遞送海西。當月內有敕送節到，除前大同軍防禦使盧簡方充振武節度使，除振武節度使李尚書充大同軍節度使。」實錄云：「戊辰，以簡方爲振武，國昌爲大同。」蓋誤以康叔譚作亂之日爲簡方等建節之日也。新沙陀傳曰：「李克用既殺段文楚，諸校共丐克用爲大同防禦留後，不許，發諸道兵進捕。諸道不甚力，而黃巢方引兵渡江，朝廷度未能制，乃赦之，以國昌爲大同軍防禦使。國昌不受命，詔河東節度使崔彥昭、幽州張公素共擊之，無功。」據此，則是大同防禦使，非節度使也。薛居正五代史紀曰：「武皇殺段文楚，諸將列狀以聞，請授武皇旄鉞，朝廷不允，徵諸道兵以討之。乾符五年，黃巢渡江，其勢滋蔓，天子乃悟其事，以武皇爲大同軍節度使、檢校工部尚書。」是克用爲大同軍節度使，非國昌。實錄國昌傳及獻祖紀年錄、舊唐本紀俱不言國昌爲大同節度使，獨實錄於此言之。下五月又云「國昌殺監軍，不肯代。」必有所據。蓋國昌父子俱不肯受代，朝廷以爲用國昌代克用，必無違命，故徙國昌爲大同軍節度使，而以盧簡方鎮振武，二人竟不受命，故簡方不得赴鎮而死於嵐州，國昌亦未嘗赴大同也。

13 詔以東都軍儲不足，貸商旅富人錢穀以供數月之費，仍賜空名殿中侍御史告身五通，監察御史告身十通，有能出家財助國稍多者賜之。時連歲旱、蝗，寇盜充斥，耕桑半廢，租賦不足，內藏虛竭，無所佽助。藏，徂浪翻。佽，音次，亦助也。兵部侍郎、判度支楊嚴三表自陳才短，不能濟辦，【章：十二行本「辦」下有「乞解使務」四字；乙十一行本同；孔本同；張校同；退齋校同。】辭極哀切，詔不許。人見美官，誰不欲之，乃有辭而不獲者，可以觀世道矣。

14 曹師雄寇湖州，曹師雄自宣、潤進寇湖州。鎮海節度使裴璩遣兵擊破之。王重隱死，其將徐唐莒據洪州。曹師雄、王重隱，皆王仙芝之黨。

15 饒州將彭幼璋合義營兵克復饒州。饒州比爲黃巢所陷。義營兵，饒州之起義者也。

16 南詔遣其酋望趙宗政來請和親，南詔官有酋望，在大將之下，久贊之上，亦清平官也。酋，慈由翻。無表，但令督爽牒中書，請爲弟而不稱臣。詔百僚議之，禮部侍郎崔澹等以爲：「南詔驕僭無禮，高駢不識大體，反因一僧呫囁卑辭誘致其使，呫，他協翻。囁，而涉翻，又之涉翻。僧，謂景仙也。景仙使南詔見上卷上年。若從其請，恐垂笑後代。」考異曰：實錄置澹議於二月，至四月又云，「南詔遣酋望趙宗政來朝，且議和好。」今因盧、鄭爭蠻事置此。高駢聞之，上表與澹爭辯，詔諭解之。澹，璵之子也。璵，珙之弟也。珙相武宗。

五月，丙申朔，鄭畋、盧攜議蠻事，攜欲與之和親，畋固爭以爲不可。攜怒，拂衣起，袂罥硯墮地，破之。罥，古泫翻，繫取也，掛也。釋名曰：硯，研也，研墨使和濡也。上聞之，曰：「大臣相詬，詬，古候翻，又許候翻。何以儀刑四海！」丁酉，畋、攜皆罷爲太子賓客、分司。考異曰：舊紀：「六年五月，賊圍廣州，與李岧、崔璆書，求天平節鉞。畋、攜爭論於中書，辭語不遜，俱罷，分司。」畋傳曰：「五年，黃巢東渡江、淮，衆百萬，所經屢陷郡邑。六年，陷安南府，據之，致書與浙東觀察使崔璆求鄆州節鉞。璆言：『賊勢難圖，宜因授之，以絕北顧之患。』天子下百僚議。初，黃巢之起也，宰相盧攜以浙西觀察使高駢素有軍功，奏爲淮南節度使，令扼賊衝。尋以駢爲諸道行營都統。及崔璆之奏，朝臣議之，有請假節以紓患者。畋採衆議，欲以南海節制縻之。攜以始用高駢，欲其立功以圖勝，曰：『高駢將略無雙，淮土甲兵甚銳，今諸道之師方集，蕞爾纖寇，不足平殄，何事捨之示怯，而令諸軍解體邪！』畋曰：『巢賊之亂，本因饑歲，人以利合，乃至寔繁，江、淮以南，荐食殆半。國家久不用兵，皆忘戰，所在節將閉門自守，尚不能枝，不如釋咎包容，權降恩澤。彼本以饑年利合，一遇豐歲，孰不懷思鄉土！其衆一離，則巢賊几上肉耳。若此際不以計攻，全恃兵力，恐天下之憂未艾也！』羣議然之。而左僕射于琮曰：『南海有市舶之利，歲貢珠璣，如令妖賊所有，國藏漸當廢竭。』上亦望駢成功，乃依攜議。及中書商量制敕，畋曰：『妖賊百萬，橫行天下，高公遷延玩寇，無意翦除，又從而保之，彼得計矣。國祚安危，在我輩三四人畫度，公倚淮南用兵，吾不知稅駕之所矣！』攜怒，拂衣而起，染袂於硯，因投之。僖宗聞之，怒曰：『大臣相詬，何以表儀四海！』二人俱罷政事。」攜傳曰：「五年，黃巢陷荆南、江西外郛及饒、吉、虔、信等州，自浙東陷福建，遂至嶺南，陷廣州，殺節度使李岧，遂抗表求節鉞。初，王仙芝起河南，攜舉宋威、齊克讓、曾袞等有將略，用爲招討使。及宋威殺尚君長，致賊充斥，朝廷遂以宰臣王鐸爲都統，攜深不悅。浙帥崔璆等上表請假黃巢廣州節鉞，上令宰臣議。攜以王鐸爲統帥，欲激怒黃巢，堅言不可假賊節制，止授率府率而已；與同列鄭畋爭論，投硯於地，由是兩罷之。」實錄：「五年五月，丙申朔，是日，宰臣鄭畋、盧攜議南蠻事，攜請降公主通和，畋固爭以爲不可，抗論是非。攜怒，拂衣而起，袂染於硯，因投碎之。丁酉，以畋、攜並爲太子賓客、分司。」註云：「舊史洎雜說皆云『畋、攜議黃巢節制，忿爭賜罷。』而鄭延昌撰畋行狀乃云『議蠻事』，無可證之。然當時所述恐不謬。」又畋傳曰：「時黃巢攻陷江、浙，上表乞節鉞，畋與同列盧攜謀議攻討及拔用將帥，事多異同。又南詔蠻請降公主和好，畋固爭以爲不可，遂抗論之，乃與攜俱罷相。」又攜傳曰：「攜人質甚陋，語亦不正，與鄭畋俱李翺之外孫，及同輔政，議論不協。初，王仙芝起河南，攜舉宋威、齊克讓、曾袞等有將略，用爲招討使，討賊皆無功，致賊充斥。又主高駢之請，欲以公主和南詔蠻，鄭畋執之，以爲不可，帝前忿爭，由是兩罷之。」舊紀：「六年五月，賊圍廣州，仍與廣南節度使李岧、浙東觀察使崔璆書，求保薦，乞天平節鉞，璆、岧上表論之。宰相鄭畋、盧攜爭論於中書，詞語不遜，俱罷爲太子賓客、分司東都。」按新舊傳、舊紀皆以畋、攜罷相在六年。實錄、新紀、表在此年五月。實錄、新書皆自相矛楯。然宋氏多書，知二人罷在五月，必有所據，今從之。以翰林學士承旨、戶部侍郎豆盧瑑爲兵部侍郎，吏部侍郎崔沆爲戶部侍郎，並同平章事。

時宰相有好施者，常使人以布囊貯錢自隨，施，式豉翻。貯，丁呂翻。行施匄者，每出，襤褸盈路。襤，力三翻，衣無緣也。褸，力主翻，衣醜敝也。有朝士以書規之曰：「今百姓疲弊，寇盜充斥，相公宜舉賢任能，紀綱庶務，捐不急之費，杜私謁之門，使萬物各得其所，則家給人足，自無貧者，何必如此行小惠乎！」宰相大怒。

17 邕州大將杜弘送段瑳寶至南詔，踰年而還。杜弘去年閏二月送段瑳寶。還，從宣翻。甲辰，辛讜復遣攝巡官賈宏、大將左瑜、曹朗使於南詔。復，扶又翻。

18 李國昌欲父子幷據兩鎮，得大同制書，毁之，殺監軍，不受代，與李克用合兵陷遮虜軍，遮虜軍在洪谷東北，亦曰遮虜平。進擊寧武及岢嵐軍。嬀州懷戎縣西有寧武軍，非此；此當在遮虜平南。嵐州嵐谷縣有岢嵐軍。按宋白續通典，雲州東取寧武、嬀州路，至幽州七百里。朔州西至岢嵐軍二百二十里。此李國昌合雲、朔之兵東西攻掠，既陷遮虜，東擊寧武，西擊岢嵐也。此即嬀州之西寧武軍。岢嵐軍在嵐州東北百里。岢，枯我翻。嵐，盧含翻。盧簡方赴振武，至嵐州而薨。

丁巳，河東節度使竇澣發民塹晉陽。己未，以都押牙康傳圭爲代州刺史，又發土團千人赴代州。土團至城北，娖隊不發，娖，則角翻。言娖整其隊而不行也。求優賞。時府庫空竭，澣遣馬步都虞候鄧虔往慰諭之，土團冎虔，冎，古瓦翻。牀舁其尸入府。舁，羊茹翻。澣與監軍自出慰諭，人給錢三百，布一端，衆乃定。押牙田公鍔給亂軍錢布，衆遂劫之以爲都將，赴代州。澣借商人錢五萬緡以助軍。考異曰：唐末見聞錄：「五月，振武損卻別敕，不受除替。李尚書收卻遮虜軍，進打寧武及岢嵐軍；代州告急。二十二日，指揮在府三城，排門差夫一人齊掘四面壕塹。盧尚書發赴振武，至嵐州，身薨。二十四日，拜都押牙康傳圭充代州刺史。又發太原、晉陽兩縣點到土團子弟一千人往代州屯駐，至城北，卓隊不發，索出軍優賞。差馬步都虞候鄧虔安慰，尋被冎卻，牀舁尸柩入府。尚書、監軍自出安慰，定每人各給錢三百文，布一端，差押牙田公鍔給散，不放卻回，便被請將充都將，發赴軍前。使司有榜，借商人助軍錢五萬貫文。」實錄：「五月，李國昌殺監軍使，不肯受代，起兵進打寧武及岢嵐軍，代州出兵禦之。始，國昌遣克用以兵襲大同，三軍表克用爲留後，朝廷不允，乃以國昌命之，欲以其子無能拒也。時國昌貪其土地，欲父子分統，故拒命焉。」實錄：「六月，乙丑朔，嵐州奏新除振武節度使盧簡方卒。以太原府都押衙康傳圭爲代州刺史，發太原、晉陽土團千人戍代州，至城北，卓隊不發，索優賞；馬步都虞候鄧虔安慰，爲其衆殺之；節度使竇澣自出撫慰，乃定。初，太原府帑空竭，每有賞賚，必科民家，至是尤窘迫，乃牓借商人助軍錢五萬。」此皆約唐末見聞錄爲之，而後其月日以象奏到之時耳。唐末見聞錄又云：「六月十一日，左散騎常侍支謨奉敕到府，充大同軍制置使，兼攝河東節度副使、軍前同指揮事。」此謂到府之日。而實錄云「甲戌，以謨爲制置使。」甲戌乃六月十日，亦誤也。朝廷以澣爲不才，六月，以前昭義節度使曹翔爲河東節度使。

19 王仙芝餘黨剽掠浙西，剽，匹妙翻；下同。朝廷以荆南節度使高駢先在天平有威名，高駢之威名，以破蠻於交趾而徙鎮天平，鄆人遂畏之耳。仙芝黨多鄆人，乃徙駢爲鎮海節度使。

20 沙陀焚唐林、崞縣，入忻州境。武后證聖元年，分五臺、崞置武延縣，唐隆元年，更名唐林。崞，漢古縣也，時並屬代州。宋白曰：唐林本漢廣武縣地。九域志：崞在州西南五十里。崞，音郭。

21 秋，七月，曹翔至晉陽；己亥，捕土團殺鄧虔者十三人，殺之。義武兵至晉陽，不解甲，讙譟求優賞，讙，與諠同。翔斬其十將一人，乃定。發義成、忠武、昭義、河陽兵會于晉陽，以禦沙陀。八月，戊寅，曹翔引兵救忻州。沙陀攻岢嵐軍，陷其羅城，敗官軍于洪谷，洪谷在岢嵐軍南。敗，補邁翻。晉陽閉門城守。

22 黄巢寇宣州，宣歙觀察使王凝拒之，敗於南陵。九域志：南陵縣在宣州西一百五里。巢攻宣州不克，乃引兵攻浙東，開山路七百里，攻剽福建諸州。按九域志，自婺州至衢州界首一百九十里。衢州治所至建州七百五里。此路豈黄巢始開之邪！剽，匹妙翻。

23 九月，平盧軍奏節度使宋威薨。老病而死，固其宜也。史書威死，以爲握兵玩寇不能報國之戒。

24 辛丑，以諸道行營招討使曾元裕領平盧節度使。

25 壬寅，曹翔暴薨。丙午，昭義兵大掠晉陽，坊市民自共擊之，殺千餘人，乃潰。

26 中書侍郎、同平章事李蔚罷爲東都留守。蔚，紆勿翻。守，手又翻。以吏部尚書鄭從讜爲中書侍郎、同平章事。從讜，餘慶之孫也。鄭餘慶始見二百三十五卷德宗貞元十四年。

27 以戸部尚書、判戸部事李都同平章事兼河中節度使。

28 冬，十月，詔昭義節度使李鈞、幽州節度使李可舉與吐谷渾酋長赫連鐸、白義誠、沙陀酋長安慶、薩葛酋長米海萬，合兵討李國昌父子於蔚州。參考新、舊書，安慶、薩葛，皆部落之名，更以後廣明元年安慶都督史敬存證之可見。酋，慈由翻。長，知丈翻。薩，桑葛翻。十一月，【章：十二行本「月」下有「甲午」二字；乙十一行本同；孔本同；張校同；退齋校同。】岢嵐軍翻城應沙陀。丁未，以河東宣慰使崔季康爲河東節度、代北行營招討使。沙陀攻石州，庚戌，崔季康救之。

29 十二月，甲戌，黄巢陷福州，觀察使韋岫棄城走。

30南詔使者趙宗政還其國。是年四月，趙宗政來請和。中書不答督爽牒，但作西川節度使崔安潛書意，使安潛答之。

31崔季康及昭義節度使李鈞與李克用戰於洪谷，兩鎮兵敗，鈞戰死。昭義兵還至代州，士卒剽掠，剽，匹妙翻。代州民殺之殆盡，餘衆自鴉鳴谷走歸上黨。鴉鳴谷在忻州秀容縣東北。考異曰：舊紀：「河東節度使崔季康與北面行營招討使李鈞與沙陀李克用戰于岢嵐軍之洪谷，王師大敗，鈞中流矢而卒。戊戌，至代州，昭義軍亂，爲代州百姓所殺殆盡。」此年實錄略同。廣明元年八月實錄：「河東奏昭義節度使李鈞爲猛虎軍所殺。」又曰：「詔統本道兵由鴈門出討雲州，與賊戰，敗歸，爲其下殺之。」新紀：「庚辰，崔季康、李鈞及李克用戰於洪谷，敗績。」薛居正五代史紀曰：「乾符六年春，朝廷以昭義節度使李鈞充北面招討使，將上黨、太原之師過石嶺關，屯于代州，與幽州李可舉會赫連鐸同攻蔚州。獻祖以一軍禦之，武皇以一軍南抵遮虜城以拒李鈞。是冬，大雪，弓弩折絶，南軍苦寒，臨戰大敗，奔歸代州，李鈞中流矢而卒。」唐末見聞錄曰：「十九日，崔尚書發往岢嵐軍，請別敕賈敬嗣大夫權兵馬留後，觀察判官李劭權觀察留後。昭義節度使李鈞領本道兵馬到代州，軍變，被代州殺戮並盡，捉到李鈞，殘軍潰散，取鴉鳴谷各歸本道。」按昭義軍變，必非李鈞所爲。代州百姓捉到李鈞，不知如何處之。今從舊紀。

32王郢之亂，事始上卷二年，終本卷四年。臨安人董昌以土團討賊有功，補石鏡鎮將。垂拱四年，分餘杭、於潛地，以故臨水城置臨安縣，屬杭州，有石鏡山、石鏡鎮。九域志：臨安縣在州西一百二十里。臨安志：石鏡山在臨安縣南一里，錢鏐改爲衣錦山。是歲，曹師雄寇二浙，杭州募諸縣鄉兵各千人以討之，昌與錢塘劉孟安、阮結、富陽聞人宇、鹽官徐及、新城杜稜、餘杭凌文舉、臨平曹信各爲之都將，號杭州八都，錢唐、餘杭皆漢縣。富陽，漢富春縣，晉避諱，改爲富陽。新城，吳縣。鹽官，漢海鹽縣地，有鹽官，吳遂名縣。臨平鎮，在錢唐北。隋之餘杭縣，置杭州，後移州治錢唐，後又移於柳浦西，今州城是。九域志：富陽在州西南七十三里，鹽官在州東一百二十九里，新城在州西南一百三十里，餘杭在州西北七十二里。將，即亮翻；下同。昌爲之長。長，知兩翻。其後宇卒，錢塘人成及代之。卒，子恤翻。臨安人錢鏐以驍勇事昌，以功爲石鏡都知兵馬使。錢鏐事始此。鏐，力求翻。

六年（己亥、八七九）

1 春，正月，魏王佾薨。佾，懿宗子。

2 鎮海節度使高駢遣其將張璘、梁纘考異曰：舊紀「張璘」作「張麟」，新紀、傳、實錄作「潾」。今從舊高駢、黃巢傳及唐年補錄、妖亂志、唐補紀、續寶運錄。舊紀「梁纘」作「梁績」，今從衆書。分道擊黃巢，屢破之，降其將秦彥、畢師鐸、李罕之、許勍等數十人；降，戶江翻。勍，渠京翻。爲後秦彥、畢師鐸反攻高駢張本。考異曰：郭廷誨妖亂志曰：「初，黃巢將蹂踐淮甸，委師鐸爲先鋒，攻脅天長，累日不克，師鐸之志沮焉。及巢北向，師鐸遂降勃海。」按舊師鐸傳，駢敗巢於浙西，皆師鐸之效，故置於此。巢遂趣廣南。趣，七喻翻。彥，徐州人；師鐸，冤句人；罕之，項城人也。

3 賈宏等未至南詔，相繼卒於道中，去年五月，辛讜使賈宏使南詔。卒，子恤翻。從者死亦太半。

從，才用翻。時辛讜已病風痹，痹，必至翻，腳冷濕病也。召攝巡官徐雲虔，執其手曰：「讜已奏朝廷發使入南詔，而使者相繼物故，柰何？使，疏吏翻；下同。吾子既仕則思徇國，能爲此行乎？讜恨風痹不能拜耳。」因嗚咽流涕。雲虔曰：「士爲知己死！古語云：士爲知己者死，女爲悅己者容。爲，于僞翻。明公見辟，恨無以報德，敢不承命！」讜喜，厚具資裝而遣之。史言辛讜垂死不忘國事。

二月，丙寅，雲虔至善闡城，驃信見大使抗禮，受副使已下拜。己巳，驃信使慈雙羽、楊宗就館謂雲虔曰：「貴府牒欲使驃信稱臣，奉表貢方物；驃信已遣人自西川入唐，與唐約爲兄弟，不則舅甥。不，讀曰否。夫兄弟舅甥，書幣而已，何表貢之有？」雲虔曰：「驃信既欲爲弟、爲甥，驃信景莊之子，景莊豈無兄弟，酋龍謚景莊皇帝。於驃信爲諸父，驃信爲君，則諸父皆稱臣，況弟與甥乎！且驃信之先，由大唐之命，得合六詔爲一，事見二百一十四卷玄宗開元二十六年。恩德深厚，中間小忿，罪在邊鄙。謂南詔與西川爭恨細故，以致興戎。今驃信欲脩舊好，好，呼到翻。豈可違祖宗之故事乎！順祖考，孝也；事大國，義也；息戰爭，仁也；審名分，禮也。分，扶問翻。四者，皆令德也，可不勉乎！」驃信待雲虔甚厚，雲虔留善闡十七日而還。驃信以木夾二授雲虔，其一上中書門下，上，時掌翻。其一牒嶺南西道，然猶未肯奉表稱貢。

4 辛未，河東軍至靜樂，靜樂，漢汾陽縣地，齊、周之際改曰岢嵐，隋開皇十八年改曰汾源，大業四年改曰靜樂，唐屬嵐州。九域志：在州東北五十里。士卒作亂，殺孔目官石裕等。壬申，崔季康逃歸晉陽。甲戌，都頭張鍇、郭昢帥行營兵攻東陽門，鍇，器駭翻。昢，滂佩翻，又普罪翻，又普沒翻。帥，讀曰率。入府，殺季康。辛巳，以陝虢觀察使高潯爲昭義節度使；陝，失冉翻。以邠寧節度使李侃爲河東節度使。考異曰：唐末見聞錄：「二十日，安慰使到府，李侃充河東節度使。」實錄因云「庚寅除侃」，誤也。

5 三月，天平軍節度使張裼薨，牙將崔君裕自知州事，淄州刺史曹全晸討誅之。晸，知領翻。

6 夏，四月，庚申朔，日有食之。

7 西川節度使崔安潛到官不詰盜，蜀人怪之。詰，去吉翻。安潛曰：「盜非所由通容則不能爲。所由，謂捕盜官吏。今窮覈則應坐者衆，覈，下格翻。搜捕則徒爲煩擾。」甲子，出庫錢千五百緡，分置三市，成都城中鬻花果、蠶器於一所，號蠶市；鬻香、藥於一所，號藥市；鬻器用者號七寶市。置牓其上曰：「有能告捕一盜，賞錢五百緡。盜不能獨爲，必有侶，侶者告捕，釋其罪，賞同平人。」未幾，幾，居豈翻。有捕盜而至者，盜不服，曰：「汝與我同爲盜十七年，贓皆平分，汝安能捕我！我與汝同死耳。」安潛曰：「汝既知吾有牓，何不捕彼以來！則彼應死，汝受賞矣。汝既爲所先，死復何辭！」先，悉薦翻。復，扶又翻。立命給捕者錢，使盜視之，然後冎盜於市，并滅其家。於是諸盜與其侶互相疑，無地容足，夜不及旦，散逃出境，境內遂無一人之盜。

安潛以蜀兵怯弱，奏遣大將齎牒詣陳、許募壯士，與蜀人相雜，訓練用之，得三千人，分爲三軍，亦戴黃帽，號黃頭軍。襲忠武黃頭軍之名也。又奏乞洪州弩手，教蜀人用弩走丸而射之，選得千人，號神機弩營。蜀兵由是浸強。余嘗謂兵之強弱，在將不在兵。以秦之兵強天下，而漢高祖以蜀兵定三秦。自唐以來，蜀兵號爲懦怯，然韋皋用以制吐蕃而有餘，未嘗借工於他道也。至李德裕始募工於他道以治器械，崔安潛蓋倣李德裕之故智耳。諸葛孔明治蜀，作木牛、連弩之法，自晉以下，倣而爲之。宋自女眞侵噬，吳玠兄弟畫境而守蜀，東南以西路兵爲天下最。夫豈借工於別路哉！射，而亦翻。

8 涼王侹薨。侹，懿宗子，音他頂翻。

9 上以羣盜爲憂，王鐸曰：「臣爲宰相之長，長，知兩翻。在朝不足分陛下之憂，請自督諸將討之。」乃以鐸守司徒兼侍中，充荆南節度使、南面行營招討都統。考異曰：舊紀：「五年二月，鐸自請督衆討賊。天子以宋威失策殺尚君長，乃以鐸檢校司徒兼侍中、門下侍郎、江陵尹、荆南節度使，充諸道兵馬都統。」舊傳：「四年，賊陷江陵，楊知溫失守，宋威破賊失策。朝議統帥，盧攜稱高駢累立戰功，宜付軍柄；物議未允。鐸廷奏：『臣願自率諸軍盪滌羣盜。』朝議然之。五年，以鐸守司徒、門下侍郎、同平章事，兼江陵尹、荆南節度使，充諸道行營兵馬都統。」今從實錄及新紀、表。

10 五月，辛卯，敕賜河東軍士銀。牙將賀公雅所部士卒作亂，焚掠三城，新書地理志：唐自高祖起兵於晉陽，自天授已來，以爲北都，而晉陽宮仍隋不廢。宮在都之西北，宮城周二千五百二十步，崇四丈八尺。都城左汾右晉，潛丘在中，長四千三百二十一步，廣三千一百二十步，周萬五千一百五十三步，其崇四丈。汾東曰東城，貞觀十一年長史李勣築。兩城之間有中城，武后時築，以合東城。宮南有大明城，故宮城也。執孔目官王敬送馬步司。節度使李侃與監軍自出慰諭，爲之斬敬於牙門，乃定。

11 泰寧節度使李係，晟之曾孫也，有口才而實無勇略，王鐸以其家世良將，奏爲行營副都統兼湖南觀察使，官人以世而不考其才，古今之通患也。爲鐸、係失守殄民張本。使將精兵五萬幷土團屯潭州，以塞嶺北之路，拒黃巢。塞，悉則翻。

12 河東都虞候每夜密捕賀公雅部卒，【章：十二行本「卒」下有「作亂者」三字；乙十一行本同；孔本同；張校同。】族滅之。丁巳，餘黨近百人稱「報冤將」，近，其靳翻。大掠三城，焚馬步都虞候張鍇、府城都虞候郭昢家。節度使李侃下令，以軍府不安，曲順軍情，收鍇、昢，斬於牙門，幷逐其家；以賀公雅爲馬步都虞候。鍇、昢臨刑，泣言於衆曰：「所殺皆捕盜司密申，今日冤死，獨無烈士相救乎！」於是軍士復大譟，篡取鍇、昢歸都虞候司。復，扶又翻；下巢復同。尋下令，復其舊職，幷召還其家；收捕盜司元義宗等三十餘家，誅滅之。己未，以馬步都教練使朱玫等爲三城斬斫使，玫，莫杯翻。將兵分捕報冤將，悉斬之，軍城始定。

13 黃巢與浙東觀察使崔璆、嶺南東道節度使李迢書，求天平節度使，璆，渠幽翻。二人爲之奏聞；爲，于僞翻。朝廷不許。巢復上表求廣州節度使，考異曰：續寶運錄曰：「黃巢先求廣府兼使相，朝廷不與。黃巢夏初兵屯廣南，屢候敕旨不下，遂恣行攻劫。黃巢夏六月上表，稱『義軍百萬都統兼韶、廣等州觀察處置等使。』末云『六月十五日表』。秋，遣內侍仇公度齎手詔幷廣南、邕府、安南、安東等道節度使、指揮觀察使，開國公、食邑五百戶官告六通，又賜節度將吏空名尚書僕射官告五十通。九月二十日，仇公度到廣州，至十月一日，巢與公度雜匹段、藥物等五馱、表函并所賜官告並卻付公度。表末云：『廣明元年十月一日上表。』公度等其年十月二十九日至京。」如賓運錄所言，則是廣明元年十月一日，巢猶在廣州也。按其月巢已入長安。今從舊紀。**上命大臣議之。左僕射于琮以爲：「廣州市舶寶貨所聚，**舶，薄陌翻，大舟也。唐置市舶司於廣州，以招來海中蕃舶。**豈可令賊得之！」亦不許，乃議別除官。六月，宰相請除巢府**【章：十二行本「府」上有「率」字；乙十一行本同；孔本同；張校同。】**率，從之。**考異曰：舊紀：「五月，賊圍廣州，仍與廣南節度使李迢、浙東觀察使崔璆書求保薦，乞天平節鉞。迢、璆上表論之。」實錄：「迢、璆上表論請，詞甚懇激，乃詔公卿集議。巢又自表乞廣州節度、安南都護。巢自春夏其衆大疫，死者什三四，欲據有嶺表，永爲巢穴，乃繼有是請。右僕射于琮議云云。時朝廷倚高駢成功，不允其奏，乃議除官。或云，以正員將軍縻之；宰相亦沮其議，乃除率府率。」舊巢傳曰：「時高駢鎮淮南，表請招討賊，許之，議加都統。巢乃渡淮，僞降于駢，駢遣將張潾帥兵受降于天長鎮。巢禽潾，殺之，因虜其衆。尋南陷湖、湘，遂據交、廣，託崔璆奏乞天平節度，朝議不允。又乞除官，時宰臣鄭畋與樞密使楊復恭欲請授同正員將軍；盧攜駁其議，請授率府率，如其不受，請以高駢討之。」新巢傳曰：「有詔，高駢爲諸道行營都統。巢進寇廣州，詒李迢書，求表爲天平節度使，又脅崔璆言于朝。宰相鄭畋欲許之，盧攜、田令孜執不可。巢又乞安南都護、廣州節度使，書聞，右僕射于琮議云云。乃拜巢率府率。」舊盧攜傳亦皆以爲攜議授巢率府率。按此時攜已罷相。今從實錄。

14 **河東節度使李侃以軍府數有亂，**數，所角翻。**稱疾，請尋醫。敕以代州刺史康傳圭爲河**

東行軍司馬，徵侃詣京師。秋，八月，甲子，侃發晉陽。尋以東都留守李蔚同平章事，充河東節度使。蔚，音鬱。

15 鎮海節度使高駢奏：「請以權舒州刺史郎幼復充留後，守浙西，遣都知兵馬使張璘將兵五千於郴州守險，兵馬留後王重任將兵八千於循、潮二州邀遮，臣將萬人自大庾嶺趣廣州擊黃巢。趣，七喻翻。巢聞臣往，必當遁逃，乞敕王鐸以所部兵三萬於梧、桂、昭、永四州守險。」詔不許。

16 九月，黃巢得率府率告身，大怒，詬執政，急攻廣州，卽日陷之，執節度使李迢，轉掠嶺南州縣。巢使迢草表述其所懷，迢曰：「予代受國恩，親戚滿朝，腕可斷，表不可草。」朝，直遙翻。腕，烏貫翻。巢殺之。考異曰：驚聽錄曰：「擁李迢在寇，復併蓺海隅，又陷桂州，次攻湖南，屯衡州，方知王仙芝已山東沒陣，又尚君長生送咸京，遂召李迢，怒而躓害。」新紀：「十一月，辛酉，黃巢陷江陵，殺李迢。」新傳曰：「其十月，巢據荆南，脅李迢草表報天子；迢不可，巢怒，殺之。」北夢瑣言曰：「黃巢入廣州，執李佋，隨軍至荆州，令佋草表述其所懷。佋曰：『某骨肉滿朝，世受國恩，腕卽可斷，表終不爲領。』於江津害之。」今從實錄。

17 冬，十月，以鎮海節度使高駢爲淮南節度使，充鹽鐵轉運使，以涇原節度使周寶爲鎮海節度使，爲駢、寶鬬鬩張本。以山南東道行軍司馬劉巨容爲節度使。寶，平州人也。

18 黃巢在嶺南，士卒罹瘴疫死者什三四，其徒勸之北還以圖大事，巢從之。自桂州編大栰數十，乘暴水，沿湘江而下，歷衡、永州，癸未，抵潭州城下。李係嬰城不敢出戰，巢急攻，一日，陷之，係奔朗州。九域志：自潭州至朗州三百八十餘里。巢盡殺戍兵，流尸蔽江而下。尙讓乘勝進逼江陵，衆號五十萬。時諸道兵未集，江陵兵不滿萬人，王鐸留其將劉漢宏守江陵，自帥衆趣襄陽，九域志：自江陵至襄陽四百四十里。帥，讀曰率。趣，七喻翻。云欲會劉巨容之師。鐸旣去，漢宏大掠江陵，考異曰：舊紀：「廣明元年二月，巢陷潭州，王鐸棄江陵，奔襄陽，漢宏大掠。」實錄：「閏月，湖南奏：黃巢賊衆自衡、永州下，十月二十七日攻陷潭州。」新巢傳曰：「廣明初，賊自嶺南寇湖南諸郡，攻潭州，陷之。」舊巢傳：「巢欲據南海之地，坐邀朝命。是歲，自春及夏，其衆大疫，死者十三四。衆勸請北歸以圖大利，巢不得已，廣明元年北踰五嶺，犯湖、湘、江、浙。」按舊紀、傳皆云廣明元年敗王鐸。今月日從實錄，事從舊書。又據舊紀、傳，則劉漢宏本王鐸將，鐸去而漢宏留江陵大掠，遂爲盜也。實錄用之，而於鐸奔襄陽下添「先是」字。若鐸在江陵，漢宏時爲羣盜，安能入其城大掠？借使漢宏先曾寇掠江陵，與黃巢事了不相干，何必言「後半月餘，賊衆乃據其城」也！吳越備史云：「漢宏本兗州小吏，領本州兵禦巢寇，遂殺將首，刼輜重而叛。後命前濠州刺史崔鍇招降之。」據此，則漢宏本羣盜也。新傳用之，而云鐸招降之。或者漢宏本羣盜，中間降鐸爲部將，鐸去江陵，漢宏復大掠爲盜，其後又降於崔鍇，遂爲唐臣也。焚蕩殆盡，士民逃竄山谷。會大雪，僵尸滿野。僵，居良翻。後旬餘，賊乃至。漢宏，兗州人也，帥其衆北歸爲羣盜。帥，讀曰率。

19 閏月，丁亥朔，河東節度使李蔚有疾，以供軍副使李邵權觀察留後，監軍李奉臯權兵馬留後。己丑，蔚薨。都虞候張鍇、郭昢署狀紬邵，狀，奏狀。鍇、昢因署狀，黜李邵而進丁球。紬，丑律翻。以少尹丁球知觀察留後。

[20] 十一月，戊午，以定州已來制置使萬年王處存爲義武節度使，河東行軍司馬、鴈門關已來制置使康傳圭爲河東節度使。四朝志：宣宗大中五年，以白敏中充招討党項行營都統制置等使。制置使之名始此。宋朝初不常置，掌經畫邊鄙軍旅之事。政和中，熙、秦用兵，以內侍童貫爲之。迄南渡之後，江、淮、荆、蜀皆置制置使，其任重矣。

[21] 黄巢北趣襄陽，趣，七喻翻。劉巨容與江西招討使淄州刺史曹全晸合兵屯荆門以拒之。九域志：襄陽南至荆門二百七十餘里。賊至，巨容伏兵林中，全晸以輕騎逆戰，陽不勝而走，賊追之，伏發，大破賊衆，乘勝逐北，比至江陵，比，必利翻，及也。九域志：荆門南至江陵一百六十五里。俘斬其什七八。巢與尚讓收餘衆渡江東走。或勸巨容窮追，賊可盡也。巨容曰：「國家喜負人，喜，許記翻。有急則撫存將士，不愛官賞，事寧則棄之，或更得罪；唐末之政，誠如劉巨容之言。不若留賊以爲富貴之資。」衆乃止。全晸渡江追賊，會朝廷以泰寧都將段彦謨代爲招討使，全晸亦止。由是賊勢復振，復，扶又翻。攻鄂州，陷其外郭，轉掠饒、信、池、宣、歙、杭十五州，衆至二十萬。

[22] 康傳圭自代州赴晉陽，庚辰，至烏城驛；張鍇、郭昢出迎，亂刀斫殺之，至府，又族其家。

[23] 十二月，以王鐸爲太子賓客、分司。以江陵之敗也。

24 初，兵部尚書盧攜嘗薦高駢可爲都統，至是，駢將張璘等屢破黃巢，乃復以攜爲門下侍郎、平章事，凡關東節度使，王鐸、鄭畋所除者，多易置之。爲盧攜倚高駢以誤國張本。

25 是歲，桂陽賊陳彥謙陷郴州，殺刺史董岳。

廣明元年（庚子、八八〇）

1 春，正月，乙卯朔，改元。

2 沙陀入鴈門關，寇忻、代。二月，庚戌，沙陀二萬餘人逼晉陽，辛亥，陷太谷。宋白曰：太谷縣，本漢陽邑縣，隋開皇十八年，改名太谷，因縣西太谷爲名。遣汝州防禦使博昌諸葛爽帥東都防禦兵救河東。博昌，漢古縣名，後魏置樂安郡及樂安縣，隋時改樂安縣爲博昌縣，唐時屬青州。帥，讀曰率。

3 河東節度使康傳圭，專事威刑，多復仇怨，強取富人財。遣前遮虜軍使蘇弘軫擊沙陀於太谷，至秦城，遇沙陀，戰不利而還，傳圭怒，斬弘軫。時沙陀已還代北，傳圭遣都教練使張彥球將兵三千追之。壬戌，至百井，百井鎮，在太原陽曲縣。軍變，還趣晉陽。趣，七喻翻。傳圭閉城拒之，亂兵自西明門入，殺傳圭；監軍周從寓自出慰諭，乃定，以彥球爲府城都虞候。朝廷聞之，遣使宣慰曰：「所殺節度使，事出一時，各宜自安，勿復憂懼。」復，扶又翻。

4 左拾遺侯昌業以盜賊滿關東，而上不親政事，專務遊戲，賞賜無度，田令孜專權無上，天文變異，社稷將危，上疏極諫。上大怒，召昌業至內侍省，賜死。考異曰：續寶運錄云：「司天少監侯昌業上疏，其略曰，『陛下不納李蔚、杜希敖之諫；』又曰，『臣乃明祈五道，暗祝冥官，悚息於班列之中，願早過於閻浮之世；』又曰，『受爵不逢於有德之君，立戟每佐於無道之主；』又曰，『不望堯、舜之年，得同先帝之日；』又曰，『明取尹希復指揮，暗策王士成進狀，強奪波斯之寶貝，抑取茶店之珠珍，渾取匱坊，全城般運；』又曰，『莫是唐家合盡之歲，爲復是陛下壽足之年；』又曰：『伏惟陛下，蹔停戲賞，救接蒼生，於殿內立揭諦道場，以無私財帛供養諸佛，用資世祿，共力攘災。』表奏，聖上龍威震怒，侍臣驚悸。宣徽使宣云：『侯昌業付內侍省，候進止。』翌日午時，又內養劉季遠宣口敕云：『侯昌業出自寒門，擢居清近，不能脩慎，妄奏閒詞，訕謗萬乘君王，毀斥百辟卿士，在我彝典，是不能容！其侯昌業宜賜自盡。』」北夢瑣言曰：「唐自廣明後，閹人擅權，置南北廢置使，軍容田令孜有回天之力，中外側目；而王仙芝、黃巢剽掠江、淮，朝廷憂之。左拾遺侯昌業上疏極言時病，留中不出，命於仗內戮之。後有傳侯昌業疏詞不合事體，其末云，『請開揭諦道場以銷兵厲，』似爲庸僧僞作也。必若侯昌業以此識見犯上，宜其死也。」今從之。

5 上好騎射、劍槊、法算，唐國子監有算學博士，掌教九章、海島、孫子、五曹、張丘【建、夏侯】陽、周髀、五經算、綴術、緝古，爲專業，皆法算也。好，呼到翻；下同。至於音律、蒱博，無不精妙；好蹴鞠、鬭雞，與諸王賭鵝，鵝一頭至五十緡。考異曰：新田令孜傳：「帝沖騃，喜鬭鵝，一鵝至直五十萬錢。」按鵝非可鬭之物，至直五十萬錢，亦恐失實，新傳誤也。今從續寶運錄。尤善擊毬，嘗謂優人石野猪曰：「朕若應擊毬進士舉，須爲狀元。」對曰：「若遇堯、舜作禮部侍郎，恐陛下不免駮放。」駮，糾駮也。放，黜也。駮放者，糾駮其非是而放黜之也。駮，北角翻。上笑而已。

6 度支以用度不足，奏借富戶及胡商貨財；敕借其半。鹽鐵轉運使高駢上言：「天下盜賊蜂起，皆出於飢寒，獨富戶、胡商未耳。」乃止。

7 高駢奏改楊子院爲發運使。楊子院舊置留後，今改爲發運使。宋朝江淮發運使本此。

8 三月，庚午，以左金吾大將軍陳敬瑄爲西川節度使。敬瑄，許州人，田令孜之兄也。田令孜本姓陳，咸通中，隨義父入內侍省爲宦者，遂冒田姓。

初，崔安潛鎮許昌，許昌，許州也，忠武節度治所。令孜爲敬瑄求兵馬使，安潛不許。敬瑄因令孜得隸左神策軍，數歲，累遷至大將軍。令孜見關東羣盜日熾，陰爲幸蜀之計，奏以敬瑄及其腹心左神策大將軍楊師立、牛勗、羅元杲鎮三川，上令四人擊毬賭三川，敬瑄得第一籌，凡擊毬，立毬門於毬場，設賞格。天子按轡入毬場，諸將迎拜。天子入講武榭，升御座，諸將羅拜於下，各立馬於毬場之兩偏以俟命。神策軍吏讀賞格訖，都教練使放毬於場中，諸將皆驟馬趨之，以先得毬而擊過毬門者爲勝。先勝者得第一籌，其餘諸將再入場擊毬，其勝者得第二籌焉。即以爲西川節度使，代安潛。

9 辛未，以門下侍郎、同平章事鄭從讜同平章事，充河東節度使。康傳圭既死，河東兵益驕，故以宰相鎮之，使自擇參佐。從讜奏以長安令王調爲節度副使，前兵部員外郎、史館脩撰劉崇龜爲節度判官，前司勳員外郎、史館脩撰趙崇爲觀察判官，前進士劉崇魯爲推官。進士及第而於時無官，謂之前進士。時人謂之小朝廷，言名士之多也。崇龜、崇魯，政會之七世孫也。劉政會，唐初功臣。時承晉陽新亂之後，日有殺掠，從讜貌溫而氣勁，多謀而善斷，斷，丁亂翻。將士欲爲惡者，從讜輒先覺，誅之，奸軌惕息。惕，他歷翻。爲善者撫待無疑，如【章：十二行本「如」作「知」；乙十一行本同；孔本同；張校同。】張彥球有方略，百井之變，非其本心，獨推首亂者殺之，召彥球慰諭，悉以兵柄委之，軍中由是遂安。彥球爲從讜盡死力，爲，于僞翻。卒獲其用。卒，子恤翻。

10 淮南節度使高駢遣其將張璘等擊黃巢屢捷，盧攜奏以駢爲諸道行營【章：十二行本「營」下有「兵馬」二字；乙十一行本同；孔本同；張校同。】都統。考異曰：續寶運錄載駢上表及答詔云：「今以卿爲諸道都統，應行營將士兵馬，悉受指揮。」詔旨未到之間，朝廷猜貳，續敕：「卻不許行軍，只令固守封疆，不得擅行征討。」於是高駢乃引淮水繞江都城三重，坐甲不討，黃巢自此轉盛。舊紀、傳，王鐸出鎮荊南，亦爲諸道行營都統，而實錄及新紀、表，皆云「爲南面行營都統。」舊紀：「乾符四年六月，以駢爲鎮海節度使、江西招討使。六年十月，以駢爲淮南節度使、江南行營招討使。廣明元年三月，朝廷以鐸統衆無功，乃授駢諸道行營兵馬都統。」駢傳：「四年，爲鎮海節度使，尋授諸道兵馬都統。六年冬，徙淮南節度使，兵馬都統如故。」盧攜傳曰：「及王鐸失守，罷都統，以高駢代之。」實錄：「五年六月，駢移鎮海。六年正月，以駢爲諸道行營兵馬都統，」仍賜詔如寶運錄所載者。八月駢上表亦如之。十月駢徙淮南，依前充都統。按駢表請追郎幼復備守浙西，則是在鎮海時也。詔云「周旋六鎮」，則是駢已移淮南後也。六鎮，謂安南、天平、西川、荊南、鎮海、淮南也。又詔云，「今以卿爲諸道都統」，則似移淮南後方爲都統也。疑駢在浙西方爲招討使，既數破巢軍，乃以滅巢爲己任，上表請布置諸軍，自攻巢於廣州。及王鐸敗，盧攜遂以駢代之。攜欲重其權，故爲諸道都統。若駢先爲諸道都統，鐸但爲南面都統，則鐸已在駢統下，可以指揮，表不須云「乞降敕指揮鐸」也。且鐸自宰相都統諸將討賊，故立都統之名，不應同時有兩都統也。其在浙西領江西招討使者，時黄巢方掠虔、吉、饒、信故也。今從舊紀及盧攜傳。駢乃傳檄徵天下兵，且廣召募，得土客之兵共七萬，土兵，謂淮南之兵也；客兵，謂諸道之兵也。威望大振，朝廷深倚之。爲朝廷爲駢所誤張本。

11 安南軍亂，節度使曾袞出城避之，諸道兵戍邕管者往往自歸。

12 夏，四月，丁酉，以太僕卿李琢爲蔚、朔等州招討都統、行營節度使。琢，聽之子也。聽，李晟之子。考異曰：「琢」作「瑑」者，誤也。

13 張璘渡江擊賊帥王重霸，降之；帥，所類翻。重，直龍翻。屢破黄巢軍，巢退保饒州，別將常宏以其衆數萬降。降，戶江翻。璘攻饒州，克之，巢走。時江、淮諸軍屢奏破賊，率皆不實，宰相已下表賀，朝廷差以自安。賈誼有言：厝火積薪之下，火未及然，因謂之安。唐則薪已然矣，尚可以自安邪！

14 以李琢爲蔚朔節度使，仍充都統。

15 以楊師立爲東川節度使，牛勗爲山南西道節度使。田令孜之志也。

16 以諸葛爽爲北面行營副招討。

17 初，劉巨容既還襄陽，還襄陽見上年。荆南監軍楊復光以忠武都將宋浩權知府事，泰寧都將段彥謩以兵守其城；詔以浩爲荆南安撫使，彥謩恥居其下。浩禁軍士翦伐街中槐柳，彥謩部卒犯令，浩杖其背，彥謩怒，挾刃馳入，并其二子殺之。復光奏浩殘酷，爲衆所誅；詔以彥謩爲朗州刺史，以工部侍郎鄭紹業爲荆南節度使。

18 五月，丁巳，以汝州防禦使諸葛爽爲振武節度使。

19 劉漢宏之黨浸盛，侵掠宋、兗；甲子，徵東方諸道兵討之。東方諸道，宣武、忠武、義成、天平、泰寧、平盧、感化也。

20 黃巢屯信州，遇疾疫，卒徒多死。張璘急擊之，巢以金啗璘，啗，徒濫翻。且致書請降於高駢，求保奏；駢欲誘致之，許爲之求節鉞。降，戶江翻。誘，音酉。爲，于僞翻。時昭義、感化、義武等軍皆至淮南，駢恐分其功，乃奏賊不日當平，不煩諸道兵，請悉遣歸；朝廷許之。賊詗知諸道兵已北渡淮，詗，翾正翻，又火迥翻。乃告絕於駢，且請戰。駢怒，令璘擊之，兵敗，璘死，巢勢復振。復，扶又翻。考異曰：舊紀，是歲春末，「賊在信州，疫癘，其徒多喪。淮南將張璘急擊之，賊懼，以金啗璘，仍致書高駢乞保明歸國。駢信之，許求節鉞。時昭義、武寧、義武等軍兵馬數萬，赴淮南，駢欲收功於己，乃奏賊已將殄滅，不假諸道之師，並遣還淮北。賊知諸軍已退，以求節鉞不獲，暴怒，與駢絕，請戰。駢怒，令張璘整軍擊之，爲賊所敗，臨陣殺璘。賊遂乘勝渡江，攻天長、六合等縣，駢不能拒，但自固而已。朝廷聞賊復振，大恐。」高駢傳曰：「廣明元年夏，黃巢自嶺表北趨江、淮，由採石渡江，璘勒兵天長，欲擊之。」黃巢傳曰：「巢乃渡淮，僞降於駢，駢遣將張璘率兵受降于天長鎮，巢擒璘，殺之。」實錄，五月璘已爲巢所殺，七月巢乃過江。其言璘所以死與舊紀同，新紀、傳皆與實錄同。據舊傳，則璘死在江北也。舊紀及實錄、新紀、傳，璘死在江南也。按璘既死，巢又陷睦州、婺州、宣州，然後渡江。潾死在江南是也。

21乙亥，以樞密使西門思恭爲鳳翔監軍。丙子，以宣徽使李順融爲樞密使。皆降白麻，於閤門出案，與將相同。唐制，凡拜將相，先一日，中書納案，遲明，降麻，於閤門出案。會要：凡將相，翰林學士草制，謂之白麻。韋執誼翰林故事曰：故事，中書省用黃白二麻，爲綸命重輕之辨。近者所出，獨得黃麻；其白麻皆在翰林院，自非國之重事，拜授將相、德音赦宥，則不得由於斯。史言唐末宦官恣横，監軍與樞密使，恩數埒於將相。程大昌曰：凡欲降白麻，若商量於中書門下省，皆前一日進文書，然後付翰林草麻制。註已見前。

22西川節度使陳敬瑄素微賤，報至蜀，蜀人皆驚，莫知爲誰。有青城妖人乘其聲勢，帥其黨詐稱陳僕射，【章：十二行本「射」下有「止逆旅，呼巡虞候索白馬甚急」十二字；乙十一行本同；孔本同；張校同；退齋校同。】青城縣，漢江源縣地，南齊置齊基縣，後周改爲青城，以縣西北三十二里有青城山也，唐屬蜀州。九域志：縣在州北五十里。帥，讀曰率。馬步使瞿大夫覺其妄，馬步使，掌馬步軍，蓋唐末節度牙前職也。執之，沃以狗血，卽引服，悉誅之。六月，庚寅，敬瑄至成都。考異曰：錦里耆舊傳云：「敬瑄九月二十五日上任。」按實錄，敬瑄除西川在三月庚午。又雲南事狀，敬瑄與布燮以下牒云：「某謬膺朝寄，獲授藩條，以六月八日到鎭上訖。」今從之。

23黃巢別將陷睦州、婺州。睦、婺相去一百八十里。

24盧攜病風不能行，謁告；謁告，謂請假居私第養疾也。己亥，始入對，敕勿拜，遣二黃門掖之。攜內挾田令孜，外倚高駢，上寵遇甚厚，由是專制朝政，高下在心。朝，直遥翻。旣病，精神不完，事之可否決於親吏楊溫、李修，貨賂公行。豆盧瑑無他材，專附會攜。崔沆時有啓陳，常爲所沮。沮，在呂翻。

25 庚子，李琢奏沙陀二千來降。琢時將兵萬人屯代州，降，戶江翻。將，卽亮翻；下同。與盧龍節度使李可舉、吐谷渾都督赫連鐸共討沙陀。李克用遣大將高文集守朔州，自將其衆拒可舉於雄武軍。鐸遣人說文集歸國，說，式芮翻。文集執克用將傅文達，與沙陀酋長李友金、薩葛都督米海萬、安慶都督史敬存皆降於琢，開門迎官軍。酋，慈由翻。長，知兩翻。薩，桑葛翻。考異曰：實錄六月云：「國昌遣文達守蔚州。」七月云：「李琢、赫連鐸奏破沙陀於蔚州，降傅文達等。」薛居正五代史記：「武皇令軍使傅文達起兵於蔚州，高文集等縛送李琢。」按國昌時在蔚州，何必令文達守之！今從薛史。友金，克用之族父也。

26 庚戌，黃巢攻宣州，陷之。

27 劉漢宏南掠申、光。

28 趙宗政之還南詔也，西川節度使崔安潛表以崔澹之說爲是，崔澹議見上五年。且曰：「南詔小蠻，本雲南一郡之地；劉蜀分建寧、永昌置雲南郡。今遣使與和，彼謂中國爲怯，復求尚主，復，扶又翻。何以拒之！」上命宰相議之。盧攜、豆盧瑑上言：「大中之末，府庫充實。自咸通以來，蠻兩陷安南、邕管，一入黔中，四犯西川，咸通元年，蠻陷安南；二年，陷邕州；四年，又陷安南，進逼邕管；明年，又圍邕州；十四年，寇黔中；咸通二年，寇嶲州；四年，寇西川；六年，陷嶲州；十年，寇西川；明年，逼成都；乾符元年，寇西川。事並見前紀。徵兵運糧，天下疲弊，踰十五年，租賦太半不入京師，三使、內庫由茲空竭，度支、戶部、鹽鐵，謂之三使。戰士死於瘴癘，百姓困爲盜賊，致中原榛杞，皆蠻故也。前歲冬，蠻不爲寇，由趙宗政未歸。去歲冬，蠻不爲寇，由徐雲虔復命，蠻尙有覬望。今安南子城爲叛卒所據，節度使攻之未下，節度使，謂曾袞。自餘戍卒，多已自歸，事見上三月。邕管客軍，又減其半。冬期且至，儻蠻寇侵軼，何以枝梧！不若且遣使臣報復，縱未得其稱臣奉貢，且不使之懷怨益深，堅決犯邊，則可矣。」乃作詔賜陳敬瑄，許其和親，不稱臣，考異曰：實錄：「六月，丙申，陳敬瑄奏請遣使和蠻。丁酉，中書奏請令百官集議。甲辰，百官議定。壬子，中書奏遣使。」按敬瑄此月八日上；丙申，乃十四日也，奏報豈能遽至！今不取。新傳：「先是，南詔知蜀強，故襲安南，陷之。會西川節度使陳敬瑄申和親議，時盧攜復輔政，與豆盧瑑皆厚高駢，乃議通和。」今從雲南事狀。雲南事狀又曰：「中書奏：『玄宗冊蒙歸義爲雲南王，其子閤羅鳳降於吐蕃，其孫異牟尋卻歸朝廷，自請改雲南王，賜號南詔。德宗從之。至曾孫蒙豐祐，杜悰奏以入朝人多，減之，後索質子，漸爲侮慢。』」卷末載陳敬瑄與雲南書牒，或稱鶴拓，或稱大封人。雲南事狀不著撰人名，似是盧攜奏草也。令敬瑄錄詔白，并移書與之，仍增賜金帛。以嗣曹王龜年爲宗正少卿充使，以徐雲虔爲副使，別遣內使，共齎詣南詔。內使，卽中使。

29 秋，七月，黃巢自采石渡江，圍天長、六合，采石戍，在宣州當塗縣西北，渡江卽和州界。天寶元年，分江都、六合、高郵三縣地，置千秋縣，天寶七載，改爲天長。六合，漢堂邑縣地，東晉屬秦郡，北齊改秦州，後周改方州，隋爲六合縣，唐並屬揚州。宋白曰：六合縣，春秋時楚之棠邑，秦滅楚，以棠邑爲縣。九域志：天長在揚州西一百一十里。六合在眞州西北七十里。兵勢甚盛。淮南將畢師鐸言於高駢曰：「朝廷倚公爲安危，今賊數十萬衆乘勝長驅，謂乘殺張璘之勝勢也。若涉無人之境，不據險要之地以擊之，使踰長淮，不可復制，復，扶又翻；下同。必爲中原大患。」駢以諸道兵已散，張璘復死，自度力不能制，度，徒洛翻。畏怯不敢出兵，但命諸將嚴備，自保而已，且上表告急，稱：「賊六十餘萬屯天長，去臣城無五十里。」先是，盧攜謂「駢有文武長才，先，悉薦翻。若悉委以兵柄，黄巢不足平。」朝野雖有謂駢不足恃者，然猶庶幾望之。幾，居希翻。及駢表至，上下失望，人情大駭。詔書責駢散遣諸道兵，致賊乘無備渡江。駢上表言：「臣奏聞遣歸，亦非自專。今臣竭力保備一方，必能濟辦；但恐賊迤邐過淮，迤，移爾翻。邐，力紙翻。宜急敕東道將士善爲禦備。」東道，謂關東諸道。遂稱風痹，不復出戰。痹，必至翻。考異曰：舊駢傳：「駢怨朝議有不附己者，欲賊縱橫河、洛，令朝廷聳振，則從而誅之，大將畢師鐸說駢云云。駢駭然曰：『君言是也。』即令出軍。有愛將呂用之者，以左道媚駢，駢頗用其言，用之懼師鐸等立功，即奪己權，從容謂駢曰：『相公勳業高矣，妖賊未殄，朝廷已有間言。賊若盪平，則威望震主，功居不賞，公安稅駕邪！爲公良畫，莫若觀釁，自求多福。』駢深然之，乃止諸將，但握兵保境而已。」驚聽錄：「朝廷議駢以文以武，國之名將，今此黄巢，必喪於淮海也，尋淮南表至云：『今大寇忽至，入臣封巡，未肯綿伏狼狐，必能晦沈大衆。但以山東兵士屯駐揚州，各思故鄉，臣遂放去，亦具聞奏，非臣自專。今奉詔書責臣無備，不合放回武勇，又告城危，致勞徵兵勞於往返。臣今以寡擊衆，然曰武經，與賊交鋒，已當數陣，粗成勝捷，不落姦謀，固護一方，臣必能了。但慮寇設深計，支梧官軍，迤邐過淮，彼岸無敵，卽東道將士以至藩臣，繫朝廷速下明詔，上委中書門下，速與商量。』表至，中書咸有異議，遂京國士庶浮謗日興，云淮南與巢衷私通連，自固城池，放賊過淮也。」妖亂志曰：「廣明元年七月，黃巢自采石北渡，直抵天長。時城內土客諸軍尚十餘萬，皆良將勁兵，議者慮狂寇有奔犯關防之患，悉願盡力死戰。用之等慮其立功之後，侵奪己權，謂勃海曰：『黃巢起於羣盜，遂至橫行，所在雄藩，望風瓦解，天時人事，斷然可知。令公旣統強兵，又居重地，只得坐觀成敗，不可更與爭鋒。若稍損威名，則大事去矣。』勃海深以爲然，竟不議出軍。巢遂至北焉。初，巢寇廣陵也，江東諸侯以勃海屯數道勁卒，居將相重任，巢江海一逋逃耳，固可掉折箠而擒之，及聞安然渡淮，由是方鎮莫不解體。」按駢宿將，豈不知賊過淮之後不可復制！若怨朝議不附己者，則尤欲破賊立功，以間執讒慝之口。若縱賊過淮，乃適足實議者之言，非所以消謗也。借使駢實有意使賊震驚朝廷，從而誅之，則賊入汝、洛之後，當晨夜追擊以爭功名，豈得返坐守淮南數年，逗留不出兵乎！又舊傳呂用之云「恐成功不賞」，妖亂志云「恐敗衄稍損威名」，夫大功旣成，則有不賞之懼；豈有未戰不知勝負，豫憂威望震主乎！駢爲都統，控扼江、淮，而擁兵縱賊，使安然北渡，其於威名獨無損乎！雖用之淺謀無所不至，駢自無參酌，一至此邪！蓋駢好驕矜大言，自恃累有戰功，謂巢烏合疲弊之衆，可以節鉞誘致淮南，坐而取之。不意巢初無降心，反爲所欺，張潾驍將，一戰敗死，巢奄濟采石，諸軍北去，見兵不多，狼狽惴恐，自保不暇，故斂兵退縮，任賊過淮，非故欲縱之，實不能制也。盧攜闇於知人，致中原覆沒；駢先鋭後怯，致京邑丘墟；呂用之妖妄姦回，致廣陵塗炭；皆人所深疾，故衆惡歸焉，未必實然也。又唐末見聞錄：「廣明二年十二月五日，黃巢傾陷京國，轉牒諸軍，」據牒云：「屯軍淮甸，牧馬潁陂。」則似在淮南時，非入長安後。又續寶運錄云：「王仙芝旣叛，自稱天補均平大將軍兼海內諸豪帥都統，傳檄諸道，」其文與此略同，末云：「願垂聽知，謹告，乾符二年正月三日。」此蓋當時不逞之士僞作此文，託於仙芝及巢以譏斥時病，未必二人實有此檄牒也。

30 詔河南諸道發兵屯溵水，泰寧節度使齊克讓屯汝州，以備黃巢。

31 辛酉，以淄州刺史曹全晸爲天平節度使、兼東面副都統。

32 劉漢宏請降；戊辰，以爲宿州刺史。考異曰：實錄：「漢宏寇擾荆、襄，王鐸遣前濠州刺史崔鍇招之，至是，始歸降。辛未，漢宏奏請於濠州倒戈歸降，優詔褒之。」按鐸奔襄陽，漢宏始掠江陵叛去。鐸尋分司，蓋未分司時遣鍇招之。又戊辰漢宏除宿州，云至是始降，是已降也。辛未又云請於濠州歸降者，朝廷聞其降，戊辰已除官，而辛未漢宏表方至也。

33 李克用自雄武軍引兵還擊高文集於朔州，李可舉遣行軍司馬韓玄紹邀之於藥兒嶺，藥兒嶺，在雄武軍西。大破之，殺七千餘人，李盡忠、程懷信皆死；盡忠、懷信，與克用同起兵於蔚、朔者也。又敗之於雄武軍之境，殺萬人。敗，補邁翻。李琢、赫連鐸進攻蔚州，李國昌戰敗，部衆皆潰，獨與克用及宗族北入達靼。宋白曰：達靼者，本東北方之夷，蓋靺鞨之部也。貞元、元和之後，奚、契丹漸盛，多爲攻劫，部衆分散，或投屬契丹，或依于勃海，漸流徙于陰山，其俗語訛，因謂之達靼。唐咸通末，有首領每相溫、于越相溫部，帳于漠南，隨草畜牧。李克用爲吐渾所困，嘗往依焉，達靼善待之。及授鴈門節度使，二相溫帥族帳以從克用，收復長安，逐黃巢於河南，皆從戰有功，由是俾牙于雲、代之間，恣其畜牧。詔以鐸爲雲州刺史、大同軍防禦使；吐谷渾白義成爲蔚州刺史；「白義成」，一作「白義誠」。薩葛米海萬爲朔州刺史；加李可舉兼侍中。

達靼本韎羯之別部也，居于陰山。歐陽修曰：韎鞨本在奚、契丹東北，後爲契丹所攻，部族分散，居陰山者自號達靼。洪景盧曰：蕃語以華言譯之，皆得其近似耳。天竺，語轉而爲捐篤、身毒；禿髮，語轉而爲吐蕃；達靼，乃韎鞨也。契丹之讀如喫，惟新唐書有音。冒頓讀如墨突，惟晉書音義有之。後數月，赫連鐸陰賂達靼，使取李國昌父子，李克用知之，時與其豪帥遊獵，置馬鞭、木葉或懸針，射之無不中，帥，所類翻；下同。射，而亦翻。中，竹仲翻。豪帥心服。又置酒與飲，酒酣，克用言曰：「吾得罪天子，願效忠而不得。今聞黃巢北來，必爲中原患，一旦天子若赦吾罪，得與公輩南向共立大功，不亦快乎！人生幾何，誰能老死沙磧邪！」達靼知無留意，乃止。赫連鐸蓋說誘達靼豪帥，以李克用父子才勇，久留達靼，必將并有其部落，故使殺之。而克用與其豪帥言，欲與之南向勤王，達靼豪帥知其志大，決不肯久居陰山，圖并其部落，彼既無圖我之心，我何苦殺之，於是遂止。

34 八月，甲午，以前西川節度使崔安潛爲太子賓客、分司。盧攜惡之也。

35 九月，東都奏：「汝州所募軍李光庭等五百人自代州還，過東都，燒安喜門，焚掠市肆，由長夏門去。」燒洛城東北門，由東南門去。

36 黃巢衆號十五萬，曹全晸以其衆六千與之戰，頗有殺獲；以衆寡不敵，退屯泗上，泗上，卽泗州。以俟諸軍至，併力擊之；而高駢竟不之救，賊遂擊全晸，破之。

37 徐州遣兵三千赴溵水，過許昌。徐卒素名凶悖，悖，蒲妹翻，又蒲沒翻。節度使薛能，自謂前鎮彭城，乾符初，能鎮徐州，今鎮許。有恩信於徐人，館之毬場。館，古玩翻。及暮，徐卒大譟，能登子城樓問之，對以供備疏闕，慰勞久之，方定；勞，力到翻。許人大懼。時忠武亦遣大將周岌詣溵水，岌，逆及翻。行未遠，聞之，夜，引兵還，比明，入城，比，必利翻。襲擊徐卒，盡殺之；且怨能之厚徐卒也，遂逐之。能將奔襄陽，亂兵追殺之，并其家。岌自稱留後。汝、鄭把截制置使齊克讓恐爲岌所襲，引兵還兗州，齊克讓本泰寧節度使，引兵還鎮。諸【章：十二行本「諸」上有「於是」二字；乙十一行本同；孔本同；張校同。】道屯溵水者皆散。黄巢遂悉衆渡淮，所過不虜掠，惟取丁壯以益兵。志在攻長安。

38 先是徵振武節度使吳師泰爲左金吾大將軍，以諸葛爽代之。先，悉薦翻。師泰見朝廷多故，使軍民上表留己。冬，十月，復以師泰爲振武節度使，以爽爲夏綏節度使。夏，戶雅翻。

39 黄巢陷申州，遂入潁、宋、徐、兗之境，所至吏民逃潰。

40 羣盜陷澧州，殺刺史李詢、判官皇甫鎮。鎮舉進士二十三上，不中第，上禮部者二十三，而不中第，可謂老於場屋矣。上，時掌翻。中，竹仲翻。詢辟之。賊至，城陷，鎮走，問人曰：「使君免乎？」曰：「賊執之矣。」鎮曰：「吾受知若此，去將何之！」遂還詣賊，竟與同死。士爲知己死，皇甫鎮有焉。科舉之設，烏足以盡天下之士哉！

資治通鑑卷第二百五十四

端明殿學士兼翰林侍讀學士太中大夫提舉西京嵩山崇福宮上柱國河內郡開國公食邑二千二百戶食實封九百戶賜紫金魚袋臣 司馬光 奉敕編集

後學天台 胡三省 音註

唐紀七十 起上章困敦（庚子）十一月，盡玄黓攝提格（壬寅）四月，凡一年有奇。

僖宗惠聖恭定孝皇帝中之上

廣明元年（庚子、八八〇）

1 十一月，河中都虞候王重榮作亂，剽掠坊市俱空。重，直龍翻。剽，匹妙翻。

2 宿州刺史劉漢宏怨朝廷賞薄，漢宏降見上卷七月。賞盜而盜怨其賞薄，彼固有以窺朝廷也。甲寅，以漢宏爲浙東觀察使。爲漢宏爲錢鏐所滅張本。

3 詔河東節度使鄭從讜以本道兵授諸葛爽及代州刺史朱玫，使南討黃巢。玫，莫杯翻。乙卯，以代北都統李琢爲河陽節度使。代北已定，李琢內徙，亦以備黃巢也。

4 初，黃巢將渡淮，豆盧瑑請以天平節鉞授巢，黃巢初求天平節，豆盧瑑欲以是中其欲。俟其到鎮討之。盧攜曰：「盜賊無厭，厭，於鹽翻。雖與之節，不能止其剽掠，剽，匹妙翻。不若急發諸道兵扼泗州，汴州節度使爲都統，賊既前不能入關，必還掠淮、浙，偸生海渚耳！」從之。既而淮北相繼告急，攜稱疾不出，考異曰：驚聽錄曰：「宰臣豆盧瑑奏：『緣淮南九驛便至泗州，恐高駢固守城壘，不遮截大寇；黄巢必若過淮，落寇之計。又徵兵不及，須且誘之，請降節旄，授鄆州節度使，候其至止，討亦不難。』宰臣盧攜言之不可，奏以『黄巢爲國之患久矣，昨與江西節制，擁節而行，攻劫荆南。卻奪其節，但徵諸道驍勇，把截泗州。』因此不發內使，罷建雙旌，乃發使臣諸道而去。尋汴州、徐州兩道告急到京，報黄巢過淮，盧攜託疾不出。」按朝廷未嘗以江西節與巢；借使與之，安可復奪！此驚聽錄不足信也。京師大恐。庚申，東都奏黄巢入汝州境。

5 辛酉，以王重榮權知河中留後，以河中節度使同平章事李都爲太子少傅。以王重榮作亂不能制，故召李都，以河中授之。

6 汝鄭把截制置都指揮使齊克讓奏黄巢自稱天補大將軍，轉牒諸軍云，「各宜守壘，勿犯吾鋒！吾將入東都，卽至京邑，自欲問罪，無預衆人。」言自欲問罪於朝廷，於衆人無預也。上召宰相議之。豆盧瑑、崔沆請發關內諸鎮及兩神策軍守潼關。壬戌，日南至。上開延英，對宰相泣下。大盜將至，無以禦之，君相相對灑泣，果何益哉！觀軍容使田令孜奏：「請選左右神策軍弓弩手守潼關，臣自爲都指揮制置把截使。」上曰：「侍衛將士，不習征戰，恐未足用。」令孜曰：「昔安祿山搆逆，玄宗幸蜀以避之。」崔沆曰：「祿山衆纔五萬，比之黃巢，不足言矣。」豆盧瑑曰：「哥舒翰以十五萬衆不能守潼關，事見玄宗、肅宗紀。今黃巢衆六十萬，而潼關又無哥舒之兵。若令孜爲社稷計，三川帥臣皆令孜腹心，謂陳敬瑄、楊師立、牛勗也。帥，所類翻。比於玄宗則有備矣。」上不懌，僖宗雖曰童昏，此時此意，豈不知高枕京邑之爲樂，越在草莽之爲可憂也哉！禍至而後憂之，則無及矣。古之明主居安而思危，所以能常有其安也。謂令孜曰：「卿且爲朕發兵守潼關。」爲，于僞翻。是日，上幸左神策軍，親閱將士。令孜薦左軍馬軍將軍張承範、右軍步軍將軍王師會、左軍兵馬使趙珂。珂，丘何翻。上召見三人，見，賢遍翻。以承範爲兵馬先鋒使兼把截潼關制置使，師會爲制置關塞糧料使，珂爲句當寨柵使，句，古候翻。當，丁浪翻。令孜爲左右神策軍內外八鎭及諸道兵馬都指揮制置招討等使，飛龍使楊復恭爲副使。

癸亥，齊克讓奏：「黃巢已入東都境，臣收軍退保潼關，於關外置寨。將士屢經戰鬬，久乏資儲，州縣殘破，人煙殆絕，東西南北不見王人，凍餒交逼，兵械刓弊，刓，吾官翻，鈍也。各思鄉閭，恐一旦潰去，乞早遣資糧及援軍。」上命選兩神策弩手得二千八百人，令張承範等將以赴之。將，卽亮翻。

丁卯，黃巢陷東都，留守劉允章帥百官迎謁；巢入城，勞問而已，帥，讀曰率。勞，力到翻。閭里晏然。允章，迺之曾孫也。劉迺見二百三十卷德宗興元元年。允章可謂忝厥祖矣。田令孜奏募坊市人數千以補兩軍。

辛未，陝州奏東都已陷。壬申，以田令孜爲汝、洛、晉、絳、同、華都統，將左、右軍東討。左、右神策軍。陝，失冉翻。華，戶化翻。是日，賊陷虢州。九域志：虢州東北至陝州八十五里。

7以神策將羅元杲爲河陽節度使。羅元杲亦田令孜之腹心。

8以周岌爲忠武節度使。周岌既殺薛能，遂以忠武節授之。岌，逆及翻。初，薛能遣牙將上蔡秦宗權調發至蔡州，調，徒弔翻。自元和末，廢彰義軍，以蔡州屬忠武軍，故得而調發之。聞許州亂，託云赴難，難，乃旦翻。選募蔡兵，遂逐刺史，據其城。及周岌爲節度使，卽以宗權爲蔡州刺史。爲秦宗權以蔡州稱兵僭號張本。

9乙亥，張承範等將神策弩手發京師。將，卽亮翻。神策軍士皆長安富家子，賂宦官竄名軍籍，厚得稟賜，稟，給也。稟賜，猶言給賜也。但華衣怒馬，怒馬者，鞭之以發其怒而疾馳也。憑勢使氣，未嘗更戰陳；更，工衡翻。陳，讀曰陣。聞當出征，父子聚泣，多以金帛雇病坊貧人代行，唐置病坊於京城以養病人。會要：開元五年，宋璟等奏：「悲田病坊，從長安已來置使專知，乞罷之。」至二十二年，京城乞兒有疾病，分置諸寺病坊。至德二年，兩京市各置普救病坊。病坊之置，其來久矣。往往不能操兵。操，七刀翻。是日，上御章信門樓臨遣之。考異曰：新傳曰：「帝餞令孜章信門，賚遺豐優。」按令孜雖爲招討都統，賜節賚物，其實不離禁闥，是日所遣者承範等耳。新傳云餞令孜，誤也。承範進言：「聞黃巢擁數十萬之衆，鼓行而西，齊克讓以飢卒萬人依託關外，復遣臣以二千餘人屯於關上，又未聞爲饋餉之計，以此拒賊，臣竊寒心。願陛下趣諸道精兵早爲繼援。」趣，讀曰促。上曰：「卿輩第行，兵尋至矣！」丁丑，承範等至華州。會刺史裴虔餘徙宣歙觀察使，軍民皆逃入華山，城中索然，華，戶化翻。索，昔各翻。州庫唯塵埃鼠迹，賴倉中猶有米千餘斛，軍士裹三日糧而行。

十二月，庚辰朔，承範等至潼關，搜菁中，菁中，草茂密處也。史炤曰：林菁。得村民百許，使運石汲水，爲守禦之備；與齊克讓軍皆絕糧，士卒莫有鬭志。是日，黃巢前鋒軍抵關下，白旗滿野，不見其際，克讓與戰，賊小卻，俄而巢至，舉軍大呼，聲振河、華。呼，火故翻。華，戶化翻。華山臨河。言黃巢軍聲之盛，撼振河山也。克讓力戰，自午至酉始解，士卒飢甚，遂諠譟，燒營而潰，克讓走入關。關左有谷，平日禁人往來，以榷征稅，榷，訖岳翻。謂之「禁阬」。賊至倉猝，官軍忘守之，忘，巫放翻。潰兵自谷而入，谷中灌木壽藤茂密如織，灌木，叢生之木。壽藤，卽今之萬歲藤。一夕踐爲坦塗。承範盡散其輜囊以給士卒，輜囊，謂輜重、囊橐也。輜重，隨軍之物。囊橐，私裝也。遣使上表告急，稱：「臣離京六日，離，力智翻。甲卒未增一人，餽餉未聞影響。到關之日，巨寇已來，以二千餘人拒六十萬衆，外軍飢潰，蹋開禁阬。蹋，與踏同。臣之失守，鼎鑊甘心；朝廷謀臣，愧顏何寄！或聞陛下已議西巡，謂議幸蜀。苟鑾輿一動，則上下土崩。臣敢以猶生之軀奮冒死之語，願與近密及宰臣熟議，【章：十二行本「議」下有「未可輕動」四字；乙十一行本同；孔本同；張校同。】近密，謂兩中尉、兩樞密。急徵兵以救關防，則高祖、太宗之業庶幾猶可扶持，幾，居依翻。使黃巢繼安祿山之亡，微臣勝哥舒翰之死！」

辛巳，賊急攻潼關，承範悉力拒之，自寅及申，關上矢盡，投石以擊之。關外有天塹，賊驅民千餘人入其中，掘土填之，塹，七豔翻。掘，其月翻。填，亭年翻。須臾，即平，引兵而度。夜，縱火焚關樓俱盡。承範分兵八百人，使王師會守禁阬，比至，比，必利翻。賊已入矣。壬午旦，賊夾攻潼關，關上兵皆潰，師會自殺，承範變服帥餘衆脫走。至野狐泉，遇奉天援兵二千繼至，承範曰：「汝來晚矣！」博野、鳳翔軍還至渭橋，博野軍，即穆宗長慶二年李寰帥以歸京師之兵也，見二百四十二卷。帥，讀曰率。見所募新軍衣裘溫鮮，新軍，即田令孜所募坊市人以補兩軍者也。怒曰：「此輩何功而然，我曹反凍餒！」遂掠之，更爲賊鄉導，鄉，讀曰嚮。以趣長安。趣，七喻翻。賊之攻潼關也，朝廷以前京兆尹蕭廩爲東道轉運糧料使；廩稱疾，請休官，貶賀州司戶。賀州，漢蒼梧郡之臨賀縣，吳置臨賀郡，唐置賀州，京師東南四千一百三十里。

黃巢入華州，留其將喬鈐守之。鈐，其廉翻。河中留後王重榮請降於賊。降，戶江翻。癸未，制以巢爲天平節度使。

甲申，以翰林學士承旨、尚書左丞王徽爲戶部侍郎，翰林學士、戶部侍郎裴澈爲工部侍郎，並同平章事。以盧攜爲太子賓客、分司。田令孜聞黃巢已入關，恐天子責己，乃歸罪於攜而貶之，薦徽、澈爲相。是夕，攜飲藥死。澈，休之從子也。裴休見二百四十九卷宣宗大中六年。

百官退朝，聞亂兵入城，布路竄匿。布路，分路也。朝，直遙翻。令孜帥神策兵五百奉帝自金光門出，帥，讀曰率；下同。長安城西面三門，北來第一門曰開遠門，第二門曰金光門，第三門曰延平門。惟福、穆、澤、壽四王及妃嬪數人從行，從，才用翻；下皆同。百官皆莫知之。上奔馳晝夜不息，從官多不能及。車駕既去，軍士及坊市民競入府庫盜金帛。

晡時，黃巢前鋒將柴存入長安，金吾大將軍張直方帥文武數十人迎巢於霸上。巢乘金裝肩輿，其徒皆被髮，約以紅繒，衣錦繡，執兵以從，甲騎如流，輜重塞塗，被，皮義翻。衣，於既翻。騎，奇寄翻。重，直龍翻。塞，悉則翻。千里絡繹不絕。民夾道聚觀，尚讓歷諭之曰：「黃王起兵，本爲百姓，爲，于僞翻。非如李氏不愛汝曹，汝曹但安居無恐。」巢館于田令孜第，其徒爲盜久，不勝富，館，古玩翻。勝，音升。見貧者，往往施與之。施，式豉翻。居數日，各出大掠，焚市肆，殺人滿街，巢不能禁；尤憎官吏，得者皆殺之。

上趣駱谷，趣，七喻翻。鳳翔節度使鄭畋謁上於道次，考異曰：續寶運錄：「戊子，帝至駱谷壻水驛，乃下詔與牛頊、楊師立、陳敬瑄，云今月七日，已次駱谷壻水驛。」按此月庚辰朔，戊子九日，而詔云七日，「九」誤爲「七」也。實錄：「辛卯，車駕次鳳翔，鄭畋候謁於路。」舊畋傳云候駕於斜谷。新紀：「辛卯，次鳳翔。丁酉，至興元。」按甲申上離長安，辛卯始次鳳翔，太緩，丁酉已至興元，太速。又路出駱谷則不過鳳翔及斜谷。蓋車駕涉鳳翔之境，而敀往見耳，非鳳翔與斜谷也。實錄：「賊以數萬衆西追車駕。」而不言追不及，又不言爲誰所拒而還。諸書皆無之。今不取。請車駕留鳳翔。上曰：「朕不欲密邇巨寇，且幸興元，徵兵以圖收復。卿東扞賊鋒，西撫諸蕃，糾合鄰道，勉建大勳。」敀曰：「道路梗澁，奏報難通，請得便宜從事。」許之。戊子，上至壻水，九域志：洋州興道縣有壻水鎮，相傳云仙人唐公昉盡室升天，其壻不得偕升，遂以名水；誕矣。詔牛勗、楊師立、陳敬瑄，諭以京城不守，且幸興元，若賊勢猶盛，將幸成都，宜豫爲備擬。

庚寅，黄巢殺唐宗室在長安者無遺類。辛卯，巢始入宮。壬辰，巢卽皇帝位于含元殿，畫皁繒爲袞衣，擊戰鼓數百以代金石之樂。登丹鳳樓，下赦書；國號大齊，改元金統。謂廣明之號，去唐下體而著黄家日月，以爲己符瑞。著，側略翻。言「唐」字去「庚」「口」而著「黄」字爲「廣」字，合「日」「月」爲「明」字也。唐官三品以上悉停任，四品以下位如故。以妻曹氏爲皇后。考異曰：實錄、巢傳，立妻曲氏爲皇后。今從新傳。以尚讓爲太尉兼中書令，趙璋兼侍中，崔璆、楊希古並同平章事，孟楷、蓋洪爲左右僕射、知左右軍事，蓋，古盍翻。黄巢自以其軍分左右耳。費傳古爲樞密使。費，父沸翻，姓也。以太常博士皮日休爲翰林學士。陸游老學菴筆記曰：該聞錄言皮日休陷黄巢爲翰林學士，巢敗，被誅；今唐書取其事。按尹師魯作大理寺丞皮子良墓誌稱：「曾祖日休，避廣明之難，徙籍會稽，依錢氏，官太常博士，贈禮部尚書。祖光業，爲吳越丞相。父璨，爲元帥府判官。三世皆以文雄江東。」據此，則日休未嘗陷黄巢爲其翰林學士被誅也。小說謬妄，無所不有。師魯文章傳世，且剛正有守，非欺後世者。璆，郃之子也，【嚴改「郊」爲「郾」】崔郊，郾之兄也，德宗朝爲右補闕，嘗論裴延齡，有直聲。「子」恐當作「孫」。時罷浙東觀察使，在長安，巢得而相之。璆之在浙東也，固與巢信使往來，又爲之表奏朝廷。

諸葛爽以代北行營兵屯櫟陽，黄巢將碭山朱溫屯東渭橋，碭山，在漢碭縣界，後魏置安陽縣，治麻城，隋開皇十八年改名碭山，唐屬宋州。九域志：在單州東南九十里。碭，徒郎翻。朱溫始此。巢使溫誘說之，說，式芮翻。爽遂降於巢。溫少孤貧，與兄昱、存隨母王氏依蕭縣劉崇家，崇數笞辱之，按五代史，溫凶悍無賴，崇患太祖慵惰不作業，數笞責之。獨崇母憐之，時時自爲櫛沐，戒家人曰：「朱三非常人也，宜善遇之。」數，所角翻。崇母獨憐之，戒家人曰：「朱三非常人也，汝曹善遇之。」朱溫第三。巢以諸葛爽爲河陽節度使，爽赴鎮，羅元杲發兵拒之，士卒皆棄甲迎爽，元杲逃奔行在。

11 鄭畋還鳳翔，召將佐議拒賊，皆曰：「賊勢方熾，宜且從容以俟兵集，從，千容翻。從容，舒徐不迫之貌。言欲以緩圖之。乃圖收復。」畋曰：「諸君勸畋臣賊乎！」因悶絶仆地，甃傷其面，鄭畋以將佐怠於勤王，忠憤之氣一時鬱勃，至於悶絶而僵仆於地，故甃傷其面。甃，則救翻，甓也。自午至明旦，尚未能言。會巢使者以赦書至，監軍袁敬柔與將佐序立宣示，代畋草表署名以謝巢。監軍與巢使者宴，樂奏，將佐以下皆哭；使者怪之，幕客孫儲曰：「以相公風痹不能來，故悲耳。」痹，必至翻。民間聞者無不泣。畋聞之曰：「吾固知人心尚未厭唐，賊授首無日矣！」乃刺指血爲表，遣所親間道詣行在，刺，七亦翻；下同。間，古莧翻。召將佐諭以逆順，皆聽命，復刺血與盟，復，扶又翻。　然後完城塹，繕器械，訓士卒，密約鄰道合兵討賊，鄰道皆許諾發兵，會於鳳翔。　時禁兵分鎮關中者尚數萬，禁兵分鎮關中，卽神策八鎮兵也。　聞天子幸蜀，無所歸，畋使人招之，皆往從畋，畋分財以結其心，軍勢大振。

12 丁酉，車駕至興元，詔諸道各出全軍收復京師。悉所統之軍皆行，謂之全軍。

13 己亥，黃巢下令，百官詣趙璋第投名銜者，復其官。名銜，題官位姓名也。　豆盧瑑、崔沆及左僕射于琮、右僕射劉鄴、太子少師裴諗、御史中丞趙濛、刑部侍郎李溥、京兆尹李湯扈從不及，匿民間，巢搜獲，皆殺之。　廣德公主曰：「我唐室之女，誓與于僕射俱死！」執賊刃不置，賊幷殺之。　發盧攜尸，戮之於市。　將作監鄭綦、庫部郎中鄭係義不臣賊，舉家自殺。唐屢更喪亂，至于廣明，舉家殉國猶不乏人，恩義有結之素也。　左金吾大將軍張直方雖臣於巢，多納亡命，匿公卿於複壁；巢殺之。

14 初，樞密使楊復恭薦處士河間張濬，拜太常博士，處，昌呂翻。　遷度支員外郎。　黃巢逼潼關，濬避亂商山。　上幸興元，道中無供頓，漢陰令李康以騾負糗糧數百馱獻之，漢陰，漢中安陽縣地，晉武帝改爲安康縣，唐至德二載更名漢陰縣，屬金州。九域志：在州西北一百六十五里。　馱，徒何翻。　以驢馬負物爲馱。　唐遞馱，每馱一百斤。　從行軍士始得食。　上問康：「卿爲縣令，何能如是？」對曰：「臣不及此，乃張濬員外教臣。」上召濬詣行在，拜兵部郎中。唐諸司郎中，從五品上；員外郎，從六品上。

15義武節度使王處存聞長安失守，號哭累日，號，戶高翻。不俟詔命，舉軍入援，遣二千人間道詣興元衛車駕。

16黃巢遣使調發河中，調，徒釣翻。前後數百人，吏民不勝其苦。勝，音升。王重榮謂衆曰：「始吾屈節以紓軍府之患，屈節，謂臣賊也。紓，商居翻，緩也。今調財不已，又將徵兵，吾亡無日矣！不如發兵拒之。」衆皆以爲然，乃悉驅巢使者殺之。巢遣其將朱溫自同州，弟黃鄴自華州，合兵擊河中，重榮與戰，大破之，獲糧仗四十餘船，遣使與王處存結盟，引兵營於渭北。考異曰：舊王處存傳曰：「時李都守河中，降賊。會王重榮斬僞使，通使於處存，乃同盟誓，營於渭北。時巢賊僭號，天下藩鎮多受其僞命，惟鄭畋守鳳翔，鄭從讜守太原，處存、王重榮首倡義舉。俄而鄭畋破賊前鋒，王鐸自行在至，故諸鎮翻然改圖，以出勤王之師。」按鐸中和二年始至，於時未也。王重榮傳曰：「初，重榮爲河中馬步都虞候，巢賊據長安，蒲帥李都不能拒，稱臣於賊，賊僞授重榮節度副使。重榮以賊徵求無已，欲拒之，都曰：『吾兵微力寡，絕之立見其患，願以節鉞假公。』翌日，都歸行在，重榮知留後事，乃斬賊使，求援鄰藩。」北夢瑣言曰：「重榮始爲牙將，黃巢犯闕，元戎李都奉僞，畏重榮黨附者多，因薦爲副使。一日，忽謂都曰：『令公助賊，陷一邦於不忠，而又日加箕斂，衆口紛紜，倏忽變生，何以遏也？』遽命斬其僞使。都無以對，因以軍印授重榮而去。及都至行在，朝廷又以前京兆尹竇潏間道至河中代都，重榮迎之。潏前爲京兆尹，有慘酷之名，時謂之『堁疊』。及至，翌日，進軍校于庭，謂曰：『天子命重臣作鎮將，遏賊衝，安可輕議斥逐令北門出乎！且爲惡者必一兩人而已，爾等可言之。』潏不知軍校皆重榮之親黨也，衆皆不對。重榮乃屏肅佩劍歷階而上，謂濡曰：『爲惡者非我而誰！』遂召濡之僕吏控馬及階，請依李都前例，乃云『速去！』濡不敢仰視，躍馬復由北門而出。」新傳取之。按十一月辛亥朔，重榮已作亂，掠坊市。辛酉，以重榮爲留後，都爲太子少傅，則都已去河中矣。及黃巢犯闕，都何嘗奉僞，亦未嘗聞以濡代都。今不取。

17 陳敬瑄聞車駕出幸，遣步騎三千奉迎，表請幸成都。時從兵浸多，興元儲偫不豐，偫，丈里翻。田令孜亦勸上；上從之。

中和元年（辛丑、八八一）是年七月方改元。

1 春，正月，車駕發興元。加牛勗同平章事。陳敬瑄以扈從之人驕縱難制，從，才用翻。有內園小兒先至成都，唐時給役於坊廐及內園者，皆謂之小兒。遊於行宮，笑曰：「人言西川是蠻，今日觀之，亦不惡！」敬瑄執而杖殺之，考異曰：新傳曰：「敬瑄殺五十人，尸諸衢。」錦里耆舊傳曰：「有內園小兒三箇連手行遶行宮，數內一人笑云云。巡者亂打，執之。敬瑄咄之曰：『今日且欲棒殺汝三五十輩，必不令錯。』」按三五十輩者，敬瑄語也，非實殺五十人也。新傳誤。由是衆皆肅然。敬瑄迎謁於鹿頭關。辛未，上至綿州，東川節度使楊師立謁見。東川治梓州，北至綿州一百六十八里。見，賢遍翻。壬申，以兵部侍郞、判度支蕭遘同平章事。

2 鄭畋約前朔方節度使唐【章：十二行本「唐」作「田」；乙十一行本同；孔本同；退齋校同。】弘夫、涇原節度使程宗楚同討黃巢。巢遣其將王暉齎詔召畋，畋斬之，遣其子凝績詣行在，凝績追及上於漢州。自綿州西南至漢州一百九十里。

3丁丑，車駕至成都，自漢州西南至成都八十五里。館於府舍。館，古玩翻。就西川府舍爲行宮。

4上遣【章：十二行本「遣」下有「中」字；乙十一行本同；孔本同；張校同。】使趣高駢討黃巢，趣，讀曰促。道路相望，駢終不出兵。上至蜀，猶冀駢立功，詔駢巡內刺史及諸將有功者，自監察至常侍，聽以墨敕除訖奏聞。

5裴澈自賊中奔詣行在。時百官未集，乏人草制，右拾遺樂朋龜謁田令孜而拜之，由是擢爲翰林學士。張濬先亦拜令孜。令孜嘗召宰相及朝貴飲酒，朝，直遙翻。濬恥於衆中拜令孜，乃先謁令孜謝酒。及賓客畢集，令孜言曰：「令孜與張郎中清濁異流，嘗蒙中外，中外，謂與之相表裏。既處玷辱，何憚改更，更，工衡翻。今日於隱處謝酒則又不可。」濬慚懼無所容。

6二月，乙【嚴：「乙」改「己」。】卯朔，以太子少師王鐸守司徒兼門下侍郎、同平章事。

7丙申，加鄭畋同平章事。

8加淮南節度使高駢東面都統，加河東節度使鄭從讜兼侍中，依前行營招討使。代北監軍陳景思考異曰：實錄作「景斯」，今從薛居正五代史。帥沙陀酋長李友金及薩葛、安慶、吐谷渾諸部入援京師。帥，讀曰率。酋，慈由翻。長，知兩翻。薩，桑葛翻。至絳州，將濟河；絳州刺史瞿稹，亦沙陀也，瞿，權俱翻。稹，止忍翻。謂景思曰：「賊勢方盛，未可輕進，不若且還代北募兵。」遂與景思俱還鴈門。

9 以樞密使楊復光爲京西南面行營都監。

10 黃巢以朱溫爲東南面行營都虞候，將兵攻鄧州；三月，辛亥，陷之，執刺史趙戒，【章：十二行本「戒」作「戎」；乙十一行本同；孔本同；退齋校同。】因戍鄧州以扼荆、襄。九域志：鄧州南至襄州一百八十里，襄州南至荆州四百五十七里。

11 壬子，加陳敬瑄同平章事。甲寅，敬瑄奏遣左黃頭軍使李鋋將兵擊黃巢。西川黃頭軍，崔安潛所置也，事始見上卷乾符六年。鋋，時延翻。

12 辛酉，以鄭畋爲京城四面諸軍行營都統。賜畋詔：「凡蕃、漢將士赴難有功者，難，乃旦翻。並聽以墨敕除官。」畋奏以涇原節度使程宗楚爲副都統，前朔方節度使唐弘夫爲行軍司馬。黃巢遣其將尚讓、王播帥衆五萬寇鳳翔，「王播」，新書作「王璠」。畋使弘夫伏兵要害，自以兵數千，多張旗幟，疏陳於高岡。陳，讀曰陣。賊以畋書生，輕之，鼓行而前，無復行伍，行，戶剛翻。伏發，賊大敗於龍尾陂，新、舊書皆作「龍尾坡」，惟舊紀作「陂」。鳳翔府岐山縣，唐初治張堡，武德七年移治龍尾城，在平陽故城之東北。斬首二萬餘級，伏尸數十里。

13 有書尚書省門爲詩以嘲賊者，尚讓怒，應在省官及門卒，悉抉目倒懸之；抉，於決翻。大索城中能爲詩者，索，山客翻。盡殺之，識字者給賤役，凡殺三千餘人。

14瞿稹、李友金至代州，募兵踰旬，得三萬人，皆北方雜胡，屯於崞西，代州崞縣之西也。崞，音郭。獷悍暴横，獷，古猛翻。悍，下罕翻，又侯幹翻。横，戶孟翻。稹與友金不能制。友金乃說陳景思曰：說，式芮翻。「今雖有衆數萬，苟無威信之將以統之，終無成功。吾兄司徒父子，勇略過人，爲衆所服；驃騎誠奏天子赦其罪，召以爲帥，李國昌以平龐勛功檢校司徒。驃騎，唐制武散階極品。唐自高力士以來，宦官多官至驃騎，故以稱景思。則代北之人一麾響應，狂賊不足平也！」景思以爲然，遣使詣行在言之；詔如所請。友金以五百騎齎詔詣達靼迎之，李克用入達靼，見上卷廣明元年。李克用帥達靼諸部萬人赴之。考異曰：實錄：「陳景斯齎詔入達靼召李克用，軍屯蔚州。克用因大掠鴈門以北軍鎮。」薛居正五代史：「先是，景思與李友金發沙陀諸部五千騎南赴京師。友金，卽武皇之族父也。中和元年二月，友金軍至絳州，將渡河，刺史瞿稹謂景思曰：『巢賊方盛，不如且還代北，徐圖利害。』四月，友金旋軍鴈門，瞿稹至代州，半月之間，募兵三萬，營於崞縣之西，其軍皆北邊五部之衆，不閑軍法，瞿稹、李友金不能制。友金謂景思云云，景思然之，促奏行在。天子乃以武皇爲鴈門節度使，仍令以本軍討賊。李友金發五百騎齎詔召武皇於達靼，武皇卽帥達靼諸部萬人趨鴈門。」按景思請赦國昌父子，而獨克用至者，蓋國昌已老，獨使克用來耳。是歲，克用但攻掠太原，又陷忻、代二州。明年十二月，始自忻、代留後除鴈門節度使。蓋此際止赦其罪，復爲大同防禦使。及陷忻、代，自稱留後，朝廷再召之，始除鴈門。薛史誤也。新表：「中和二年，以河東忻、代二州隸鴈門節度，更大同節度爲鴈門節度，治代州。」此其證也。

15羣臣追從車駕者稍集成都，南北司朝者近二百人，朝，直遙翻。近，其靳翻。諸道及四夷貢獻不絕，蜀中府庫充實，與京師無異，賞賜不乏，士卒欣悅。

16 黃巢得王徽，逼以官，徽陽瘖，不從；月餘，逃奔河中，遣人間道奉絹表詣行在。間，古莧翻。詔以徽爲兵部尚書。

17 前夏綏節度使諸葛爽復自河陽奉表自歸，去年黃巢入關，諸葛爽降之。即以爲河陽節度使。

18 宥州刺史拓跋思恭，開元十六年，以六胡州殘人置宥州，乾元元年，理經略軍，後移治長澤縣。長澤，漢朔方郡三封縣地。考異曰：歐陽修五代史作「拓跋思敬」，意謂薛史避國諱耳。按舊唐書、實錄皆作「思恭」。實錄：「天復二年九月，武定軍節度使李思敬以城降王建。思敬本姓拓跋，鄜夏節度使思恭、保大節度使思孝之弟也。思孝致仕，以思敬爲保大留後，遂升節度，又徙武定軍。」新唐書党項傳曰：「思恭爲定難節度使，卒，弟思諫代爲節度。思孝爲保大節度，以老，薦弟思敬爲保大留後，俄爲節度。」然則思恭、思敬乃是兩人。思敬後附李茂貞，或賜國姓，故更姓李。修合以爲一人，誤也。本党項羌也，新書：党項以姓別爲部落，而拓跋氏最強。糾合夷、夏兵會鄜延節度使李孝昌於鄜州，同盟討賊。夏，戶雅翻。鄜，音夫。

奉天鎮使齊克儉遣使詣鄭畋求自效。甲子，畋傳檄天下藩鎮，合兵討賊。時天子在蜀，詔令不通，天下謂朝廷不能復振，及得畋檄，爭發兵應之。賊懼，不敢復窺京西。復，扶又翻。

19 夏，四月，戊寅朔，加王鐸兼侍中。

20以拓跋思恭權知夏綏節度使。爲拓跋氏強盛遂跨據西夏張本。

21黃巢以其將王玫爲邠寧節度使，邠州通塞鎭將朱玫起兵誅之，玫，莫杯翻。讓別將李重古爲節度使，自將兵討巢。

是時，唐弘夫屯渭北，王重榮屯沙苑，王處存屯渭橋，拓跋思恭屯武功，鄭畋屯盩厔。弘夫乘龍尾之捷，進薄長安。

壬午，黃巢帥衆東走，程宗楚先自延秋門入，長安苑城有門，西出謂之延秋門。弘夫繼至，處存帥銳卒五千夜入城。帥，讀曰率；下同。坊市民喜，爭讙呼出迎官軍，讙，讀曰喧。或以瓦礫擊賊，礫，狼狄翻。或拾箭以供官軍。宗楚等恐諸將分其功，不報鳳翔、鄜夏，句斷。軍士釋兵入第舍，掠金帛、妓妾。妓，渠綺翻。處存令軍士繫白繻爲號，繻，詢趨翻，繒頭也；以約髮謂之頭繻。坊市少年或竊其號以掠人。賊露宿霸上，宿無室廬曰露宿。詗知官軍不整，詗，翾正翻，又火迥翻。且諸軍不相繼，引兵還襲之，自諸門分入，大戰長安中，宗楚、弘夫死，考異曰：舊紀、傳、新傳皆云弘夫敗在二年二月，驚聽錄、唐年補錄、新紀、實錄皆在此年四月。新紀日尤詳，今從之。軍士重負不能走，是以甚敗，死者什八九。處存收餘衆還營。

丁亥，巢復入長安，怒民之助官軍，縱兵屠殺，流血成川，謂之洗城。於是諸軍皆退，賊勢愈熾。

賊所署同州刺史王溥、華州刺史喬謙、商州刺史宋巖聞巢棄長安，皆率衆奔鄧州，朱溫斬溥、謙，釋巖，使還商州。

22 庚寅，拓跋思恭、李孝昌與賊戰於土【章：十二行本「土」作「王」；乙十一行本同；孔本同；熊校同。】橋，不利。

23 詔以河中留後王重榮爲節度使。

24 賊衆上黄巢尊號曰承天應運啓聖睿文宣武皇帝。

25 有雙雉集廣陵府舍，占者以爲野鳥來集，城邑將空之兆。高駢惡之，惡，烏路翻。乃移檄四方，云將入討黄巢，悉發巡内兵八萬，舟二千艘，旌旗甲兵甚盛。五月，乙【章：十二行本「乙」作「己」；乙十一行本同；孔本同；張校同。】未，出屯東塘。東塘，在今揚州城東，即今灣頭至宜陵一帶塘岸也。艘，蘇遭翻。考異曰：妖亂志曰：「自五月十二日出東塘，至九月六日歸府，九十餘日，禳雉雊之變也。」按五月十二日至九月六日，乃是一百六十三日，非九十餘日。今從舊傳。諸將數請行期，數，所角翻。駢託風濤爲阻，或云時日不利，竟不發。

26 李克用牒河東，稱奉詔將兵五萬討黄巢，令具頓遞，緣道設酒食以供軍爲頓，置郵驛爲遞。鄭從讜閉城以備之。克用屯於汾東，從讜犒勞，犒，口到翻。勞，力到翻。給其資糧，累日不發。克用自至城下大呼，呼，火故翻。求與從讜相見，從讜登城謝之。癸亥，復求發軍賞給，復，扶又翻。從讜以錢千緡、米千斛遺之。遺，唯季翻。甲子，克用縱沙陀剽掠居民，剽，匹妙翻。城中大駭。從讜求救於振武節度使契苾璋，契，期訖翻。璋引突厥、吐谷渾救之，破沙陀兩寨，克用追戰至晉陽城南，璋引兵入城，沙陀掠陽曲、榆次而歸。

27 黃巢之克長安也，忠武節度使周岌降之。去年十一月授周岌忠武節，十二月而黃巢克長安。岌嘗夜宴，急召監軍楊復光，先是以楊復光爲忠武監軍，屯鄧州，扼賊右衝。巢既陷長安，遣朱溫屯鄧州，復光遂至許州依周岌，故召之夜宴。左右曰：「周公臣賊，將不利於內侍，不可往。」唐內侍省以內侍監爲之長，內侍爲貳，故左右以稱復光。復光曰：「事已如此，義不圖全。」卽詣之。酒酣，岌言及本朝，朝，直遙翻。復光泣下，良久，曰：「丈夫所感者恩義耳！公自匹夫爲公侯，柰何捨十八葉天子而臣賊乎！」自高祖至僖宗十八世。岌亦流涕曰：「吾不能獨拒賊，故貌奉而心圖之。今日召公，正爲此耳。」爲，于僞翻。因瀝酒爲盟。史炤曰：以酒滴瀝也。是夕，復光遣其養子守亮殺賊使者於驛。

時秦宗權據蔡州，不從岌命，復光將忠武兵三千詣蔡州，說宗權同舉兵討巢。說，式芮翻。宗權遣其將王淑將兵三千從復光擊鄧州，逗留不進，復光斬之，併其軍，分忠武八千人爲八都，遣牙將鹿晏弘、晉暉、王建、韓建、張造、李師泰、龐從等八人將之。考異曰：劉恕十國紀年上云八都，而下止有王建等七人姓名，諸書不可考故也。王建始此。王建，舞陽人；韓建，長社人；

晏弘、暉、造、師泰，皆許州人也。復光帥八都與朱溫戰，敗之，帥，讀曰率。敗，補邁翻。遂克鄧州，逐北至藍橋而還。藍橋，在藍田關南。還，從宣翻，又如字。

28 昭義節度使高潯會王重榮攻華州，克之。

29 六月，戊戌，以鄭畋爲司空兼門下侍郎、同平章事，都統如故。

30 李克用遇大雨，【章：十二行本「雨」下有「己亥」二字；乙十一行本同；孔本同；張校同。】引兵北還，陷忻、代二州，因留居代州。考異曰：唐末見聞錄：「六月三十日，沙陀軍卻回，收卻忻、代州。」太祖紀年錄：「遇大雨，六月二十三日，班師鴈門。」薛居正五代史與紀年錄同。按忻、代先屬河東，中和二年始割隸鴈門。今從見聞錄、實錄。鄭從讜遣教練使論安等軍百井以備之。

31 邠寧節度副使朱玫屯興平，興平縣，在長安西八十五里。余靖曰：周丈丘，今之興平。黄巢將王播【嚴：「播」改「璠」。】圍興平，玫退屯奉天及龍尾陂。

32 西川黄頭軍使李鋋將萬人，鞏咸將五千人鞏，姓也。周卿士鞏簡公，晉大夫鞏朔。屯興平，爲二寨，與黄巢戰，屢捷；陳敬瑄遣神機營使高仁厚將二千人益之。神機營，亦崔安潛置，事見上卷乾符六年。

33 秋，七月，丁巳，改元，赦天下。改元中和。

34 庚申，以翰林學士承旨、兵部侍郎韋昭度同平章事。

35 論安自百井擅還，鄭從讜不解韡衫斬之，滅其族。韡，與靴同。考異曰：唐末見聞録：「六月三十日，沙陀收卻忻、代州，使司差教練使論安、軍使王蟾、高弁、回鶻、吐蕃等軍於百井下寨守禦。當月內，論安等拔寨，卻迴到府。」按當月內，即三十日也。一日之中，不容有爾許事，必非也。又曰：「至七月十四日，相公排飯大將等，於坐上把起論安，不脱靴，於毬場內處置，族滅其家。又差都頭溫漢臣將兵依前於百井下寨。當月內，契苾尚書領兵馬卻歸振武。」今從之。更遣都頭溫漢臣將兵屯百井。契苾璋引兵還振武。

36 初，車駕至成都，蜀軍賞錢人三緡。田令孜爲行在都指揮處置使，每四方貢金帛，輒頒賜從駕諸軍無虛日，【章：十二行本「日」作「月」；乙十一行本同；孔本同；熊校同。】不復及蜀軍，復，扶又翻。蜀軍頗有怨言。丙寅，令孜宴土客都頭，土軍，蜀軍。客軍，從駕諸軍。唐之中世，以諸軍總帥爲都頭。至其後也，一部之軍謂之一都，其部帥呼爲都頭。以金杯行酒，因賜之，諸都頭皆拜而受。西川黃頭軍使郭琪獨不受，起言曰：「諸將月受俸料，豐贍有餘，常思難報，豈敢無厭！俸，扶用翻。厭，於鹽翻。顧蜀軍與諸軍同宿衞，而賞賚懸殊，頗有觖望，觖，古穴翻，怨望。恐萬一致變。願軍容減諸將之賜以均蜀軍，使土客如一，則上下幸甚！」令孜默然有間，曰：間，如字。「汝嘗有何功？」對曰：「琪生長山東，長，知兩翻。征戍邊鄙，嘗與党項十七戰，契丹十餘戰，契，欺訖翻。金創滿身；創，初良翻。又嘗征吐谷渾，傷脇腸出，線縫復戰。」復，扶又翻。令孜乃自酌酒於別樽以賜琪。琪知其毒，不得已，再拜飲之；歸，殺一婢，吮其血以解毒，吐黑汁數升，吮，如兖翻。吐，土故翻。遂帥所部作亂，帥，讀曰率。丁卯，焚掠坊市。令孜奉天子保東城，閉門登樓，命諸軍擊之。琪引兵還營，陳敬瑄命都押牙安金山將兵攻之，琪夜突圍出，奔廣都，隋改廣都縣爲雙流縣，唐龍朔二年復分雙流置廣都縣，屬成都府。九域志：在府西四十五里。從兵皆潰，從，才用翻。獨廳吏一人從，息於江岸。琪謂廳吏曰：「陳公知吾無罪；然軍府驚擾，不可以莫之安也。汝事吾能始終，今有以報汝。汝齎吾印劍詣陳公曰：『郭琪走渡江，我以劍擊之，墜水，尸隨湍流下矣；得其印劍以獻。』陳公必據汝所言，牓懸印劍於市以安衆。汝當獲厚賞，吾家亦保無恙。吾自此適廣陵，歸高公，言欲奔揚州歸高駢也。後數日，汝可密以語吾家也。」語，牛倨翻。遂解印劍授之而逸。廳吏以獻敬瑄，果免琪家。

上日夕專與宦者同處，議天下事，待外臣殊疏薄。處，昌呂翻。外臣，謂外廷之臣，宰相以下百執事皆是也。庚午，左拾遺孟昭圖上疏，以爲：「治安之代，遐邇猶應同心；治，直吏翻。多難之時，中外尤當一體。難，乃旦翻。去冬車駕西幸，不告南司，遂使宰相、僕射以下悉爲賊所屠，謂豆盧瑑、崔沆及于琮等也。獨北司平善。況今朝臣至者，皆冒死崎嶇，遠奉君親，所宜自茲同休等戚。伏見前夕黄頭軍作亂，陛下獨與令孜、敬瑄及諸内臣閉城登樓，並不召王鐸已下及收朝臣入城；翌日，又不對宰相，又不宣慰朝臣。翌日，明日也。臣備位諫官，至今未知聖躬安否，況疏冗乎！冗，而隴翻，散也。儻羣臣不顧君上，罪固當誅；若陛下不恤羣臣，於義安在！夫天下者，高祖、太宗之天下，非北司之天下；天子者，四海九州之天子，非北司之天子。北司未必盡可信，南司未必盡無用。豈天子與宰相了無關涉，朝臣皆若路人！如此，恐收復之期，尚勞聖慮，尸祿之士，得以宴安。臣躬被寵榮，被，皮義翻。職在裨益，雖遂事不諫，而來者可追。」二語皆本之論語。疏入，令孜屏不奏。屏，必郢翻。辛未，矯詔貶昭圖嘉州司戶，遣人沉於蟇頤津，蟇頤山，在眉州眉山東七里，山狀如蟇頤，因名。山臨江津，今有孟拾遺祠。蟇，謨加翻。聞者氣塞而莫敢言。天子殺諫臣者，必亡其國。以閹官而專殺諫臣，自古以來未之有也。此不特害于而國，實亦凶于而身。是以唐未亡而令孜之身先亡也。塞，悉則翻。

37 鄜延節度使李孝昌、權夏州節度使拓跋思恭屯東渭橋，黃巢遣朱溫拒之。以義武節度使王處存為東南面行營招討使，以邠寧節度副使朱玫為節度使。

38 八月，己丑夜，星交流如織，或大如杯椀，至丁酉乃止。

39 武寧節度使支詳按新書方鎮表，懿宗咸通十一年，復徐州節鎮，賜號感化軍。自此迄於天復，未嘗復武寧舊額。以下文以感化留後時溥為節度使證之，武寧誤也，當作「感化」。遣牙將時溥、陳璠將兵五千人關討黃巢，璠，孚袁翻。二人皆詳所獎拔也。溥至東都，矯稱詳命，召師還與璠合兵，屠河陰，掠鄭州而東。及彭城，詳迎勞，犒賞甚厚。璠，音番。勞，力到翻。溥遣所親說詳曰：說，式芮翻。「衆心見迫，請公解印以相授。」詳不能制，出居大彭館，溥自知留務。璠謂溥曰：「支僕射有惠於徐人，不殺，必成後悔。」溥不許，送詳歸朝。朝，直遙翻。璠伏甲於七里亭，亭去彭城七里，因名。并其家屬殺之。詔以溥爲武寧留後。溥表璠爲宿州刺史，璠到官貪虐，溥以都將張友代還，殺之。

40 楊復光奏升蔡州爲奉國軍，以秦宗權爲防禦使。壽州屠者王緒與妹夫劉行全聚衆五百，盜據本州，月餘，復陷光州，復，扶又翻；下同。自稱將軍，有衆萬餘人；秦宗權表爲光州刺史。固始縣佐王潮世率以縣丞爲縣佐。唐制，諸縣丞、簿、尉之下有司功佐、司倉佐、司戶佐、司兵佐、司法佐、司士佐，皆縣佐也。路振九國志：王潮少爲縣佐史。或者傳寫逸「史」字歟？及弟審邽、審知皆以材氣知名，緒以潮爲軍正，使典資糧，閱士卒，信用之。王潮兄弟始此，爲潮廢緒張本。

41 高潯與黃巢將李詳戰于石橋，石橋，卽晉將王鎮惡破秦兵處。潯敗，奔河中，詳乘勝復取華州。是年五月，高潯克華州。巢以詳爲華州刺史。

42 以權知夏綏節度使拓跋思恭爲節度使。

43 宗正少卿嗣曹王龜年自南詔還，驃信上表款附，請悉遵詔旨。龜年使南詔，見上卷廣明元年六月。上，時掌翻。

44 李【章：十二行本「李」上有「九月」二字；乙十一行本同；孔本同；退齋校同。】孝昌、拓跋思恭與尙讓、朱溫戰于東渭橋，不利，引去。史言諸鎮之勤王者，皆以師老遷延引退。

45 初，高駢與鎮海節度使周寶俱出神策軍，駢以兄事寶。及駢先貴有功，浸輕之；既而封壤相鄰，數爭細故，遂有隙。淮南與鎮海軍鄰壤，止一江爲界耳。數，所角翻。駢檄寶入援京師，寶治舟師以俟之，治，直之翻。怪其久不行；訪諸幕客，或曰：「高公幸朝廷多故，有并吞江東之志，聲云入援，其實未必非圖我也！宜爲備。」寶未之信，使人覘駢，殊無北上意。覘，丑廉翻。上，時掌翻。自淮南而北向勤王爲北上。會駢使人約寶面會瓜洲議軍事，寶遂以言者爲然，辭疾不往，且謂使者曰：「吾非李康，高公復欲作家門功勳以欺朝廷邪！」高崇文斬李康，事見二百三十七卷憲宗之元和元年。駢怒，復遣使責寶，「何敢輕侮大臣？」復，扶又翻。寶詬之曰：「彼此夾江爲節度使，汝爲大臣，我豈坊門卒邪！」詬，古候翻，又許候翻。寶自言與駢等夷，非有貴賤之異也。長安城中百坊，坊皆有垣有門，門皆有守卒。由是遂爲深仇。

駢留東塘百餘日，詔屢趣之，趣，讀曰促。駢上表，託以寶及浙東觀察使劉漢宏將爲後患。辛亥，復罷兵還府，其實無赴難心，但欲禳雉集之異耳。難，乃旦翻。禳，如羊翻，厭除也。

46 高駢召石鏡鎮將董昌至廣陵，欲與之俱擊黃巢。昌將錢鏐說昌曰：說，式芮翻。「觀高公無討賊心，不若以扞禦鄉里爲辭而去之。」昌從之，駢聽昌還。會杭州刺史路審中將之官，行至嘉興，嘉興，漢由拳縣，吳改名，唐屬蘇州，在州西南百四十里。昌自石鏡引兵入杭州，審中懼而還。昌自稱杭州都押牙、知州事，遣將吏請於周寶。寶不能制，表爲杭州刺史。

47 臨海賊杜雄陷台州。

48 辛酉，立皇子震爲建王。

49 昭義十將成麟殺高潯，成麟因高潯石橋敗退而殺之。引兵還據潞州；天井關戍將孟方立起兵攻麟，殺之。考異曰：實錄：「澤潞牙將劉廣據潞州叛，天井關戍將孟方立帥戍卒攻廣，殺之，自稱留後，仍移軍額於邢州。初，高潯援京師，廣帥師至陽平，謀爲亂，不行，還據潞州，自稱留後，用法嚴酷，三軍畏之。方立乘虛襲殺焉。」又曰：「貶昭義節度使高潯爲端州刺史。」中和三年實錄又曰：「初，孟方立殺高潯自立。」薛居正五代史方立傳曰：「中和二年，爲澤州天井關戍將，時黃巢犯關輔，州郡易帥有同博弈。先是，沈詢、高湜相繼爲昭義節度，怠於軍政，及有歸秦、劉廣之亂，方立見潞帥交代之際，乘其無備，率戍兵徑入潞州，自稱留後。」新紀：「八月，昭義軍節度使高潯及黃巢戰于石橋，敗績，十將成麟殺潯，入于潞州。九月，己巳，昭義軍戍將孟方立殺成麟，自稱留後。」方立傳惟以成麟爲成鄰，餘如新紀。按乾符二年實錄，「十月，昭義軍亂，逐節度使高湜，貶湜象州司戶。」柳玭傳云「貶高要尉」。三年十一月，詔魏博韓簡云：「劉廣逐帥擅權」云云。是廣逐湜，擅據潞州也。薛史孟方立傳亦云沈詢、高湜怠於軍政，致有歸秦、劉廣之亂，是廣亂在前也。舊紀：「九月，高潯牙將劉廣擅還據潞州。是月，潯天井關戍將孟方立攻廣，殺之，自稱留後，貶潯端州刺史。」此蓋舊紀誤，實錄因之。薛史方立傳曰：「見潞帥交代之際，帥兵入潞州。」不言何帥交代，若不逐帥，何能據州！事無所因，殊爲疏略。舊紀恐是誤以高湜事爲高潯事。實錄此云殺廣，明年又云殺潯，自相違。新紀、傳皆云成麟殺潯，方立斬麟，月日事實頗詳，必有所出。今從之。方立，洴州人也。【章：十二行本「洴」作「邢」；乙十一行本同；孔本同；張校同。】

50 忠武監軍楊復光屯武功。

51 永嘉賊朱褒陷溫州。宋白曰：溫州永嘉郡，漢會稽郡之東境，後漢永和四年置永寧縣，晉明帝立永寧郡，尋屬永嘉郡，隋平陳，廢郡，唐武德六年置嘉東州，貞觀元年廢州，以縣屬栝州，上元二年分栝州之永嘉、安固二縣置溫州，以溫嶠嶺爲名。

52 鳳翔行軍司馬李昌言將本軍屯興平。時鳳翔倉庫虛竭，犒賞稍薄，糧饋不繼，昌言知府中兵少，因激怒其衆，冬，十月，引軍還襲府城。鄭畋登城與士卒言，其衆皆下馬羅拜曰：「相公誠無負我曹。」畋曰：「行軍苟能戢兵愛人，爲國滅賊，亦可以順守矣。」逐帥爲逆取，討賊以取旌節爲順守。爲，于僞翻。乃以留務委之。卽日西赴行在。

53 天平節度使、南面招討使曹全晸與賊戰死，軍中立其兄子存實爲留後。

54 十一月，乙巳，孟楷、朱溫襲鄜、夏二軍於富平，二軍敗，奔歸本道。二軍，李孝昌、拓跋思恭之軍也。

55 鄭畋至鳳州，自鳳翔西至鳳州三百九十五里。累表辭位；詔以畋爲太子少傅、分司。以李昌言爲鳳翔節度行營招討使。

56 以門下侍郎、同平章事裴澈爲鄂岳觀察使。

57 加鎭海節度使周寶同平章事。

58 遂昌賊盧約陷處州。吳孫權赤烏二年，分太末立平昌縣，晉武帝改曰遂昌，唐武德八年併入松陽，景雲元年復置遂昌縣，屬處州。九域志：在州西二百四十里。按溫、處二州本晉永嘉一郡之地，隋爲栝州永嘉郡，唐武德置栝州，又分置東嘉州，始分爲二州。東嘉州後爲溫州；栝州改爲處州，避德宗名也。

59 十二月，江西將閔勗戍湖南，還，過潭州，逐觀察使李裕，自爲留後。考異曰：實錄、新傳作「閔頊」。今從程匡柔唐補紀。

60 以感化留後時溥爲節度使。

61 賜夏州號定難軍。難，乃旦翻。

62 初，高駢鎮荆南，乾符五年，駢鎮荆南。補武陵蠻雷滿爲牙將，領蠻軍，從駢至淮南，逃歸，聚衆千人，襲朗州，殺刺史崔翥，翥，章恕翻。詔以滿爲朗州留後。歲中，率三四引兵寇荆南，入其郛，焚掠而去，大爲荆人之患。

陬溪人周岳嘗與滿獵，爭肉而鬭，欲殺滿，不果。陬溪，當在武陵界。陬，側鳩翻。聞滿據朗州，亦聚衆襲衡州，逐刺史徐顥，詔以岳爲衡州刺史。石門【章：十二行本「門」下有「洞」字；乙十一行本同；孔本同；張校同。】蠻向瓌亦集夷獠數千攻陷澧州，殺刺史呂自牧，自稱刺史。吳分零陽縣置天門郡，隋廢爲石門縣，唐屬澧州。九域志：在州西九十二里。

63 王鐸以高駢爲諸道都統無心討賊，自以身爲首相，發憤請行，懇款流涕，至於再三；上許之。懇款，懇誠也。相，息亮翻。

二年（壬寅、八八二）

1 春，正月，辛亥，以王鐸兼中書令，充諸道行營都都統，考異曰：舊紀：「中和元年七月，鐸爲都統。十二月，帥師三萬至京畿，屯於盩厔。」舊鐸傳亦在元年。唐年補錄：「元年十一月，乙巳，制以鐸爲都統。十二月，乙亥，鐸屯盩厔。」續寶運錄：「元年八月，鐸拜天下都統。」唐補紀：「中和元年四月，高駢帥師駐泊東塘，自五月出府，九月卻歸。朝廷卽以鐸都統諸道兵馬，收復長安。」鐸爲都統，諸書年月不同如此。新紀：「二年正月，辛亥，王鐸爲諸道行營都都統，高駢罷都統。」據實錄四月答高駢詔，罷都統當在此年。今從實錄。新紀、舊駢傳云：「僖宗知駢無赴難意，乃以鐸爲京城四面諸道行營兵馬都統，韋昭度領江淮鹽鐵轉運使。駢既失兵柄，又落利權，攘袂大詬，累上章論列，語詞不遜。」按駢罷都統，依前爲諸道鹽鐵轉運使，五月方罷。北夢瑣言曰：「王鐸初鎭荆南，黃巢入寇，望風而遁。他日，將兵潼關，黃巢令人傳語云：『相公儒生，且非我敵，無汚我鋒刃，自取敗亡也。』後到成都行朝，拜諸道都統。所以高駢上表，目之爲敗軍之將也。」按鐸自荆南喪師貶官，未嘗將兵潼關。皮光業見聞錄，爲都統在此年二月，亦誤。又舊紀、傳、新傳，鐸止爲都統。新紀作都都統，實錄初除及罷時皆爲都統，中間多云都都統。又西門思恭爲都都監。按時諸將爲都統者甚多，疑鐸爲都都統是也。權知義成節度使，俟罷兵復還政府。高駢但領鹽鐵轉運使，罷其都統及諸使。聽王鐸自辟將佐，以太子少師崔安潛爲副都統。辛未，以周岌、王重榮爲都都統左右司馬，諸葛爽及宣武節度使康實爲左右先鋒使，時溥爲催遣綱運租賦防遏使。綱運自江、淮來者，皆由徐州巡內，故以溥任此職。以右神策觀軍容使西門思恭爲諸道行營都都監。又以王處存、李孝昌、拓跋思恭爲京城東北西面都統，以楊復光爲南面行營都監使。又以中書舍人鄭昌圖爲義成節度行軍司馬，給事中鄭畯爲判官，直弘文館王摶爲推官，畯，祖峻翻。摶，徒官翻。司勳員外郎裴贄爲掌書記。昌圖，從讜之從祖兄弟；畯，畋之弟；摶，璵之曾孫；王璵以祠禱歷事玄肅，見前紀。贄，坦之子也。裴坦見二百五十一卷懿宗咸通十年。又以陝虢觀察使王重盈爲東面都供軍使。重盈，重榮之兄也。陝，失冉翻。重，直龍翻。

2黄巢以朱溫爲同州刺史，令溫自取之。二月，同州刺史米誠奔河中，溫遂據之。爲朱溫以同州歸國張本。

3己卯，以太子少傅、分司鄭畋爲司空兼門下侍郎、同平章事，召詣行在，軍務一以咨之。以王鐸判戶部事。

4朱溫寇河中，王重榮擊敗之。敗，補邁翻。

5以李昌言爲京城西面都統，朱玫爲河南都統。朱玫時鎮邠寧，安得出關東統河南諸鎮！此河南，蓋自龍門河東至蒲津一帶大河南岸也。

6涇原節度使胡公素薨，軍中請命於都統王鐸，承制以大將張鈞爲留後。

7李克用寇蔚州，蔚，紆勿翻。三月，振武節度使契苾璋奏與天德、大同共討克用。詔鄭從讜與相知應接。

8 陳敬瑄多遣人歷縣鎮詗事，詗，翾正翻，又火迥翻。謂之尋事人，所至多所求取。有二人過資陽鎮，時蓋置鎮於資州資陽縣。後魏分資中置資陽縣，以其地在資水之陽也。九域志：資陽在資州西北一百二十里。獨無所求。鎮將謝弘讓邀之，不至；自疑有罪，夜，亡入羣盜中。明旦，二人去，弘讓實無罪也。捕盜使楊遷誘弘讓出首而執以送使，首，式又翻；下同。送使，送之節度使府也。使，疏吏翻。云討擊擒獲，以求功。敬瑄不之問，杖弘讓脊二十，釘於西城二七日，煎油潑之，又以膠麻掣其瘡，釘，丁定翻。二七，十四日也。潑，普活翻。掣，尺列翻。備極慘酷，見者冤之。又有邛州牙官阡能，邛，渠容翻。考異曰：張彰錦里耆舊傳作「千能」。句延慶錦里耆舊傳作「忓能」。續寶運錄作「玗能」。實錄、新傳作「阡能」。按北夢瑣言，安仁土豪阡能。註云：姓纂無此，蓋西南夷之種。今從之。因公事違期，避杖，亡命爲盜，楊遷復誘之。復，扶又翻。能方出首，聞弘讓之冤，大罵楊遷，發憤爲盜，驅掠良民，不從者舉家殺之，踰月，衆至萬人，立部伍，署職級，職級，謂牙前將吏自押牙、孔目官而下，分職各有等級。橫行邛、雅二州間，攻陷城邑，所過塗地。先是，蜀中少盜賊，先，悉薦翻。少，詩沼翻。自是紛紛競起，州縣不能制。敬瑄遣牙將楊行遷將三千人，胡洪略、莫匡時各將二千人以討之。

9 以右神策將軍齊克儉爲左右神策內外八鎮兼博野、奉天節度使。

10 賜鄜坊軍號保大。鄜，音夫。

11 夏，四月，甲午，加陳敬瑄兼侍中。

12 赫連鐸、李可舉與李克用戰，不利。

13 初，高駢好神仙，好，呼到翻。有方士呂用之坐妖黨亡命歸駢，駢厚待之，補以軍職。妖，於遙翻。用之，鄱陽茶商之子也，鄱陽，漢古縣，唐帶饒州，古縣在今縣東界。久客廣陵，熟其人情，爐鼎之暇，爐鼎，所以鍊金石，化丹砂爲金銀之類。頗言公私利病，故駢愈奇之，稍加信任。駢舊將梁纘、陳珙、馮綬、董瑾、俞公楚、姚歸禮素爲駢所厚，用之欲專權，浸以計去之駢遂奪纘兵，族珙家，綬、瑾、公楚、歸禮咸見疏。

用之又引其黨張守一、諸葛殷共蠱惑駢。守一本滄、景村民，去，羌呂翻張守一蓋居滄、景二州間。以術干駢，無所遇，窮困甚，用之謂曰：「但與吾同心，勿憂不富貴。」遂薦於駢，駢寵待埒於用之。埒，龍輟翻，等也。殷始自鄱陽來，用之先言於駢曰：「玉皇以公職事繁重，輟左右尊神一人佐公爲理，公善遇之；欲其久留，亦可縻以人間重職。」明日，殷謁見，詭辯風生，駢以爲神，補鹽鐵劇職。駢嚴潔，甥姪輩未嘗得接坐。殷病風疽，史炤曰：疽，千余切，又子與切，痒病。一本從「疒」，從「旦」，音多但翻，又音旦；釋云，瘡也。搔捫不替手，膿血滿爪，駢獨與之同席促膝，傳杯器而食。左右以爲言，駢曰：「神仙以此試人耳！」駢有畜犬，搔，爬也。捫，摸也。替，廢也。畜，吁玉翻。聞其腥穢，多來近之。近，其靳翻。駢怪之，殷笑曰：「殷嘗於玉皇前見之，道家謂天帝爲玉皇大帝。別來數百年，猶相識。」駢與鄭畋有隙，用之謂駢曰：「宰相有遣劍客來刺公者，刺，七亦翻。今夕至矣！」駢大懼，問計安出。用之曰：「張先生嘗學斯術，可以禦之。」駢請於守一，守一許諾。乃使駢衣婦人之服，衣，於既翻。潛於他室，而守一代居駢寢榻中，夜擲銅器於階，令鏗然有聲，又密以囊盛彘血，鏗，丘耕翻。盛，時征翻。彘，豕也。灑於庭宇，如格鬬之狀。及旦，笑謂駢曰：「幾落奴手！」幾，居希翻。駢泣謝曰：「先生於駢，乃更生之惠也！」厚酬以金寶。有蕭勝者，賂用之，求鹽城監，鹽城，漢鹽瀆縣地，久無城邑，唐武德七年置鹽城縣，有監（鹽？）亭一百二十三，有監，屬楚州。九域志：縣在州東南二百四十里。駢有難色，用之曰：「用之非爲勝也，爲，于僞翻。近得上仙書云，有官【章：十二行本「官」作「寶」；乙十一行本同；孔本同；熊校同。】劍在鹽城井中，須一靈官往取之。以勝上仙左右之人，欲使取劍耳。」駢乃許之。勝至監數月，函一銅匕首以獻，用之見，稽首曰：稽，音啓。「此北帝所佩，得之，則百里之內五兵不能犯。」駢乃飾以珠玉，常置坐隅。坐，徂臥翻。用之自謂磻溪眞君，謂守一乃赤松子，殷乃葛將軍，勝乃秦穆公之壻也。各以其姓傅會以爲仙。磻，蒲官翻。

用之又刻青石爲奇字云：「玉皇授白雲先生高駢。」密令左右置道院香案。駢得之，驚喜。用之曰：「玉皇以公焚脩功著，將補眞官，計鸞鶴不日當降此際。用之等謫限亦滿，必得陪幢節，同歸上清耳！」用之自言與守一、殷等本皆神仙，以謫降在人間，限期既滿，當復升天，列於仙官。又道家之說，有太清、玉清、上清，是爲三清之境。幢，傳江翻。是後，駢於道院庭中刻木鶴，時著羽服跨之，著，陟略翻。日夕齋醮，鍊金燒丹，費以巨萬計。

用之微時，依止江陽后土廟，貞觀十八年，分江都置江陽縣，與江都俱在揚州郭下。后土廟，今揚州城東南隅蕃釐觀是也。然揚州古城在蜀岡之上，北連雷塘，今城周世宗所徙，則此時后土廟在揚州城外也。宋白曰：宋武帝分江都縣置廣陵縣；隋初，改爲江陽縣，以處江之正北，故曰江陽。舉動祈禱。及得志，白駢崇大其廟，極江南工材之選，每軍旅大事，以少牢禱之。少，詩照翻。用之又言神仙好樓居，用漢方士語。好，呼到翻。說駢作迎仙樓，說，式芮翻。費十五萬緡，又作延和閣，高八丈。高，居傲翻。

用之每對駢呵叱風雨，仰揖空際，云有神仙過雲表。駢輒隨而拜之。然常厚賂駢左右，使伺駢動靜，共爲欺罔，駢不之寤。伺，相吏翻。左右小有異議者，輒爲用之陷死不旋踵，但潛撫膺鳴指，鳴指，卽彈指也。口不敢言。駢倚用之如左右手，公私大小之事皆決於用之，退賢進不肖，淫刑濫賞，駢之政事於是大壞矣！

用之知上下怨憤，恐有竊發，請置巡察使，駢卽以用之領之，募險獪者百餘人，縱橫閭巷間，獪，古外翻。縱，子容翻。謂之「察子」，民間呵妻詈子，靡不知之。用之欲奪人貨財，掠人婦女，輒誣以叛逆，搒掠取服，搒，音彭。掠，音亮。殺其人而取之，所破滅者數百家，道路以目，將吏士民雖家居，皆重足屏氣。重，直龍翻。屏，必郢翻。

用之又欲以兵威脅制諸將，請選募諸軍驍勇之士二萬人，號左、右莫邪都。邪，讀曰耶。

駢卽以張守一及用之爲左、右莫邪軍使，署置將吏如帥府，帥，所類翻。器械精利，衣裝華潔，每出入，導從近千人。從，才用翻。近，其靳翻。

用之侍妾百餘人，自奉奢靡，用度不足，輒留三司綱輸其家。三司綱，謂戶部、度支、鹽鐵所發綱運輸朝廷者。

用之猶慮人泄其姦謀，乃言於駢曰：「神仙不難致，但恨學者不能絕俗累，累，良瑞翻。故不肯降臨耳！」駢乃悉去賓客，【章：十二行本作「姬妾」；乙十一行本同；孔本同；退齋校同。】去，羌呂翻。謝絕人事，賓客、將吏皆不得見；有不得已見之者，皆先令沐浴齋祓，祓，敷勿翻，又方廢翻，祓除穢惡也。然後見，拜起纔畢，已復引出。由是用之得專行威福，無所忌憚，境內不復知有駢矣。爲畢師鐸討用之殺駢張本。復，扶又翻。

14 王鐸將兩川、興元之軍屯靈感寺，涇原屯京西，易定、河中屯渭北，邠寧、鳳翔屯興平，保大、定難屯渭橋，難，乃旦翻。忠武屯武功，官軍四集。黃巢勢已蹙，號令所行不出同、華。黃巢將朱溫時據同州，李詳據華州，故號令之行止此二州。華，戶化翻。民避亂皆入深山築柵自保，農事俱廢，長安城中斗米直三十緡。賊賣【章：十二行本「賣」作「買」；乙十一行本同；孔本同；張校同。】人於官軍以爲糧，官軍或執山寨之民鬻之，人直數百緡，以肥瘠論價。